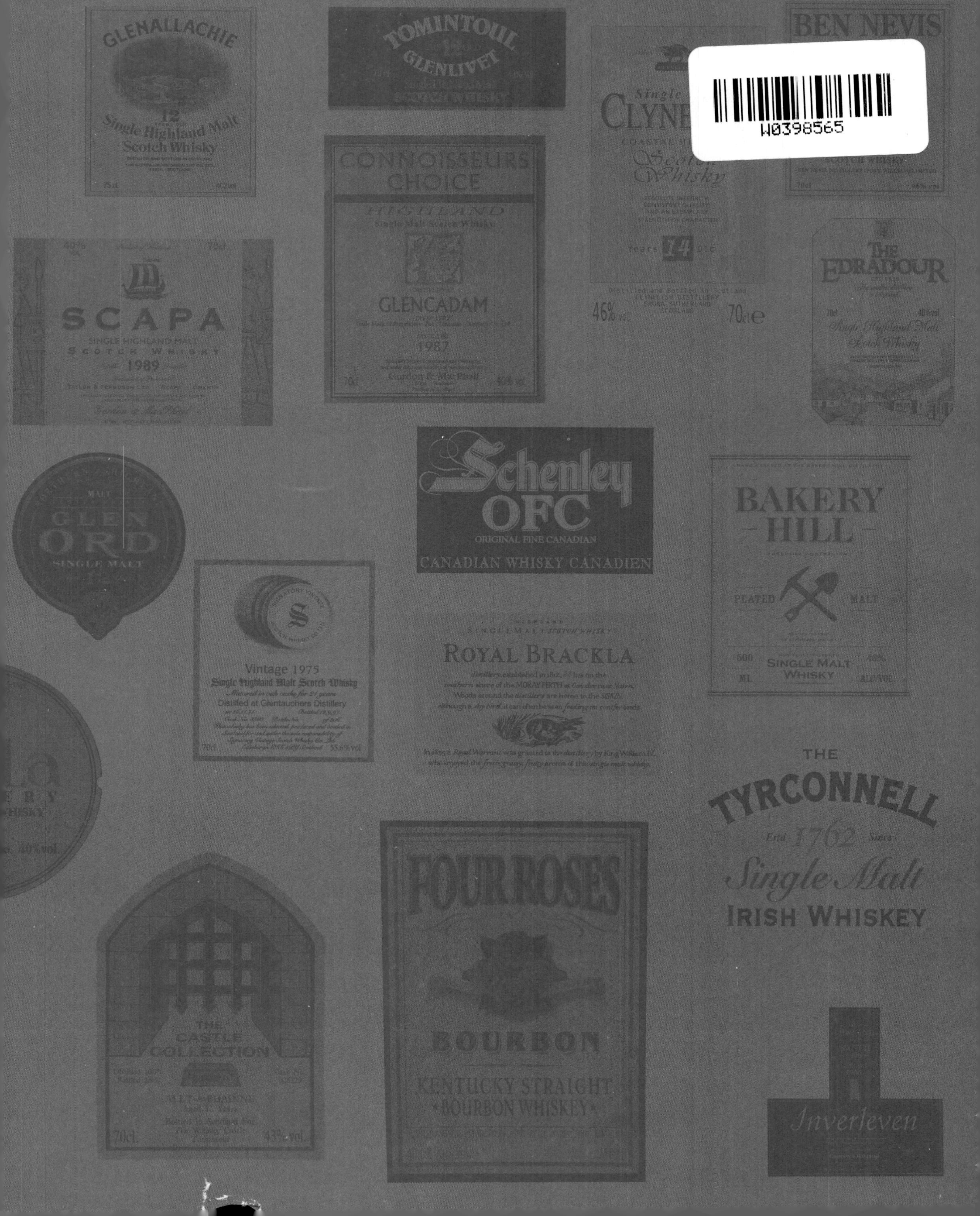
GLENALLACHIE
12
Single Highland Malt
Scotch Whisky
TOMINTOUL
GLENLIVET
Single
CLYNE
COASTAL
Scotch
Whisky
Years 14 Old
46%vol
70cl e
BEN NEVIS
SCOTCH WHISKY
CONNOISSEURS
CHOICE
HIGHLAND
Single Malt Scotch Whisky
GLENCADAM
1987
Gordon & MacPhail
70cl
40% vol
SCAPA
SINGLE HIGHLAND MALT
SCOTCH WHISKY
1989
THE
EDRADOUR
Single Highland Malt
Scotch Whisky
Schenley
OFC
ORIGINAL FINE CANADIAN
CANADIAN WHISKY CANADIEN
BAKERY
HILL
PEATED
MALT
SINGLE MALT
WHISKY
500
ML
46%
ALC/VOL
GLEN
ORD
SINGLE MALT
Vintage 1975
Single Highland Malt Scotch Whisky
Distilled at Glentauchers Distillery
70cl
55.6%vol
ROYAL BRACKLA
THE
TYRCONNELL
Estd 1762 Since
Single Malt
IRISH WHISKEY
THE
CASTLE
COLLECTION
70cl.
43% vol.
FOUR ROSES
BOURBON
KENTUCKY STRAIGHT
BOURBON WHISKEY
Inverleven

WHISKY

WHISKY

Marken aus der ganzen Welt

Marc A. Hoffmann

Parragon
Bath New York Singapore Hong Kong Cologne Delhi Melbourne

IMPRESSUM

Queen Street House
4 Queen Street
Bath BA 1 1HE, UK

Producing: bookwise Medienproduktion GmbH
Projektkoordination: Daniel Hoch
Texte: Marc A. Hoffmann
Design und Satz: Cordula Schaaf, Jürgen Braun

Bildredaktion: Sandra Schaeff, Andrea Schick
Lektorat: Clemens Hoffmann
Lithografie: Lana Repro, Lana
Kartografie: Michael Slomski

ISBN: 978-1-4054-9334-5

Printed in Spain

DANKSAGUNG

Ein Buch zu schreiben ist ohne die Mithilfe vieler weiterer Menschen nicht möglich. In diesem Falle waren das einerseits mir bekannte Whiskyliebhaber und zahlreiche Mitarbeiter der Branche sowie all jene, die sich direkt um das Buch gekümmert haben. Ihnen allen gilt mein Dank, genauso wie meiner Familie und meinen Freunden, die in den letzten Monaten fast ganz auf mich verzichten mussten. Ihr Verständnis war meiner Arbeit eine große Stütze.

Viele wertvolle Informationen habe ich bei Führungen in den Destillerien vor Ort oder durch persönlichen Kontakt erhalten. Ohne Anspruch auf Vollständigkeit möchte ich die folgenden Helfer hervorheben: Claudio Bernasconi (Waldhaus am See, St. Moritz), John Black und Gavin Cunningham (Tullibardine), Angela Bray (Pernod Ricard Swiss), Daniele Bruggmann (Best Taste), Peter Currie (Springbank), Jim McEwan (Bruichladdich), Daniel Graf und Yvonne Meyer (Scot & Scotch), Frank McHardy (J. & A. Mitchell), Iain Henderson (ehemals Edradour), Alois Immoos (Chocimo), Christian Lauper (World of Whisky), Patrik Marty (Dettling & Marmot), Rob MacPherson (Balvenie), Berthold Pluznik (Lateltin), Brian Robinson (Glenfiddich), Trisha Savage, Alistair Walker und Billy Walker (Benriach), Andrew Symington (Signatory, Edradour), Yvonne Thackeray (Chivas Brothers, Pernod Ricard), Ian A. McWilliam (Glenfarclas).

INHALT

OLD TIME
Old No.7 BRAND
QUALITY
SOUR MASH
40% Vol.
BOTTLED AT THE DISTILLERY

Vorwort

WHISK(E)Y hatte schon immer eine große Liebhabergemeinde, doch in den letzten Jahren hat das „Lebenswasser" noch zusätzlich an Popularität gewonnen. So wie viele traditionelle Produkte der Lebensmittelkultur – vom handwerklich gefertigten Wein bis zu jahrelang gereiften Schinken- oder Käsesorten – konnte auch der Whisk(e)y von der zunehmenden Freude an wertvollen und liebevoll hergestellten Genussmitteln profitieren.

Da der Whiskymarkt auf die sich ändernden Kundenwünsche reagieren muss, bleibt er ständig in Bewegung. Unter den vielen beachtenswerten Neuheiten nehmen die Einzelfassabfüllungen momentan eine besondere Stellung ein: Zumeist sind sie bereits ausverkauft, bevor sie auf dem Markt erscheinen. Aber auch im organisatorischen Bereich ist beim Thema Whisky alles „im Fluss": Firmen werden übernommen, Marken verkauft, wichtige Persönlichkeiten in der Branche wechseln den Arbeitgeber, und die Absatzmärkte verschieben sich.

Ein Buch kann leider immer nur eine Momentaufnahme sein. Selbst während der Zeit von knapp fünf Monaten, in denen das Buch geschrieben wurde, haben sich manche Dinge geändert und mussten entsprechend angepasst werden. Dennoch halten Sie mit diesem Buch sicherlich einen der interessantesten Bildbände über Whisky in den Händen, die derzeit im Buchhandel erhältlich sind.

Neben den angesprochenen Veränderungen gibt es in dieser Branche aber vor allem eines: Tradition. In einigen Ländern ist der Whisky zu einem Teil der Geschichte und Kultur geworden. Beständigkeit über Jahrzehnte oder gar Jahrhunderte hinweg zeigt, dass sich manches, was uns im Augenblick wie eine Revolte auf dem Markt erscheint, einfach nur als ein weiterer Baustein in der Geschichte der Whiskyherstellung herausstellen wird.

Die Sortierung der Marken im Kapitel „Marken aus der ganzen Welt" folgt der Ordnung nach Ländern und Regionen sowie innerhalb der Länder dem Alphabet. Nur die geschlossenen Destillerien wurden – soweit sie wegen des noch im Handel befindlichen Whiskys aufgeführt wurden – ans Ende der jeweiligen Länder- oder Regionenabschnitte gesetzt.

Nun viel Spaß beim Lesen! Lehnen Sie sich zurück, entspannen Sie sich, und genießen Sie das Schmökern, vielleicht bei einem guten Dram Whisky.

Die Destillerie Strathisla, Schottland, im Winter.

WAS IST WHISKY?

Definition

WAS ALS WHISKY ODER WHISKEY bezeichnet werden kann, ist von Land zu Land unterschiedlich und hängt mitunter von gesetzlichen Vorgaben ab. Überall gilt jedoch, dass er als ein Destillat aus Getreide, Hefe und Wasser erzeugt wird, das dann über einen gewissen Zeitraum in Holzfässern lagert. Das Resultat ist ein hochprozentiges alkoholisches Getränk, das Whisky bzw. bei den Iren und Amerikanern Whiskey (mit einem „e") genannt wird. Diese Unterscheidung von zwei Schreibweisen war schon bei den ursprünglichen gälischen Bezeichnungen gegeben: Schrieb man in Schottland „uisge beatha", bevorzugte man bei der irisch-gälischen Version „uisce beatha". Beides bedeutete „Wasser des Lebens". Auf Lateinisch „aqua vitae", zu Deutsch gerne „Aquavit" genannt. Von „usquebaugh" zu „uisge", dann zu „usky" und schließlich zum „Whisky" – so entstand der Name. Er ist nicht geschützt und darf daher weltweit genutzt werden. Dies gilt jedoch nicht für „Scotch", „Irish" oder „Bourbon", Bezeichnungen, die dem Markenschutzrecht und anderen rechtlichen Bestimmungen unterliegen.

Whisky ist ein stark alkoholisches Getränk, das – dessen sollte man sich bewusst sein – bei übermäßigem Konsum zur Alkoholabhängigkeit und schwersten Gesundheitsschäden führen kann. Alkohol ist und bleibt nun mal eine Droge. Streng genommen ist jeglicher Alkoholgenuss ungesund – obwohl es anscheinend wissenschaftliche Hinweise darauf gibt, dass das Trinken von Whisky in einer Menge von etwa 10 cl pro Woche das Herzinfarktrisiko verringern kann. Dies sollte einen trotzdem nicht zum Trinken animieren. Qualitativ hochwertiger Whisky ist ein wertvolles und in der Regel recht teures Getränk. Um ihn einfach so „hinterzukippen", ist er sicherlich zu schade. Von daher ist die Frage des rechten Maßes bei jedem Whiskyliebhaber essenziell.

Im Folgenden werden verschiedene Whisky-Varianten aufgeführt. Wir beschränken uns hier allerdings auf die wichtigsten Länder und Sorten.

IRISCHER WHISKEY

Gesetzlich wird vorgeschrieben, dass der Whiskey in Irland hergestellt und mindestens drei Jahre gelagert werden muss.

SCOTCH WHISKY

Der Begriff wurde 1909 gesetzlich festgelegt und im Jahr 1988 ergänzt. Scotch darf sich nur ein solcher Whisky nennen, der in einer schottischen Destillerie aus gemälzter Gerste oder einer anderen Getreidesorte mithilfe von Wasser gemaischt wird. Durch Zugabe von Hefe wird die Maische fermentiert und mit einem maximalen Alkoholgehalt von 94,8 Prozent destilliert. Der Whisky muss anschließend drei Jahre lang in einem Holzfass (normalerweise Eiche) in Schottland gelagert werden und beim Abfüllen in die Flaschen mindestens 40 Volumprozent Alkohol aufweisen.

AMERIKANISCHER WHISKEY

Eine Definition für amerikanischen Whiskey als solchen existiert nicht, auch wenn viele Leute den Bourbon als „den" amerikanischen Whiskey ansehen. Doch sind bei weitem nicht alle amerikanischen Whiskeys Bourbons. So gibt es etwa den Tennessee Whiskey oder Varianten aus anderen Getreidesorten.

MALT WHISKY

Der Malt Whisky (malt = Malz) besteht zu 100 Prozent aus gemälzter Gerste und darf keine anderen Getreidesorten aufweisen.

Getreide, Wasser und Hefe sowie die Lagerung in Holzfässer bilden den kleinsten gemeinsamen Nenner bei der Produktion aller Whisk(e)ysorten der Welt.

Der Whisk(e)y erfreut sich weltweit sehr großer Beliebtheit: ob als rauchiger Single Malt, als süßlicher Bourbon aus Kentucky, als kunstvoller Verschnitt von oftmals bis zu 50 verschiedenen Whiskys zu einem Blend oder schlicht als Zutat für einen leckeren Cocktail.

SINGLE MALT

Die meisten Whiskydestillerien produzieren Single Malt Whisky. Die Scotch Whisky Association definiert den Single Malt wie folgt: Er darf nur aus 100 Prozent Malt Whisky bestehen und nur aus einer einzigen Destillerie stammen. Wenn der Whisky nicht gerade als Single Cask (also nur aus *einem* Fass) abgefüllt wird, ist er normalerweise ein Verschnitt aus einer Vielzahl an Fässern mit unterschiedlichem Alkoholgehalt, eventuell sogar mit unterschiedlichem Alter. Dieses „Vatting" bewirkt einen gleichbleibenden Charakter, denn der Inhalt der einzelnen Fässer ist im Geschmack doch oft recht unterschiedlich. Werden Whiskys unterschiedlichen Alters zusammengemischt, darf nur das Alter des jüngsten Whiskys angegeben werden. Im Normalfall werden Single Malts in Pot Stills destilliert.

Single Malt ist aber keinesfalls nur ein Produkt aus Schottland. Bis vor dem Zweiten Weltkrieg wurde er auch in Irland in großem Stil produziert. Heute besinnt man sich auf der grünen Insel langsam wieder dieser Tradition. Fast überall auf der Welt, wo Whisky produziert wird, gibt es heute Firmen, die nach dem schottischen Vorbild Single Malt produzieren.

(SINGLE) GRAIN WHISKY

Nach schottischer Definition muss Grain Whisky (grain = Getreide) aus einer Grain-Destillerie stammen. Grain Whisky besteht normalerweise aus Mais, Weizen, Roggen und/oder aus gemälzter wie ungemälzter Gerste. Die Gerste ist die teuerste aller Getreidesorten. Man benötigt allerdings einen Anteil von bis zu 20 Prozent Gerste, da nur sie die nötigen Enzyme liefert, um die Stärke in Zucker umzuwandeln. Grain Whiskys sind so gut wie immer verschnitten. Die irische Grain-Variante ist meist leichter und besitzt im Rohbrand oftmals 94,8 Prozent Alkohol. Single Grain Whisky wird nur selten abgefüllt, da der Großteil des Grain Whiskys für Blends verwendet wird.

PURE POT STILL

Diese irische Whiskeyvariante gibt es eigentlich seit Beginn des 18. Jahrhunderts, als man ungemälzte mit gemälzter Gerste mischte und in Pot Stills destillierte. Man wollte dadurch die hohen Malzsteuern umgehen. Die Brenner merkten jedoch bald, dass dieses ungewöhnliche Vorgehen einen fabelhaften Whiskey hervorbrachte, der den Pure Pot Still Whiskey letztendlich weltberühmt machte. Heute spielt er zwar nicht mehr eine so bedeutende Rolle, hat aber nach wie vor seine Anhänger. In den USA gibt es – trotz der weitverbreiteten Auffassung, dass dort nur Bourbon produziert wird – eine Vielzahl von Varianten. Sie werden dort meist Straight Whiskeys genannt.

STRAIGHT WHISKEY

Bei dieser Variante (straight = pur) muss eine Getreidesorte mindestens 51 Prozent Anteil aufweisen. Der Alkoholanteil darf dabei nicht über 80 Prozent liegen. Der Whiskey muss mindestens

BLENDS

Neben den oben genannten Whisk(e)ysorten gibt es noch die große Gruppe der Blends. Dabei wird eine Vielzahl an Whiskys zusammengemischt – oder „geblended". Auch hier gilt: Wenn eine Altersangabe vorhanden ist, wird immer der jüngste Whisky angegeben. Der Blended Whisky läutete den weltweiten Siegeszug des schottischen Whiskys ein. Auch in Irland spielt der Blend eine maßgebliche Rolle, genauso wie in Kanada und in zahlreichen anderen Ländern. In den USA hingegen wird er nur in geringen Mengen hergestellt. Zur Herstellung der Blends siehe den Abschnitt „Blending" auf S. 42 f.

Schottische Blends

Sie bestehen meistens aus einer großen Anzahl unterschiedlicher Whiskys, oftmals sogar aus mehr als 50 Sorten. Je höher der Anteil des Malt Whiskys, desto höher die Qualität. Ein Blend mit mehr als 40 Prozent Malt Whisky wird auch als „Luxusblend" bezeichnet. Fässer unterschiedlicher Marken werden getauscht, um so die notwendige Vielfalt zu erhalten und die benötigten Mengen sicherzustellen. In Schottland gibt es Firmen, die heute ausschließlich Blends herstellen.

Irische Blends

Durch die geringe Anzahl an Destillerien war es nicht möglich, eine Vielfalt wie in Schottland anzubieten. Durch die Besonderheit des Pure Pot Still Whiskeys stehen aber trotzdem einige Kombinationsmöglichkeiten offen. Mit der Brennerei Cooley kam zusätzliche Bewegung in den Blend-Markt. Einige schottische Produktionsmethoden wurden hier adaptiert, wodurch flexibler und facettenreicher produziert werden kann.

Kanadische Blends

In Kanada werden hauptsächlich Blends produziert, die dann zum Großteil in die USA verkauft werden. Hierzu produzieren viele Brennereien neutralen Alkohol, der den Blends als Basis dient. Der dadurch entstandene weiche, leichte Whisky wurde besonders in den USA sehr populär.

Amerikanische Blends

Sie machen nur einen Bruchteil des Marktes aus. Für die Blends vermischt man Straight Whiskey mit bis zu 80 Prozent neutralem Grain Whiskey von eher minderer Qualität – daher auch die eher geringe Verbreitung.

Whisky mit Melasse

In Indien wie in Thailand wird für den ganz billigen Whisky auch Melasse eingesetzt, da dieser Zuckerersatz sehr günstig produziert werden kann. Unseren Vorstellungen nach gehört allerdings ein Whisky aus Melasse eher zur Sorte der Rum-Erzeugnisse.

zwei Jahre lang in einem vorher ausgeflammten neuen Eichenfass gelagert werden und darf keinerlei Farbstoffzusätze enthalten. Bei der Abfüllung in Flaschen muss der Alkoholgehalt dann zwischen 40 und 62,5 Volumprozent liegen. Um gewisse Bakterien zu beseitigen, wird beim Maischen ein Teil des Destillatrückstandes beigemischt. Dies nennt man die „Sour-Mash"-Methode. Verzichtet man auf diese Methode – was jedoch eher selten der Fall ist –, wird das Ganze dann „Sweet Mash" genannt. In der Regel beinhalten die meisten Straight Whiskeys einen gewissen Anteil an Gerstenmalz, nicht zuletzt aufgrund des hohen Enzymgehalts der Gerste.

STRAIGHT BOURBON

Der Straight Bourbon muss aus mindestens 51 Prozent, maximal aus 80 Prozent Mais bestehen. Der Rest enthält eine Mischung aus ungemälzter wie gemälzter Gerste, ebenso wie Weizen oder Roggen. Sollte die Reifezeit weniger als vier Jahre betragen, muss dies auf dem Flaschenetikett ausgewiesen werden. Mais enthält übrigens den höchsten Zuckeranteil aller Getreide.

STRAIGHT TENNESSEE

Dieser Whiskey wurde erst 1941 offiziell gesetzlich abgesegnet. Er wird heute in der Regel ähnlich wie der Straight Bourbon aus 51 Prozent Mais hergestellt. Die Verwendung von Mais ist allerdings nicht gesetzlich vorgeschrieben. Was ihn jedoch zu etwas ganz Besonderem macht, ist das zusätzliche „Charcoal Mellowing", auch „Lincoln County Process" genannt. Dabei wird der Whiskey durch eine drei Meter dicke Holzkohleschicht filtriert, bevor er zur Reifung ins Fass gefüllt wird.

STRAIGHT RYE

Dieser Whiskey besteht aus mindestens 51 Prozent Roggen (rye = Roggen) und erlebte in den letzten Jahren eine Art Renaissance. Er war lange Zeit der meistverbreitete Whiskey in den USA, wurde dann aber vom Bourbon verdrängt.

STRAIGHT CORN

Ist Straight Corn (corn = Mais) nicht gleich Straight Bourbon? Die Antwort lautet: Nein. Der Straight Corn muss mindestens 80 Prozent Mais aufweisen, aber nicht unbedingt in neuen Eichenfässern gelagert werden. Es gibt zusätzlich noch einen Corn Spirit, der für die Herstellung von Blends verwendet wird, aber in keinster Weise an die Qualität der Grain Whiskys heranreicht.

In der Bottling Line in der schottischen Destillerie Glenturret wird der bekannte Blended Whisky „Famous Grouse" abgefüllt.

In den wenigen schottischen Brennereien, die noch selbst mälzen, wie hier in der Destillerie Springbank, werden mit dem Rechen in mühsamer Handarbeit Furchen in die ausgebreitete Gerste gezogen, damit das Getreide während der Keimung besser belüftet werden kann.

Zutaten zum Whiskybrennen

BEI DER WHISK(E)YHERSTELLUNG wird im Grunde genommen immer auf dieselben Grundzutaten zurückgegriffen: Getreide, Wasser und Hefe. Natürlich spielen auch noch einige andere Komponenten eine wichtige Rolle: zum Beispiel das Holz für die Fässerherstellung oder der Torf. Zuallererst sollen aber die drei wesentlichen Zutaten näher beleuchtet werden.

Getreide

JEDER WHISK(E)Y BESTEHT aus mindestens einer (Malt Whisky) oder aus mehreren verschiedenen Getreidesorten. Jede Brennerei, die mehrere Sorten verwendet, hat ihr eigenes wohlgehütetes Mischgeheimnis.

GERSTE

Die Gerste, zu Englisch „barley“, ein Getreide, das zur Gattung Hordeum gehört und zur Familie der Süßgräser zählt, wurde schon sehr früh im Vorderen Orient und der östlichen Balkanregion angebaut. Erste Nachweise lassen sich bis ins Jahr 10 500 v. Chr. zurückverfolgen. Auch in Westeuropa baute man schon früh Gerste an, so auch in Schottland und Irland. Schottische und irische Siedler brachten das Getreide schließlich in die USA, wo es vor allem in North Dakota, Minnesota, Idaho, Washington und Wisconsin angebaut wird. Diese Anbaugebiete sind die wichtigsten Lieferanten für die amerikanische Whiskeyindustrie. Aber auch Kanada spielt als Lieferant eine wichtige Rolle. Weltweit steht Kanada sogar an zweiter Stelle der Gersteproduzenten hinter den ehemaligen GUS-Staaten. Die USA folgen erst auf Rang neun.

Die Gerste teilt man in zwei Hauptgruppen ein: die Wild- und die Kulturgerste. Die zweite Gruppe unterteilt man dann weiter in zweizeilige und vielzeilige Gerste. Die zweizeilige Gerste wird vorwiegend in Europa genutzt, die sechszeilige vor allem in den USA. Diese werden dann wiederum in aufrechte und nickende Gruppen sowie Sommer- bzw. Wintergerste unterteilt. Für die Herstellung von Malz eignen sich am besten die zweizeiligen Sommergerstesorten. Von den rund 300 Sorten verschiedener Sommergerste eignen sich dann in etwa 60 Sorten zur Herstellung von Braumalz, dem eigentlichen Grundstoff für die Herstellung vieler Whisk(e)ys.

In Irland baut man Gerste in der Gegend um Cork und Athy an. Die Kenner behauten sogar, dass die irische Gerste die qualitativ beste der Welt sei.

In Schottland verwendet man vorwiegend Gerste aus eigenem Anbau, teilweise importiert man sie auch aus den englischen Regionen Norfolk und Northumberland. Hauptanbaugebiete in Schottland sind die Regionen Black Isle, Morayshire, Aberdeenshire, Fife, Angus und Lothian. Die Bierbrauer bevorzugen übrigens Gerste mit einem hohen Nitratgehalt, die nicht für den Whisky geeignet ist, genausowenig wie Gerste mit einem hohen Anteil an Proteinen. Denn dieser höhere Eiweißgehalt geht zulasten der Stärke. Ein geringerer Anteil an Stärke bedeutet wiederum einen geringeren Ertrag bei der Gewinnung von Alkohol. Eine weitere Eigenschaft, die eine zur Whiskyherstellung geeignete Gerste aufweisen sollte, ist ein geringer Stickstoffgehalt. Stickstoffwerte von über 1,7 Prozent weisen sowohl auf einen erhöhten Proteingehalt als auch auf einen hohen Anteil an Düngemitteln hin. Beides ist bei der Whiskyproduktion nicht erwünscht. Zudem sollte die Gerste einen geringen Wassergehalt aufweisen – auf jeden Fall unter 17 Prozent.

Was die Gerste für die Whiskyherstellung so attraktiv macht, ist ihre Eigenschaft, Stärke besonders gut in vergärbaren Zucker zu verwandeln.

Um das Jahr 1900 herum gab es Gerstensorten, bei denen aus einer Tonne rund 300 Liter Alkohol

VERSCHIEDENE GERSTESORTEN

Bere
Die traditionelle Gerste in Nordschottland, kultivierte Urform

Camarque
Eine beliebte Sorte Anfang der 1990er-Jahre

Chalice
Bio-Gerste im Einsatz bei Benromach, Bruichladdich oder Kilchoman
Ertrag: ca. 400 Liter Alkohol je Tonne Malz

Chariot
Seit 1995 im Anbau
Ertrag: ca. 450 Liter Alkohol je Tonne Malz

Chevalier
Ab 1900 im Anbau
Ertrag: ca. 300 Liter Alkohol je Tonne Malz

Golden Promise
Seit Ende der 1960er-Jahre im Einsatz, war bis Mitte der 1980er die führende Sorte
Ertrag: ca. 390 Liter Alkohol je Tonne Malz
Verwendung bei Macallan und Glengoyne (neben weiteren Sorten)

Marris Otter
Angebaut zwischen 1950 und 1965
Ertrag: ca. 350 Liter Alkohol je Tonne Malz

Optic
Mit ca. 50–60 Prozent führende Sorte
Ertrag: ca. 400 Liter Alkohol je Tonne Malz
Verwendung bei Port Ellen Maltings und somit für diverse Islay-Destillerien, zum Beispiel Bruichladdich, Bowmore

gewonnen werden konnten. Heutige Hochleistungssorten bringen es auf 500 Liter pro Tonne. Bei der Züchtung neuer Sorten wird neben dem höheren Ertrag auch darauf geachtet, dass sie widerstandsfähiger gegen Krankheiten, aber auch gegen Wind und Wetter werden. Man bevorzugt heute Sorten mit kürzeren, aber kräftigeren Halmen.

Angebaut werden vorwiegend Sommergersten, die im März bzw. Anfang April gesät werden. Nach der Blütezeit Ende Juni beginnen sie mit der Bildung der Samen. Je nach Klima dauert die Reifezeit unterschiedlich lange. Es gibt jedoch auch Sorten wie Golden Promise, die früh reif sind und daher meist schon Ende Juli geerntet werden können. Da die Zeit, in der diese Gerste der Witterung ausgesetzt ist, kürzer ist, steigt auch die Chance, dass sie ihr standhält. Somit sind Sorten mit kurzer Reifezeit eine sichere Wahl. Jede Sorte hat allerdings auch irgendeinen Nachteil. Eines der Hauptprobleme ist der Pilzbefall. Auch diese Krankheiten entwickeln sich weiter, und so werden einst resistente Sorten früher oder später ebenfalls befallen.

Heutzutage geht der Trend zur Biogerste, wie bei Bruichladdich oder Benromach. Diese Art von Anbau erhöht jedoch die Produktionskosten, was sich natürlich auch auf den Verkaufspreis auswirkt.

MAIS

Für den Bourbon ist die Verwendung von Mais vorgeschrieben. Der „Zea mays“, so sein wissenschaftlicher Name, kommt aus der Familie der Süßgräser und wurde bereits von den Indianern angebaut. Ursprünglich aus Mexiko stammend, fand er schon 1100 v. Chr. seinen Weg nach Arizona. War anfänglich noch der Roggen das bevorzugte Getreide der amerikanischen Brenner, fand der Mais mit der Besiedlung von Kentucky immer mehr Anhänger und verbreitete sich schnell. Heute ist der Mais das geschmacksbestimmende Getreide im Bourbon, mit einem erdigen und leicht süßlichen Geschmack. Er ist außerdem für eine leichte Würze verantwortlich und produziert den höchsten Alkoholgehalt. Auch in Kanada ist der Mais neben Roggen und gemälzter Gerste das wichtigste Getreide.

WEIZEN

Der Weizen spielt vor allen Dingen in Schottland eine wichtige Rolle bei der Herstellung von Grain Whisky. Er verdrängte den früher häufig verwendeten Mais. Der Weizen trägt den wissenschaftlichen Namen „Triticum“ und gehört zu den Süßgräsern (Poaceae). Bei den Brennereien verwendet man bevorzugt den Winterweizen, da er einen hohen Stärkegehalt aufweist. Er braucht zwar länger, bis er geerntet werden kann, da er im Herbst gesät und erst im darauffolgenden Spätsommer eingefahren werden kann; mit der Klimaerwärmung verschiebt sich der Erntetermin allerdings etwas nach vorne. Der Sommerweizen spielt wegen der geringeren Kornerträge eine weitaus kleinere Rolle als der Winterweizen. Er sorgt hauptsächlich für eine honigartige Süße und macht den Whisky außerdem geschmeidiger und runder.

ROGGEN

Der Roggen (englisch „rye“) spielte besonders in den Anfängen der Besiedlung Amerikas eine große Rolle. Der Rye Whiskey wurde im 18. Jahrhundert vorwiegend in Pennsylvania und Maryland produziert. Heute hat dieser Whiskey jedoch keine große Bedeutung mehr. Mehr Verwendung findet Roggen in kanadischen Whiskys. Er bringt eine gewisse Würze in den Whisky, aber auch eine weiche und trockene Note. Man findet ihn natürlich auch in vielen Bourbons. Der Roggen („Secale cereale“) ist ein sehr anspruchsloses Getreide und gedeiht deshalb auch auf kargen Böden.

S. 16: Nachdem die Gerste mit Wasser eingeweicht wurde, wird sie auf dem Mälzboden ausgebreitet. Während der Keimung wird sie mehrmals gewendet, damit die Körner nicht aneinanderkleben.

Ob Sommer- oder Wintergerste, zweizeilig oder mehrzeilig – das richtige Getreide will sorgfältig gewählt sein.

Zutaten

Wasser

WASSER IST NEBEN Getreide der wichtigste Rohstoff für die Whiskyherstellung. Ohne Wasser geht gar nichts. Wasser spielt schon beim Maischen eine große Rolle. Während der Destillation wird Wasser für die Kühlung gebraucht, um den verdunsteten Alkohol wieder zu verflüssigen, und beim Abfüllen in die Fässer wird erneut Wasser benötigt. Zu guter Letzt wird der Whisky noch mit Wasser auf Trinkstärke verdünnt.

Daher achtet man sehr auf die Qualität und Verfügbarkeit dieses Rohstoffes. Schon bei der Standortbestimmung beim Neubau einer Destillerie ist die Wasserquelle eines der ausschlaggebensten Kriterien, wenn nicht sogar das wichtigste überhaupt. Es muss sichergestellt sein, dass die Quelle auch in den warmen Sommermonaten zuverlässig Wasser liefert. Schon so manche Destillerie musste die Produktion einstellen, als in einer sehr trockenen Periode kein Wasser mehr vorhanden war. Und ohne Wasser ist nun mal keine Produktion möglich.

Wie sehr man auf das Wasser achtet, zeigt das Beispiel Glenfiddich: Die Robbie-Dhu-Quelle, die die Brennerei mit Wasser versorgt, wurde schon vor langer Zeit geschützt. Um diesen Schutz zu gewährleisten, kaufte man das ganze Land vom Ursprung der Quelle bis zur Destillerie. Das sind immerhin 600 Hektar der Conval Hills. Um die Reinheit zu gewährleisten, dürfen nicht mal Schafe und Rinder in der Nähe des Baches weiden.

WASSER IN SCHOTTLAND

So unterschiedlich wie der Whisky auf der ganzen Welt ist, so unterschiedlich ist auch das Wasser aus den Quellen. In der Region Speyside zum Beispiel ist das Wasser relativ weich. Es fließt über Granit und nimmt daher nur wenige Mineralien auf. Doch auch hier gibt es Ausnahmen: Bei Cardhu zum Beispiel fließt das Wasser über Quarzit, bei Inchgower über roten Sandstein. Auf den Inseln Mull und Skye, die teilweise vulkanischen Ursprungs sind, fließt das Wasser über das Basaltgestein und verleiht zum Beispiel dem Talisker auf Skye seinen einzigartig feinen Geschmack. Es gibt jedoch auch Gegenden mit sehr hartem Wasser. So verwendet beispielsweise die Destillerie Glenmorangie in den Northern Highlands sehr hartes Wasser, das über Kalkstein fließt und von daher reich an Zink, Calcium und Magnesium ist. Es ist schwer zu sagen, ob sich weiches Wasser besser eignet als hartes. Beide Wassersorten beeinflussen auf ihre Weise den Whisky und tragen wesentlich zum individuellen Geschmack der Whiskys bei.

Torf- und Heidemoore prägen nicht nur die Landschaft der schottischen Highlands, sie hinterlassen auch im Geschmack der Whiskys ihre ganz besondere Note.

Das Wasser für den Whisky will fein säuberlich gewählt sein: Hier wird eine Wasserprobe aus einem Bach auf der schottischen Insel Skye für die Whiskys der Brennerei Talisker genommen.

Zahlreiche Destillerien verfügen über große Wasserspeicher auf ihrem Brennereigelände. Wie hier in der Destillerie Bushmills wird das Wasser für die Whiskeys und für die Kühlung gesammelt.

WASSER IN IRLAND

Das Wasser der Brennerei Bushmills fließt über Basalt und durch Lehmschichten und wird daher eher als hart eingestuft. Das Wasser von Midleton ist weich. Es kommt aus einer Quelle mit rotem Sandstein und fließt über kohlehaltigen Kalkstein. Trotzdem ist der Anteil an Mineralien hier eher gering.

WASSER IN DEN USA

In den Whisky produzierenden Staaten Kentucky und Tennessee fließt das Wasser meist über sehr kalkhaltige Böden und ist daher reich an Magnesium und Calcium. Das Calcium fördert bei der Gärung das Wachstum der Hefe. Dafür sind jedoch andere Hefestämme notwendig als jene, die in Schottland oder Irland verwendet werden und eher weniger Calcium mögen. In Kentucky regnet es bedeutend weniger als in Irland oder Schottland. Trotzdem verfügt die Region über einen verhältnismäßig sicheren Wasservorat. Über die Jahrmillionen hinweg bildeten sich im Kalkstein Höhlen, Risse für Wasserläufe und Vertiefungen. Die Wasserhöhlen wurden so zu großen Speichern, die heute die Wasserversorgung Kentuckys sicherstellen. Das poröse Gestein dient außerdem als eine Art Filter, wodurch eine ausgezeichnete Qualität des Wassers gewährleistet wird.

WASSER IN JAPAN

Da die Landschaft ähnlich facettenreich ist wie in Schottland, unterscheiden sich auch hier die Wasserhärten und Wasserqualitäten von Region zu Region. Die verschiedenen Whiskyhersteller verwenden sowohl hartes als auch weiches Wasser.

DER EINFLUSS VON HEIDEKRAUT

Gerade in Schottland, in der Region Speyside und auch auf den Orkneyinseln treten im Whisky typische Aromen von Heidekraut, aber auch blumige Noten von Eukalyptus, Rosen und Farn hervor. Die drei in Schottland heimischen Heidekrautsorten „Erica Tetralix“, „Erica Cinera“ und „Calluna Vulgaris“ blühen vor allen Dingen im Spätfrühling sowie im Herbst. Da das Quellwasser oftmals durch Heidemoore fließt, nimmt es deren Aromen auf und gibt beim Einweichen der Gerste oder beim Maischen diese blumige Aromen wieder ab.

Da Heidekraut auch im Torf steckt, kann es durchaus sein, dass beim Trocknen des Grünmalzes (Mälzen) Aromen aufgenommen werden, die die Torfballen mit dem Rauch abgegeben haben. Aber auch beim Destillieren können durch einen stärkeren Rückfluss im langen Hals in der Brennblase weitere blumige Noten hervortreten. Auch Bourbonfässer besitzen die Eigenschaft, diese Aromen zu intensivieren.

Besonders auf der schottischen Insel Islay fließt das Wasser durch zahlreiche Torfmoore, bevor es in den Destillerien ankommt. Die starke Torfnote im Geschmack entsteht aber meistens durch die Torffeuer in der Darre.

Im Gegensatz dazu können Whiskys, deren Fässer in Brennereien nahe der Küste reifen, durchaus Aromen der Seeluft aufnehmen, das heißt, salzige Noten sowie Algen- bzw. Jodaromen aufweisen. Einige Brennereien auf Islay, Skye oder in anderen Küstenregionen haben ihre Lagerhäuser oftmals direkt am Wasser stehen. Am extremsten bemerkbar ist dieser Einfluss bei Laphroaig, deren Whisky ein sehr starkes Meeresaroma mit medizinischen, teerigen Nuancen aufweist. Neben der Lagerung unweit des Meeres macht sich hier sicherlich auch der Torf bemerkbar. Bei Laphroaig werden heute noch rund zehn Prozent der Gerste selbst gemälzt. Der dabei verwendete Torf ist stark mit Algen durchsetzt und sorgt dafür, dass Jod, Meeresaromen und Salz in den Whisky gelangen. Allerdings ist dieser Zusammenhang, der logisch erscheint, wissenschaftlich nicht bewiesen. Selbst die Experten streiten sich, welchen Einfluss die verschiedenen Sorten von Algen (Rot-, Grün- oder Braunalgen) auf den Geschmack des Whiskys haben können.

Starke Heidearomen findet man besonders in den Whiskys aus den schottischen Highlands und der Speyside. Hierfür sind auch die Heidemoore verantwortlich, durch die das Wasser fließt.

Rein wissenschaftlich betrachtet, konnte bisher noch nicht geklärt werden, welche Zusätze im Wasser den Whisky zu welcher Zeit und wie stark prägen können. Viele Produzenten sind etwa der Ansicht, dass torfhaltiges Wasser das Aroma eines Whiskys stark beeinflusst. Das Quellwasser, das zur Brennerei Lagavulin fließt, ist zum Beispiel sehr braun, was darauf hinweist, dass das Wasser auf seinem Weg von der Quelle bis zur Brennerei Torf aufgenommen hat. Die damit verbundene geschmackliche Prägung darf man aber nicht mit dem Phänomen des Torfrauchigkeit des Whiskys verwechseln. Diese wird durch Phenole verursacht, die die Gerste aufnimmt, wenn sie über dem Torffeuer gedarrt wird.

Hefe

DIE HEFE IST die dritte Zutat, die für die Herstellung des Whiskys essenziell ist. Sie ist ebenso wie das Wasser und das Getreide ein Naturprodukt und hilft dabei, den aus der Stärke gewonnenen Zucker des Getreides in Alkohol umzuwandeln. Der Alkoholgehalt beträgt dann nach der Gärung rund 7,5 bis 10 Prozent. Dabei kommen die unterschiedlichsten Sorten von Hefe zum Einsatz: Manche Brennereibetriebe schwören auf die Brauhefe, die auch beim Bierbrauen verwendet wird, andere wiederum züchten sie selbst oder lassen sie nach ihrem eigenen Rezept züchten. Gerade die Amerikaner sind sehr stolz darauf, dass ihre Hefekulturen seit Generationen ohne Unterbrechung gezüchtet werden.

Die Hefekulturen selbst sind einzellige Pilze und stammen aus der Gruppe der Schlauchpilze („Ascomycota“) und gehören zu den eukaryotischen Organismen. Sie vermehren sich durch Teilung oder auch Sprossung.

Im Nahen Osten verwendete man die Hefe bereits seit Jahrtausenden für die Gärung von Wein, Bier und natürlich auch für die Brotherstellung. Damals wusste man allerdings noch nicht, dass es sich hierbei um Lebewesen handelte. Erst Louis Pasteur (1822–1895) fand heraus, dass Hefe aus Mikroorganismen besteht, und konnte außerdem nachweisen, dass ohne Fermentation kein Alkohol entstehen kann. Hefe wurde dann erstmals 1883 in der dänischen Carlsberg-Brauerei künstlich hergestellt. Die Brauer stellten fest, dass manche Hefepilzkulturen gezüchtet werden konnten. Der Sohn des Gründers, Jacob Christian Jacobsen, hatte bereits im Jahr 1875 ein Labor in der väterlichen Brauerei eingerichtet. Zu seinen Freunden zählte damals auch Louis Pasteur, sodass wohl beide zum Erfolg der zu Ehren der Brauerei „Saccharomyces carlsbergensis“ benannten Hefe beigetragen haben.

Auch das Gerstenmalz besteht zum Teil bereits aus Wildhefen. Es bedarf jedoch der leistungsfähigeren Kulturhefen, um den Gärungsprozess in Gang zu setzen. Die Brennereien verwenden je nach Whisky verschiedenartige Hefen, die den Alkoholgehalt, aber auch den Geschmack beeinflussen können. Die Kulturen werden deshalb in den Destillerien sorgsam gepflegt und gezüchtet.

In den großen Gärbottichen, („wash backs“) von Glenfiddich wird das Gerstenmalz durch die Beimischung von Hefe gegärt. Dadurch entsteht ein Alkoholgehalt von 7,5 bis 10 Prozent.

LOW WINES STILL
CAPACITY 15,000 LITRES

HERSTELLUNG

Herstellungsprozess

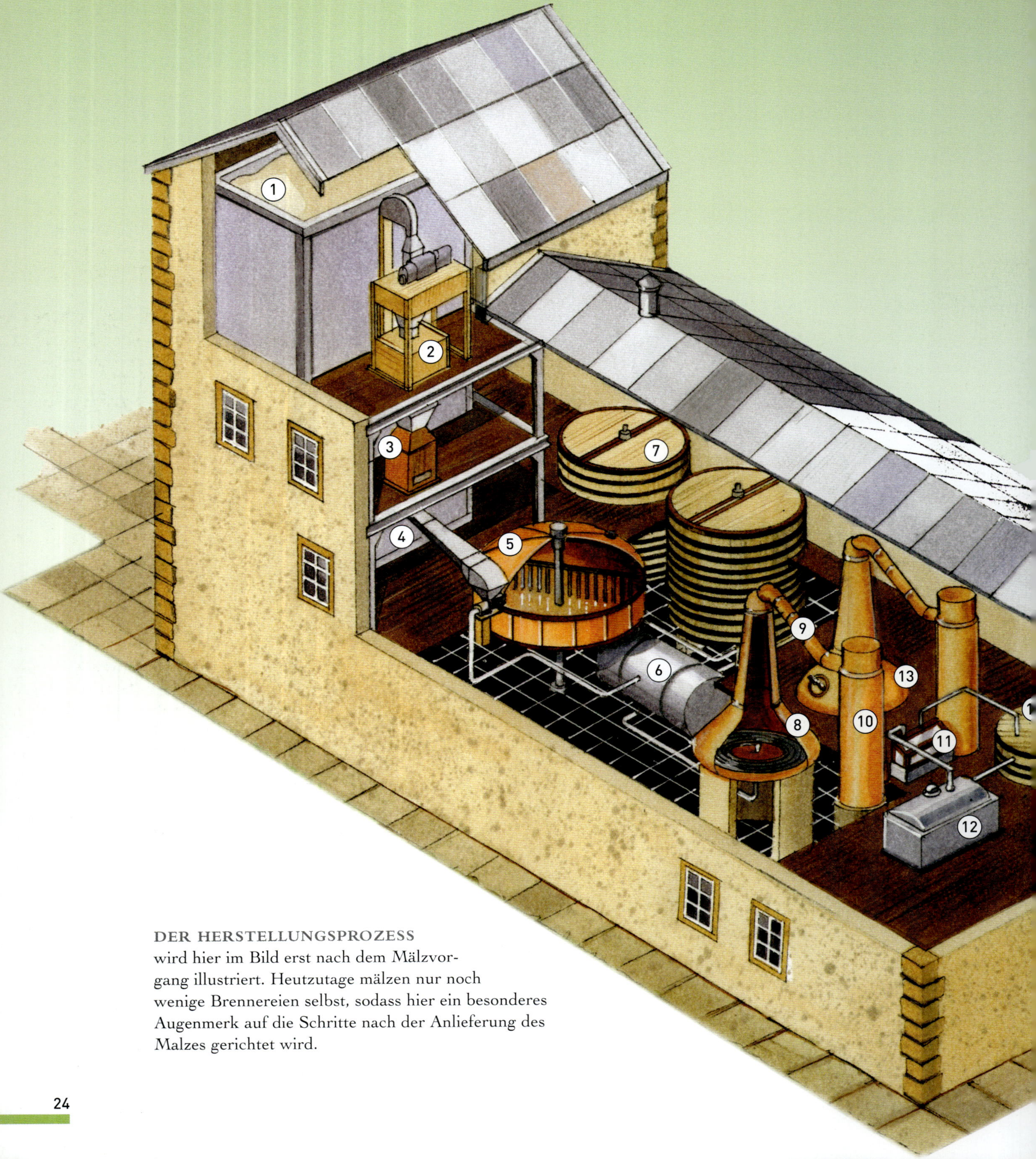

DER HERSTELLUNGSPROZESS wird hier im Bild erst nach dem Mälzvorgang illustriert. Heutzutage mälzen nur noch wenige Brennereien selbst, sodass hier ein besonderes Augenmerk auf die Schritte nach der Anlieferung des Malzes gerichtet wird.

Die Gerste wird angeliefert und lagert in einem Silo (Barley Silo).

In der Zurichtemaschine (Charge Bin) entfernt man die Unreinheiten.

In großen Einweichbehältern (Steeping Tanks) wird die Gerste gewässert.

In traditionellen Floor Maltings wird die Gerste dann ausgebreitet und mehrfach gewendet (belüftet), damit die Temperatur der Gerste während des Keimvorgangs nicht zu hoch steigt. In Betrieben mit einem hohen Automatisierungsgrad wird dieser Wendevorgang mit einer Saladin Box oder einer Trommel (Malting Drum) vorgenommen.

Nach der Keimung trocknet man das entstandene Grünmalz in der Kiln. Dabei liegt das Malz auf dem perforierten Boden der Kiln und wird von unten mit Kohle befeuert bzw. mit Torf (Peat), wenn es rauchig und torfig werden soll.

Nach der Trocknung gelangt das Grünmalz in Zwischenspeicher (Malt Storage). Dies können Fässer oder wieder ein Silo sein. ①

Danach geht es nochmals durch die Zurichtemaschine, um die letzten Wurzelfasern zu entfernen. ②

In der Malzmühle ③ wird das Malz grob zu Grist gemahlen.

Das Malzschrot wird nochmals im Grist Hopper zwischengelagert.

In der Maischmaschine ④ mischt man das Schrot mit heißem Wasser aus dem Wassertank.

Danach kommt das Ganze in den Maischbottich ⑤ (Mash Tun). Er besteht in der Regel aus Edelstahl oder aber aus Gusseisen und hat meist einen Deckel, um die Wärme zu speichern. Das Gemisch wird hier gut durchgemischt, und die Würze (Wort) gelangt durch den perforierten Boden in den Underback. ⑥

Danach wird die Würze im Wort Cooler abgekühlt.

Die Würze gelangt in den Gärbottich (Wash Back) ⑦, wo sie zusammen mit der Hefe (Yeast) anfängt zu gären und Alkohol bzw. Kohlendioxid zu produzieren.

Die so entstandene Wash kommt in den Wash Charger.

Anschließend beginnt die Destillation. Dabei gelangt die fermentierte Maische (Wash) in die Wash Still ⑧, wo sie zum Kochen gebracht wird. Dabei steigen die alkoholischen Dämpfe in den Hals ⑨ und werden danach im Kondensator oder einem Worm Tub abgekühlt. Der Kondensator ⑩ wird ständig mit kaltem Wasser aus dem Wassertank gespeist.

Das gewonnene Destillat (Low Wine) fließt dabei zum ersten Mal durch den Spirit Safe ⑪ in einen Sammelbehälter. ⑫

Von hier aus geht es zum zweiten Destilliervorgang in die Low Wine Still oder Spirit Still ⑬. Auch hier gelangen die alkoholischen Dämpfe wieder in den Kondensator und anschließend zum Spirit Safe. Bei diesem Destillationsprozess muss der Brennmeister sehr genau beachten, was geschieht. Denn nur der Mittellauf (Middle Cut), also der mittlere Teil, kann später verwendet werden. Der Vorlauf und der Nachlauf werden wieder zum Low Wine in den Sammeltank geleitet. Das „Herz", wie der Mittellauf auch genannt wird, gelangt daraufhin in einen Sammelbehälter. ⑭

Zum Schluss gelangt der „Baby Whisky" oder junge Brand in einen weiteren Tank, wo er, mit Wasser verdünnt, anschließend in die Fässer gefüllt wird. ⑮

Mälzen

BEIM MÄLZVORGANG wird die Gerste zum Keimen gebracht. Es handelt sich dabei um einen genau kontrollierten Prozess, den der Mälzer gründlich überwachen und vor allem rechtzeitig stoppen muss.

Wir sollten den Herstellungsprozess des Mälzens kurz wissenschaftlich betrachten: Durch die Keimung des Gerstenkorns entstehen Enzyme. Durch das Enzym Diastase (Amylase) keimt das Gerstenkorn und sprengt die Zellwände auf. Dadurch entsteht Dextrin (Stärke in löslicher Form) und daraus wiederum Maltose, ein löslicher Malzzucker.

Der Mälzer bringt die Gerste so lange zum Keimen, bis die Zellwände aufgebrochen sind. Hierbei muss er darauf achten, dass der wachsende Keimling nicht den Stärkeanteil verliert, denn dieser wird später noch gebraucht. Sobald der richtige Zeitpunkt erreicht ist, muss er den Vorgang stoppen, indem er den Keimlingen die Feuchtigkeit entzieht. Wird der richtige Zeitpunkt verpasst, geht viel Geld verloren. Schließlich macht das Mälzen zwei Drittel der Herstellungskosten aus – natürlich inklusive der hohen „Materialkosten" für die Gerste. Daher ist es nicht verwunderlich, dass heute nur noch wenige Brennereien selbst mälzen. Die meisten Betriebe lassen das Malz in großen Mälzereien herstellen. In einem industriellen Prozess kann mithilfe von Saladin Boxen, rotierenden Trommeln oder SGKVs (Steep, Germinate and Kilning Vessels) das Malz vollautomatisch hergestellt werden, womit man enorme Kosten einspart. Mit dem Mälzen lässt sich auch der spätere Whiskygeschmack sehr stark beeinflussen. Das Brennmaterial in der Kiln bestimmt wiederum zum Teil, wie viel Rauch der Whisky später annimmt.

Wie sieht jedoch dieser recht theoretische Vorgang in der Praxis aus? Anhand einer traditionell produzierenden Mälzerei in einer Destillerie soll dies aufgezeigt werden.

In einigen schottischen Brennereien wird heute noch selbst gemälzt. Auf den Mälzböden, wie hier in Balvenie, wird die Gerste gleichmäßig zur Keimung ausgebreitet.

BEREITSTELLUNG UND EINWEICHEN

Die angelieferte Gerste wird meist in großen Silos zwischengelagert, bis sie gebraucht wird. Zu dieser Zeit befinden sich in der Gerste weniger als zwölf Prozent Wasser. Danach wird sie gründlich gereinigt und anschließend in großen Kübeln oder Tanks (Steeps) eingeweicht. Diese Einweichzeit beträgt zwischen zwei und drei Tagen und hängt ganz von der Größe der Gerstenkörner und ihrer Aufnahmefähigkeit sowie von der Wassertemperatur ab. Das Gerstenkorn muss dabei auf eine Feuchtigkeit von mindestens 46 Prozent gebracht werden, damit der Keimvorgang eingeleitet werden kann. Während des Einweichens wird das Wasser zwei- bis dreimal gewechselt und mit Sauerstoff versetzt. Dadurch wird die Wasseraufnahme im Gerstenkorn beschleunigt.

KEIMUNG

Bei der traditionellen Keimung wird die feuchte Gerste in länglichen Gebäuden (Floor Maltings) in bis zu 30 Zentimeter dicken Schichten auf einem Stein- oder Betonboden ausgelegt. Nach kurzer Zeit beginnen die Keime zu sprießen. Durch diesen Keimungsprozess wird enorm viel Wärme frei. Um die Gerste abzukühlen und um sie besser zu durchlüften, muss das Getreide ständig gewendet werden. Dazu verwendet man Schaufeln und Rechen aus Holz. Heute wird das auf den Malzböden teilweise maschinell gemacht, mit einem Gerät, das einen ein wenig an einen Rasenmäher erinnert. Der ganze Keimungsvorgang dauert in etwa eine Woche. Pro Tag verliert die Gerste rund ein halbes Prozent Feuchtigkeit. Die Triebe beginnen dabei langsam zu welken, wodurch die Gerste mehlig wird. Der Mälzer muss jetzt überprüfen, wie weit der Prozess fortgeschritten ist. Mit seinen Händen zerreibt er die Körner und testet, ob sich noch Klümpchen in der Gerste befinden. Wenn ja, dann muss er noch etwas warten. Wenn sich das Getreide schön weich und kreidig anfühlt, ist es gut. Außerdem überprüft der Mälzer den Geschmack. Dazu beißt er auf die jetzt Grünmalz genannte Gerste und prüft so ihre Süße.

Oben: Das Getreide wird vor dem Mälzvorgang in großen Mengen zwischengelagert. Wie hier in den USA werden hierfür große Tanks oder Silos verwendet.
Unten: Der Mälzer, hier in Balvenie, muss die Gerste ständig kontrollieren. Bei der Keimung wird sehr viel Wärme freigesetzt. Durch das Wenden wird das Getreide abgekühlt und durchlüftet.

DARREN

Das Grünmalz wird nun in die Malzdarre befördert und auf einem perforierten Malzboden ausgelegt. Die Malzdarre (Kiln) ist das Gebäude mit den schönen Pagodendächern, aus denen der Rauch und die Feuchtigkeit abziehen und die für eine ausreichende Luftzufuhr sorgen. Vor allem in Schottland findet man noch bei fast allen Brennereien diese charakteristischen Pagodendächer. Doch das Gebäude dient nur noch selten dem ursprünglichen Verwendungszweck. Das Trocknen wird in mehrere Phasen unterteilt. Bei der ersten Phase (Antrocknen) wird enorm viel Luft bei einer Temperatur zwischen 60 und 65 Grad Celsius durch das Malz geblasen. In der zweiten Phase (Trocknung) wird die Temperatur um weitere 10 Grad Celsius angehoben. Das Malz wird mit etwas weniger Luft richtiggehend getrocknet. Dabei wird die Feuchtigkeit auf circa fünf Prozent reduziert. In der dritten Phase, der Kühlphase, die zwischen 20 Stunden und zwei Tagen dauern kann, wird das Malz schließlich wieder abgekühlt.

Eine Vielzahl an Faktoren kann die einzelnen Phasen der Trocknung beeinflussen: die angewendeten Verfahren zur Trocknung bzw. Kühlung, die Menge des zu trocknenden Malzes, die Größe des Darrbodens, die Witterung (Temperatur und Luftfeuchtigkeit) und natürlich auch der verwendete Brennstoff, mit dem das Grünmalz getrocknet wird. Früher wurde in Schottland und Irland fast ausschließlich Torf verwendet, allein schon aus dem Grund, weil dies der einzige brauchbare, zur Verfügung stehende Brennstoff war. Das Resultat waren zumeist sehr rauchige Whiskys. Mit der Erfindung der Eisenbahn zog schließlich auch in die vielen traditionell produzierenden Destillerien der Fortschritt ein: In Regionen mit einer guten Eisenbahnanbindung, wie in den schottischen Highlands, stand nun genug Kohle und Koks zur Befeuerung zur Verfügung. Dadurch „verschwand" das rauchige Aroma allmählich aus den Whiskys der Speyside. Diese geschmackliche Veränderung wurde auf dem Whiskymarkt zu Beginn des 20. Jahrhunderts mit Freuden registriert. Doch heute gibt es wieder eine recht große Gemeinschaft von Whiskyliebhabern, die rauchige Single Malts lieben. Allen voran natürlich die rauchigen Whiskys von der Insel Islay.

Die Malzdarre oder auch Kiln, hier in der Destillerie Balvenie, wird entweder mit Kohle oder eher traditionell mit Torf beheizt. Der Torf sorgt für das rauchige Aroma eines Whiskys.

Im Trockenofen von Balvenie lodert das Feuer – die Gerste nimmt dabei den aufsteigenden Rauch auf. Um das Getreide gleichmäßig zu darren, muss mit viel Geschick die Temperatur geregelt werden.

TORF

Torf entsteht vor allem in kühleren, niederschlagsreichen Moorregionen. Die Erdschicht darf dabei nicht zu luftdurchlässig sein. Aus dieser Schicht, die sich wie ein Schwamm mit Wasser vollsaugt, kann sich Torf bilden. Die Erdschicht besteht mehrheitlich aus Torfmoos, Heidekraut, diversen Riedgräsern, Gagelstrauch und weiter landeinwärts auch aus Kiefern und Bärentraube. In den Küstenregionen enthält der Torf mehr Sand und salzige Aromen. Torfmoore können bis zu 10 000 Jahre alt sein. Es gibt jedoch auch viel jüngere Torfmoore, wie auf den Orkneyinseln, wo man das Alter auf rund 1800 Jahre schätzt. Die Schicht ist dort auch nur etwa vier Meter dick, im Gegensatz zu 10 000 Jahre alten Mooren, die ungefähr neun Meter aufweisen. Auf den Orkneyinseln enthält die oberste Schicht hauptsächlich Heidekräuter, darunter liegt eine kompaktere Schicht, die mehr Hitze, aber weniger Rauch erzeugt. Noch tiefere Schichten enthalten oftmals viel Holz und werden durch den hohen Druck recht ähnlich wie Kohle. Das ist nicht weiter verwunderlich – würde man noch weitere 2,5 Millionen Jahre warten, entstünde daraus Braunkohle.

Torf hat einen großen Einfluss auf die Rauchigkeit des Malzes und damit auch auf das Aroma der Whiskys. Diese Rauchigkeit geht auf den Anteil an Phenolen zurück, der gemessen wird. Bei der Herstellung kann dieser Phenolwert heute genau dosiert werden. Dabei teilt man die Rauchigkeit in drei Kategorien ein: leicht getorft mit 1–5 ppm (parts per million oder zu Deutsch: Anzahl Anteile pro Million), die mittelgetorfte Variante mit 10–20 ppm und die rauchigen mit 30–60 ppm (häufigste Variante). Doch auch hier gibt es Ausnahmen. Bruichladdich stellt mittlerweile den Octomore her, der, wie der Name schon andeutet, 80 ppm hat. Dieser Whisky ist aber noch nicht als Single Malt auf dem Markt erhältlich. Es gibt davon sogar noch eine Steigerung, den Octomore II mit 167 ppm.

Torf wird maschinell oder in stundenlanger harter Arbeit mit einem Spaten gestochen. Die etwa 60 mal 15 Zentimeter großen Torfballen müssen dann vor ihrer Verwendung mehrere Wochen trocknen.

Die Torfmoore bilden ungefähr zwölf Prozent der Gesamtfläche Schottlands. Zahlreiche schottische Destillerien greifen heute wieder auf diesen traditionellen Brennstoff zurück.

Maischen

IN VIELEN BRENNEREIEN, die nicht selber mälzen, sondern das Malz kaufen, beginnt mit dem Maischen der erste Arbeitsschritt. Dabei wird das Malz stichprobenartig untersucht, ob es frei von Insekten, nicht zu feucht (unter zwölf Prozent Wasser) und ob die Keimfähigkeit gegeben ist (mindestens 99 Prozent).

Die Rührrechen vermengen das Gerstenschrot mit dem Wasser. Wenn der Maischvorgang beendet ist, wird die Würze durch kleine Löcher im Boden gesiebt, das Schrot hingegen bleibt im Bottich.

Bevor nun mit dem Maischen begonnen werden kann, muss das Malz erst einmal geschrotet werden. Dabei werden die Malzkörner in einer Mühle gemahlen, damit sie aufbrechen, um so den Zucker „freizulegen".

Wird ausschließlich Gerste verwendet, könnte bereits mit dem Maischen begonnen werden. Das geht allerdings nicht bei einigen anderen Getreidesorten, allen voran dem Mais, der vor allem in nordamerikanischen Whisk(e)ys Verwendung findet. Die Enzyme lassen sich hier nicht so einfach in gärfähigen Zucker umwandeln. Deshalb wird der Mais in einer Art Dampfkochtopf vorher gekocht, um den Stärkeabbau zu beschleunigen.

Ist die Stärke einmal extrahiert, kann der eigentliche Maischvorgang beginnen. Das Schrot wird mit Wasser verrührt und in die sogenannte Mash Tun gefüllt. Solche Bottiche bestehen meistens aus Gusseisen oder Kupfer, manche moderne auch aus rostfreiem Edelstahl. Der Deckel, der die Hitze zurückhält, ist häufig aus Kupfer.

Wie das Darren erfolgt der Maischprozess ebenfalls in drei Stufen. In der ersten Stufe wird das Schrot mit rund 64 Grad Celsius heißem Wasser vermischt. Nach 20 Minuten setzen die Rührrechen ein, die im Inneren des Bottichs angebracht sind. Nach gut einer halben Stunden wird die Würze („wort") schließlich durch kleine Löcher im Boden abgelassen. Bei der nächsten Phase wird wieder Wasser beigemischt, allerdings kein Schrot hinzugegeben. Das Ganze wird auf circa 70 bis 75 Grad Celsius erhitzt. Dabei wird weiter Zucker extrahiert. Auch dieser Teil gelangt danach in den Auffangbehälter, Underback genannt. In der dritten Phase wird der übrig gebliebene Restzucker annähernd gekocht. Dabei bleibt jedoch zu wenig Stärke übrig, als dass man ihn mit den anderen beiden Abstichen im Underback verwenden könnte. Er wird daher abgekühlt und später bei einem weiteren Maischvorgang untergemischt. Vorher wird jedoch noch das übrig gebliebene Getreide aus dem Maischbottich entfernt. Häufig wird es als Tierfutter an Bauern verkauft.

Viele Maischbottiche, wie hier in Glendronach, sind heute aus Kupfer. Durch eine Klappe kann man in das Innere hineinsehen, um den Fortschritt der sogenannnten Würze zu überprüfen.

Gärung und Fermentation

Die Hefe wird aus großen Säcken in den Gärbottich geschüttet und mit der Maische vermischt.

DER NÄCHSTE SCHRITT im Herstellungsprozess ähnelt stark dem des Bierbrauens. Bei der Herstellung von Bier muss jedoch darauf geachtet werden, dass die Gärung vollkommen steril abläuft. Beim Whisky ist dies nicht erforderlich. Daher sind die sogenannten Wash Backs in den meisten Destillerien aus Holz und bleiben während der Gärung geöffnet. Hergestellt werden sie aus Lärchen- oder Pinienholz, da diese Hölzer nur wenige Astlöcher aufweisen, sehr feinporig sind und aus ihnen lange Holzstücke gefertigt werden können. Das ist auch nötig, fassen doch große Gärbottiche aus Holz bis zu 65 000 Liter. Die kleinsten, wie beispielsweise bei Edradour, fassen hingegen nur 1000 Liter. Immer beliebter werden auch Edelstahlbehälter, die auch schon mal 100 000 Liter, für Grain Whisky sogar bis zu 250 000 Liter fassen können.

Nun kommen wir zum eigentlichen Herstellungsprozess, der recht einfach erklärt werden kann: Die Wort wird zur Wash. Dabei fügt man der Würze Hefe bei. Die Hefe benötigt Sauerstoff, die sie aus dem Zucker der Maische bezieht und dabei Alkohol und Kohlendioxid produziert.

Es gibt – wie könnte es anders sein – auch hier wieder drei Phasen. In der ersten Phase wird die Hefe an ihre Umgebung „gewöhnt". In der nächsten Phase wird der Umwandlungsprozess in Gang gesetzt, bei dem der Zucker mithilfe der Hefe in Alkohol umgewandelt wird. In dieser Phase brodelt es in den Bottichen enorm, und die Temperatur steigt auf circa 35 Grad Celsius an. In der letzten Phase, die rund einen halben Tag andauert, verlangsamt sich der Prozess, da der Alkohol die Aktivität der Hefe hemmt. Dabei vermehren sich Bakterien, hauptsächlich Milchsäurebakterien, die den pH-Wert senken und weitere Aromen entwickeln. Diese Aromen stammen von Estern, die blumige Noten hervorbringen. Säuren und lange Alkoholketten verleihen dem Whisky mehr Komplexität.

Als Endresultat erhält man für die Destillation eine Wash mit fünf bis acht Prozent Alkohol. Zu erwähnen wäre noch, dass die Bottiche nach der Fermentation gründlich gereinigt werden müssen, um dem Treiben der Bakterien ein Ende zu setzen. Würde dies nicht geschehen, könnten zu viele Bakterien die Hefe unbrauchbar machen.

Destillation

BEI DER DESTILLATION wird in der vergorenen Würze der Alkohol vom Wasser getrennt. Da Alkohol einen tieferen Siedepunkt (78 Grad Celsius) aufweist als Wasser (100 Grad Celsius), verdampft der Alkohol, und das Wasser bleibt zurück. Der Alkoholdampf wird dann aufgefangen und durch gezieltes Abkühlen wieder verflüssigt.

Für die Herstellung von Malt Whisky werden fast ausschließlich Brennblasen, sogenannte Pot Stills, aus Kupfer verwendet. Diese Kupferkessel werden häufig paarweise installiert, da in den meisten Destillerien zweifach destilliert wird. Es gibt in Schottland nur sehr wenige Brennereien, wie zum Beispiel Auchentoshan, die noch dreifach destillieren. In Irland hat die Dreifachdestillation dagegen große Tradition. Brennereien mit nur einer Brennblase lassen das Destillat zwei- oder dreimal durchlaufen, was natürlich weniger effizient ist.

Bei den Pot Stills unterscheidet man drei Typen, die sich jeweils beim Übergang zum Hals unterscheiden: Der erste Typ ist die klassische Zwiebelform mit dem breiten Hals. Dieser bremst die Geschwindigkeit der aufsteigenden Dämpfe und kühlt die Wash ab, damit kein Überschäumen möglich ist. Die zweite Form hat eine Einschnürung am Halsansatz. Dort verlangsamt sich der Dampf, und nur der leichteste Teil kann den Hals hinaufsteigen. Mit der dritten Form, mit dem Boil Ball in der Mitte, wird praktisch dasselbe wie bei der zweiten Form erreicht. Die Würze kann hier nicht überschäumen, und nur die flüchtigsten Elemente schaffen es bis zum Hals. Dieser Ball wird auch Milton-Ball genannt.

Das Kupfer hat einen großen Einfluss auf die Qualität des Destillates. Der Alkohol erzeugt zusammen mit dem Kupfer eine chemische Reaktion, die vor allem unerwünschte Schwefelaromen verhindert. Durch diese Reaktion wird das Kupfer über die Jahre abgenutzt, bis die Pot Still dann aufgrund der zu geringen Wandstärke ausgewechselt werden muss. Dabei achtet man besonders darauf, dass der Nachfolger wieder genau dieselbe Form und Größe hat.

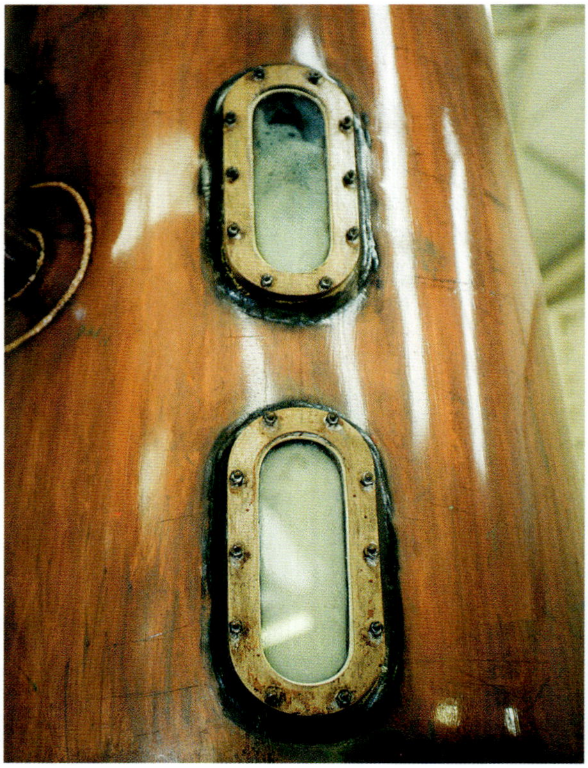

Durch Kontrollfenster, hier an einer der Brennblasen von Talisker, kann der Brennmeister die Schaumbildung während des Brennvorgangs überwachen.

In der Brennerei Glen Elgin wird in drei Wash Stills und drei Spirit Stills gebrannt. Die Brennblasen haben ein Fassungsvermögen von je 11 000 Litern.

Beheizt werden die meisten Brennblasen heute mithilfe von indirektem Dampf. Dadurch lässt sich die Temperatur genauer regeln. Nur ein paar wenige Brennereien heizen mit Gas oder gar noch mit Kohle. Damit über diesem Feuer am Kesselboden nichts anbrennt, wird ein sogenannter Rummager, ein rotierender Kupferbesen oder eine Kupferkette, über den Boden geschleift. Zu den Destillerien, die noch heute die Direktbefeuerung kennen, zählen bekannte Namen wie Glenfiddich, Macallan, Springbank, Glen Grant, Longmorn und Ardmore.

ERSTE DESTILLATION

Nachdem die Maische nun mit circa fünf bis acht Prozent Alkohol bereitsteht, wird die Wash Still zur Hälfte oder zu zwei Dritteln gefüllt. Beim Erhitzen – die Maische wird nahezu auf den Siedepunkt erhitzt – kann sich das Ganze nun ausdehnen und schäumen. Am oberen Teil des Halses ist ein Sichtfenster angebracht, damit man die Schaumbildung kontrollieren kann. Dadurch kann die Hitze besser reguliert werden, sodass das Schäumen aufhört und der Alkohol über den Schwanenhals hinaus vom Lyne Arm in den Kühler fließen kann. Dort wird er wieder verflüssigt und fließt anschließend in den Low Wines Receiver. Dabei erreicht die Flüssigkeit einen Alkoholgehalt von etwa 21 Prozent und wird durch Mischen mit den unerwünschten Anteilen aus dem zweiten Vorgang auf 28 Prozent gebracht.

ZWEITE DESTILLATION

Mit dem zweiten Vorgang in der Spirit Still (auch Low Wines Still genannt) wird der Rohbrand gereinigt und dabei vom unreinen Alkohol mit Estern, Aldehyden und anderen Verbindungen gelöst. Viele dieser Verunreinigungen bestimmen den Geschmack. Manche Chemiker behaupten sogar, dass viele Hunderte verschiedener organischer Stoffe vorhanden sind, die diesen maßgeblich beeinflussen. Deshalb braucht der Brennmeister den Spirit Safe, um zu testen, wie rein der Alkohol ist. Mit dem Hygrometer wird dann der Alkoholgehalt gemessen. Wird der Brand durch Zugabe von Wasser milchig, muss der sogenannte Vorlauf noch weiter abgelassen werden.

Ansonsten leitet der Brennmeister den klaren Mittellauf um, der nun in einen Auffangbehälter fließt. Nur dieser Feinbrand wird nachher in die Fässer abgefüllt. Nach einer Weile wird dann der Nachlauf destilliert, der für unangenehme Aromen (Organo-Schwefel-Verbindungen) im Whisky sorgen würde. Wann die Umstellung vom Mittellauf zum Nachlauf vollzogen wird, ist ein gut gehütetes Geheimnis des Brennmeisters. Je länger er wartet, desto herber wird der Brand. Stellt er jedoch zu früh um, wird der Spirit zu mild und verliert an Charakter. Daher ist der entscheidende Moment gefragt. Beim zweiten Destillationsvorgang beträgt der Alkoholgehalt circa 70 Prozent.

Im Spirit Safe kann der Brennmeister regulieren, ob und wie viel Nachlauf dem Feinbrand beigemischt werden soll. Der Charakter eines Whiskys kann hier entscheidend beeinflusst werden.

DREIFACHE DESTILLATION

In Irland und den schottischen Lowlands ist die Methode der dreifachen Destillation sehr verbreitet. Daneben gibt es noch ein paar weitere Brennereien, die ihren Whisky noch dreifach brennen. Dabei wird der Alkoholgehalt abermals etwa um zehn Prozent erhöht, also insgesamt auf ca. 80 Prozent gebracht.

KÜHLSYSTEME

Auch die Kühlsysteme haben einen Einfluss auf den Geschmack des Whiskys. Sogenannte Worm Tubs, die sich normalerweise außerhalb des Still House befinden, produzieren angeblich den schwereren Alkohol als die häufiger verwendeten Shell-and-Tube-Kühler. Beide Rohrsysteme bestehen aus Kupfer, das letztere hat jedoch eine höhere Kühlfläche. Dadurch wird der Whisky etwas leichter im Aroma.

LOMOND STILL

In den 1950er-Jahren wurde die Lomond Still entwickelt, um eine höhere Flexibilität bei der Herstellung von verschiedenen Whiskys zu erreichen. Sie erinnert ein wenig an Säulenbrennapparate. Der zylinderförmige Destillierkolben besitzt oben einen senkrecht angebrachten Kühlmantel. Mittels beweglicher Platten im Zylinder kann man die Menge des Rückflusses steuern. Sogar der Lyne Arm kann in seiner Neigung verstellt werden, um den Brennvorgang besser beeinflussen zu können. Diese Apparate verschwanden aber nach 20 Jahren fast komplett, da die steuernden Böden durch Rückstände blockiert wurden und praktisch nicht mehr beweglich waren. Die Wartungsarbeiten nahmen schließlich zu viel Zeit in Anspruch. Heute finden sie noch in der Loch-Lomond-Destillerie sowie bei Scapa Verwendung.

SÄULENBRENNVERFAHREN

Es gibt noch ein weiteres Brennverfahren, das seinerzeit die Whiskyproduktion revolutionierte. Robert Stein entwickelte das Verfahren 1826 und testete es erstmals in seiner eigenen Brennerei. Der irische Steuerinspektor Aeneas Coffey perfektionierte das Verfahren kurz darauf und ermöglichte, dass die Destillation kontinuierlich ablaufen konnte, womit ein höherer Durchsatz erreicht wurde. Das Verfahren machte es außerdem möglich, andere Getreidearten zu nutzen als nur Gerste. So konnte man kostengünstigeres Getreide wie Mais, Weizen oder Roggen verwenden. Bei dieser Methode kann auch ein höherer Alkoholgehalt erreicht werden (Rektifikation).

Mit diesen Voraussetzungen konnte Grain Whisky hergestellt werden und somit die Blends, die der schottischen Whiskyindustrie ihren weltweiten Siegeszug bescherten. Doch nicht nur hier ist die sogenannte Coffey Still, Patent Still oder Continous Still im Einsatz. In Irland und in Kanada werden sie ebenfalls meistens paarweise genutzt.

Bei Jack Daniel's in Tennessee wird nach dem Säulenbrennverfahren destilliert. Mit diesem Verfahren wurde die Destillation mit Getreidearten wie Mais enorm vereinfacht.

Die Worm Tubs, spiralförmige Kupferrohre, werden durch Holzbecken mit kaltem Wasser geführt. Dadurch wird der Dampf in den Rohren abgekühlt.

THUMPER ODER DOUBLER

In den USA wird meist nur eine Säule verwendet, die dann mit einem Thumper oder einem Doubler verbunden ist. Dabei werden die von der Beer Still kommenden Dämpfe durch den Alkohol hindurchgeleitet und somit weitere Rektifikationen erreicht. Diese Thumper sind nur noch selten im Einsatz, wie bei Bernheim oder in der Brown-Forman-Brennerei. Häufiger sind die Doubler. Sie funktionieren wie eine Pot Still. Auch rein optisch erinnern sie an die klassische Brennblase, wenngleich sie meist zylinderförmig sind. In ihnen wird ein zweiter Destilliervorgang ausgeführt, der den Alkoholgehalt auf knapp unter 70 Prozent erhöht. In den USA nennt man das Endprodukt High Wine oder Doublings.

S. 35: In der Brennerei Talisker auf der Insel Skye wird in einer der mächtigen Pot Stills der Brennvorgang eingeleitet.

Fassherstellung

BEI DER REIFUNG des Whiskys kommen vor allem Eichenfässer zum Einsatz. Weltweit gibt es nur rund ein Dutzend Eichensorten, die sich für die Lagerung von alkoholischen Getränken eignen. Zur Whiskylagerung kommen sogar nur zwei Sorten infrage: die Amerikanische Weißeiche (Quercus alba) und die Europäische Eiche (Quercus robur), die idealerweise etwa 100 Jahre alt sein sollte. Außerdem werden für die Lagerung fast nur Fässer benutzt, die vorher Bourbon oder Sherry enthielten. Neue Fässer enthalten für gewöhnlich einen zu dominanten Holzgeschmack. Bourbon- und Sherryfässer konnte man in der Vergangenheit relativ günstig aufkaufen. Man nahm lange Zeit an, dass vorwiegend der Bourbon oder der Sherry den Geschmack beeinflussen. Seit wenigen Jahren weiß man jedoch, dass auch das eigentliche Holz einen größeren Einfluss hat, als man bisher annahm. Warum man aber gerade Sherry- oder Bourbonfässer verwendet, hat rein pragmatische Gründe: Die Sherryfässer kamen nach England und Schottland und konnten so nach der Entlee-

KÜFER/BÖTTCHER

Für die Herstellung der Fässer ist der Küfer zuständig. Dieser harte Job wird jedoch gut bezahlt, wenn man die Fässer entsprechend produktiv herstellt. Normalerweise wird der Küfer dabei pro Fass bezahlt. In Schottland wird die Tradition dieses Berufes sehr hochgehalten. Die Lehrzeit beträgt vier Jahre, und das Know-how wird zumeist von Generation zu Generation weitergegeben, ebenso wie das Werkzeug. Jeder Böttcher hat sein eigenes Werkzeug und darf das seines Nachbarn nicht verwenden. Heute haben nur noch wenige Brennereien, wie zum Beispiel Glenfiddich, ihre eigene Küferei. Die Herstellung und Ausbesserung der Fässer für die Brennereien erledigen heute meist eigenständige Firmen.

In dieser Böttcherei in der Speyside werden noch auf ganz traditionelle Weise aus Eichenholz Whiskyfässer hergestellt.

Die Fässer von Glenfiddich werden genau gekennzeichnet. Bemalt oder lackiert werden die Fässer allerdings selten, sonst könnte das Holz nicht atmen und der Inhalt nicht mit der Luft reagieren.

In der Küferei von Glenfiddich/Balvenie werden noch die traditionellen Techniken und Werkzeuge für die Fassherstellung verwendet. Die exakt angepassten Dauben werden durch Reifen festgehalten.

rung für den Whisky genutzt werden. Das war damals eine sehr günstige Lösung. Nachdem weniger Sherry konsumiert wurde, gab es auch weniger Fässer, und die Preise stiegen. Eine Weile behalf man sich damit, dass man die Fässer direkt in Spanien herstellen ließ, an Sherryproduzenten auslieh und sie nach dem Ende der Reifung des Sherrys nach Schottland holte. Doch auch dies funktionierte nur so lange, bis sich die Sherryproduzenten Fässer aus dem Ausland beschafften.

Heute ist ein gebrauchtes Sherryfass sehr teuer. Teilweise werden Preise von 400 bis 450 Euro erreicht. Bourbonfässer konnte man dagegen immer günstig einkaufen, da in den USA laut Gesetz zur Reifung nur neue Eichenfässer verwendet werden dürfen. Diese Bestimmung konnte seinerzeit die amerikanische Holzlobby durchsetzen, sodass ein Bourbonfass innerhalb der USA kein zweites Mal für die Reifung eines Whiskeys genutzt werden darf.

Die Europäische Eiche weist Unterschiede zur Amerikanischen Weißeiche auf. Die häufig aus spanischer Stieleiche hergestellten Fässer sind etwas poröser als die amerikanischen und ebenfalls etwas bauchiger. Der Whisky reift in Europäischen Eichenfässern schneller und besitzt dank des Tanningehalts häufig Noten von Äpfeln, Aprikosen und Nüssen. In Amerikanischer Eiche gereifter Whisky erhält im Geschmack Vanille-, Kokos- und Banannennoten sowie recht cremige Einflüsse. Werden die Fässer aus Europäischer Eiche angebrannt, um die Dauben besser formen zu können, so werden Bourbonfässer richtiggehend angekohlt bzw. ausgeröstet. Dadurch lassen sich unerwünschte Aromen eliminieren und Vanillin freisetzen. Es werden drei Stufen angeboten: leicht, mittel und die harte Variante „Alligator". Diese stärkste Stufe hinterlässt ein Brandmuster, das an die Haut eines Alligators erinnert.

Bevor das Holz jedoch verarbeitet werden kann, wird es getrocknet. Dieser Prozess erfolgt meist künstlich, da die Trocknung dann nur gut 23 Tage in Anspruch nimmt. Bei der natürlichen Lufttrocknung vergehen bis zu 18 Monate. Man hat allerdings herausgefunden, dass es bei der Herstellung des Bourbon keine Rolle spielt, ob das Fassholz vorher künstlich oder auf natürliche Weise getrocknet wurde. Bei der Wiederverwendung der Fässer in Schottland, Irland oder in Kanada spielt dieser Aspekt jedoch durchaus eine Rolle. Daher investieren auch viele Destillerien gerne in die teureren luftgetrockneten Fässer.

Es ist ein offenes Geheimnis, dass der Sherry den Geschmack eines Whiskys bei der Erstabfüllung sehr stark beeinflusst. Daher gilt der Zweiteinsatz eines Sherryfasses als optimal. Der mögliche dritte Einsatz hinterlässt im gereiften Whisky wiederum kaum mehr Spuren von Sherry.

Fassabfüllung und Lagerung

FASSABFÜLLUNG

Der Mittellauf des Destillats kommt, wie bereits erwähnt, in einen Auffangbehälter und von dort ins Abfülllager. Das Destillat eines Malt Whiskys hat einen Alkoholgehalt von ungefähr 70 Prozent. In der Vergangenheit stellte man fest, dass die Reifung bei diesem Alkoholgehalt nur sehr langsam vonstatten geht. Folglich verdünnte man den Rohbrand kurzerhand mit Wasser. Die besten Ergebnisse wurden von da an bei 63,5 Prozent erziehlt. Bei einer noch höheren Verdünnung, also bei einem niedrigeren Alkoholgehalt, kam nach den Reifejahren ein zu schwacher Whisky heraus. Eine stärkere Verdünnung hatte außerdem den Nachteil, dass man mehr Fässer und damit auch mehr Lagerraum benötigte, was die Kosten weiter in die Höhe trieb.

Nach der optimalen Verdünnung des Destillats, wird es in die Fässer abgefüllt. Dies geschieht bei den meisten Brennereien in festgelegten Intervallen. In kleineren Destillerien wird in der Regel wöchentlich abgefüllt. Zum größten Teil verwendet man ehemalige Bourbon- und Sherryfässer. In seltenen Fällen kommen aber auch Weinfässer (beispielsweise Portwein) zum Einsatz, die aber eher beim Finishing eine gewichtige Rolle spielen. Bei den Sherryfässern verwendet man hauptsächlich den Typ „Butt“ (500 Liter) bzw. den bauchigen Typ „Puncheon“ (545 Liter). Die Bourbonfässer sind vom Typ „Barrell“, mit einem Fassungsvermögen von rund 200 Litern. Diese werden jedoch oftmals in Schottland zerlegt. Fünf Barrells ergeben wiederum vier Hogshead (250 Liter).

LAGERUNG

Die Lagerung in Eichenfässern ist für den Charakter, aber auch die Farbe des Whiskys von größter Bedeutung. Der Einsatz von Eichenholz ist gesetzlich vorgeschrieben, ebenso wie die Mindestreifezeit: In Schottland zum Beispiel beträgt sie drei Jahre, in Kentucky zwei Jahre. In den meisten Fällen lagert der Whisk(e)y allerdings wesentlich länger in den Fässern. Die Reifezeit kann dabei, je nach Klima, sehr variieren. Ein

Der Feinbrand, wird, bevor er in die Fässer gefüllt wird, mit Wasser auf den optimalen Alkoholgehalt von 63,5 Prozent verdünnt.

Bourbon aus Kentucky reift meist um Jahre kürzer als etwa ein Whisky in Schottland. Um nochmals auf das Eichenholz zurückzukommen: Eiche wurde nicht einfach nur so ausgewählt. Experimente mit anderen Holzsorten, wie Kastanienholz, hatten zu keinen befriedigenden Ergebnissen geführt.

Wie man weiß, beeinflussen das Holz, die Fassgröße und was vorher im Fass gelagert wurde, den

Die mächtigen Eichenfässer der Brennerei Glenfarclas enthalten bis zu 500 Liter Whisky. Das Rollen der Fässer ist Schwerstarbeit und will geübt sein.

Ein typisches schottisches Lagerhaus: Die Fässer werden hier in der Brennerei Glenfiddich in drei Reihen übereinandergestapelt. Die niedrige Bauweise und die dicken Wände sorgen für eine relativ gleichbleibende Temperatur.

Whisky. Auch die Bauart der Lagerhäuser sowie deren geografische Lage spielen eine große Rolle. Jedes Lagerhaus verfügt über sein eigenes Mikroklima. Jede Brennerei zählt in ihren Reihen favorisierte Lagerhäuser. Experten sagen, dass die Lagerung rund 60–80 Prozent des Geschmacks ausmacht.

Generell unterscheidet man drei Typen von Lagerhäusern: einmal die traditionellen Dunnage Warehouses – diese Stein- oder Ziegelgebäude werden vor allem in Schottland gebaut. Sie haben dicke Mauern, um die Temperaturschwankungen so gering wie möglich zu halten. Der Boden aus Erdreich sorgt für die nötige Feuchtigkeit. Die Fässer werden in maximal drei Lagen übereinandergestapelt und lagern so alle bei gleicher Temperatur. Heute sind jedoch die Racked Warehouses verbreiteter. In ihnen befinden sich Gestelle, die bis zu 24 Lagen von Fässern übereinanderstapeln können. Aufgrund der unterschiedlichen Höhe können die Temperaturen hier sehr schwanken. In den USA werden diese Lagerhäuser meistens aus dünnen Metallwänden errichtet und stehen vielfach frei auf Hügeln, um die klimatischen Bedingungen voll ausnutzen zu können. Dort kann es im Sommer unter dem Dach schon mal annähernd 40 Grad Celsius warm werden. Die untersten Reihen sind dagegen nicht so starken Temperaturschwankungen ausgesetzt. Früher schichtete man die Fässer daher aufwendig um. Diese Prozedur wird allerdings nur noch von wenigen Brennereien unternommen. Heute verschneidet man einfach den Whisky aus den oberen mit Whisky aus den unteren Lagen, um so den gleichbleibenden Charakter zu bewahren. Man weiß heute, dass dieses Mikroklima den Charakter des Whiskys beeinflusst, nicht jedoch seine Qualität. Die dritte Art Lagerhäuser kommt ohne Gestelle aus und ist verhältnismäßig neu. Man schichtet die Fässer auf eine Palette. Ist diese voll, schichtet man auf die Fässer die nächste Palette und so weiter.

Durch das poröse Holz des Fasses atmet der Whisky und verliert daher jährlich in Schottland rund zwei Prozent seines Alkoholgehaltes. Dies bezeichnet man als den „Angel's Share" (zu Deutsch: Anteil der Engel). In den USA kann der Wert in den unteren, kühlen Lagen sogar drei Prozent betragen. In den mittleren und oberen Lagen verdunstet mehr Wasser als Alkohol, wodurch der Alkoholgehalt wiederum ansteigt. In den extremsten Fällen kann sich der Alkoholgehalt daher auf 75 Prozent erhöhen.

FINISHING

In den letzten Jahren wurde das Thema Lagerung um ein weiteres Feature erweitert: das sogenannte Finishing. Bei diesem Begriff geht es weniger ums „Beenden“ als vielmehr um die „Vollendung“ oder das „Abrunden“ des Geschmacks bei der Reifung. Diese Nachreifung kann dem Whisky durchaus neue Aromen sowie mehr Komplexität und Tiefe verschaffen. Dabei kommen vorwiegend Weinfässer zum Einsatz. Nach der ersten Reifezeit wird der Whisky in diese Fässer umgefüllt und reift dort noch einmal ein paar Monate oder sogar ein bis zwei Jahre nach. Erst nach dieser „Zusatzbehandlung“ wird der Whisky auf den Markt gebracht.

Für dieses Wood Management kommen viele Arten von Fässern für die Zweitreifung infrage: Sherry-, Portwein-, Bordeaux-, Cognac-, Calvados-, Marsala-, Rum-, Madeira-, Syrah-, Chardonnay-, Burgunder- und Sauternesfässer, um nur einige zu nennen. Es werden sogar Fässer verwendet, in denen zuvor beispielsweise Islay-Malt-Whisky gelagert wurde. Es werden aber auch neue Fässer für das Finishing verwendet. Ein Thema, das heiß diskutiert wird.

Nachdem der Whisky mit Wasser verdünnt wurde, darf nach der Reifung nur Zuckercouleur beigegeben werden, um den Whisky entsprechend zu färben. Alle Fässer weisen jedoch gewisse Rückstände auf, die für die Reifung enorm wichtig sind, denn diese Rückstände tragen entscheidend zum Geschmack bei. Puristen würden sicherlich sagen, dass es gemäß Verordnung nicht erlaubt ist, weitere „Zusatzstoffe“ hinzuzufügen. Eine liberalere Sichtweise besagt, dass der Charakter eines Whiskys (Aroma, Geschmack und Farbe) vom verwendeten Ausgangsmaterial (Getreide, Wasser etc.), dem Herstellungsprozess und der Reifung abhängt. Da bereits zur Reifung gebrauchte Fässer verwendet werden, spricht demnach auch nichts gegen den Einsatz von gebrauchten Fässern beim Finishing. Ebenfalls spannend diskutiert wird der Gebrauch von Fässern, die zuvor bereits Malt Whisky aus einer anderen Gegend enthielten. Wäre demnach ein Balvenie Islay Cask nicht bereits ein Blended Whisky? Eine Frage, die heute noch nicht eindeutig geklärt werden kann. Langfristig wird wohl auch hier eine gesetzliche Vorgabe nötig.

Abfüllung und Filterung

DIE ABFÜLLUNG DES SINGLE MALT am Ende der Reifung erfolgt bei den meisten Brennereien nicht mehr in der Destillerie selbst. Die meisten Betriebe verfügen über keine eigene Abfüllanlage mehr. Nur wenige Destillerien, wie Glenfiddich, Springbank oder Bruichladdich, füllen noch selbst ab. Ansonsten übernehmen eigene Abfüllfirmen das Füllen, Etikettieren und Verschließen/Versiegeln der Flaschen.

Die Vorbereitungen dafür werden meist noch in der Brennerei getroffen. Bei Einzelfassabfüllungen in Fassstärke werden die einzelnen Fässer ausgesucht und direkt zum Abfüller gebracht. Soll der Whisky auf Trinkstärke (40, 43 oder 46 Prozent) gebracht werden, muss er mit Quellwasser verdünnt werden. Der Alkoholgehalt muss mindestens 40 Prozent betragen. Ist der Whisky keine Einzelfassabfüllung, werden verschiedene Fässer ausgesucht und beim sogenannten Vatting in einem großen Bottich oder Fass gemischt und dabei ebenfalls auf Trinkstärke gebracht. Entspricht er dem Geschmack des Endproduktes, wird er eventuell noch mit Zuckercouleur, also Farbstoff E 150, versetzt, um die „richtige" Farbe zu erreichen. Diese Methode ist bei Single Malts jedoch umstritten und wird eher bei Blends angewendet. Puristen fordern, dass auch die Farbe natürlich belassen werden sollte, da es sich bei Whisky nun mal um ein Naturprodukt handelt. Viele Leute meinen, dass der Farbstoff (Karamell) den Geschmack beeinflusst. Das ist aber nicht der Fall. Es werden nur so geringe Mengen verwendet, dass eine Geschmacksveränderung ausgeschlossen ist. Danach wird der Whisky in Tanklastzügen zum Abfüller gebracht.

Beim Abfüller wird der Whisky oftmals kurz vor dem Abfüllen kühlfiltriert, um einen klareren Whisky ohne Schwebeteilchen zu erreichen. Bei dieser Filtriermethode werden die unerwünschten Bestandteile in eine feste Form gebracht, die sich dann herausfiltern lassen. Durch diesen Vorgang gehen aber auch Aromaträger verloren, was den Geschmack beeinflussen kann. Daher sind einige Destillerien wie Glenmorangie, Bruichladdich oder Ardbeg dazu übergegangen, auf dieses Chillfiltering zu verzichten.

In der Flasche reift der Whisky übrigens nicht mehr nach – im Gegensatz zum Wein. Man sollte jedoch immer darauf achten, dass der Whisky aufrecht steht und nicht liegt, damit der Korken nicht vom Alkohol angegriffen werden kann. Flaschen sollten auch nicht direkter Sonneneinstrahlung ausgesetzt werden. Am Besten sind die Whiskyflaschen in einem Schrank ohne Glastüren bei Zimmertemperatur aufgehoben. Fast leere Flaschen sollte man möglichst rasch austrinken. Der viele Sauerstoff in der Flasche beeinflusst sonst sehr stark den Whisky. Normalerweise kann er lange gelagert werden.

Die Brennerei Bruichladdich gehört zu den wenigen schottischen Destillerien, die über eine eigene Abfüllanlage verfügen.

Hier wird der Whiskey der Brennerei Maker's Mark, Kentucky, in die typischen bauchigen Flaschen abgefüllt, bevor er mit dem berühmten Siegel der Destillerie versehen wird.

S. 40: In einer Böttcherei in der Speyside warten übereinandergestapelte Fässer auf ihren Einsatz in den umliegenden Destillerien.

Blending

BEIM BLENDEN, also dem Verschneiden verschiedener Whiskys, werden in der Regel 20 bis 50 Whiskys aus unterschiedlichen Destillerien zusammengemischt. Bei schottischen Blends kann der Anteil an Malt Whisky zwischen fünf und 70 Prozent betragen. Der Rest ist Grain Whisky. Bei irischen Whiskeys kommt natürlich in der Regel noch der Pure Pot Still Whiskey hinzu. Auch hier bestimmen die Anteile der verschiedenen Sorten die Qualität des Whiskeys. In den USA ist es nicht üblich, Fässer mit anderen Brennereien auszutauschen bzw. andere Fässer aufzukaufen. Hier stammen die Whiskeys alle aus eigener Produktion. Es ist jedoch erlaubt, neben all den verschiedenen Whiskysorten 2,5 Prozent sogenannten Blender beizumischen. Als Blender wird meist Wein oder Sherry verwendet. Sie verleihen dem Blend neue Geschmacksnuancen und dadurch mehr Charakter. Dies darf allerdings nicht mit dem Finishing verwechselt werden. In Kanada darf das Destillat sogar noch vor dem Reifen verschnitten werden – das sogenannte Pre-Blending. In Japan hat man aufgrund der geringen Anzahl an Brennereien nicht die Möglichkeit, an verschiedene Fässer für das Verschneiden heranzukommen. Daher wird der Whisky oftmals, meist aus Schottland, importiert.

Viele der bekannten Blends existieren schon seit Generationen. Es ist enorm wichtig, dass immer die gleich gute Qualität erreicht wird, der Geschmack muss ebenfalls immer der gleiche bleiben und die Farbe selbstverständlich auch. Natürlich ist das

Die Ausbildung zum Master Blender ist eine sehr langwierige Angelegenheit. Erst nach etwa zehn Jahren verfügen die – auch „Nasen" genannten – Experten über genug Berufserfahrung.

Whiskygeschäft stark von den Gesetzen des Marktes abhängig. Einige Whiskys sind dadurch heute nicht mehr erhältlich. Es werden Brennereien geschlossen, neue Betriebe werden eröffnet, andere, stillgelegte gehen wieder in Produktion. Das erfordert eine gewisse Vorausschau und das Sichern hoher Bestände an benötigtem Whisky. Ist der gewünschte Whisky nicht mehr zu bekommen, müssen Ersatzwhiskys beschafft werden. Da das Ganze im Endeffekt wiederum den gleichen Geschmack ergeben und möglichst die gleiche Farbe aufweisen muss, kann es durchaus passieren, dass ein Whisky durch fünf andere ersetzt wird.

Dafür, dass der gewünschte Whisky entsteht, sorgt der Blendmeister oder Master Blender. Er sammelt in seinem Labor eine Vielzahl an Proben, aus denen er die geeignete Auswahl trifft. Ihm stehen auch die aktuellen Inventarlisten zur Verfügung, was momentan auf dem Markt an Whiskys erhältlich ist, um einen Blend herstellen zu können. Master Blender (teilweise werden sie auch „Nasen" genannt, da sie nur an den Whiskys riechen) wird man jedoch nicht so einfach. Eine Qualitätskontrolle mit einer Verkostung findet in aller Regel erst dann statt, wenn der fertige Blend zum

Vor dem Blending wird der Inhalt einzelner, fein säuberlich ausgewählter Fässer in große Tanks gefüllt und durchgemischt.

Abfüllen bereitsteht. Blender können für gewöhnlich auf eine Erfahrung von 20, 30 oder gar 40 Berufsjahren zurückblicken. Zu Beginn seiner Ausbildung muss er seinen Geruchssinn schärfen und dabei lernen, mit verschiedensten Aromastoffen umzugehen. In den ersten beiden Lehrjahren findet man daher schnell heraus, ob jemand Talent für diesen Beruf hat oder nicht. Es wurde wissenschaftlich bewiesen, dass Frauen besser die Aromastoffe oder Geschmacksnoten beschreiben können. Umso erstaunlicher ist es daher, dass trotzdem die meisten „Nasen" Männer sind. Nach gut fünf Jahren kann ein geübter Blender einzelne Whiskys schon gut unterscheiden. Trotz allem verstreichen rund zehn Jahre, bis die Ausbildung abgeschlossen ist und man als Master Blender anerkannt wird.

Normalerweise eignen sich die frühen Morgenstunden am Besten, um das Nosing abzuhalten. Der Blender ist dann noch „frisch" und stellt bevorzugt zu dieser Tageszeit den gewünschten Blend zusammen.

Aus bis zu 50 verschiedenen Destillerien kommt der Whisky, der dann zu den Blends verschnitten wird. Jeder Blender hat hier sein wohl gehütetes Geheimnis.

Sobald er die richtige Mischung gefunden hat, werden die noch fehlenden Fässer eingekauft. Diese werden dann in einer Blendinganlage entleert und in einen großen Edelstahlbehälter gefüllt. Danach werden die Brände in ein Verschnittfass umgefüllt und die Whiskys perfekt durchmischt. Mit destilliertem Wasser werden sie schließlich auf Trinkstärke gebracht. Für die Durchmischung wird entweder Druckluft verwendet oder noch traditionell mit Rührwerken gearbeitet. Sollte der Farbton nicht ganz stimmen, kann mit Zuckercouleur nachgebessert werden. Normalerweise versucht der Blender aber bereits im Labor, den genauen Farbton zu treffen. Teilweise werden die Blends sogar nochmals für ein bis zwei Jahre in Fässern gelagert.

Die Blends führen oftmals Prädikate wie „Standard", „Premium" oder „Deluxe". Dabei weist in der Regel der Deluxe den höchsten Anteil an Malt Whisky auf. Sollte der Blend auch noch über eine Altersangabe verfügen, dann bedeutet das, dass zum Beispiel bei einem zwölf Jahre alten Blend der jüngste Whisky zwölf Jahre alt sein muss.

McARTHUR'S
MACPHAIL'S
Ben Vrackie
Old Parr
MACKINLAY
PIG'S NOSE
Scotch Whisky
GLENCOE
8
POIT DHUBH
PRIDE of ISLAY
PRIDE of the LOWLANDS
PRIDE of ORKNEY
PRIDE of STRATHSPEY
SHEEP DIP
CONNOISSEURS CHOICE
ABERFELDY
BALBLAIR
16
BALMENACH
THE BALVENIE
BEN NEVIS
ROYAL BRACKLA
TOMINTOUL
BRUICHLADDICH
CASK
1989
1986

MARKEN
AUS DER GANZEN WELT

Der Whisk(e)y stammt aus Irland oder Schottland, doch hat das edle Getränk längst auf allen Kontinenten zahlreiche Freunde gefunden. Ein Streifzug durch die besten Destillerien der Welt präsentiert die wunderbare Vielfalt des Whiskys.

SCHOTTLAND

SCHOTTLAND

Schottland ist das Whisky-Herstellungsland Nummer eins. In diesem kleinen Land gibt es mehr Destillerien als sonst auf der Welt. Dies hängt mit der Geschichte des Landes ebenso zusammen wie mit der Begeisterung und Hingabe, die seine Bewohner ihrem Nationalgetränk entgegenbringen. Der Scotch hat mittlerweile seinen Siegeszug rund um den ganzen Globus angetreten.

FÜR WHISKYBEGEISTERTE ist das Land im Nordwesten Europas auf jeden Fall immer eine Reise wert. Ist man einmal in Schottland gewesen, wird man wieder dorthin reisen wollen. Die wildromantische Natur, die freundlichen und hilfsbereiten Schotten und die zahlreichen Sehenswürdigkeiten ziehen einfach jeden in ihren Bann. Auch der Besuch der vielen Destillerien wird den Whisky-Fan begeistern. Immer wieder kann man dort etwas Neues in Erfahrung bringen. In der Hauptreisezeit von Ostern bis Mitte September bieten sich die meisten Gelegenheiten, um Brennereien zu besichtigen. Einige kann man sogar fast das ganze Jahr über besuchen; nur in der sogenannten „Silent Season“ sind Visiten tabu, da in dieser Zeit die notwendigen Wartungsarbeiten vorgenommen werden. In jedem Fall sollte man sich vor einem Besuch erkundigen, denn ein recht großer Teil der Destillerien ist entweder gar nicht öffentlich zugänglich oder nur nach Anmeldung.

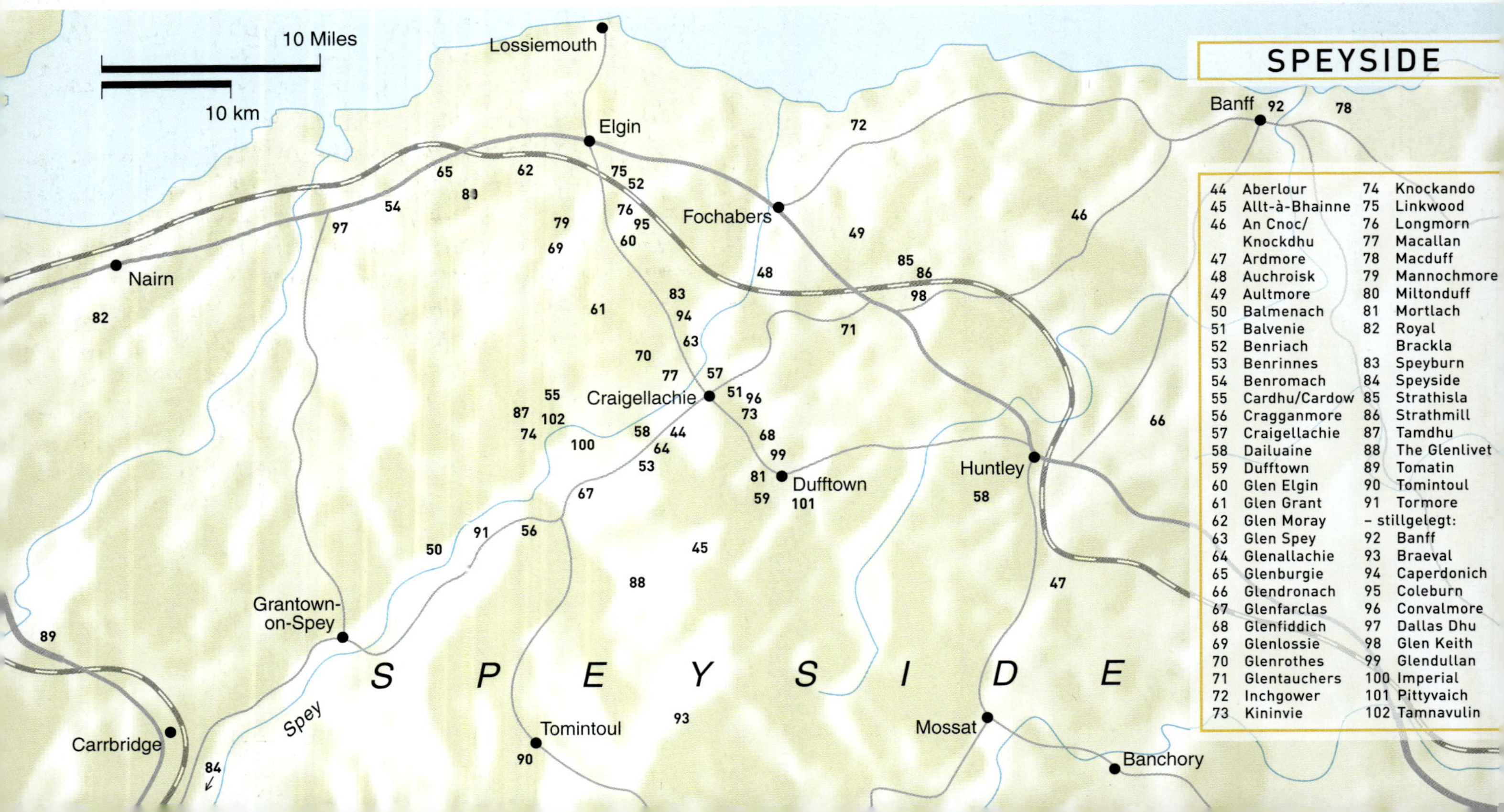

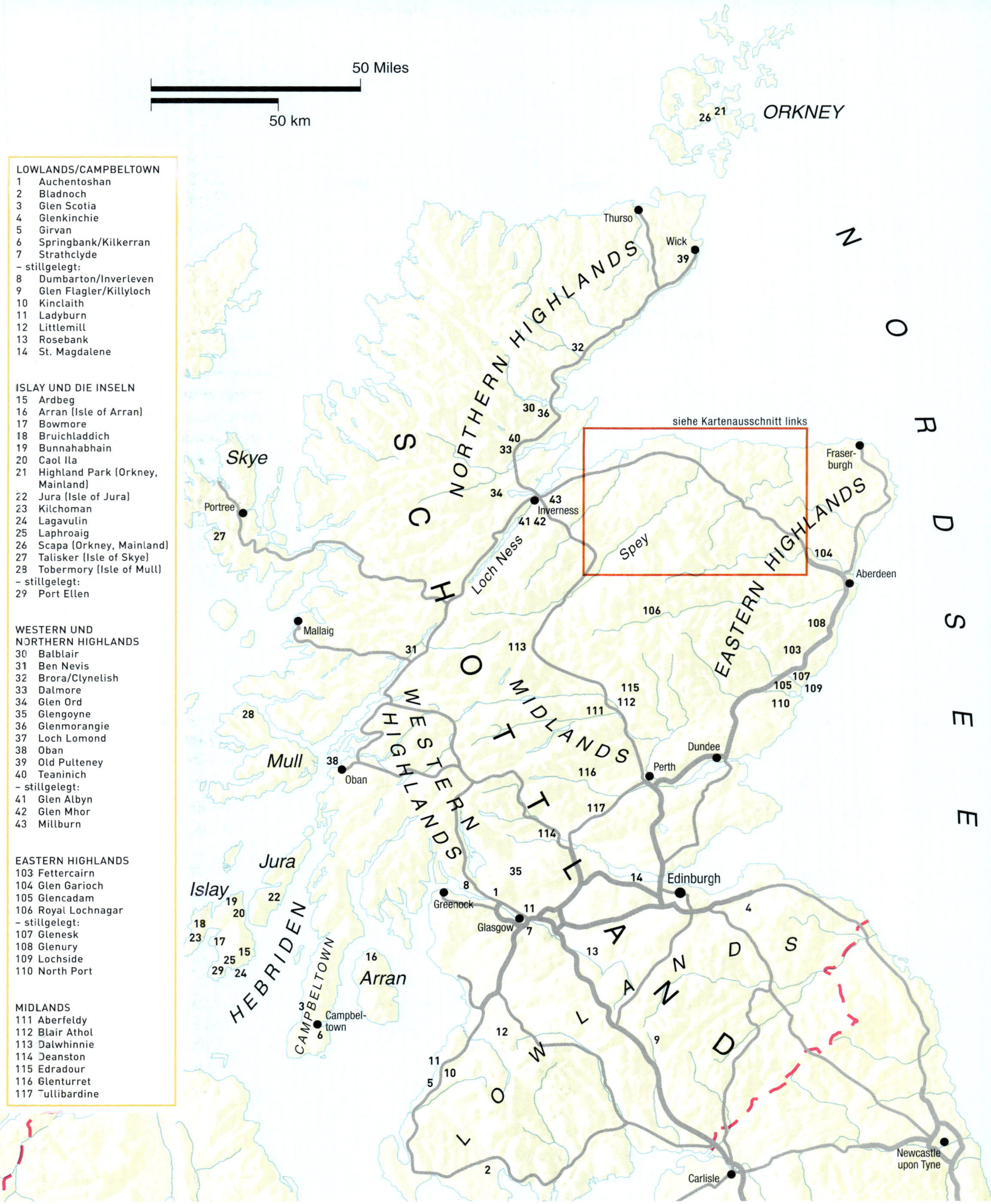

LOWLANDS/CAMPBELTOWN
1 Auchentoshan
2 Bladnoch
3 Glen Scotia
4 Glenkinchie
5 Girvan
6 Springbank/Kilkerran
7 Strathclyde
– stillgelegt:
8 Dumbarton/Inverleven
9 Glen Flagler/Killyloch
10 Kinclaith
11 Ladyburn
12 Littlemill
13 Rosebank
14 St. Magdalene

ISLAY UND DIE INSELN
15 Ardbeg
16 Arran (Isle of Arran)
17 Bowmore
18 Bruichladdich
19 Bunnahabhain
20 Caol Ila
21 Highland Park (Orkney, Mainland)
22 Jura (Isle of Jura)
23 Kilchoman
24 Lagavulin
25 Laphroaig
26 Scapa (Orkney, Mainland)
27 Talisker (Isle of Skye)
28 Tobermory (Isle of Mull)
– stillgelegt:
29 Port Ellen

WESTERN UND NORTHERN HIGHLANDS
30 Balblair
31 Ben Nevis
32 Brora/Clynelish
33 Dalmore
34 Glen Ord
35 Glengoyne
36 Glenmorangie
37 Loch Lomond
38 Oban
39 Old Pulteney
40 Teaninich
– stillgelegt:
41 Glen Albyn
42 Glen Mhor
43 Millburn

EASTERN HIGHLANDS
103 Fettercairn
104 Glen Garioch
105 Glencadam
106 Royal Lochnagar
– stillgelegt:
107 Glenesk
108 Glenury
109 Lochside
110 North Port

MIDLANDS
111 Aberfeldy
112 Blair Athol
113 Dalwhinnie
114 Deanston
115 Edradour
116 Glenturret
117 Tullibardine

Geschichte

Die Ursprünge

Wahrscheinlich führten die aus Irland stammenden Skoten den Whisky bereits im fünften oder sechsten Jahrhundert nach Schottland ein. Den ersten erwiesenen geschichtlichen Hinweis auf Whisky lieferte der Klosterbruder John Cor, der 1494 von König Jakob IV. (1488–1513) die Anordnung erhalten hatte, „eight bolls of malt" (das waren 48 Scheffel Malz = 1219 kg) für die Herstellung von „aqua vitae" (Lebenswasser) zu beschaffen. Jakob IV. betrachtete Whisky jedoch nicht nur als reines Genussmittel, er wollte zudem Erkenntnisse über die Heilwirkung von Whisky gewinnen. Deshalb ließ er ihn nur von Barbieren verkaufen, die ja zu jener Zeit auch als Ärzte und Chirurgen fungierten.

Jakob IV., König von Schottland, starb 1513 in der Schlacht von Flodden Field.

1503 heiratete er Margaret Tudor, die Tochter des englischen Königs Heinrich VII. Nach dessen Tod trat der mächtige Heinrich der VIII. das Erbe an. Jakob IV. schien damals der Alkohol mächtig zu Kopf gestiegen zu sein, da er es wagte, in England einzufallen, als Heinrich der VIII. gerade einen Feldzug in Frankreich anführte. Die Schotten sollten allerdings eine der größten Niederlagen ihrer Geschichte erleiden, als sie 1513 in der Schlacht von Flodden Field auch noch ihren König Jakob IV. verloren. Heinrich VIII. wiederum geriet 1534 mit Papst Clemens VII. in einen Streit und ernannte sich mit der Suprematsakte ganz einfach selbst zum Oberhaupt der englisch-anglikanischen Kirche. Da die Schotten ihren katholischen Glauben behalten wollten, rächte sich Heinrich an ihnen, indem er die Klöster Melrose, Kelso, Jedburgh und Dryburgh durch seinen Feldherrn, den Earl of Hertford, zerstören ließ, nicht zuletzt um so auch in Schottland die Oberhand über die Kirche zu erlangen. Weitere Klöster wurden im Zuge der Reformation im Jahr 1559 vernichtet. Da man die Mönche zwang, normale Berufe anzunehmen, kam ihr lange Zeit gut gehütetes Wissen um die Herstellung hochprozentiger Alkohole unter das einfache Volk. Viele Kleinbauern begannen nun, aus ihrem Überschuss an Gerste Whisky herzustellen, da sie sonst ihre Pacht nicht bezahlen konnten. Allerdings war dieser Nebenerwerb alles andere als legal.

Hohe Steuerlast

Im Januar 1644 beschloss das schottische Parlament eine Alkoholsteuer, da man Geld benötigte, um Krieg gegen König Karl I. führen zu können, der sich weigerte, die Rechte des Parlaments anzuerkennen. Als nach dem Ende der Herrschaft Cromwells König Karl II. aus dem Exil zurückkehrte, wurde die besagte Steuer aber kurzerhand wieder abgeschafft. 1707 wurde das Parlament der Schotten im Zuge des Act of Union in das Parlament von England (Westminster) integriert. Man wollte in London auf diese Weise sichergehen, dass es keine schottischen Alleingänge mehr geben konnte.

Eine 1713 erhobene Malzsteuer ließ Widerstand bei den unterdrückten Schotten aufkommen. Es galt als Ehrensache, sich dieser Steuer zu entziehen, was auch mit allen möglichen Tricks versucht wurde. Die vielen illegalen Whiskybrenner und Schmuggler hatten eine Art Heldenstatus erreicht. 1736 sollten in Edinburgh zwei stadtbekannte Schmuggler hingerichtet werden. Damals gab es allein in dieser Stadt rund 400 illegale Brennereien. Als einer der beiden Schmuggler entkommen konnte, ließ John Porteous, der damalige Captain der Stadtwache, den anderen auf besonders grausame Art hinrichten. Proteste gegen diese Hinrichtung waren die Folge, neun Menschen wurden dabei erschossen und zwölf weitere schwer verletzt. Dem Captain erging es nicht besser: Er wurde später von Rebellen erhängt.

Die Unruhen verdeutlichten, wie unzufrieden die Schotten mit der englischen Regierung waren. Die

Jakobiten – die katholischen Anhänger des vertriebenen Königs Jakob II. – versuchten, sich in diversen Kriegen vom englischen Joch zu befreien, jedoch ohne Erfolg. Die größte Niederlage erlitt Bonnie Prince Charlie, der Nationalheld der Schotten, bei Culloden, als der Sohn Jakobs II. die schottische Krone wiedererkämpfen wollte. Er versorgte seine Truppen immer gut mit Whisky. Doch leider blieb vor der alles entscheidenden Schlacht die Lieferung von Nahrungsmitteln und Whisky aus, und so mussten seine Soldaten ungestärkt in die Schlacht ziehen. Auf der anderen Seite kämpften die englischen Regierungstruppen unter Wilhelm August, dem Herzog von Cumberland – gestärkt mit Brandy. Dieser war damals wesentlich billiger, denn er musste nicht versteuert werden. Mit der Niederlage begrub man auch die letzte Hoffnung auf eine Unabhängigkeit Schottlands. Die siegreichen Engländer verboten 1746 sogar Dudelsack und Schottenrock. Unzählige Brennblasen wurden in den Farm-Destillerien der Highlands zerstört, 1781 das private Destillieren völlig verboten.

Doch „Whisky und Freiheit" bedeuteten, wie Robert Burns zu sagen pflegte, für die Schotten viel, und so scherten sie sich wenig um das Verbot. Es entwickelte sich ein erbitterter Kampf zwischen Brennern und Schmugglern auf der einen und den Schutztruppen auf der anderen Seite. Teilweise arbeiteten die Schmuggler sogar mit den Steuerbeamten zusammen. Diese gaben – da sie dem Whisky als Bestechungsmittel nicht abgeneigt waren – Hinweise, wann und wo Kontrollen zu erwarten waren. Meist wurde das „Lebenswasser" auf versteckten Trampelpfaden vom unwegsamen Gelände der Highlands in die Lowlands transportiert.

Die neue Whiskysteuer von 1823 und ihre Folgen

So konnte das Treiben nicht weitergehen. Der besonders findige Landbesitzer Lord Gordon beantragte ein Gesetz, das einerseits die Steuern drastisch senken sollte, andererseits eine Mindestgröße des Destillierkolbens voraussetzte, um die privaten und illegalen Farmbrennereien auszuschalten. Außerdem wurden für eine legale Lizenz pro Jahr und Brennblase zehn Pfund fällig. Das Gesetz wurde 1823 verabschiedet. Es fand zwar zunächst nur zögerliche Annahme, hatte aber doch bald positive Folgen für die genehmigten Brennereien. Die Produktionsmengen stiegen an, die Verkehrswege wurden mithilfe der neuen Eisenbahn ausgebaut. Oft wurde Whisky sogar per Schiff transportiert. Das „uisge beatha", das Lebenswasser, der legalen Brennereien erwies sich als qualitativ um einiges besser als der Fusel der Schwarzbrenner. Außerdem konnte es in großen Mengen auch recht preiswert hergestellt werden, und so setzte sich langsam, aber sicher der „offizielle" Whisky durch.

Dank der Erfindungen von Robert Stein und Aeneas Coffey wurde mithilfe der Patent Stills (auch Coffey Stills genannt) ein Brennverfahren entwickelt, das es erlaubte, kontinuierlich Whisky herzustellen. Die Lowlander stellten damit den Grain Whisky her, aus dem Pioniere wie Andrew Usher um 1850 die ersten Blends entwickelten. In ihnen waren Malt und Grain Whisky verschnitten. Blends waren weniger schwer, viel günstiger und leichter in gleichbleibender Qualität zu erzeugen.

Noch ein anderer Umstand kam den Schotten zugute. In Frankreich wurden Mitte des 19. Jahrhunderts ganze Landstriche von Weinbergen durch Rebläuse vernichtet. Dadurch wurden die Vorräte an Weinbrand (hier Brandy genannt) erheblich ausgedünnt, und die Preise stiegen ins Unermessliche.

Da Brandy gerade in England sehr beliebt war, musste schnell Ersatz gefunden werden: Viele stiegen deshalb auf Whisky um. Damit begann der Siegeszug der Blends. Sie verdrängten bald die reinen Malt Whiskys sowie die irischen Whiskeys, die an

Das Jakobiten-Denkmal von Glenfinnan. Hier traf sich 1745 Bonnie Prince Charlie mit verbündeten Clan-Chiefs.

ihrem traditionellen Brennverfahren festhielten und damals keine Blends im Angebot hatten.

S. 53: In einem Pub auf der „Whiskyinsel" Islay werden die Köstlichkeiten der Region ausgeschenkt. Vor Ort schmeckt das Lebenswasser noch besser als zu Hause …

Pattison und die Prohibition

1898 erlitt das Whiskygeschäft allerdings einen herben Rückschlag. Die Firma Pattison erwarb in großen Mengen Whiskyfässer und lagerte sie in ihren eigenen Lagerhäusern in Leith. Das Lagergut wurde später zum Blend verschnitten. Das Unternehmen wurde bald in eine Aktiengesellschaft umgewandelt, die Einnahmen stiegen, und man expandierte immer weiter. Viele neue Destillerien entstanden, die mit Pattison fixe Lieferverträge abschlossen. Das ging leider nur so lange gut, bis die Produktionsmenge schließlich den Bedarf an Whisky übertraf. Es folgte der finanzielle Kollaps, die Banken verweigerten neues Geld, und die Firmenbesitzer wurden wegen Betrugs zu Gefängnisstrafen verurteilt. Der Konkurs zog zahlreiche Destillerien mit in den Ruin.

William Grant von Glenfiddich erwies sich in jener Zeit als Pionier. Er beschloss, keine Abhängigkeit von anderen Firmen mehr zuzulassen, und organisierte den Großhandel, den Export und das Blending selbst. Er gründete in Glasgow einen Whiskyladen und bald darauf ein Exportbüro. Niederlassungen in Kanada und den USA sicherten dem Unternehmen die Zukunft und steigerten nebenbei die Popularität des schottischen Whiskys weltweit.

Daneben spielte die Prohibition in den USA eine große Rolle. Das landesweite Alkoholverbot wurde 1920 amtlich und sollte 13 Jahre lang währen. Auch in Schottland gab es einige große Verlierer, so etwa der Großteil der Destillerien der Region Campbeltown, da diese fast ausschließlich vom Export nach Amerika abhängig waren. Trotz des Verbotes florierte in den USA jedoch der Schwarzmarkthandel. Der Scotch kam einfach über Umwege nach Amerika. Nach der Aufhebung der Prohibition 1933 waren der schottische, aber auch der kanadische Whisky derart etabliert, dass die einheimischen Marken gegen die große Übermacht aus dem Ausland fast keine Chance mehr hatten.

Die Malt-Renaissance

1963 hatte William Grant & Sons eine Vorreiterrolle gespielt, als man sich entschied, den Single Malt wieder in den Blickpunkt zu rücken. Das Gespött der Branche war groß, doch die Innovationsbereitschaft sollte sich auszahlen. Grants Glenfiddich ist heute der meistgetrunkene Single Malt weltweit. Ebenfalls zur Belebung des Single-Malt-Marktes trugen die unabhängigen Abfüller bei, die eine große Anzahl Single Malts auf den Markt brachten, die zuvor nie in Eigentümerabfüllung erschienen waren.

Kleinere private Destillerien probierten es mit Innovationen wie dem Woodfinishing oder Experimenten mit Bio-Gerste. Nirgendwo sonst gibt es heute eine so große Produktvielfalt wie im schottischen Whiskymarkt, der in den letzten Jahren wieder beachtlich zulegen konnte.

Die Destillerie Mortlach 1898. In der riesigen Anlage wird heute vor allem Whisky für den Blend Johnnie Walker produziert.

LAPHROAIG
SINGLE ISLAY MALT
SCOTCH WHISKY
10
BRUICHLADDICH
ISLAY SINGLE MALT
SCOTCH WHISKY
10
Ardbeg
SINGLE ISLAY MALT
SCOTCH WHISKY
TEN
NON CHILL-FILTERED
ISLE OF
JURA
SINGLE MALT
JOHNNIE WALKER
35
SOLO
35
SOLO
35
METRIX
35
ml

LOWLANDS/CAMPBELTOWN

„Wer Hunde hasst, aber Whisky liebt, kann gar kein so übler Mensch sein.“

W. C. FIELDS

DIE REGIONEN Lowlands und Campbeltown liegen ganz im Süden Schottlands. Hier befinden sich heute nur noch einige wenige Destillerien.

LOWLANDS

Die Lowlands grenzen im Süden direkt an England an und enden im Norden an der Highland Line. Die virtuelle, einst vom britischen Parlament gezogene Linie erstreckt sich von Greenock nach Dundee. In der Region gibt es seit jeher nur wenige Malt-Destillerien, nicht zuletzt, weil sich in den Zeiten des Schwarzbrennens in der eher flachen Gegend kaum Möglichkeiten boten, Whisky versteckt bzw. illegal zu brennen. Andererseits befinden sich hier die meisten industriell betriebenen Grain-Destillerien, deren Massenprodukt-Image leider auch etwas auf den hiesigen Malt-Whisky abfärbte.

Inmitten der Lowlands liegt die schottische Hauptstadt Edinburgh. Mit ihren 450 000 Einwohnern ist sie nach Glasgow die zweitgrößte Stadt des Landes und der kulturelle Mittelpunkt Schottlands. Mittlerweile hat die Moderne in der altehrwürdigen Stadt Einzug gehalten. Profitieren konnte die Stadt auch vom neuen schottischen Parlament, das der Londoner Regierung 1999 einen Teil der legislativen Gewalt abringen konnte.

Edinburgh bietet den Whiskyliebhabern zwar keine eigene Destillerie mehr, dafür nimmt das Scotch Whisky Heritage Center seine Besucher mit auf eine abwechslungsreiche Reise von der Vergan-

genheit bis in die Gegenwart der Herstellung des „Lebenswassers". Zudem befindet sich hier der Hauptsitz der Scotch Malt Whisky Society.

In den Lowlands befinden sich heute nur noch drei aktive Destillerien. Da es in jüngster Zeit jedoch wieder eine stärkere Nachfrage nach milderen Whiskysorten gibt, könnte dieser Markt durchaus etwas belebt werden.

CAMPBELTOWN

Im Süden der Halbinsel Kintyre liegt das Städtchen Campbeltown. Die Gegend um den beschaulichen Ort war zu Beginn des letzten Jahrhunderts eine eigenständige und blühende Whiskyregion, in der rund 30 Destillerien produzierten. Heute existieren allerdings nur noch drei Destillerien.

Lange Zeit war Campbeltown dank seiner geschützten Lage eine Hochburg illegaler Whiskybrenner. Als man schließlich mit Lizenz legal Whisky brennen durfte, schossen die Destillerien wie die Pilze aus dem Boden. Dank des günstig gelegenen Hafens wurde bald der Export in die USA zur Haupteinnahmequelle. Mit der Prohibition versiegte diese Quelle jedoch auf einen Schlag. Ein weiterer Grund für den Niedergang war, dass der ölige Whiskystil bei den Blendern nicht beliebt war. Sie setzten auf die leichteren Speyside-Whiskys. Der Campbeltown-Whisky büßte an Qualität ein und verschwand fast vollständig von der Whiskylandkarte.

Oben: Die Forth Bridge, die Edinburgh mit der Halbinsel Fife verbindet, gilt als Pionierleistung der Ingenieurskunst.
Unten: Die Halbinsel Kintyre war einst eines der Zentren für den Überseehandel. Heute legen hier fast nur noch Fischkutter an.

S. 54: Der Trossachs National Park war der erste von der schottischen Regierung gegründete Nationalpark.

Auchentoshan

AUCHENTOSHAN	
BESITZER	Morrison Bowmore Ltd.
GRÜNDUNGSDATUM	1817
AUSSPRACHE	Och'n'tosh'n
BEDEUTUNG	Ecke des Feldes
STATUS	in Produktion
JAHRESPRODUKTION	18 000 Hektoliter

DAS WEISS GETÜNCHTE GEBÄUDE der Brennerei Auchentoshan liegt am Stadtrand von Glasgow, in der Mitte zwischen den Killpatrick Hills und dem Fluss Clyde.

In Auchentoshan wurde bereits um 1800 Whisky gebrannt. Die Brennlizenz erhielt die Destillerie aber erst 1823. 1875 erlebte die Brennerei einen ersten Umbau. Im Zweiten Weltkrieg wurde sie von deutschen Luftverbänden bombardiert und stark beschädigt. Dabei liefen die brennenden Whiskybestände in den nahe gelegenen Fluss Clyde. Erst nach dem Zweiten Weltkrieg, im Jahr 1948, wurde sie wieder aufgebaut und 1974 modernisiert. Zehn Jahre später, also 1984, wurde sie von der Morrison-Gruppe übernommen. Auchentoshan ist heute die letzte von rund 20 Brennereien, die früher in und um Glasgow herum Malt produzierten. Sie gehört zu den wenigen Brennereien, die, wie es für die Lowlands typisch ist, noch dreifach destillieren. 2005 wurde die Destillerie um ein für Whiskyliebhaber besonders attraktives Feature erweitert: Ein nagelneues Besucherzentrum führt den Whiskyinteressierten in die Produktion des Lebenswassers ein und gibt ihm zudem die Möglichkeit, die edlen Tropfen zu verköstigen.

Auchentoshans Whiskys sind typisch für die Region der Lowlands: Sie schmecken leicht und trocken.

WHISKY

Auchentoshan Three Wood, 43 % Vol., Originalabfüllung
Farbe: schöner durchsichtiger Bernstein

TASTING NOTES

Im Geruch wirkt der Whisky sehr süßlich, erinnert vielleicht sogar etwas an braunen Zucker, mit Anzeichen von Pflaumen und Johannisbeere. Im Geschmack behält er sich diese Fruchtigkeit bei und wird sogar durch Zitrone, Haselnuss und Zimt etwas verstärkt. Im Abgang ist er fruchtig frisch und behält sich eine lang anhaltende Süße.

In schweren Fässern lagert der dreifach destillierte Auchentoshan-Whisky.

Bladnoch

DIE SÜDLICHSTE DESTILLERIE Schottlands liegt in der Nähe des gleichnamigen Dörfchens Bladnoch, nahe Wigtown. Das ebenfalls auf den Namen Bladnoch getaufte Flüsschen, das die Destillerie mit Wasser versorgt, fließt in den Solway Firth. Dieser Fluss bildet zugleich die Grenze zu England.

Die Ursprünge der Brennerei Bladnoch gehen auf das Jahr 1817 zurück, als sie als Farmhausdestillerie in Betrieb genommen wurde und bis 1938 im Familienbesitz der Gründerfamilie McCleelands blieb. Danach wechselte sie mehrmals den Besitzer, bis sie 1993 vom damaligen Besitzer UD (United Destillers) stillgelegt wurde. 1995 besuchte der heutige Besitzer Raymond Armstrong Schottland, um sich bei einem Urlaub ein Feriendomizil zu suchen. Mit dieser Absicht kaufte er das Firmengelände. Doch er besann sich eines Besseren, änderte seine Pläne und entschloss sich, die Destillerie wieder zu reaktivieren. Aufgrund des Kaufvertrages darf er allerdings nicht über eine bestimmte Produktionsmenge hinaus Whisky destillieren. Interessierte können in Bladnoch einen mehrtägigen Whiskykurs buchen, in dem man in kurzer Zeit das Wichtigste rund um das Whiskybrennen erlernen kann.

BLADNOCH

BESITZER	Raymond Armstrong (Nordirland)
GRÜNDUNGSDATUM	1817
AUSSPRACHE	Blädnok
BEDEUTUNG	alter gälischer Name eines Flusses (Bedeutung heute unbekannt)
STATUS	in Produktion
JAHRESPRODUKTION	1000 Hektoliter

Der Whisky ist typisch für die Region: leicht und frisch. Momentan ist er aber fast ausschließlich über den ehemaligen Besitzer Diageo oder unabhängige Abfüller zu bekommen. Das wird sich wahrscheinlich mit den Neuabfüllungen ändern.

WHISKY

Bladnoch, 10 Jahre, 43 % Vol., Flora & Fauna
Farbe: sehr helles Stroh

TASTING NOTES

Der strohfarbene Whisky entfaltet einen zitrusfruchtartigen Geruch mit einer leichten Sherrynote. Im Geschmack kommt wieder der Sherry zum Tragen, mit etwas Malz. Im Abgang ist er mittellang, mit einer sehr typischen Trockenheit.

Kleine Flüsschen und saftig grüne Hügel charakterisieren die Gegend um Wigtown, in deren Nähe die Brennerei Bladnoch steht.

Glen Scotia

GLEN SCOTIA

BESITZER	Glen Catrine Bonded (Loch Lomond Distillery Co. Ltd.)
GRÜNDUNGSDATUM	1835
AUSSPRACHE	Glen Scoscha
BEDEUTUNG	Tal der Schotten
STATUS	teilweise in Produktion (Sommermonate)
JAHRESPRODUKTION	800 Hektoliter

AN DER HIGH STREET im nördlichen Stadtteil von Campbeltown liegt die Destillerie Glen Scotia.

Die Brennerei wurde ein paar Jahre nach Springbank im Jahr 1835 gegründet. 1919 übernahm sie die Firma WHMD (West Highland Malt Distillers). Mit einer Steigerung der Produktion wollte man die sich damals schon anbahnende Krise in Campbeltown meistern. Doch dieser Ansporn ging leider zulasten der Qualität. Fünf Jahre später erlitt die Gruppe ihren Konkurs. Duncan MacCallum, ein ehemaliger Manager von WHMD, machte auf eigene Faust weiter, musste die Brennerei aber 1928 in Folge der Prohibition schließen. Sie blieb bis 1933 geschlossen. 1930 bereits hatte sich MacCallum das Leben genommen. Er ertrank im Loch Campbeltown, und man sagt, dass seither sein Geist in der Destillerie spukt. Andere wiederum behaupten, seit seinem Tod würde einfach alles schieflaufen, was mit der Destillerie zu tun hat. Glen Scotia gehörte nach dieser Episode auch für kurze Zeit Hiram Walker und wurde 1955 an A. Gillies veräußert, deren Manager auch die Brennerei Littlemill besaß. Zwischen 1984 und 1990 blieb die Destillerie erneut geschlossen. Die neue Firma, Gibson International, musste jedoch bereits 1994 Konkurs anmelden, und so ging sie in den Besitz von Glen Catrine Bonded, einer Tochter der Loch Lomond Distillery Co. Ltd., über, die die Lagerbestände kaufte, aber die Brennerei geschlossen ließ. Seit 1999 produziert Glen Scotia mit Angestellten der Brennerei Springbank jeden Sommer wieder circa 80 000 Liter.

Generell ist der Whisky frisch und salzig – der typisch maritime Einfluss.

WHISKY

Glen Scotia, 12 Jahre, 40 % Vol.
Farbe: Goldgelb

TASTING NOTES

Der Zwölfjährige ersetzt langfristig gesehen den 14-Jährigen, den man teilweise auch noch auf dem Markt findet. Er behält den gewohnt frischen, salzigen, ausgewogenen Geruch bei. Im Geschmack zeigt er Anzeichen von Torfrauch mit einer angenehmen Schärfe. Der Abgang ist sehr lange und unterstreicht nochmals diese Aromen.

Campbeltown ist heute ein verschlafener Fischerort. Früher wurden aus diesem Hafen große Mengen Whisky nach Amerika verschifft.

Glenkinchie

KNAPP 25 KILOMETER außerhalb von Edinburgh im Dorf Pencaitland steht die Destillerie Glenkinchie, die zu einem beliebten Ausflugsziel für die Bewohner der Hauptstadt geworden ist. Deshalb ist es auch nicht weiter verwunderlich, dass auf den Etiketten jeweils der Schriftzug „The Edinburgh Malt" zu lesen ist. Gleich in der Nähe liegen die Lammermuir Hills. Die Gegend ist bekannt durch ihre qualitativ hochwertige Gerste.

Die Anfänge der Brennerei Glenkinchie gehen auf das Jahr 1835 zurück, als die Gebäude noch als Farmhaus genutzt wurden. Erst 1914, nach dem Verkauf an SMD und unter Leitung von John Haig, begann die Destillerie in größerem Stil und kontinuierlich zu produzieren. Ähnlich wie Rosebank blieb auch Glenkinchie während des Zweiten Weltkriegs in Betrieb. Die Gebäude beherbergen heute ein Museum, das 1997 weiter ausgebaut und modernisiert wurde. Das Museum besitzt unter anderem ein Miniaturmodell der Destillerie, das fast zehn Meter lang und voll funktionsfähig ist.

Der Whisky ist leicht, würzig und enthält komplexere Aromen als die typischen der Lowlands. Er gehört zur Reihe der Classic Malts.

GLENKINCHIE	
BESITZER	UDV (Diageo)
GRÜNDUNGSDATUM	1837
AUSSPRACHE	Glenkindschi
BEDEUTUNG	Tal des Kinchie
STATUS	in Produktion
JAHRESPRODUKTION	16 000 Hektoliter

WHISKY

Glenkinchie Distillers Edition, 1990, 43 % Vol.
Farbe: sonniges Gold

TASTING NOTES

Im Aroma ist der in Amontillado-Sherryfässern nachgereifte Whisky bereits gut zu spüren. Er führt im Geschmack eine nussige, süße Note, gepaart mit einer ganz feinen Blumigkeit. Er verstärkt im Geschmack nochmals den Sherry und hat einen langen, trockenen Abgang. Beim ersten Schluck würde man wohl nicht auf einen Lowland-Whisky tippen.

Beinahe industriellen Zuschnitt besitzen die roten Backsteingebäude der Destillerie Glenkinchie nahe Edinburgh.

Grain-Destillerien Girvan · Strathclyde

GIRVAN

BESITZER	William Grant & Sons
GRÜNDUNGSDATUM	1963
AUSSPRACHE	Górwen
BEDEUTUNG	kurzer Fluss
STATUS	in Betrieb
JAHRESPRODUKTION	ca. 680 000 Hektoliter

AM RANDE DES GLEICHNAMIGEN ruhigen Küstenstädtchens liegt die Grain-Destillerie Girvan. Sie wurde 1963 von William Grant & Sons erbaut. Die Grants wollten dadurch ein wenig unabhängiger von der Konkurrenz werden. In dieser hochmodernen Anlage lassen sich über 50 Millionen Liter Alkohol pro Jahr erzeugen. Für die Herstellung des Grain Whiskys kommen hier Coffey Stills zum Einsatz. Die Anlage wird jedoch auch zur Herstellung anderer hochprozentiger alkoholischer Getränke wie Gin oder Wodka genutzt.

WHISKY

Girvan, 1964, 48 % Vol.
Farbe: Bernstein

TASTING NOTES

Das süße Aroma wird von Bananen und Buttertoffee bestimmt. Im Geschmack ist er etwas bitter und erinnert an Bourbon.

STRATHCLYDE

BESITZER	Pernod Ricard
GRÜNDUNGSDATUM	1927
AUSSPRACHE	Straßkleid
BEDEUTUNG	Tal des River Clyde
STATUS	in Betrieb
JAHRESPRODUKTION	400 000 Hektoliter

DIE GRAIN-DESTILLERIE liegt mitten im Glasgower Stadtviertel Gorbals. Obwohl sie direkt am Ufer des River Clyde liegt, wird sie, genauso wie die ganze Stadt, mit Wasser aus dem Loch Katrine in den Trossachs versorgt.

Gebaut wurde diese Destillerie 1927 von den Bierbrauern Seager Evans, die sich damals für Whisky zu interessieren begannen. Dieser industrielle Komplex ist auch unter dem Namen Long John bekannt. Auf dem Gelände befand sich ebenfalls die Malt-Destillerie Kinclaith, die jedoch einem Erweiterungsbau Platz machen musste. Nach einiger Zeit wurde sie an die Firma Whitbread verkauft. Danach geriet sie in den Besitz der Allied Distillers, die wiederum zu Allied Domecq fusionierten. Diese wurden letzten Endes 2005 vom großen Konzern Pernod Ricard übernommen.

WHISKY

Strathclyde, 33 Jahre, 1973/2007,
56,5 % Vol., Duncan Taylor
Farbe: heller Bernstein

TASTING NOTES

Im Aroma zeigt sich dieser 33-Jährige süß mit kräftigen Einflüssen von Karamell. Im Geschmack ist er fruchtig, die lange Lagerung zeigt außerdem eine deutliche Eichennote. Auf der Zunge ist er sehr weich. Sein Abgang ist lang anhaltend, mit einem leicht öligen Einschlag.

Springbank/Kilkerran

In der Destillerie Springbank werden drei verschiedene Malts gebrannt: Springbank, Longrow und Hazelburn.

SPRINGBANK	
BESITZER	J.+A. Mitchell
GRÜNDUNGSDATUM	1828
AUSSPRACHE	Springbänk
BEDEUTUNG	Quelle an einer Anhöhe
STATUS	in Produktion
JAHRESPRODUKTION	1250 Hektoliter

DIE BRENNEREI SPRINGBANK liegt am südlichen Ende der Halbinsel Kintyre, in der Stadt Campbeltown. Kurz bevor die A83 endet, geht es zur Destillerie in die Longrow Street.

Die Destillerie wurde im Jahr 1828 offiziell gegründet, nachdem die Gründerfamilie wahrscheinlich an gleicher Stelle bereits drei Jahre zuvor die Riechlachan-Destillerie errichtet hatte. Zuerst hatte alles als Schwarzbrennerei begonnen, sie konnten jedoch schon bald eine offizielle Lizenz erwerben. Noch heute befindet sich die Destillerie im Besitz der Mitchell-Familie. Seit Anfang des 20. Jahrhunderts hat sie sich wenig verändert, lediglich die eigene Mälzerei wurde in den 1990er-Jahren renoviert und wieder in Betrieb genommen. Die Gerste wird in Campbeltown eigens für die Destillerie angebaut. Heute ist sie wohl die einzige Brennerei in Schottland, in der alle zur Whiskyherstellung notwendigen Prozesse noch von Hand getätigt werden. Des Weiteren besitzt die Firma ihre eigene Abfüllanlage. Um die Anlage auslasten zu können, wurde 1969 der unabhängige Abfüller Cadenhead übernommen. Im Jahr 2004 eröffnete die Familie eine weitere Destillerie: Kilkerran in Campbeltown, die schon heute eine limitierte Anzahl an Whiskyflaschen an den Whiskyliebhaber bringen möchte, die dann allerdings erst 2014 ausgeliefert werden. Diese gleich neben Springbank stehende Brennerei hieß ursprünglich Glengyle. Der Name darf jedoch heute nicht mehr verwendet werden, da bereits ein Vatted Malt diesen Namen trägt. Glengyle hatte nur bis 1925 produziert und blieb bis 2004 geschlossen. Ab 2001 fing man mit der Renovierung des unter Denkmalschutz stehenden Gebäudes an. Doch auch der Name Kilkerran ist geschichtsträchtig: Er leitet sich vom gälischen Namen der ersten keltischen Siedlung ab, die sich hier befand: Ceann Loch Cille Chiarain.

Der Whisky bewahrte den typischen Campbeltown-Stil, der sehr komplex ist. Generell gilt er als der traditionellste Malt ganz Schottlands. Die Destillerie ist bekannt dafür, diverse Klassiker wieder aufleben zu lassen, wie den Longrow (stark getorft) und den Hazelburn, der 2006 abgefüllt wurde. Der dreifach destillierte Hazelburn wird eher mild sein.

WHISKY

Springbank 100 Proof, 10 Jahre, 57 % Vol.,
Originalabfüllung
Farbe: Gold

TASTING NOTES

Der Whisky hat ein außerordentlich süßes Aroma mit einem minimalen Anzeichen von Rauch. Im Geschmack ist er sehr fruchtig mit ein wenig Sherry. Im Abgang explodiert er förmlich mit einer kräftigen, rauchigen und würzigen Note.

Dumbarton/Inverleven

DUMBARTON/INVERLEVEN

BESITZER	Pernod Ricard
GRÜNDUNGSDATUM	1938
AUSSPRACHE	Inverleeven, Dumart'n
BEDEUTUNG	Festung der Briten
STATUS	geschlossen

DER GROSSE DESTILLERIE-KOMPLEX steht in Dumbarton direkt am Fluss Leven. Der rote Backsteinbau leuchtet schon von Weitem.

Das Unternehmen wurde 1938 gegründet, in erster Linie, um Whisky für Ballantines zu produzieren. Neben der Grain-Whisky-Produktion wurde in Inverleven auch eine Malt-Brennerei betrieben, die Malt Whisky, ebenfalls für den genannten Blend, produzierte. Neben den beiden Pot Stills besaß sie auch eine Lomond Still, eine Kombination aus Pot Still und Column Still. Die Anlage wurde 1991 geschlossen. Als Eigentümerabfüllung kam leider nie ein Single Malt heraus. Gordon & MacPhail sowie Cadenhead haben jedoch einige Abfüllungen auf den Markt gebracht, die teilweise noch erhältlich sind.

Doch auch die Grain-Whisky-Produktion kam hier zum Erliegen, als sich der damalige Eigentümer, Allied Domecq, im Jahr 2002 entschloss, die Produktion mit Strathclyde, einer weiteren zum Konzern gehörenden Grain-Whisky-Brennerei in Glasgow, zusammenzulegen.

WHISKY

Inverleven, 1985, 40 % Vol.,
Gordon & MacPhail
Farbe: helles Stroh

TASTING NOTES

Der Whisky hat ein Aroma von Pfirsichen und Erdbeeren. Dazu kommen Gewürze, eine malzige Note und etwas Vanille. Der Geschmack ist würzig, mit einer Note Zedernholz und weißem Pfeffer. Der Abgang gestaltet sich trocken, wieder mit Früchten und Gewürzen.

Auf einem vulkanischen Basaltfelsen befindet sich das Dumbarton Castle, das als älteste Burg Schottlands gilt.

Glen Flagler/Killyloch · Kinclaith

GLEN FLAGLER/KILLYLOCH

BESITZER	Inver House
GRÜNDUNGSDATUM	1965
AUSSPRACHE	Glen Flägler
BEDEUTUNG	Tal des Flagler
STATUS	stillgelegt

DIE DESTILLERIE GLEN FLAGLER war in einer ehemaligen Papiermühle untergebracht.

Die Brennerei ging 1965 in Produktion, wurde jedoch bereits Mitte der 1980er-Jahre wieder stillgelegt. Hier produzierte man auch den Whisky Killyloch, der bereits Anfang der 1970er-Jahre aus dem Angebot genommen wurde. Noch einmal für Gesprächsstoff sorgte die Marke, als Signatory in den 1990er-Jahren einen kleinen Bestand von beiden Malts auf den Markt brachte.

Beide Whiskys hatten ihren Lowland-Charakter, wobei der Glen Flagler etwas würziger erschien.

WHISKY

Glen Flagler, 1973, 30 Jahre, 46 % Vol.
Farbe: sehr strahlendes Gold

TASTING NOTES

Im leichten Aroma erinnert dieser 30-jährige Glen Flagler an Orangenlimonade, hat etwas Malz und blumige Noten. Im Geschmack ist er weich und nussig. Der mittellange Abgang ist erneut nussig.

KINCLAITH

BESITZER	Pernod Ricard
GRÜNDUNGSDATUM	1957
AUSSPRACHE	Kinkläiß
BEDEUTUNG	Kopf des River Clyde
STATUS	abgerissen

DIE DESTILLERIE lag mitten in Glasgow auf dem Gelände der Strathclyde Grain Whisky Distillery.

Ihr war leider nur ein kurzes Leben beschieden. Gebaut wurde sie im Jahr 1957 von den Bierbrauern Seager Evans. Diese Firma war damals im Besitz der amerikanischen Firma Schenley, denen unter anderem auch die Strathclyde-Grain-Brennerei gehörte. Mit ihrem Geld wurde auf diesem Gelände die Malt-Destillerie Kinclaith errichtet. Auch sonst investierten die Amerikaner, zum Beispiel in Tormore. Doch bereits 1975 schloss Kinclaith die Tore erneut, als sich die Besitzer wieder aus Schottland zurückzogen. Damals übernahm der britische Braukonzern Whitbread das Zepter und erweiterte die Grain-Brennerei. Aus diesem Grund musste die Malt-Brennerei weichen. Die Grain-Brennerei wurde dann an Allied Distillers verkauft, kam zu Allied Domecq und wurde schließlich im Jahr 2005 vom großen Konzern Pernod Ricard übernommen.

WHISKY

Kinclaith, 35 Jahre, 1969, 54 % Vol., Signatory Vintage
Farbe: Bernstein

TASTING NOTES

In der Nase zeigt sich diese Signatory-Abfüllung süß, voll und angenehm. Im Körper ist der Whisky leicht und im Geschmack sehr fruchtig, mit einem komplexen Einschlag. Im Abgang zeigt sich etwas Eiche und eine pfeffrig-würzige Note.

Ladyburn · Littlemill

LADYBURN

BESITZER	William Grant & Sons
GRÜNDUNGSDATUM	1966
AUSSPRACHE	Läidybörn
BEDEUTUNG	Bach an einem Hang
STATUS	abgerissen

DIE MALT-DESTILLERIE LADYBURN befand sich im Girvan-Komplex in Ayrshire. Der Ort Girvan liegt direkt an der Küste.

Auch ihr war wie praktisch allen Malt-Destillerien, die auf dem Areal einer Grain-Destillerie standen, nur ein kurzes Leben beschert. Gerade zehn Jahre, von 1966 bis 1975, arbeitete die Destillerie mit vier Pot Stills. Danach wurde sie komplett von ihrem Eigentümer William Grant & Sons abgebaut. Es sollen noch ein paar Fässer in den Lagerhäusern übrig sein.

Der Single Malt kam nur ein einziges Mal als Originalabfüllung auf den Markt. Eine weitere 20-jährige Abfüllung wurde nur von Cadenhead herausgebracht. Der Rest wurde angeblich unter den Mitarbeitern aufgeteilt.

WHISKY

Ladyburn 1973 Vintage Single Cask, 50,4 % Vol.
Farbe: grünliches Gold

TASTING NOTES

Das Aroma wird von zartem Honigduft, Obstschalen und einem Hauch Eiche bestimmt. Der Whisky ist sehr weich am Gaumen, mit süßen Vanille- und Pfirsichnoten. Den Abgang bestimmt trockene Eiche.

LITTLEMILL

BESITZER	Loch Lomond Distillery Co. Ltd.
GRÜNDUNGSDATUM	1772
AUSSPRACHE	Littlmill
BEDEUTUNG	kleine Mühle
STATUS	geschlossen, abgebrannt
JAHRESPRODUKTION	8000 Hektoliter

IN BOWLING AM NORDUFER des Clyde lag die Destillerie Littlemill. Das Wasser bezog sie jedoch nicht aus dem Clyde, sondern aus den Kilpatrick Hills, die bereits zu den Highlands gehören. Die Brennerei selbst lag jedoch in der Region Lowlands.

Die Ursprünge der Brennerei gehen offiziell auf das Jahr 1772 zurück, doch wird vermutet, dass bereits 1750 an derselben Stelle destilliert wurde. Somit gilt sie, zusammen mit Strathisla und Glenturret, als eine der ältesten Brennereien Schottlands. Viele Besitzerwechsel und Schließungen bestimmten die Geschichte dieser Destillerie. Zuletzt wurde sie 1994 von Glen Catrine Bonded Warehouse aus einem Konkurs heraus gekauft und unter dem Namen Loch Lomond Distillery Co. Ltd. geführt. Teilweise wurden die Gebäude abgerissen, ein Teil jedoch stand unter Denkmalschutz, sodass das Vorhaben, die Brennerei in Wohnhäuser umzubauen, vereitelt wurde. Letztendlich kam dann alles ganz anders: Man plante, in der Mälzerei ein neues Stillhouse aufzubauen und die Destillerie als Museum zu eröffnen. Doch im September 2004 steckten angeblich spielende Kinder den Rest der Gebäude in Brand.

WHISKY

Littlemill, 12 Jahre, 40 % Vol.
Farbe: helles Rotgold

TASTING NOTES

Der Whisky verfügt über ein fruchtiges Aroma mit einem Hauch Torfrauch. Er schmeckt wunderbar rund mit einer leichten Öligkeit. Im Abgang ist er lang und schwer.

Rosebank · St. Magdalene

ROSEBANK

BESITZER	British Waterway Board
GRÜNDUNGSDATUM	1840
AUSSPRACHE	Roussbänk
BEDEUTUNG	Die Ufer des Kanals waren früher mit Rosen überwachsen; daher der Name
STATUS	geschlossen, teilweise in Apartments und in ein Restaurant umgebaut
JAHRESPRODUKTION	3200 Hektoliter

DESTILLERIE geschlossen

DIREKT AM FORTH-CLYDE-KANAL, am Stadtrand von Falkirk, steht die Destillerie Rosebank. Nicht weit davon befinden sich die Überreste des Antoninuswalls, den die Römer zum Schutz gegen Angriffe der Kelten und Pikten gebaut hatten.

Rosebank wurde 1840 von James Rankine gegründet und trotz heftiger Proteste 1993 vom Inhaber United Distillers geschlossen. Man bevorzugte die idyllischere Destillerie Glenkinchie, die mehr Touristen anlockte. Bestrebungen, den Betrieb 1997 wieder aufzunehmen, scheiterten, da die nötigen zwei Millionen Pfund nicht aufgebracht werden konnten. Zurzeit wird ein Teil der Gebäude zu Apartments umgebaut, andere Teile wurden bereits abgerissen.

Der Whisky wird von vielen für den besten Lowland Whisky gehalten.

WHISKY

Rosebank Mission Range, 17 Jahre, 1989/2006, 55,3 % Vol.
Farbe: Gold

TASTING NOTES

Der Whisky verfügt über leichte, florale Aromen von Kamille, Gras, Aprikosen, Pfirsichen und Orangenblüten. Er schmeckt sehr leicht, süß, sahnig und bis zum Ende fruchtig. Im Nachklang ist er süß, fruchtig-frisch, kräutrig, etwas trocken und fast ätherisch.

ST. MAGDALENE

BESITZER	DCL/UDV (Diageo)
GRÜNDUNGSDATUM	1765
AUSSPRACHE	Säint Magdalén
STATUS	geschlossen, teilweise in Apartments umgebaut

DESTILLERIE geschlossen

DIE DESTILLERIE ST. MAGDALENE liegt im Städtchen Linlithgow, wo noch die Ruinen des gleichnamigen Schlosses stehen, in dem die schottische Königin Mary zur Welt kam und das heute noch von vielen Touristen besucht wird.

Bevor auf dem Gelände im 18. Jahrhundert eine Brennerei errichtet wurde, stand dort einst eine Leprastation (12. Jahrhundert) und später ein Kloster. Einigen Quellen zufolge war das Gründungsjahr der Destillerie 1765, andere legen nahe, dass erst 1798 ein Besitzer namens Adam Dawson amtlich nachgewiesen werden kann. 1983 jedenfalls wurde auch diese Brennerei stillgelegt. Ein Teil der Anlage wurde in Luxuswohnungen umgebaut. Ein Teil der Gebäude steht unter Denkmalschutz. Die Pagodentürme, aber auch der in großen weißen Lettern aufgemalte Name zeugen heute noch von der Vergangenheit der Destillerie.

Der Whisky wurde beim Mälzen stark getorft und ist deshalb nicht unbedingt typisch für die Region. Er ist sehr aromatisch.

WHISKY

St. Magdalene, 19 Jahre, 1979, 63,8 % Vol., Rare Malts
Farbe: kräftiges Gold

TASTING NOTES

Der sehr aromatische Whisky erinnert an Malz und Lakritz. Auch im Geschmack kommt die Malz- und Lakritznote zum Tragen. Im Abgang ist er ungewöhnlich stark und torfig.

ISLAY UND DIE INSELN

„Whisky ist flüssiger Sonnenschein."

GEORGE BERNARD SHAW

DIE HEBRIDENINSELN an der Westküste Schottlands sowie die Orkneyinseln im hohen Norden sind nicht nur aufgrund der herrlichen Landschaften mit ihren einsamen Buchten, bizarren Felsformationen, einsamen Torfmooren und hübschen Hafenstädtchen beliebte Reiseziele. Hier werden auch mit die charakteristischsten Single Malts ganz Schottlands produziert.

ISLAY

Islay, die südlichste aller Hebrideninseln, genießt in der Welt des Whiskys zweifellos einen speziellen Stellenwert. Das nur 32 Kilometer lange und 15 Kilometer breite Eiland zählt immerhin acht aktive Destillerien und wird von vielen Whiskyfachleuten als eigenständige Region geführt. Von zwei weiteren Brennereien stehen immerhin noch Teile der Anlage, wie die Warehouses (Lager) oder in einem Fall auch noch eine Kiln. Zu den besten Zeiten produzierten hier bis zu 26 Brennereien. Die rund 3300 Inselbewohner verdienen ihr Geld heute vorwiegend in den Destillerien, beim Fischfang, mit Schafzucht oder im Tourismus.

Das Wort Islay wird „Eila" ausgesprochen und war der Name einer norwegischen Prinzessin. Der norwegische Einfluss auf die Hebriden war allerdings keineswegs so harmlos, wie es der Name einer Königstochter vielleicht nahelegt, denn die Normannen tyrannisierten über Jahrhunderte die Bewohner der Inseln. In der Nähe der Brennerei Ardbeg steht aus dieser Zeit das Kildalton Cross, eines der imposantesten Keltenkreuze ganz Groß-

britanniens. An dieser Stelle verwüsteten die Normannen einst ein Kloster und töteten unter anderem den Abt. Doch schon wenige Jahrhunderte später, als die heidnischen Normannen ebenfalls christianisiert worden waren, ließen sie sich auf demselben Friedhof begraben. Zu den weiteren interessanten Sehenswürdigkeiten auf der Insel zählt die Round Church in Bowmore. Sie wurde der Legende nach rund gebaut, damit der Teufel sich nicht in den Ecken verstecken konnte. Außerdem kann man die Ausgrabungsstätte einer mittelalterlichen Festung besuchen, die seinerzeit vom Insellord Finlaggan gebaut worden war. Auch für Geologen lohnt sich der Besuch dieser Insel, gilt doch das Gestein bei Bruichladdich als eines der ältesten der Welt.

Die Insel ist wie viele andere Regionen in Schottland auch bekannt als einzigartiges Vogelparadies. Im Winter finden sich hier rund 10 000 Blessgänse und rund doppelt so viele Weißwangengänse ein. Auch sehr seltene Arten wie der Wachtelkönig können auf der Insel von Ornithologen und Naturliebhabern beobachtet werden.

ARRAN

Die Insel Arran gilt als „Schottland im Kleinformat". Denn wie Schottland selbst gliedert sich die Insel in einen nördlichen Teil mit Bergen und Seen sowie einen südlichen Teil, für den Hügel und ausgedehnte Wiesenlandschaften charakteristisch sind.

Oben: Die Insel Skye verzaubert den Besucher mit einsamen Mooren, bizarren Felsformationen und atemberaubenden Steilküsten.
Unten: Die Round Church in Bowmore mit ihrem Friedhof ist eines der originellsten Gebäude auf Islay.

S. 66: Die bunten Häuser an der Uferpromenade von Tobermory auf Mull sind ein beliebtes Fotomotiv.

Seit 1995 gibt es auch für Whiskyfans wieder einen Grund, die Insel zu besuchen. Nachdem hier etwa 150 Jahre lang kein Whisky mehr produziert worden war, steht seit etwas mehr als zehn Jahren in der Nähe von Lochranza die Arran Distillery.

JURA

Nur durch einen Sund vom Festland getrennt ist die Insel Jura. Ist man auf der Insel angekommen, führt eine schmale Straße im Südosten zur einzigen Ansiedlung, dem Ort Craighouse. Hier liegt auch die Brennerei Isle of Jura. Fährt man auf der Straße ein Stückchen weiter gen Norden, kommt man zu dem kleinen Cottage, in dem George Orwell eine Weile lebte und seinen Bestsellerroman *1984* schrieb.

Die Insel selbst wird heute von weniger als 200 Menschen bewohnt. Der Name Jura bedeutet Rotwild und kommt aus dem norwegischen Sprachgebrauch. Die Bezeichnung kommt nicht von ungefähr: Auf der Insel leben gut 6000 Rothirsche. Von der Nachbarinsel Islay (an klaren Tagen sogar bis von Nordirland aus) kann man die sogenannten „Paps of Jura" sehen. Die Berge mit ihren drei Hauptgipfeln sind bei Bergsteigern beliebte Ausflugsziele. Der Ausdruck Paps stammt aus dem Altgälischen und bedeutet Brüste.

MULL

Die Insel Mull gehört zu den am meisten besuchten Inseln der Hebriden. Die rund 2700 Bewohner leben hauptsächlich vom Tourismus und von der Rinder- bzw. Schafzucht.

Im Süden liegen die Carsaig Arches, eine Gruppe von Basaltfelsen, die im Laufe der Zeit vom Meer geformt wurden. Die bizarren Bögen, Höhlen und Tunnel sind eine der Attraktionen der Insel. Im Norden liegt der Hauptort Tobermory mit seinen bunten Häusern rund um den Hafen. Er gilt als hübschestes Hafenstädtchen der ganzen Hebriden. Der Whiskykenner wird vor allem Augen für die gleichnamige Destillerie haben.

SKYE

Skye ist mit 80 Kilometern Länge und 5 bis 40 Kilometern Breite die größte Hebrideninsel. Sie kann bequem per Auto erreicht werden, da eine Brücke vom Festland herüberführt.

Landschaftlich bietet Skye viel Spektakuläres: Im Süden liegen die Bergketten der Cuillins, deren Gipfel teilweise eine Höhe von 1000 Metern erreichen; herbe Landschaften wechseln sich mit blumenbedeckten Tälern ab. Im Norden der Halbinsel Trotternish kann man eine beeindruckende Felsformation bewundern: den Old Man of Storr. Im Nordwesten zieht das Dunvegan Castle die Touristen an.

Für Whiskyliebhaber gibt es zurzeit auf der Insel nur eine Brennerei zu besichtigen: die Destillerie Talisker. Eine weitere befindet sich momentan im Bau, sodass wohl bald ein weiteres Kapitel Whiskygeschichte auf der Insel beginnen kann.

ORKNEY

Die Orkneyinseln (insgesamt 67 Inseln) liegen im hohen Norden Schottlands. Auf den gerade einmal 17 bewohnten Inseln leben insgesamt nur rund 19 000 Einwohner. Dafür findet man an den Steilklippen die größte Population von Meeresvögeln ganz Großbritanniens. Die Orkneys liegen eigentlich auf demselben Breitengrad wie Sankt Petersburg in Russland, hier wird es jedoch dank des Golfstromes selten sehr kalt. Da das ganze Jahr über ein gemäßigtes Klima vorherrscht, wird es im Sommer allerdings auch selten mehr als 16 Grad Celsius warm.

Ihren Namen verdanken die Inseln den Wikingern, die die Inselgruppe „Orkneyjar", die „Insel der Seehunde", nannten. Auf der Insel Mainland liegt die Hauptstadt Kirkwall mit ihren gut 7000 Einwohnern. Sie gilt als eine der sehenswertesten Städte Schottlands. Bekannt ist der hübsche Ort besonders wegen des jährlich im Juni stattfindenden St.-Magnus-Festivals.

Aber auch Skara Brea, die älteste Siedlung Großbritanniens, die im Westen Mainlands liegt, ist einen Besuch wert. Sie wurde circa 3100 v. Chr. besiedelt und blieb rund 500 Jahre bevölkert, bis sie unter Flugsand begraben wurde. Im Jahr 1850 legte ein fürchterlicher Sturm zahlreiche Ruinen frei, an denen man heute die Reste der Steinzeitsiedlung begutachten kann. Genauso interessant ist der Besuch der prähistorischen Grabkammer Maes Howe aus der Zeit um 2700 v. Chr.

Für Whiskyliebhaber ist Kirkwall besonders interessant, da sich hier Highland Park befindet. Etwas weiter südlich, nahe der Bucht Scapa Flow, liegt die Destillerie Scapa, die jedoch immer etwas im Schatten ihres nördlichen Nachbarn steht.

S. 69: Die bizarre Felsnadel Old Man of Hoy auf den Orkneys trotzt den Stürmen des nördlichen Atlantiks.

Ardbeg

ARDBEG	
BESITZER	Glenmorangie plc. (LVMH)
GRÜNDUNGSDATUM	1815
AUSSPRACHE	Ardbeeg
BEDEUTUNG	kleine Anhöhe
STATUS	in Produktion
JAHRESPRODUKTION	9500 Hektoliter

ARDBEG IST DIE erste Destillerie, die man zu Gesicht bekommt, wenn man mit der Fähre zur Insel Islay fährt. Die weißen Gebäude der Brennerei mit dem markanten Schriftzug direkt an der Südküste fallen einem sofort ins Auge.

Schon vor der Gründung 1815 sollen an gleicher Stelle Schwarzbrenner ihr Werk betrieben haben. Zwei Jahre nach Firmengründung ging die Brennerei in den Besitz der Familie McDougall über, die sie erst 1977 an Hiram Walker verkauften. Von da an ging es allerdings mit der Destillerie bergab. Bereits vier Jahre nach der Übernahme wurde sie geschlossen. Allied kaufte sie 1989 auf und ging für weitere sieben Jahre in Produktion. Man verzichtete jedoch auf die eigene Mälzerei, die keine Ventilatoren für den Rauchabzug besaß. Dies schlug sich wiederum im ausgeprägten Torfgeschmack nieder. Nachdem sie erneut geschlossen werden musste, trat 1997 Glenmorangie als Retter auf und renovierte die Gebäude. Auch das Thema der Wiederinstandsetzung der Mälzerei ist noch nicht beendet. Seit dieser Zeit produziert die Destillerie jedenfalls wieder. Das Café der Brennerei gilt übrigens als Geheimtipp: Hier soll man sehr gut essen können. Seit Ende 2005 gehört Glenmorangie, und damit also auch Ardbeg, zu dem Luxusgüterkonzern LVMH.

Der Whisky zählt vom Stil her mit zu den rauchigsten und torfigsten aller Whiskys. Beim sechsjährigen Very Young sind die Meinungen der Fachleute geteilt: Die einen halten ihn für zu robust und unausgereift, andere wiederum schätzen gerade diese Eigenart.

WHISKY

Ardbeg Ten, 10 Jahre, 46 % Vol.
Farbe: blasses Strohgelb

TASTING NOTES

Besonders der Zehnjährige erfreut sich großer Beliebtheit. Der rauchige Duft, mit viel Salzwasser durchsetzt, der mittelschwere Körper und der süßliche Geschmack, der sich dann gewaltig aufbäumt und durch einen starken jodhaltigen Abgang komplettiert wird, begeistern die Liebhaber rauchiger Malts.

Blick über die weißen Gebäude der Destillerie Ardbeg auf den Sound of Islay.

Arran

ETWAS AUSSERHALB von Lochranza, an der A 841 im Norden der Insel Arran steht in einem kleinen Tal die Destillerie Arran. Das Tal trägt den Namen Glen Eason Biorach, was so viel heißt wie „Tal des kleinen Wasserfalls“. Bei schönem Wetter sieht man die Destillerie schon von der Fähre und von der Kintyre-Halbinsel aus.

Etwa 150 Jahre lang gab es auf der Insel keine Brennerei mehr. 1992 wurde schließlich die Idee geboren, wieder eine Destillerie zu bauen. 1995 konnte dann die neu erstellte Destillerie ihren Betrieb aufnehmen, ein Jahr nach dem eigentlich geplanten Start. Ein Adlerpaar brütete ein Jahr zuvor auf dem Gelände der Destillerie, daher musste die Fertigstellung aus Umweltschutzgründen hinausgezögert werden. Außergewöhnlicherweise haben alle Gebäude Pagodendächer.

Der Gründer Harold Currie sorgte für eine ganz besondere Finanzierungsmethode: Er veräußerte mit großem Werbeaufwand Schuldscheine an Interessenten. Diese erhielten dafür nach entsprechender Reifezeit Whisky. Besonders stolz sind die Besitzer auf das Besucherzentrum. Es wurde 1997 von Königin Elisabeth II. persönlich eingeweiht. Schon die Ankunft Ihrer Majestät war ein ganz besonderes Ereignis: Sie lief mit ihrer Yacht Britannia im Hafen von Lochranza ein.

Der Whisky ist vom Stil her sahnig, cremig, aber würzig. Er verfügt über eine leicht blumige Note mit einem Hauch von leichtem Torfrauch. Bereits nach drei Jahren (also nach Erfüllung der gesetzlichen Auflagen) kam eine erste limitierte Auflage heraus. Seit einiger Zeit existiert eine Vielzahl an verschiedenen sieben- bis achtjährigen Wood Finishes: Calvados, Marsala, Port, Rum und Cognac. Am 21. September 2005 war es dann so weit: Der zehnjährige Arran konnte präsentiert werden

ARRAN	
BESITZER	Isle of Arran Distillers
GRÜNDUNGSDATUM	1995
AUSSPRACHE	Ärrän
BEDEUTUNG	Ort mit spitzen Bergen
STATUS	in Produktion
JAHRESPRODUKTION	7500 Hektoliter

Auf der Insel Arran gibt es seit 1995 wieder eine Destillerie. In den zwei Pot Stills der Brennerei entsteht ein würziger, cremiger Whisky.

WHISKY

Arran, 10 Jahre, 46 % Vol., Originalabfüllung
Farbe: reifes goldenes Gerstengelb

TASTING NOTES

Der erste zehn Jahre alte Malt Whisky der Destillerie, der neben der sehr erfolgreichen Finish-Serie nun endlich auf dem Markt ist, riecht sehr süßlich nach Orangen und Nuss und behauptet den Zitrusgeschmack auch auf der Zunge. Der sehr süffige Whisky mit einem mittelschweren Körper komplettiert den Abgang mit Sherrynoten.

Bowmore

Direkt ans Meer gebaut, steht die prächtige Destillerie Bowmore, die mittlerweile dem japanischen Konzern Suntory gehört.

BOWMORE

BESITZER	Morrison Bowmore Distillers Ltd. (Suntory)
GRÜNDUNGSDATUM	1779
AUSSPRACHE	Boumor
BEDEUTUNG	das große Riff
STATUS	in Produktion
JAHRESPRODUKTION	17 000 Hektoliter

DIE BRENNEREI BOWMORE liegt mitten im gleichnamigen Ort auf Islay. Sie wurde direkt neben dem Hafen in der Bucht von Loch Indaal gebaut. Die wunderschöne, weiß getünchte Destillerie wurde im Jahr 1779 gegründet und gilt daher als die älteste Whiskybrennerei der Insel Islay. Der frühere Besitzer Sheriff & Co. verkaufte sie 1963 an die Firma Stanley P. Morrison, die später in Morrison Bowmore umgetauft wurde. 1989 beteiligte sich der japanische Konzern Suntory mit 35 Prozent an der Firma und übernahm sie schließlich 1994 ganz. Mit Auchentoshan und Glen Garioch gehören noch zwei weitere schottische Brennereien zu diesem Konzern.

Bemerkenswert ist, dass Bowmore rund 50 Prozent des verwendeten Malzes selbst herstellt und dies, dank einem Wärmerückführungssystem, sehr kostengünstig und energiesparend. Mit der Abwärme wird sogar ein in einem alten Warehouse eingerichtetes Hallenbad beheizt. Nur ein paar Meter weiter steht ein Schulhaus, das ebenfalls ein Pagodendach besitzt und schon von manchem Touristen für die Destillerie gehalten wurde.

Bowmore verwendet gegenüber allen anderen Destillerien auf der Insel einen überaus hohen Anteil an Sherryfässern. Rund ein Drittel des Whiskys reift in solchen Fässern. Der Whisky ist nicht ganz so intensiv wie die Malts im Süden der Insel, auch er hat jedoch einen hohen Anteil an Torf, den das eisenhaltige Wasser nebst Schilfrohr-, Moos- und Farnaromen mit aufnimmt. Da die Warehouses direkt am Meer liegen, sogar teilweise unter dem Meeresspiegel, verwundert es nicht, dass der Whisky stark salzhaltig ist. Wie die anderen Whiskys aus dem Süden zeigt er einen komplexen Geschmack. Der wohl bekannteste ist der Black Bowmore, der nach seiner Farbe benannt wurde und dreimal, 1993, 1994 und in der Final Edition 1995 abgefüllt wurde. Sie haben heute Kultstatus und werden zu horrenden Preisen gehandelt. Nur wenige werden jemals in den Genuss dieses Whiskys kommen. Bowmore besitzt ein großes und reichhaltiges Angebot an wesentlich erschwinglicheren Eigentümerabfüllungen.

WHISKY

Bowmore Enigma, 12 Jahre, 40 % Vol.
Farbe: helles Goldgelb

TASTING NOTES

Der salzig-rauchige Geruch wird im Geschmack von der Sherrynote, einem Anteil von Honigsüße, dem Seetang, Heidekraut und Gewürzen verstärkt. Der Abgang ist gewohnt lange, mit einem etwas salzigen Touch.

S. 73: Durch die Pforten der Brennerei Bowmore rollen schon seit 1779 die Whiskyfässer. Sie gilt als die älteste Destillerie Islays.

Estab
1779
ISLAY
BOWMORE DISTILLERY

Bruichladdich

BRUICHLADDICH	
BESITZER	Bruichladdich Distillery Company Ltd.
GRÜNDUNGSDATUM	1881
AUSSPRACHE	Bruuchladdie
BEDEUTUNG	Ecke am Strand
STATUS	in Produktion
JAHRESPRODUKTION	5000 Hektoliter

GEGENÜBER VON BOWMORE am Nordufer des Loch Indaal liegt der Ort Bruichladdich mit seiner gleichnamigen Destillerie, die auch gerne liebevoll Laddie genannt wird. Bis vor Kurzem galt sie als die westlichste schottische Destillerie, bevor im Sommer 2005, nur ein paar Meilen von Bruichladdich entfernt, die Brennerei Kilchoman öffnete.

Die drei Gebrüder Robert, William und John Gourlay Harvey gründeten die Destillerie im Jahr 1881. Bereits sechs Jahre später wurde sie umgebaut und produzierte schließlich bis zum Jahr 1928. Danach lag sie für acht Jahre brach. Es folgte eine Zeit, in der die Besitzer häufig wechselten. Zwischen 1940 und 1949 befand sich die Brennerei in amerikanischer Hand von National Distillers. 1957 ging sie in den Besitz von AB Grant über, bevor sie 1968 zu Invergordon kam. 1975 wurde sie renoviert, dabei um zwei weitere Stills auf nunmehr vier erweitert und schließlich 1994 von Whyte & Mackay (JBB) übernommen, die kurz danach den Betrieb einstellten. Doch im Jahr 2000 sollte es wieder weitergehen: Unter der Führung des unabhängigen Abfüllers Murray McDavid (mit Gordon Wright und Simon Coughlin) sowie einigen Geldgebern wie Mark Reynier wurde die Brennerei für rund 6,5 Millionen Pfund gekauft und zu neuem Leben erweckt. Zudem konnte Jim McEwan als Brennmeister gewonnen werden, der zuletzt bei Bowmore tätig gewesen war.

Zunächst musste natürlich viel renoviert werden, doch seit Mai 2001 wird hier wieder Whisky gebrannt. Darunter auch der Port Charlotte, benannt nach einer ruinenhaft erhaltenen Destillerie, die rund eine Meile entfernt von Bruichladdich liegt. Deren Warehouses werden auch heute noch genutzt. Dank vieler innovativer Ideen von Jim und seinen mittlerweile 40 Mitarbeitern gilt das Juwel als die am schnellsten wachsende Destillerie in ganz Schottland. So verwendet man Bio-Gerste, bietet den phenolhaltigsten Whisky überhaupt an, hat den Mut zu vielen interessanten neuen Produkten und offeriert seinen Kunden eine sogenannte Whisky Academy, einen fünftägigen Einführungskurs in die Kunst des Whiskybrennens.

Am Nordufer des Loch Indaal liegt die privat geführte und äußerst innovative Brennerei Bruichladdich.

WHISKY

Bruichladdich 2nd Edition, 15 Jahre, 46 % Vol., keine Kaltfiltration
Farbe: blasses Goldgelb

TASTING NOTES

Die Sauternes-Noten spürt man förmlich heraus. Ein Hauch von Nugat, Vanille und Sherry komplettieren den Geruch. Beim Geschmack ergänzen sich das Malz und der süßliche Wein sehr gut. Auch der Abgang lässt die gleichen Aromen voll und ganz zur Geltung kommen.

In einem fünftägigen Whisky-Einführungskurs können Interessierte in Bruichladdich alles über Pot Stills und Destillationstechniken erfahren.

YELLOW SUBMARINE

In der Destillerie Bruichladdich entstehen viele verschiedene Whiskys. Man kann aufgrund der hier gegebenen privaten und kleinen Firmenstruktur schnell und flexibel reagieren. Um eine Sonderedition rankt sich eine ganz besondere Geschichte, die zum sicherlich originellsten Whisky der Brennerei Bruichladdich führte. Und das geschah so:

Ein Bewohner von Islay, ein Fischer namens Baker, war auf dem Meer, um Hummerkörbe zur Kontrolle an Bord seines Schiffes zu hieven. Dabei bemerkte er ein gelbes Objekt, das unweit im Wasser trieb. Zuerst vermutete er eine Boje, die Fischernetze markierten, doch bei genauerer Betrachtung stellte es sich als ein zwei Meter großes Minensuchgerät heraus. Das ferngesteuerte und mit Royal Navy gekennzeichnete Objekt trieb unkontrolliert im Meer umher. Der Fischer benachrichtigte die örtliche Küstenwache, die sich bei der Nachricht köstlich amüsierte und nachfragte, ob er denn schon kräftig Whisky getrunken hatte. Doch nach hartnäckiger Bestätigung des Fischers fragten sie bei der Navy nach. Diese dementierten den Verlust. Und so wurde das unbekannte gelbe Objekt geborgen und an Land gebracht – und nochmals die Royal Navy informiert. Dieser Tauchkörper, ein Produkt eines französischen Herstellers, hatte einen geschätzten Wert von rund einer halben Million Pfund. Erst nach Tagen gab die Royal Navy zu, dass sie tatsächlich bei einer Übung den Minensucher HMS Penzance verloren hatte. Doch es vergingen Monate, bis sich das Militär dazu bequemte, das verloren gegangene Objekt wieder abzuholen. Um nicht allzu viel Aufsehen zu erregen, wollte die HMS Blythe, die das Minensuchgerät abzuholen hatte, dies sehr früh morgens erledigen. Doch die Nachricht davon hatte sich schon im Vorhinein herumgesprochen, und so war schließlich die halbe Insel frühmorgens auf den Beinen, um die Soldaten gebührend zu empfangen. Mittlerweile hat Mark Reynier mit seinen Leuten bei Bruichladdich einen 14-jährigen Whisky vermarktet, den er Yellow Submarine taufte. Er sollte an diesen Vorfall und natürlich an den Beatles-Song erinnern und kam im September 2005 auf den Markt. Auf jeden Fall wurde dem Einsatzkommando der abholenden Royal Navy Crew ein Sixpack dieses auf 12 000 Flaschen limitierten Whisky überreicht. Der französische Hersteller des Mini-U-Bootes bzw. des Minensuchgerätes wiederum kaufte als Marketinggag bei der Brennerei Bruichladdich 1000 Flaschen dieser Sonderabfüllung.

Bunnahabhain

BUNNAHABHAIN	
BESITZER	Burn Stewart Distillers Ltd.
GRÜNDUNGSDATUM	1881
AUSSPRACHE	Bunnahavn
BEDEUTUNG	Mündung des Flüsschens
STATUS	in Produktion
JAHRESPRODUKTION	10 000 Hektoliter

DIE DESTILLERIE BUNNAHABHAIN liegt noch weiter nördlich als Caol Ila, ebenfalls am Sound of Islay. Man erreicht sie nur über eine schmale, gut sieben Meilen lange Straße. Besonders für Lastwagen kann die Fahrt auf der engen Straße sehr abenteuerlich sein. Diese Straße, die damals extra für die Destillerie gebaut worden war, geht kurz vor Port Askaig ab.

Im Jahr 1881 gegründet, blieb die Brennerei bis 2003 im Besitz ihres Erbauers Highland Distillers (heute Edrington Group). Da sie so abgeschieden liegt, wurden bereits beim Bau direkt neben der Anlage zusätzliche Häuser für die Mitarbeiter errichtet. In einem der Gebäude befand sich eine Schule, in einem anderen ein Laden. Burn Stewart kaufte sie 2003 und rettete sie vor dem Untergang, denn eigentlich sollte sie geschlossen werden.

Alle Whiskys zeigen als Emblem einen salutierenden Steuermann – eine Reverenz an den auf Islay beliebten Song „Westering Home". Der Whisky selbst hat wenig zu tun mit den komplexen rauchigen Malts der Südküste. Er ist sehr weich, leicht und fruchtig mit wenig Torf. Das Wasser kommt direkt aus dem Kalkstein und wird mit Rohren zur Destillerie geführt, was die Aufnahme von Torf und anderen Geschmäckern verhindert.

WHISKY

Bunnahabhain, 12 Jahre, 40 % Vol.
Farbe: Bernstein

TASTING NOTES

Er wirkt im Duft sehr frisch und erinnert stark an Seeluft. Im Geschmack wirkt er nach wie vor sehr leicht, mit einem Hauch von nussigen, malzig-süßen Aromen, die sich erst im Abgang so richtig entfalten. Er eignet sich daher besonders gut als Aperitif.

Von der Nordküste Islays hat man bei klarem Wetter einen wunderbaren Blick auf die Hügelkette der Nachbarinsel Jura.

Caol Ila

CAOL ILA	
BESITZER	UDV (Diageo)
GRÜNDUNGSDATUM	1846
AUSSPRACHE	Kull ihla
BEDEUTUNG	Meerenge von Islay
STATUS	in Produktion
JAHRESPRODUKTION	35 000 Hektoliter

IN SICHTWEITE zur Nachbarinsel Jura, in einer kleinen Bucht gelegen, befindet sich die Brennerei Caol Ila. Die Destillerie liegt Nahe Port Askaig und lässt sich nur von der Straße aus erreichen, die zum Meer hinunterführt. Die Meerenge Sound of Islay, die der Destillerie auch den Namen gab, ist wegen ihrer Strömung an dieser Stelle recht gefährlich.

Das Gebäude wurde 1846 errichtet und kam 1863 in den Besitz von Bulloch, Lade und Co. 1930 wurde die Brennerei von DCL übernommen. Die DCL wurde Teil der UD, kam später zur UDV und gehört somit zum Spirituosenkonzern Diageo. Früher legten die Schiffe direkt am Pier der Brennerei an, und man verschiffte den Whisky gleich von hier aus übers Meer. Heute funktioniert der Transport via Lastwagen und dann per Fähre aufs Festland. In den 1970er-Jahren wurde die Destillerie komplett modernisiert und erhielt ein neues Stillhouse mit nunmehr sechs Brennblasen. Dank einer großen Fensterfront kann man von der Brennerei direkt auf die nahe gelegenen Gipfel der Paps of Jura blicken.

Der Whisky war als Single Malt lange Zeit nur über die unabhängigen Abfüller erhältlich, außer man war Besucher der Destillerie oder gerade in Italien unterwegs, wo er ebenfalls angeboten wurde. Erst dank der Fauna-&-Flora-Serie wurde er durch Diageo besser erhältlich und aufgrund seiner Popularität erst kürzlich in den erweiterten Kreis der Classic Malts aufgenommen.

WHISKY

Caol Ila, Signatory Vintage 1991, 12 Jahre alt, 43 % Vol.
Farbe: sehr helles Gelb

TASTING NOTES

Beim Duft zeigt sich extremer Torfrauch, der beim Geschmack durch eine süße Sherrynote ergänzt wird und im Abgang wieder seine Rauchigkeit unter Beweis stellt. Komplettiert wird er durch die Meeresluft und leichte Salzigkeit. Ein leichter bis mittelschwerer Whisky, der sich besonders zu geräuchertem Lachs gut macht.

Die Brennerei Caol Ila im Jahr 1934. Damals legten die Schiffe noch direkt am Pier an, um den Whisky über das Meer zu verschiffen.

Orkney

Highland Park

HIGHLAND PARK	
BESITZER	The Edrington Group
GRÜNDUNGSDATUM	1798
STATUS	in Produktion
JAHRESPRODUKTION	20 000 Hektoliter

DIE NÖRDLICHSTE BRENNEREI Schottlands liegt auf der Hauptinsel Mainland des Orkney-Archipels. Die Destillerie befindet sich am südlichen Ortsrand des Hauptortes Kirkwall, an einer Anhöhe angesiedelt.

Die Destillerie Highland Park wurde nach Angaben ihrer heutigen Inhaber 1798 gegründet. Aus sicherer Quelle geht jedoch hervor, dass der Gründer David Robertson bereits drei Jahre zuvor mit dem Brennen anfing. Im Jahr 1898 wurde die Brennerei von James Grant übernommen, dessen Vater bereits bei Glenlivet als Manager erfolgreich war. Auf dessen Familie ist bis zum heutigen Tag die Lizenz ausgestellt, obwohl sie die Firma bereits 1935 an Highland Distillers verkauft hatten und diese somit zur Edrington Group gehört. Die Brennerei nutzt bis heute die eigene Mälzerei und produziert daher noch auf ausschließlich traditionelle Weise.

Der Whisky ist mit einem kräftigen rauchigen und heidekraut- bzw. malzartigen Charakter versehen, da für das Mälzen Torf aus der Region verwendet wird. Dieser Torf ist noch sehr jung und deshalb durchsetzt mit Heidekraut. Highland Park gehört zweifellos mit zu den besten Single Malts, hat Tiefgang, ist rund und hat einen langen Abgang. Es gibt ihn in vielen verschiedenen Varianten. Bei Whiskyliebhabern gilt er als Allrounder und genießt selbst bei ausgesprochenen Whiskyexperten einen ausgezeichneten Ruf.

WHISKY

Highland Park, 18 Jahre, 43 % Vol., Originalabfüllung
Farbe: Bernstein

TASTING NOTES

Es steigt einem sofort der aromatische Rauch in die Nase, gepaart mit einer Sherrynote und Anklängen von Eiche. Der vollmundige Geschmack wird ergänzt durch Honig und Torf. Im langen Abgang zeigt sich die Komplexität. Trotzdem bleibt er dabei weich.

Der Whisky der Destillerie Highland Park gilt bei vielen Whiskykennern als einer der besten Single Malts überhaupt.

Jura

Die Brennerei in Craighouse auf der Insel Jura ist seit 1963 wieder in Betrieb.

DIE INSEL JURA ist nur durch einen Sund vom schottischen Festland getrennt. Das Eiland mit seiner „Paps of Jura“ genannten Bergkette erreicht man mit der Fähre von der Insel Islay vom Südwesten her. Die Brennerei Isle of Jura befindet sich in Craighouse, der einzigen Ansiedlung auf dieser Insel.

Die Destillerie wurde um das Jahr 1810 gebaut. Zumindest lassen sich seit dieser Zeit legale Aktivitäten nachweisen. Weniger legale hatte es bereits früher gegeben. James Ferguson brannte hier mit seinen Söhnen im 19. Jahrhundert, baute seine Anlage jedoch ab, als er sich nicht mehr mit dem Pächter einigen konnte. Ab dem Ersten Weltkrieg bis 1958 passierte nicht mehr viel. Erst danach kam das Vorhaben auf, die Destillerie zu reaktivieren. Zwei Inselbewohner starteten das Projekt mit dem Ziel, neue Arbeitsplätze auf der Insel zu schaffen. Es gelang ihnen, Mackinlay MacPherson (heute Scottish & Newcastle) für ihr Projekt zu gewinnen. Mit dem Bau beauftragten sie W. Delmé Evans, der bereits mit den Planungen für Tullibardine und Glenallachie betraut gewesen war. 1963 ging die Destillerie wieder in Betrieb und wurde 1985 von Invergordon Distillers erworben, die wiederum von Whyte & Mackay aufgekauft wurden. Glücklicherweise ereilte die Brennerei nicht das Schicksal von Bruichladdich, die von Whyte & Mackay geschlossen wurde. Sie erhielt durch ein neues Marketingkonzept sogar noch eine zusätzliche Förderung.

Der Whisky ist vom Stil her nicht zu vergleichen mit den Whiskys der Nachbarinsel Islay. Er wird auch gerne als „The Highland from the Island“ bezeichnet und ist so gut wie nicht getorft. Eine Ausnahme bildet der Superstition, ein vergleichsweise leichter, öliger, trockener Malt, der eine weiche, aber salzige Note besitzt und in der Regel als Aperitif genossen wird.

JURA

BESITZER	Whyte & Mackay
GRÜNDUNGSDATUM	ca. 1810
AUSSPRACHE	Dschura
BEDEUTUNG	Rotwild
STATUS	in Produktion
JAHRESPRODUKTION	8000 Hektoliter

WHISKY

Isle of Jura Superstition, 45% Vol.,
Originalabfüllung
Farbe: Bernstein

TASTING NOTES

Der Superstition bietet ein leichtes Torfraucharoma, ergänzt durch süße Noten von Honig und Marzipan. Auch im Geschmack zeigt sich Honig und Torfrauch, immer jedoch dezent. Komplettiert wird der Geschmack durch eine würzige Note, die sich auch in einem angenehm süßen Abgang wiederfindet.

Der Whisky von Jura ist so gut wie nicht getorft und erinnert eher an die Highland-Malts als an die typischen Insel-Whiskys.

Kilchoman

KILCHOMAN	
BESITZER	Anthony Wills
GRÜNDUNGSDATUM	2004
AUSSPRACHE	Kilhomen
BEDEUTUNG	Heiliger Coman
STATUS	in Produktion, noch kein Whisky auf dem Markt
JAHRESPRODUKTION	500 Hektoliter

DIE KLEINSTE BRENNEREI Schottlands, Kilchoman, liegt im gleichnamigen Örtchen nahe der Machir Bay, einem Sandstrand im Westen der Insel Islay. Den Anspruch auf den Titel der kleinsten Brennerei erhebt allerdings auch die Destillerie Edradour; die westlichste ist Kilchoman aber in jedem Fall. Um zu ihr zu gelangen, muss man kurz vor Bruichladdich auf eine sehr schmale Straße abbiegen, auf der man noch gut 20 Minuten zur Destillerie fährt.

Die Destillerie, die als Farm Distillery, wie sie früher so häufig anzutreffen waren, im Jahr 2004 erbaut wurde, ging im Juni 2005 in Betrieb. Doch schon bald gab es einen herben Rückschlag: Die Kiln, die auch ein Malzsilo enthielt, brannte ab und musste wieder neu aufgebaut werden. Erst im Oktober 2006 konnte sie fertiggestellt und der Betrieb wieder aufgenommen werden. Um dennoch Einnahmen zu erzielen, bis der Whisky erstmals als Fünfjähriger im Jahr 2010 in den Handel kommen wird, verkauft die Brennerei Fässer, die man sich nach entsprechender Reifezeit abfüllen lassen kann, und kleine Probeflaschen. Außerdem hofft die Destillerie auf viele Besucher in ihrem Besucherzentrum und bietet wie Bruichladdich oder Bladnoch einen fünftägigen Workshop an, der bei Kilchoman The Whisky Experience genannt wird.

Die Spirit Still von Kilchoman. Der Whisky wird momentan nur in Probefläschchen verkauft. Der Single Malt erscheint erst 2010.

Lagavulin

LAGAVULIN	
BESITZER	UDV (Diageo)
GRÜNDUNGSDATUM	ca. 1816
AUSSPRACHE	Laggavoulin
BEDEUTUNG	Mulde, in der die Mühle steht
STATUS	in Produktion
JAHRESPRODUKTION	23 000 Hektoliter

DIE MITTLERE DER DREI Destillerien an der Südküste Islays heißt Lagavulin. Sie ist nur etwas über eine Meile entfernt von Ardbeg und in südwestlicher Richtung ungefähr zwei Meilen von Laphroaig. In Sichtweite liegt die Ruine des Dunyvaig Castle, auf dem einst die Lords von Islay vom Clan der McDonalds lebten.

Das genaue Gründungsjahr ist nicht ganz sicher, man geht aber vom Jahr 1816 aus. In der näheren Umgebung sollen Mitte des 18. Jahrhunderts rund zehn illegale Destillerien gestanden haben. Etwa von 1837 an gab es aber hier nur diese eine Destillerie. 1867 übernahm sie James Logan und vererbte die Firma 1889 seinem Neffen Peter Mackie. Dieser hatte dort zuvor schon seine Lehrzeit verbracht. Aus dieser Firma entstand später dann White Horse Distillers.

Da Lagavulin und Laphroaig immer große Rivalen waren, wollte Peter Mackie einen ähnlich phenolischen Whisky produzieren wie sein Nachbar und baute auf dem Gelände 1908 eine zweite Destillerie mit dem Namen Malt Mill. Sie nutzte die Maischebottiche von Lagavulin, besaß aber eigene Pot Stills und eigene Floor Maltings. Bis 1962 wurde in der Malt-Mill-Brennerei produziert. Heute befindet sich in ihrer ehemaligen Mälzerei ein Besucherzentrum.

Zu White-Horse-Zeiten wurde der Whisky ausschließlich für den gleichnamigen Blend verwendet. Heute werden mehr als 80 Prozent für den Single Malt verwendet, der sich seit der Vermarktung als einer der sechs Classic Malts des heutigen Besitzers Diageo großer Beliebtheit erfreut. Mittlerweile kommt die Produktion mit der riesigen Nachfrage kaum noch nach.

Der Whisky von Lagavulin ist überwältigend komplex, sehr rauchig, torfig und sehr souverän. Generell wird er als sehr trocken empfunden.

WHISKY

Lagavulin, 16 Jahre, 43 % Vol.
Farbe: tiefes Bernsteingold

TASTING NOTES

Der 16-jährige ist der am meisten getrunkene Whisky der Marke. Der rauchige, mit Sherrynoten versehene Duft kommt auch beim Geschmack wieder zum Tragen. Dazu gesellen sich salzige und grasige Noten, die beim Abgang durch den typischen Torfgeschmack noch ergänzt werden.

Von der Ruine des Dunyvaig Castle in der Bucht von Lagavulin hat man einen schönen Blick auf die Brennerei gegenüber.

Laphroaig

LAPHROAIG	
BESITZER	Fortune Brands
GRÜNDUNGSDATUM	1815
AUSSPRACHE	Lafroig
BEDEUTUNG	schöne Niederung an der breiten Bucht
STATUS	in Produktion
JAHRESPRODUKTION	20 000 Hektoliter

WIE DER GÄLISCHE NAME BEREITS verrät, liegt die Destillerie in einer schönen kleinen Bucht. Laphroaig ist die westlichste der drei Brennereien im Süden der Insel Islay. Auch sie erreicht man von Port Ellen her über eine schmale Straße.

Dem Etikett nach entstand die Brennerei 1815. Manche Leute sind dagegen der Ansicht, dass sie

Die Lagerhäuser der Destillerie wurden direkt am Meer gebaut. Daher rührt auch der salzige Seetanggeschmack des Laphroaig.

erst etwa fünf Jahre später gegründet wurde. Nachweisen lässt sich aber sicher das Jahr 1826. Erbaut wurde sie von Donald Johnston, der angeblich 1847 in ein Whiskyfass gefallen und darin ertrunken sein soll. Die Gründerfamilie führte die Geschicke weiter bis 1954. Damals ging die Firma in den Besitz der Sekretärin Bessie Williamson über, die zuvor lange in der Brennerei gearbeitet hatte. Sie verkaufte die Destillerie 1967 an Long John, leitete die Firma aber weiterhin, bis sie 1972 in den Ruhestand ging. 1975 firmierte das Unternehmen zu Whitbread um, dessen Mutterhaus Allied Distillers hieß. Im Herbst 2005 ging es an Fortune Brands.

Eine Besonderheit von Laphroaig ist, dass heute gut zehn Prozent des Malzes wieder hier in den eigenen Floor Maltings produziert werden.

Der ehemalige Werbespruch „You love it or you hate it" – „Man liebt ihn, oder man hasst ihn" – trifft sicherlich den Nagel auf den Kopf. Es existieren wohl nur diese zwei Lager, und jeder Whiskykenner hat sicher schon mindestens einmal über dieses Thema mit anderen Liebhaberinnen und Liebhabern diskutiert. Der sehr medizinische Geschmack des Laphroaig macht ihn einzigartig. Sein Charakter wurde schon mit so unschönen Dingen wie zum Beispiel Verbandmull, Desinfektionsmittel und Mundspülungen verglichen.

WHISKY

Laphroaig, 10 Jahre, 57,3 % Vol.
Farbe: blasses Goldgelb

TASTING NOTES

Der sehr phenolhaltige Geruch und der mittelschwere Körper des zehnjährigen Laphroaig in Fassstärke kommen bei Whiskyfreunden gut an. Im Geschmack ist er heute etwas süßer als früher, er hat jedoch nach wie vor die salzig-teerigen Seetangnoten. Der Abgang ist sehr medizinisch, torfig, nach wie vor teer- und sehr phenolhaltig. Ein überaus komplexer Whisky, den man eben entweder liebt oder hasst.

Scapa

SCAPA	
BESITZER	Pernod Ricard
GRÜNDUNGSDATUM	1885
AUSSPRACHE	Skapa
BEDEUTUNG	Boot (aus dem Altnorwegischen)
STATUS	in Produktion
JAHRESPRODUKTION	10 000 Hektoliter

SÜDLICH VON KIRKWALL auf der Orkneyinsel Mainland, direkt an der Küste von Scapa Flow, liegt die Brennerei Scapa. Militärhistorisch Interessierten kommt der Ort eventuell bekannt vor: Die britische Kriegsmarine hatte hier in den beiden Weltkriegen ihren Hauptstützpunkt eingerichtet. Deutsche U-Boote versuchten immer wieder den Sperrgürtel in der Bucht zu durchbrechen.

Die Destillerie Scapa wurde 1885 von John T. Townsend und Macfarlane auf dem Gelände einer ehemaligen Mühle errichtet. Die Besitzer behandelten die Destillerie jedoch etwas stiefmütterlich. Lange stand sie im Schatten ihrer Nachbarn Highland Park, die ihre Destillerie immer exzellent vermarktet hatten. 1954 wurde sie von Hiram Walker & Sons übernommen, die wiederum durch die vielen Aufkäufe und Fusionen zu Allied Domecq und 2005 zum Konzern Pernod Ricard kamen. 1994 war die Destillerie zeitweise stillgelegt worden. Zwischen 1997 und 2004 wurde sie von den Mitarbeitern von Highland Park in Betrieb gehalten, die im Gegenzug dafür Teile der Warehouses mitbenutzen durften. Seit 2004 ist die Brennerei wieder voll in Betrieb und wird zurzeit umgebaut und renoviert. Die letzte Renovierung bzw. der letzte Umbau ging auf das Jahr 1954 bzw. 1956 zurück, als der neue Besitzer Hiram Walker & Sons den Großteil als Zweckbau neu errichten ließ und nur einige Lagerhäuser stehen blieben. 1956 rüstete man außerdem eine Lomond Still für die Ballantine's-Produktion nach, die von derselben Firma betrieben wird.

Der Whisky ist vom Stil her salzig, ölig, mit Anzeichen von Seetang, würziger Schokolade und der typischen heidekrautartigen Torfigkeit.

WHISKY

Scapa, 14 Jahre, 40 % Vol., Originalabfüllung
Farbe: blasses Gold

TASTING NOTES

Im Aroma gibt er sich kräftig und süß, erinnert aber auch an Orange und Trockenfrüchte. Im Geschmack zeigt sich die typische Heidekrautnote, ergänzt durch Honigsüße und Gewürze. Der lange, aber trockene Abgang komplettiert diesen überaus interessanten Whisky.

Von der alten Destillerie Scapa sind heute nur noch ein paar Lagerhäuser übrig, die restlichen Gebäude wurden neu errichtet.

Talisker

TALISKER	
BESITZER	UDV (Diageo)
GRÜNDUNGSDATUM	1831
AUSSPRACHE	Talisker
BEDEUTUNG	abschüssiger Felsen
STATUS	in Produktion
JAHRESPRODUKTION	15 000 Hektoliter

DIE QUELLE „CNOC NAN SPEIREAG“, die ein ganz intensiv getorftes Wasser mit sich bringt, liefert den flüssigen Grundstoff für die Brennerei Talisker im äußersten Westen der Insel Skye, direkt an den Ufern des Loch Harport gelegen.

Die Destillerie wurde 1831 im Ort Carbost gebaut. Ihren Namen verdankt sie dem Farmbesitzer, der sie wohl auch gegründet hat. Für ein paar Jahre kam sie in den Besitz von Roderick Kamp, der später Macallan kaufte. Um 1900 wurde der Bau erweitert. Ab 1925 gehörte sie dann der DCL. Bis zum Jahr 1928 wurde dreifach destilliert, was die ungewöhnliche Anzahl von fünf Brennblasen erklärt. Danach ging man zur zweifachen Destillation über. Im November 1960 zerstörte ein Brand das Stillhouse und weitere Einrichtungen. Die Warehouses (Lagerhäuser) blieben aber zum Glück verschont. Nach umfangreichen Renovierungsarbeiten konnte der Betrieb im August 1962 wieder aufgenommen werden. Durch die vielen Firmenzusammenschlüsse kam die Destillerie schließlich zu UDV und befindet sich somit heute im Besitz des Konzerns Diageo.

Der Whisky ist vom Stil her sehr komplex und eigen. Der ausgesprochen pfeffrige Geschmack trägt zum außerordentlich wärmenden Charakter der Schärfe bei. Der sensorische Eindruck des Whiskys wird gerne umschrieben mit „explodiert am Gaumen“. Seit er zu den Classic Malts gehört, ist er gut erhältlich, jedoch kaum mehr durch unabhängige Abfüller.

WHISKY

Talisker, 18 Jahre, Limited Edition,
45,8 % Vol., Originalabfüllung
Farbe: Goldgelb

TASTING NOTES

Dieser limitierte Whisky riecht fruchtig nach Pflaumen und ein wenig nach Orange, leicht nach Karamell und etwas rauchig. Im Geschmack hinterlässt er zuerst etwas Süße, dann wirkt er kräftiger mit einem leichten Hauch von Rauch und Toffee. Im mittellangen Abgang weist er die typische Chili-Schärfe auf.

Die Talisker Distillery liegt sehr malerisch am Ufer des Loch Harport auf der Isle of Skye.

Tobermory

DIE BRENNEREI TOBERMORY ist die einzige Destillerie auf der Insel Mull. Sie liegt am Ortsrand des gleichnamigen Fischerörtchens, gleich neben einem Wasserfall. Mit seinen bunt bemalten Häusern rund um die Hafenanlage ist Tobermory eines der meistfotografierten Motive Schottlands.

Die Geschichte der Destillerie ist sehr bewegt. Sie wurde um das Jahr 1795 gegründet, etwa zur gleichen Zeit wie die Destillerie Oban. Beide Brennereien gehörten einmal eine Zeit lang demselben Inhaber, John Hopkins & Co. Bereits im 19. Jahrhundert musste sie des Öfteren geschlossen werden. 1916 wechselte sie den Besitzer und kam zur DCL, die den Brennereibetrieb einstellte (1930). 42 Jahre lang blieb sie geschlossen, bis sie 1972 unter dem Namen Ledaig wieder eröffnet wurde. In der Folgezeit erweiterte man sie auf vier Brennblasen, musste aber, nachdem sie nochmals kurz in Betrieb war, die Produktion erneut einstellen. Sogar die Warehouses (Lagerhäuser) wurden geschlossen, verkauft und in Apartments umgebaut. Zwischenzeitlich wurde ein Besucherzentrum eingerichtet, in dem es sogar einen Käseverkaufsstand gab. Die wechselvolle Geschichte ging so weiter bis 1993, als Burn Stewart die Destillerie erwarb und endlich Kontinuität einzog. Seither produziert die Firma wieder mit zwei Stills. Da keine Warehouses mehr vorhanden sind, werden ihre Fässer bei Deanston gelagert, da diese Brennerei zur selben Firma gehört.

Der Whisky ist vom Stil her ungetorft als Tobermory erhältlich sowie in getorfter Variante als Ledaig. Frühere Abfüllungen sind da nicht so klar abgegrenzt und schwanken auch stark in ihrer Qualität. Da keine Lagerhäuser mehr vorhanden sind, ist natürlich auch der Meer-Charakter verloren gegangen, denn nun werden die Fässer in Zentralschottland gelagert. Der Tobermory schmeckt trocken, süß und malzig. Der neue Ledaig, der cremig und leicht ölig wirkt, lässt die torfige Note erkennen.

TOBERMORY	
BESITZER	Burn Stewart Distillers Ltd.
GRÜNDUNGSDATUM	ca. 1795
AUSSPRACHE	Tobermôri
BEDEUTUNG	Quelle der hl. Maria
STATUS	in Produktion
JAHRESPRODUKTION	10 000 Hektoliter

WHISKY

Tobermory, 10 Jahre, 40 % Vol., Originalabfüllung
Farbe: Goldgelb

TASTING NOTES

Trotz seines rauchigen Aromas wird er scheinbar gänzlich aus ungetorfter Gerste hergestellt. Schon im Aroma zeigt sich der Torfrauch, der im leicht süßen Geschmack einen Hauch an Malzigkeit aufweist. Im Abgang ist er angenehm weich und trocken.

Port Ellen

PORT ELLEN	
BESITZER	UDV (Diageo)
GRÜNDUNGSDATUM	1825
STATUS	geschlossen, teilweise abgerissen

IN DER BUCHT von Port Ellen auf Islay kann man die Reste der ehemaligen Brennerei noch gut erkennen. Es stehen leider nur noch die Lagerhäuser, die Kiln und ein paar Nebengebäude. Dahinter steht seit 1973 die imposant wirkende Mälzerei Port Ellen, die einige Destillerien Islays mit Malz versorgt. Erst seit ihrer Schließung genießt die Brennerei große Popularität. Der noch vorhandene Whisky wird heute entsprechend teuer gehandelt.

Doch zuerst zu den Anfängen: 1825 gegründet, wurde sie bereits fünf Jahre später von John Ramsey übernommen. Er war seiner Zeit weit voraus und leistete in Sachen Whiskyherstellung reichlich Pionierarbeit. So soll er angeblich Robert Stein (Patent Still) und Andreas Coffey (Coffey Stills) nach Port Ellen eingeladen haben, damit sie dort als Erstes mit ihren neuen Brennverfahren experimentieren konnten. Ebenso soll Ramsey angeblich als Erster überhaupt einen Spirit Safe eingesetzt haben, der später gesetzlich vorgeschrieben wurde.

Ramsey war auch als Geschäftsmann sehr weitsichtig: Er exportierte den Whisky nach Amerika und ließ ihn sozusagen direkt vor der Haustüre verschiffen. 1929 verkauften seine Nachfahren die Brennerei an W. P. Lowrie & Co. bzw. die bekannteren John Dewar & Sons. Beide waren Töchter der größten Gesellschaft, DCL. Doch die Destillerie musste lange Zeit geschlossen werden und konnte erst 1966 wieder in Betrieb gehen. Zuvor wurde sie renoviert und von zwei auf vier Brennblasen erweitert. 1983 schloss man die Destillerie jedoch für immer. Teile der Brennerei wurden abgebaut, der Rest der heute noch teilweise unter Denkmalschutz stehenden Anlage, darunter einige der ältesten Fabrikgebäude Schottlands, gehört Diageo.

S. 87: Islay lockt seine Besucher mit faszinierenden Landschaften, wie der bizarren „Needle" nahe Port Charlotte.

Der Port Ellen besitzt ähnlich dem Talisker eine sehr pfeffrige Note mit dem typischen salzig-rauchigen Aroma. Seit bekannt ist, dass die Destillerie nie mehr wieder in Betrieb gehen wird, wurde der Run auf den Whisky immer größer.

WHISKY

Port Ellen, 25 Jahre, 1978 (4th Release), 56,2 % Vol., Originalabfüllung
Farbe: heller Bernstein

TASTING NOTES

Dieser Port Ellen ist zweifelsfrei etwas weniger rauchig in der Nase als seine Vorgänger und hat etwas mehr Fruchtanteil mit einer leichten Note von Eiche. Der Rauch hält sich im Geschmack gut die Waage mit etwas Eichenholz. Honig und ein leichter Einschlag von Würze komplettieren den Geschmack. Im Abgang ist eine deutliche Vanillenote mit Honig erkennbar. Ebenso treten nochmals der Rauch und die Eiche hervor.

Von der Anlegestelle der Destillerie wurde der Whisky einst direkt nach Amerika verschifft.

WESTERN UND NORTHERN HIGHLANDS

„Ich liebe das Singen, und ich liebe den Scotch.
Die meisten Leute würden mir lieber beim
Scotch-Trinken zuhören."

GEORGE BURNS

LANDSCHAFTLICH GESEHEN zählen die Highlands mit ihren hohen Bergen, den vielen Seen und den zahlreichen vor der Küste gelegenen Inseln sicherlich zu den abwechslungsreichsten und spektakulärsten Gegenden Schottlands.

WESTERN HIGHLANDS

Die Western Highlands grenzen im Westen an den Atlantik. Vor ihrer Küste liegen die Inneren Hebrideninseln. Im Süden werden die Highlands durch eine der beiden geologischen Verwerfungen, die Schottland dreiteilen, von den Lowlands getrennt. Etwas nördlich der Trennlinie zu den Lowlands liegen die Campsie Fells, eine Hügelkette, deren höchste Erhebungen etwas über 500 Meter erreichen.

Die beiden größten Orte der Gegend sind Fort William und Oban. In der Nähe von Fort William befindet sich der höchste Berg Großbritanniens: der Ben Nevis. Auch wenn er mit 1343 Metern für Mitteleuropäer recht unspektakulär erscheint, ist für seine Besteigung gute Ausrüstung erforderlich. Dabei kann einem auch das schnell umschlagende Wetter einen Strich durch die Rechnung machen. An neun von zehn Tagen ist er mehr oder weniger vom Nebel umhüllt. Die meisten Besucher besteigen den Berg vom Westen her, da die lange und steinige

Route hier relativ sanft ansteigt. Die steile nordöstliche Wand ist nur erfahrenen Bergsteigern zu empfehlen. Etwas westlich von Fort William präsentieren die stolzen Schotten in Glenfinnan das Jakobiten-Monument, an dessen Stelle sich 1745 Bonnie Prince Charlie mit dem Cameron Clan traf, um die Rebellion gegen die englischen Regierungstruppen zu beschließen. Ganz in der Näge liegt der Loch Shiel, einer der schönsten schottischen Seen. Auch Harry-Potter-Fans ist Glenfinnan ein Begriff. Hier steht der mächtige Eisenbahnviadukt, der als Kulisse in einem der Filme diente.

Der andere Hauptort der Region, das idyllisch gelegene Örtchen Oban, ist eines der bedeutendsten schottischen Touristenzentren. Trotz ihrer gerade einmal 8000 Einwohner hat die Stadt einiges zu bieten. Im Sommer ist Oban Ausgangspunkt für Überfahrten auf die verschiedenen Hebrideninseln. Nicht umsonst wird das am Firth of Lorn gelegene Städtchen als „Gateway to the Isles" (Tor zu den Inseln) bezeichnet. Etwas ungewöhnlich ist das Wahrzeichen der Stadt: der McCaig's Tower. Er ist einem römischen Kolosseum nachempfunden und wurde von John McCaig, einem reichen Bankier, in Auftrag gegeben. McCaig wollte sich und seiner Familie ein Denkmal setzen und zudem mit dem aufwendigen Bau die damals hohe Arbeitslosigkeit in der Region bekämpfen. Doch noch bevor der Bau vollendet wurde, starb er. Die vielen Geschäfte und Fischrestaurants rund um den Hafen laden den

Oben: Das Städtchen Oban am Firth of Lorn zieht besonders im Sommer die Touristenscharen an.
Unten: Die frühere Heringshauptstadt Wick erhielt ihren Namen (zu Deutsch Bucht) von den Norwegern, zu deren Einflussbereich die Stadt im Mittelalter gehörte.

S. 88: Der 380 Meter lange Viadukt von Glenfinnan vor einer atemberaubenden Highland-Kulisse.

Besucher zum Bummeln und Schlemmen ein. Und mittendrin, direkt am Hafenbecken, liegt die bei Touristen sehr beliebte Destillerie Oban.

Zu den vielen interessanten Ausflugszielen in der Nähe gehört der bekannte Loch Lomond. Die Destillerie Loch Lomond liegt übrigens nicht direkt an dem gleichnamigen See, sondern etwas entfernt im Industriestädtchen Alexandria.

NORTHERN HIGHLANDS

Nördlich der Stadt Inverness beginnen die Northern Highlands. Etwas oberhalb von Inverness liegt die Halbinsel Black Isle, die ihren Namen von der schwarzen Erde hat, die hier vor allen Dingen die Gerste gut gedeihen lässt. Daher siedelten hier auch einige Destillerien (Glen Ord und Teaninich) an, die einen ihrer wichtigsten Rohstoffe, die Gerste, aus dieser Gegend beziehen. Die wichtigste Hafenstadt der Black Isle, Cromarty, war im 18. Jahrhundert ein florierender Handelsplatz und Industriestandort. Unter anderem wurden hier Seile gefertigt.

Fährt man an der Ostküste weiter, kommt man durch die karge und einsame Landschaft der Region Sutherland, deren Bewohner zumeist gegen ihren Willen an die Ostküste umgesiedelt wurden, damit im Landesinneren mehr Platz für die Schafzucht blieb. Viele emigrierten deshalb auch nach

S. 91: Steilklippen und saftige grüne Wiesen – die schroffe Ostküste ist der Inbegriff Nordschottlands.

Australien, Amerika und Kanada. Folgt man weiter der Küstenstrecke auf der A 9, kommt man an praktisch allen Destillerien der Region und auch an einem der beliebtesten und meistbesuchten Schlössern des Landes, an Dunrobin Castle, vorbei. Es befindet sich seit dem 13. Jahrhundert im Besitz der Earls of Sutherland und liegt inmitten einer wunderschönen Parkanlage mit vielen schönen Gärten. Ein Großteil des Schlosses ist heute für Besucher zugänglich.

Ganz im Norden Schottlands liegt das Städtchen John O' Groats, der nordöstlichste Punkt des britischen Festlandes. Der Name stammt von dem Niederländer Jan de Groot, der hier im 15. Jahrhundert die Fährrechte zu den Orkneyinseln erworben hatte. Ein Stückchen weiter westlich kann man von Scrabster aus die Fähre auf die Orkneyinseln nehmen. Fährt man von John O' Groats ein Stück Richtung Süden, erreicht man das Fischerstädtchen Wick. In dem touristisch wenig erschlossenen Ort liegt die nördlichste Destillerie der Region, Old Pulteney, beheimatet. Im 19. Jahrhundert war Wick ein Zentrum der Fischerei und verwandelte sich alljährlich für jeweils sechs Wochen in den Sommermonaten in die Heringshauptstadt Europas. Um 1840 zählte man bisweilen über 1000 Fangschiffe, und viele Leute aus allen Teilen der Highlands fanden hier Arbeit im Fischfang oder in den Weiterverarbeitungsbetrieben. Um den Whiskydurst der Arbeiter zu stillen, wurde im Dorf eine Destillerie gebaut. Doch durch den Ersten Weltkrieg fand das geschäftige Treiben ein jähes Ende, als die Kriegsmarine die kleine Fischereiflotte beschlagnahmte. Da die Schiffe nie wieder an ihre ursprünglichen Eigentümer zurückgegeben wurden, herrschte nach dem Krieg große Arbeitslosigkeit. Um den Alkoholmissbrauch unter den Arbeitslosen einzudämmen, wurde in Wick kurzerhand der Verkauf von Alkohol verboten. Dieses Gesetz sollte noch bis 1939 geltend bleiben. Heute kann man in den Kneipen des Ortes aber wieder den hervorragenden Whisky der Region verkosten.

Sein heutiges Aussehen erhielt Dunrobin Castle mit seinen hübschen Parkanlagen während einer Umbauphase in den Jahren von 1845 bis 1851.

Balblair

BALBLAIR	
BESITZER	Inver House (InterBev)
GRÜNDUNGSDATUM	1790
AUSSPRACHE	Ballblär
BEDEUTUNG	Siedlung in der Ebene
STATUS	in Produktion
JAHRESPRODUKTION	13 000 Hektoliter

GANZ IN DER NÄHE DER Destillerie Glenmorangie, an der alten A 9 zwischen dem Dornoch Firth und Edderton liegt die Brennerei Balblair.

Die Destillerie wurde gemäß eigenen Angaben 1790 gegründet und ist damit die zweitälteste Brennerei Schottlands. Doch die ältesten heute noch stehenden Gebäude stammen aus dem Jahr 1871. Sie tragen zusammen mit dem Backsteinschornstein zum Charme der gediegenen kleinen Destillerie bei. Nach den Verkäufen von Cummings an Hiram Walker und dann an Allied Distillers kam die Brennerei 1996 zu ihrem heutigen Besitzer Inver House, der bereits zuvor Old Pulteney aufgekauft hatte. Der Whisky war seit eh und je ein großer und wichtiger Bestandteil von Ballantine's und ist erst in letzter Zeit unter den neuen Inhabern besser als Single Malt erhältlich geworden. Im Jahr 2001 wurde Inver House eine hundertprozentige Tochter von Pacific Spirits UK, die wiederum im Oktober 2006 von der thailändischen Firma International Beverage Holdings Ltd. (InterBev) übernommen wurde.

Der Whisky ist vom Stil her leicht, schwach getorft, fest und trocken und empfiehlt sich als Aperitif. Der leichte Torfgeschmack kommt wohl daher, dass das Wasser durch die Kiefernwälder des Ben Dearg und durch trockene Torffelder zur Destillerie gelangt.

WHISKY

Balblair, 16 Jahre, 40 % Vol.,
Originalabfüllung
Farbe: sehr heller Bernstein

TASTING NOTES

Das Aroma des 16-jährigen Whiskys wirkt sehr frisch und leicht. Im Geschmack vermittelt er eine leichte Torfnote mit einem leicht süßlichen Anflug von Zitrusaromen. Im Abgang wirkt er erneut sehr frisch, erstaunlich komplex und wieder leicht süß.

Die Brennerei Balblair liegt sehr hübsch in einem Tal vor der Kulisse der rauen Northern Highlands.

Ben Nevis

DER BEN NEVIS ist der höchste Berg von ganz Großbritannien. Am Fuß des Berges im Norden von Fort William, direkt an der A 82 liegt die gleichnamige Brennerei Ben Nevis.

1825 wurde die Destillerie von John MacDonald gegründet, der wegen seiner Körpergröße auch „Long John" genannt wurde. Es gibt einen gleichnamigen Blend, der jedoch mit dem Clan der MacDonalds nichts mehr zu tun hat. Irgendwann um das Jahr 1920 wurde die Destillerie an Seager Evans Ltd. verkauft. Zwischenzeitlich war die Marke in den Händen verschiedener Inhaber. 1981 wurde sie an Whitbread verkauft, die sogar eine fünfte Brennblase in Betrieb nahmen, um den Blend Dew of Ben Nevis zu produzieren. Diese fünfte Brennblase wurde allerdings wieder abgebaut. Die Brauereigruppe Whitbread legte die Brennerei 1986 still, behielt jedoch die Marke Long John. 1989 wurde Ben Nevis erneut verkauft. Die Destillerie ging in den Besitz der japanischen Firma Nikka, der die Brennerei bis heute gehört. Sie richteten auch ein attraktives Besucherzentrum ein, um zusätzliche Touristen anzulocken. Heute wird unter anderem wieder der Blend Dew of Ben Nevis hergestellt und auch die Rechte an der Marke Glencoe konnten gesichert werden.

Der Whisky ist vom Stil her robust, sehr fruchtig, ölig, oftmals auch trocken. Ben Nevis ist eher ein Whisky, den man genießt, bevor man sich schlafen legt.

BEN NEVIS	
BESITZER	Ben Nevis Co. (Nikka)
GRÜNDUNGSDATUM	1825
AUSSPRACHE	Ben Newis
BEDEUTUNG	furchtbarer Berg
STATUS	in Produktion
JAHRESPRODUKTION	20 000 Hektoliter

WHISKY

Ben Nevis, 10 Jahre, 46 % Vol., Originalabfüllung
Farbe: Bernstein

TASTING NOTES

Der Whisky riecht nussig und ölig. Es fällt schwer, weitere Aromen herauszuriechen. Im Geschmack bietet er angenehme Zitrusnoten, ausgeprägte Eiche und weitere vielfältige Einflüsse. Er schließt mit einem langen, an gerösteten Kaffee erinnernden Abgang ab.

Die Whiskys der Brennerei Ben Nevis reifen in Sherry-, Wein- und Bourbonfässern.

Brora/Clynelish

BRORA/CLYNELISH

BESITZER	UDV (Diageo)
GRÜNDUNGSDATUM	1819
AUSSPRACHE	Clynelish: Cleinlisch, Brora: Brora
BEDEUTUNG	Clynelish: hügeliger Garten Brora: Flussbrücke
STATUS	Clynelish: in Produktion Brora: geschlossen
JAHRESPRODUKTION	35 000 Hektoliter

DIE BRENNEREIEN Brora und Clynelish liegen gleich nebeneinander, ganz in der Nähe des berühmten Dunrobin Castle.

Die Geschichte der beiden Destillerien lässt sich nur schwer voneinander trennen, daher werden sie hier zusammen aufgeführt. Die Destillerie Brora wurde 1819 vom Duke of Sutherland, dem damaligen Schlossbesitzer von Dunrobin Castle unter dem Namen Clynelish gegründet. Der Duke war auch für die rücksichtslose Vertreibung der Farmer aus ihren Tälern verantwortlich. Diese Highland Clearances hielt er für notwendig, um das Land besser für die Schafzucht nutzen zu können.

Die Destillerie gehörte bereits seit 1930 der DCL und somit heute zu Diageo. 1967 wurde auf dem gleichen Gelände die neue Destillerie Clynelish als moderner Zweckbau errichtet und die alte 1968 kurzfristig geschlossen. Nach ihrer Wiedereröffnung produzierten beide Destillerien eine Zeit unter dem selben Namen Clynelish. Noch im gleichen Jahr wurde die alte Brennerei Clynelish aber in Brora umgetauft. Das führte natürlich auf dem Markt zu Verwirrung.

Ehemalige Mitarbeiter sagen heute, dass die alten Whiskys schwerer und mehr getorft waren und somit eher den Islay-Whiskys glichen. Brora wurde dann 1983 endgültig geschlossen. Heute werden nur noch die Warehouses genutzt, unter anderem von der Nachbardestillerie Clynelish. Außerdem ist in den alten Gebäuden das Besucherzentrum untergebracht. Diageo scheint keine Ambitionen zu haben, die Brennerei wieder in Betrieb zu nehmen, obwohl die Nachfrage nach Brora in den letzten Jahren stark gestiegen ist.

WHISKY

Brora, 30 Jahre, 56,6 % Vol., Originalabfüllung
Farbe: intensiv bernsteinfarben

TASTING NOTES

Im Aroma wirkt er extrem komplex, leicht salzig und rauchig. Im Geschmack ist er recht mild. Auch die rauchige Note ist wieder spürbar, mit einem öligen Einfluss. Mit etwas Wasser verdünnt, kommen auch wieder die salzigen Einflüsse zur Geltung. Im Abgang ist er lang, mit einer leichten Pfeffernote.

Nach den Highland Clearances fanden viele der ehemaligen Pächter 1819 eine neue Anstellung in der Destillerie Clynelish.

Dalmore

IN DER NÄHE der Ortschaft Alness, in ziemlich abgeschiedener Lage am fruchtbaren Nordufer des Cromarty Firth, steht seit 1839 die Brennerei Dalmore.

Die Destillerie begann als typische Farmhaus-Brennerei und war fast 100 Jahre lang im Besitz der Familie Mackenzie. Diese zählten zu den Freunden von James Whyte und Charles Mackay, deren bekannter Blend ebenfalls Dalmore Whisky enthält. Das Wappen der Familie, ein Hirschkopf, schmückt noch heute die Flaschen. 1960 fusionierte die Familienfirma mit den genannten Freunden zu Whyte & Mackay, die auch heute noch die Besitzer der Destillerie sind. Sehr ungewöhnlich ist das Design der beiden Stills: Die Wash Still hat einen konisch geformten Kopf, und die Spirit Still wird durch Kupfermäntel mit Wasser gekühlt.

Der Whisky ist vom Stil her sehr voluminös und erinnert mit seinem fruchtigen Aroma an Orangenmarmelade. Außerdem ist er malzig und besitzt aufgrund seiner Lagerung eine ausgeprägte Sherrynote. Der Single Malt ist in einigen Ländern als zwölfjähriger, in anderen Ländern auch als 21-jähriger Malt gut erhältlich. Spezielle Vintages wurden mit 30 bzw. 50 Jahren angeboten, erreichten allerdings ein sehr hohes Preisniveau und sind kaum mehr erschwinglich. Für Aufmerksamkeit sorgte auch der Dalmore Cigar Malt, der extra für Zigarrenliebhaber kreiert wurde.

DALMORE

BESITZER	Whyte & Mackay Ltd.
GRÜNDUNGSDATUM	1839
AUSSPRACHE	Dalmor
BEDEUTUNG	großes Tal
STATUS	in Produktion
JAHRESPRODUKTION	30 000 Hektoliter

WHISKY

Dalmore, 21 Jahre, 43 % Vol., Originalabfüllung
Farbe: dunkler Bernstein mit einem rötlichen Stich

TASTING NOTES

Dieser 21-jährige Malt ist wesentlich komplexer als sein zwölfjähriger „Bruder". Im Aroma steigt einem sofort der fruchtige Sherry in die Nase. Bei genauerem Nosing kommen Aromen von Schokolade, Nüssen und kandierten bzw. Trockenfrüchten hinzu. Im Geschmack offenbart er süßes Malz und etwas Eiche. Auch hier zeigen sich deutlich die Trockenfrüchte bzw. Schokolade. Im Abgang vermittelt er eine leicht rauchige Note, mit einem angenehmen samtigen Mundgefühl.

Am Cromarty Firth wird nicht nur Whisky produziert. Zahlreiche Ölplattformen fördern in dieser Gegend auch das schwarze Gold.

Glen Ord

Die Brennerei mit ihren riesigen Maltings beliefert heute zahlreiche andere Destillerien mit Malz.

GLEN ORD	
BESITZER	UDV (Diageo)
GRÜNDUNGSDATUM	1838
AUSSPRACHE	Glen Ord
BEDEUTUNG	Tal des runden Hügels
STATUS	in Produktion
JAHRESPRODUKTION	30 000 Hektoliter

DIE BRENNEREI GLEN ORD liegt in der Ortschaft Muir of Ord südwestlich der Black Isle. Ausgedehnte Gerstenfelder umgeben die Destillerie, die früher einen leicht „kriminellen" Ruf wegen ihrer illegalen Brennerei-Aktivitäten hatte.

Glen Ord wurde offiziell 1838 gegründet und verzeichnete seitdem viele Besitzerwechsel. 1923 kam sie in den Besitz von John Dewar & Sons, ein Jahr darauf zur DCL. Durch all die Fusionen landete die Brennerei schließlich bei ihrem heutigen Besitzer UDV und deren Mutterkonzern Diageo. Im Jahr 1966 war die Anlage erstmals modernisiert worden. Zwei Jahre später wurden die gewaltigen Glen Ord Maltings gebaut, die auch zahlreiche andere Destillerien mit Malz beliefern. Vorher war bereits eine eigene Saladin-Anlage installiert worden. Erst in den letzten Jahren gelangte Glen Ord zu mehr Renommee. Vorher machten vielfache Namenswechsel von Muir of Ord zu Ord und Glenordie zu Glen Ord die Zuordnung für den Konsumenten recht schwer. Im Jahr 2005 schenkte Diageo Glen Ord mehr Aufmerksamkeit und erhöhte erst einmal das Werbebudget der Marke.

Der Whisky ist vom Stil her sehr blumig (rosenartig), würzig, malzig, mit einem trockenen Abgang und wird gerne nach dem Essen getrunken. Die Eigentümerabfüllungen haben in der Regel einen sehr ausgeprägten Oloroso-Sherry-Charakter.

WHISKY

Glen Ord, 12 Jahre, 43 % Vol., Originalabfüllung
Farbe: Bernsteingold

TASTING NOTES

In der Nase wirkt er weich, jedoch trotzdem kräftig, mit einem Hauch Torf, ein wenig Rauch und leicht blumig. Im Geschmack erscheint er ausgewogen, etwas süßlich und trocken, mit einer leichten Sherrynote. Im mittellangen Abgang kommt ein leicht würziger Einfluss zum Tragen.

Einige Gebäude der Destillerie Glen Ord stammen noch aus der ersten Hälfte des 19. Jahrhunderts.

Glengoyne

ETWA 20 KILOMETER nördlich von Glasgow, in der Nähe der Ortschaft Killearn und am Fuß der Campsie Fells, liegt die Brennerei Glengoyne. Die Gebäude sind sehr idyllisch in ein bewaldetes Tal im Grenzgebiet zwischen den Highlands und Lowlands gebettet. Glengoyne gilt somit als die südlichste Highland-Brennerei. Die weiß getünchten Gebäude gruppieren sich um einen Innenhof mit einem kleinen Teich, der von einem schönen Wasserfall gespeist wird. Glengoyne gehört heute zweifelsohne zu den schönsten Brennereien Schottlands.

Im 18. und 19. Jahrhundert wurde hier noch illegal gebrannt, da die Ausfuhr aus den Highlands verboten war. Bei ihrer Gründung im Jahr 1833 hieß die Brennerei zuerst Burnfoot. Die Lang Brothers nannten sie ab dem Jahr 1876, als sie die Destillerie erwarben, Glen Guin, was auf Gälisch „Tal der Wildgänse" bedeutet. 1905 erhielt sie dann den heutigen Namen Glengoyne. Der Whisky wurde von den Brüdern für diverse Blends wie Lang's Blend, Famous Grouse und Cutty Sark verwendet. Die Lang Brothers kamen in den 1960er-Jahren zu Robertson & Baxter, die wiederum zur Edrington Group gehörten. 2003 wurde die Brennerei dann an Ian Macleod, einem unabhängigen Abfüller, verkauft. Seit Mai 2006 gibt es in Glengoyne für die Whiskyliebhaber auch ein neues Besucherzentrum.

Der Whisky ist vom Stil her leicht süßlich, sehr elegant und absolut rauch- bzw. torffrei, da das Wasser aus den Campsie Fells nie mit Torf in Berührung kommt. Dazu kommt, dass nur torffreies Malz verwendet wird. Glengoyne werden auch apfelartige Aromen nachgesagt. Er ist eher trocken und wird gerne zum Dessert serviert.

WHISKY

Glengoyne, 17 Jahre, 43 % Vol., Originalabfüllung
Farbe: Goldgelb

TASTING NOTES

Der mittelschwere und orange bis goldfarben schimmernde Whisky besitzt einen malzig-fruchtigen Geruch mit Noten von Zedern und Eiche. Diese zeigen sich auch wieder beim Geschmack. Ergänzt werden die Aromen des ausgereiften Whiskys durch Nüsse und Äpfel mit einem sehr langen Abgang.

GLENGOYNE	
BESITZER	Ian Macleod
GRÜNDUNGSDATUM	1833
AUSSPRACHE	Glengóin
BEDEUTUNG	Tal der Wildgänse
STATUS	in Produktion
JAHRESPRODUKTION	12 000 Hektoliter

Eine der mächtigen Pot Stills in der Destillerie Glengoyne.

Glenmorangie

In Schottland selbst wird kein anderer Whisky häufiger verkauft als der von Glenmorangie.

GLENMORANGIE	
BESITZER	Glenmorangie plc. (LVMH)
GRÜNDUNGSDATUM	1843
AUSSPRACHE	Glenmóranschie
BEDEUTUNG	Tal der Stille
STATUS	in Produktion
JAHRESPRODUKTION	40 000 Hektoliter

AN DER EISENBAHNLINIE Inverness – Wick, direkt an der A 9 und dem Dornoch Firth, nördlich der Ortschaft Tain liegt die Brennerei Glenmorangie.

Die Destillerie blickt auf eine lange und bewegte Geschichte zurück. Bereits vom frühen 17. Jahrhundert bis Anfang des 18. Jahrhunderts lassen sich hier auf der Morangie-Farm illegale Brauerei- und Brennerei-Aktivitäten nachweisen. 1843 wurde die Brauerei schließlich in eine legale Brennerei umgewandelt. 1887 stattete ihr der Whiskykenner Alfred Barnard einen Besuch ab: In seinem Buch beschrieb er sie als die primitivste Brennerei, die er je gesehen hatte. Kurz darauf wurde sie jedoch umgebaut und erhielt als erste Brennerei überhaupt eine Heizung. Die heute ältesten Gebäude stammen noch aus dieser Zeit. Die Aktiengesellschaft Macdonald & Muir, die seit 1918 oder 1921 (Quellen belegen unterschiedliche Jahreszahlen) Besitzer der Anlage war, wurde 1997 in Glenmorangie plc. umbenannt. Zum Konzern gehört neben Glen Moray seit der Umbenennung im Jahr 1997 auch die Destillerie Ardbeg. 2004 überraschte die Gesellschaft die gesamte Whiskyindustrie, als sie die Firma mit allen zugehörigen Sub-Firmen und Marken an den Luxusgüterkonzern LVHM (Louis Vuitton Moët Hennessy) für 300 Millionen Pfund verkaufte. Außerdem war sie eine der ersten, die ihren Whisky als Single Malt herausbrachte, und zählt heute zu den Vorreitern des Woodfinishings.

Die Destillerie besitzt die höchsten Brennblasen und zudem eine firmeneigene Quelle mit sehr mineralhaltigem und hartem Wasser.

Der Whisky ist vom Stil her leicht, durch die Nähe zum Meer ergibt sich ein sanft salzhaltiger, fruchtiger, würziger und weicher Malt. Durch das Wood Management ergeben sich viele Varianten und dadurch eine große Vielfalt an verschiedenen Whiskys. Der Erfolg scheint ihren Mut zu belohnen, denn Glenmorangie ist in seinem Heimatland Schottland der meistgetrunkene Single Malt.

WHISKY

Glenmorangie Cellar 13, 10 Jahre, 43 % Vol., Originalabfüllung

Farbe: sehr helles Goldgelb

TASTING NOTES

Trotz der großen Vielfalt an Woodfinishes wurde hier ein anderer spezieller Malt gewählt: der Cellar 13. Im Warehouse No. 13 reift angeblich der Whisky am besten, und so wurde eine spezielle Version des Zehnjährigen lanciert. Er riecht sehr nach Vanille, zartem Honig und leicht nach Butter. Im Geschmack zeigt sich wieder die Vanillenote. Er ist sehr komplex, und man schmeckt extrem die Nähe zum Meer. Im Abgang ist er leicht trocken und vielschichtig.

Loch Lomond

NICHT, WIE MAN MEINEN könnte, am gleichnamigen See, sondern in einem Industrieviertel des Ortes Alexandria, das noch knapp den Highlands zuzuschreiben ist, liegt die Brennerei Loch Lomond am River Leven.

1965/66 wurde die Destillerie von den Amerikanern Duncan Thomas gegründet. 1984 musste sie aufgrund der schlechten Wirtschaftslage von ihrem damaligen Besitzer ADP geschlossen und ein Jahr darauf an Glen Catrine Bonded Warehouse verkauft werden. Diese ließen die Produktion wieder anlaufen. 1993 baute man auf dem Gelände zusätzlich eine Grain-Brennerei. Neben den klassischen Pot Stills besitzt die Destillerie für die Herstellung von Grain Whisky Coffey Stills und außerdem eine Lomond Still. Durch diese Vielfalt lassen sich hier mehr als ein halbes Dutzend Destillate herstellen.

Die Whiskys sind vom Stil her nicht sehr ähnlich. Die zwei bekanntesten Malts werden unter den Namen Inchmurrin und Old Roshdhu geführt. Auch der eigene Name Loch Lomond findet heute wieder Berücksichtigung.

Die Brennerei greift heute auf Malz aus verschiedenen Mälzereien zurück, zum Beispiel die rauchigeren Malzsorten aus Port Ellen. Dem Inchmurrin wird eine eukalyptusartige Note nachgesagt. Er wirkt dadurch etwas medizinisch, aber trotzdem geschmeidig und leicht ölig. Der Loch Lomond schmeckt karamellartig und verfügt über eine feine Note von Minze. Besonders die jüngeren Jahrgänge (zwölf Jahre) sind etwas fruchtiger.

LOCH LOMOND	
BESITZER	Loch Lomond Distillers Co. Ltd.
GRÜNDUNGSDATUM	1814
AUSSPRACHE	Loch Lomond
BEDEUTUNG	See des Lomond
STATUS	in Produktion
JAHRESPRODUKTION	100 000 Hektoliter

WHISKY

Loch Lomond, 21 Jahre, 40 % Vol.
Farbe: Gold

TASTING NOTES

Der 21 Jahre lang gereifte Whisky riecht leicht blumig zart. Im Geschmack merkt man die lange Reifezeit im Eichenfass, die durch eine malzige Honigsüße komplettiert wird. Im Abgang ist er schön lang mit einem leichten Hauch an Rauch.

Loch Lomond zieht nicht nur Whiskyliebhaber, sondern auch viele Wassersportler an.

Oban

OBAN	
BESITZER	UDV (Diageo)
GRÜNDUNGSDATUM	1793
AUSSPRACHE	Ob'n
BEDEUTUNG	kleine Bucht
STATUS	in Produktion
JAHRESPRODUKTION	7000 Hektoliter

ALS DIE BRENNEREI Oban in unmittelbarer Nähe des Hafens gegründet wurde, existierte die eigentliche Stadt Oban noch gar nicht. Erst mit der Zeit wuchs um die Brennerei eine Gemeinde. Eine Vergrößerung der Produktionsstätten innerhalb der Ortschaft war deshalb nicht mehr möglich.

Die Destillerie Oban wurde von der Familie Stevenson 1793 gegründet. Die heutigen Steingebäude stammen allerdings erst aus der Zeit um 1880. Im frühen 19. Jahrhundert stand die Destillerie für einige Zeit still. 1923 kauften John Dewar & Sons die Anlage, bevor sie wenig später an die DCL ging. Die Lizenz wurde dabei auf die Tochterfirma John Hopkins & Co. übertragen. Heute gehört die Destillerie zu UDV und damit zum großen Konzern Diageo. In den 1930er-Jahren stand der Betrieb still, ebenso wie in den 1960er-Jahren, obwohl sie erst 1960 umgebaut worden war. Weil man inmitten der Stadt nicht expandieren konnte, verfügt sie immer noch über lediglich zwei Brennblasen. Der Platzmangel wirkt sich auch auf die Lagerung aus: Die Reifung der Fässer kann nicht ausschließlich in den benachbarten Warehouses erfolgen. Dazu kommt noch, dass das Wasser einen ziemlich weiten Weg bis zur Destillerie hat. Abgefüllt wird der Whisky schließlich in einer großen Anlage in Leven.

Der Whisky ist leicht torfig, mit einer Brise Meeresluft und Seetang. Er ist geschmeidig, und man sagt, dass er gut zu Meeresfrüchten passt. Er kam bereits früh als zwölfjähriger Single Malt heraus und fand den Weg in die Classic-Malts-Serie mit einem 14-jährigen Whisky.

WHISKY

Oban, 14 Jahre, 43 % Vol., Originalabfüllung
Farbe: kräftiges Gold bis Bernstein

TASTING NOTES

Der leicht rauchige, aber fruchtig süße Whisky hat einen malzigen Röstgeruch. Auch im Geschmack tritt die Süße hervor und wird neben den malzig fruchtigen Einflüssen durch Gewürztöne ergänzt. Der Abgang ist mild, jedoch durchaus lang und wirkt trocken, mit einem Hauch Salz.

Blick über die Gebäude der Oban Distillery, die unmittelbar am Hafen der Stadt Oban liegt.

Old Pulteney

MITTEN IN DER STADT WICK, etwas südlich des Hafens nahe der Küste, befindet sich die Brennerei Old Pulteney.

Wick galt lange Zeit als die Heringshauptstadt Europas. Um den Whiskydurst der vielen Hafenarbeiter und Fischer zu stillen, brauchte man allerdings eine Destillerie in der Stadt. James Henderson gründete die Brennerei schließlich 1826. Bis in die 1920er-Jahre blieb diese dann im Familienbesitz. Wegen eines strikten Alkoholverbots, das von 1922 bis 1939 andauerte, war allerdings in der von Arbeitslosigkeit stark gebeutelten Stadt zwischenzeitlich jeglicher Verkauf von Whisky untersagt.

Der Name stammt von Sir William Pulteney, der im Jahr 1810 Teile des Städtchens mitsamt des Fischereihafens hatte erbauen lassen. Das „Old" vor dem Namen rührt daher, dass der Whisky angeblich ungewöhnlich schnell reift, also schon bald „alt" schmeckt. Nach einigen Besitzerwechseln kam die Firma von Dewar & Sons zur DCL, die die Destillerie wegen der Prohibition von 1930 bis 1951 stilllegten. Ein nächster Eigentümer verkaufte sie vier Jahre später an Hiram Walker. 1995 ging die Destillerie schließlich an den heutigen Eigner Inver House. Der Whisky war vorher eher unbekannt, da er beinahe ausschließlich für Blends verwendet wurde, unter anderem auch für Ballentine's. Erst Inver House brachte wieder einen Single Malt in Eigentümerabfüllung auf den Markt. Im Jahr 2001 wurde die Firma eine hundertprozentige Tochter von Pacific Spirits UK, die wiederum im Oktober 2006 von der thailändischen Firma International Beverage Holdings Ltd. (InterBev) übernommen wurde.

Der Whisky ist vom Stil her salzig, frisch und hat einen Hauch von Seeluft und Seetang. Einige Abfüllungen sind leicht getorft und in der Regel malzig-süß.

OLD PULTENEY	
BESITZER	Inver House (InterBev)
GRÜNDUNGSDATUM	1826
STATUS	in Produktion
JAHRESPRODUKTION	30 000 Hektoliter

WHISKY

Old Pulteney, 17 Jahre, 46 % Vol., Originalabfüllung
Farbe: bernsteinfarben

TASTING NOTES

Im Geruch ist er fruchtig und erinnert etwas an Äpfel und Birnen, mit einem leichten Eicheneinfluss. Im Geschmack vermittelt er einen vollen Körper mit Vanille und einen blumigen Eindruck. Im Abgang ist er erstaunlich lang anhaltend.

In dem früheren Fischfangzentrum Wick steht heute dank Old Pulteney auch der Whisky hoch im Kurs.

Teaninich

TEANINICH	
BESITZER	UDV (Diageo)
GRÜNDUNGSDATUM	1817
AUSSPRACHE	Tienínick
BEDEUTUNG	Haus in der Heide
STATUS	in Produktion
JAHRESPRODUKTION	30 000 Hektoliter

UNWEIT DER WESENTLICH bekannteren Destillerie Dalmore und in unmittelbarer Nähe des Cromarty Firth steht in Alness die Brennerei Teaninich.

Die Destillerie wurde 1817 von dem Landbesitzer Captain Munro gegründet. Seit 1905 ist sie im Besitz der DCL bzw. heute der UDV. Bereits um 1899, sowie in den 1960er- und 1970er-Jahren ließ man die Destillerie modernisieren und erweitern. 1972 stockte man die Anlage auf zehn Brennblasen auf, die auf zwei Stillhouses verteilt sind. Leider ließ man 1985 beide schließen, und nur das große Stillhouse, „A side" genannt, ging fünf Jahre später wieder in Produktion. Die Destillerie und ihr Whisky genossen nie sonderlich große Bekanntheit, da ihr Whisky primär in Blends Verwendung fand, wie zum Beispiel für Haig Dimple und VAT 69. Das zweite Stillhouse B bleibt nach wie vor geschlossen.

Obwohl der Whisky hauptsächlich für Blends verwendet wird, gibt es vom Hersteller ebenfalls einige Abfüllungen, so zum Beispiel für die Rare-Malts-Serie. Außerdem gibt es noch ein paar unabhängige Abfüllungen. Teaninich hinterlässt einen laubartigen, recht kräftigen und mächtigen Eindruck.

WHISKY

Teaninich, 10 Jahre,
43 % Vol., Flora & Fauna
Farbe: Blassgold

TASTING NOTES

In der Nase dominieren Zitrusfrüchte. Er wirkt extrem leicht und süß. Im Geschmack bestätigt sich diese Leichtigkeit mit einem Anflug von Würzigkeit. Im Abgang ist er lang und trocken. Daher eignet sich dieser Malt besonders als Aperitif.

Die Destillerie Teaninich produzierte teilweise mit zehn Brennblasen einen der weniger bekannten Whiskys der Region.

Glen Albyn · Glen Mhor · Millburn

BESITZER	UDV (Diageo)
GRÜNDUNGSDATUM	1846, 1892, 1807
AUSSPRACHE	Glen Albin, Glen Vor, Millbörn
BEDEUTUNG	Glen Albyn: weißes Tal Glen Mhor: großes Tal Millburn: Mühlbach
STATUS	abgerissen bzw. umgebaut

DESTILLERIE geschlossen

ALLE DREI DESTILLERIEN waren einst in Inverness zu finden und gehörten zum Giganten Diageo. Sie wurden in den 1980er-Jahren mit der Begründung geschlossen, keinen besonders guten Whisky zu produzieren. Sicherlich lieferte Glen Albyn recht unterschiedliche Qualitäten, der Glen Mhor jedoch tat sich durch seine Schwere hervor und Millburn war für einen honigsüßen Whisky bekannt. Die beiden Letztgenannten sind daher recht gesucht.

GLEN ALBYN

Glen Albyn stand direkt am Ufer des Caledonian Canal, gleich neben der Brennerei Glen Mhor.

Die Destillerie war 1846 aus einer alten Brauerei hervorgegangen. Initiiert hatte dies der damalige Bürgermeister von Inverness, James Sutherland. Doch bereits 1849 wütete eine Feuersbrunst, und so musste sie für Renovierungsarbeiten drei Monate geschlossen werden. 1855 stand sie erneut still, bis sie dann 1884 von Grigor/Gregory & Co. etwas modernisiert wurde. 1920 ging die Brennerei an Mackinlays & Birnie Ltd. Charles Mackinley war auch der Eigentümer der Nachbardestillerie Glen Mhor und leitete die erfolgreichste Zeit der Destillerie ein. 1972 wurde sie an die DCL verkauft, die sie elf Jahre später schließen und abreißen ließ. An der Stelle steht heute ein Einkaufszentrum.

GLEN MHOR

Die Destillerie lag am westlichen Ortsrand von Inverness direkt gegenüber von Glen Albyn.

1892 wurde die Brennerei von John Bernie gebaut, der später zusammen mit seinem Partner James Mackinlay auch Glen Albyn kaufte. 1972 wurde sie wie ihre Nachbardestillerie an die DCL verkauft und genau wie Glen Albyn 1983 geschlossen. Auch Glen Mhor musste schließlich für ein Einkaufszentrum Platz machen.

WHISKY

Glen Mhor, 28 Jahre, 1976, 51,9 % Vol.
Farbe: Grüngold

TASTING NOTES

Dieser komplexe, frische Highland Malt zeigt im Geschmack Noten von Zitronensaft und weißem Pfeffer. Er ist süßlich trocken mit einem beruhigenden, minzigen Abgang.

MILLBURN

Diese Brennerei lag am östlichen Ortseingang von Inverness in der Nähe einer Eisenbahnlinie.

1807 wurde die Destillerie von einem Mann namens Welsh gegründet. Sie war damals eine der ersten legalen Brennereien des Landes. Es folgten mehrere Besitzerwechsel, und zwischen 1851 und 1876 wurde sie stillgelegt. Heute ist allerdings nicht mal mehr ganz klar, wer der damalige Eigentümer war. Auf jeden Fall wurde sie 1876 neu erbaut und schon bald danach von Andrew Haig & Co. übernommen. 1921 ging sie in den Besitz der Gin-Firma Booth über. Kurz nach dem Erwerb im Jahr 1922 konnte bei einem Brand dank des schnellen Eingreifens der Soldaten einer nahe gelegenen Kaserne Schlimmeres verhindert werden. Man rettete dabei den Großteil des Whiskybestandes. Auch diese Destillerie musste nach dem Brand renoviert werden. 1937 ging Millburn schließlich an die DCL. 1985 wurde sie jedoch für immer geschlossen und vier Jahre danach an Beefeaters verkauft, die daraus ein Restaurant und ein Hotel machten. Beefeaters besitzen außerdem ein Gebäude der Destillerie Rosebank, die ebenfalls für immer stillgelegt und durch ein Restaurant ersetzt wurde.

SPEYSIDE

„Ein guter Schluck Whisky vor dem Schlafengehen – keine wirkliche Medizin, aber es hilft."

ALEXANDER FLEMING

DIE SPEYSIDE BILDET EINE Kernregion innerhalb der Highlands, die sich rund um den Fluss Spey ausbreitet. Tatsächlich erstreckt sich diese Region jedoch noch weit über das Gebiet des Flusses Spey hinaus. So zählen auch die Brennereien an den Flüssen Livet, Fiddich, Avon, Lossie, Findhorn und Deveron dazu. Da es sich nicht um eine geopolitische Einheit handelt, wurden die Grenzen auch nie wirklich festgelegt. Es gibt daher Fälle, in denen man darüber streiten könnte, welcher Region man eine Destillerie nun zurechnen möchte. In der Speyside befinden sich, je nachdem, wie man nun die Grenzen zieht, 63 der heute noch rund 90 aktiven Destillerien Schottlands.

Warum aber stehen gerade in diesem Gebiet so viele Brennereien? Da die Region früher schwer zugänglich war, bot sie den damals zumeist illegalen Brennereien guten Schutz. Später, als die Eisenbahn gebaut und die Straßen besser wurden, besaß sie auch die notwendige Infrastruktur, um für Investoren interessant zu sein. Daneben erfüllt die Region alle Voraussetzungen, die für die Whiskyherstellung notwendig sind: Wasser, Torf und Gerste gab es hier reichlich. Bestärkt wurde die Entwicklung noch durch die Destillerie The Glenlivet, die als erste überhaupt 1823 eine Lizenz erwarb. Beeindruckt von deren Erfolg, fügten auch andere Destillerien ihrem Namen den Zusatz

Glenlivet zu. Der Whisky von The Glenlivet hatte einen so hervorragenden Ruf, dass man die Region sogar lange Zeit Glenlivet nannte und erst später Speyside taufte.

Die meisten Brennereien konzentrieren sich um ein paar größere Orte wie Elgin, Rothes, Keith oder Dufftown, der heimlichen Whiskyhauptstadt. Keine andere Ortschaft zählt mehr Destillerien als Dufftown. Schon Ende des vorletzten Jahrhunderts wurde der Spruch geprägt: „Rome was built on seven hills, Dufftown stands on seven stills.“ Gemeint waren die Brennereien Balvenie, Convalmore (abgerissen), Dufftown, Glendullan (geschlossen), Glenfiddich, Mortlach und Parkmore (abgerissen). Heute gilt dieser Spruch nicht mehr ganz, da noch Pittyvaich (inzwischen auch abgerissen) und Kininvie hinzukamen. Der Ort bietet noch einige weitere geschichtsträchtige und sehenswerte Gebäude, zum Beispiel die Mortlach Church aus dem Jahr 566. Im Glockenturm im Zentrum von Dufftown war früher einmal eine illegale Brennerei versteckt. Die Turmuhr, die als „die Uhr, die MacPherson hängte“ bekannt wurde, kam einst von Banff nach Dufftown. MacPherson, eine Art schottischer Robin Hood, sollte 1700 gehängt werden. Der Sheriff von Banff ließ die Uhr am Tag der Hinrichtung eine Stunde vorstellen, um einem Gnadengesuch zuvorzukommen. Bis die offizielle Nachricht eingetroffen war, war die Hinrichtung wegen der vorgestellten Stunde bereits vollzogen.

Oben: In Elgin steht das bei Whiskyliebhabern hoch geschätzte Delikatessengeschäft von Gordon & MacPhail, die auch als unabhängige Abfüller und Destilleriebesitzer bekannt sind.
Unten: Die prachtvolle Ruine der 1224 gegründeten gotischen Kathedrale in der alten Bischofsstadt Elgin.

S. 104: Schottlands längster Fluss, Spey, nach dem die Region mit ihren zahlreichen Brennereien benannt wurde.

Aberlour

ABERLOUR	
BESITZER	Pernod Ricard
GRÜNDUNGSDATUM	1879
AUSSPRACHE	Aberluhr
BEDEUTUNG	laute Flussmündung
STATUS	in Produktion
JAHRESPRODUKTION	35 000 Hektoliter

VERKEHRSTECHNISCH sehr günstig, direkt an der A 95 am Fuß des Ben Rinnes und nur unweit des Wasserfalles Lynn of Ruthie, steht die Whiskybrennerei Aberlour.

Die Destillerie gibt auf ihrem Etikett zwar das Gründungsjahr 1879 an, doch bereits 1826 soll es hier eine Brennerei gegeben haben, die denselben Namen trug. Nach einem großen Feuer musste sie 1898 praktisch neu errichtet werden. Die meisten der heute noch stehenden Gebäude stammen aus dieser Zeit. 1945 wurde die Brennerei von Campbell Distillers übernommen und gleich erweitert. 1973 baute man die Destillerie auf vier Brennblasen aus, ein Jahr darauf wurde Campbell Distillers von Pernod Ricard übernommen und befindet sich auch heute noch im Besitz des großen Spirituosenkonzerns. Obwohl die Brennerei verkehrstechnisch so günstig liegt, erhielt sie erst in den letzten Jahren ein Besucherzentrum.

Der Whisky ist vom Stil her nussig, weich, besitzt eine muskatartige Würze und wird eher zum Dessert oder als Digestif getrunken. In der Regel ist er sehr aromatisch. Außerdem ist bei den meisten Abfüllungen eine Sherrynote fester Bestandteil.

WHISKY

Aberlour, 12 Jahre, 40 % Vol., Originalabfüllung
Farbe: tiefroter Bernstein

TASTING NOTES

In der Nase spürt man eine leichte Rauchigkeit, etwas buttrig. Im Geschmack entfaltet der angenehm schwere Körper seine süße Sherrynote sowie seine Honigeinflüsse. Er schmeckt zudem nussig, mit einem Hauch Eiche. Der Abgang ist mittellang mit einem leichten Einfluss von Ingwer. Er wärmt sehr und wird zunehmend trockener.

Die Destillerie Aberlour wurde im Lauf der Jahrzehnte ständig erweitert und verfügt seit 1973 über vier Brennblasen.

Allt-à-Bhainne

AN DER SÜDSEITE des Ben Rinnes und nahe dem Städtchen Dufftown im Südwesten liegt die Brennerei Allt-à-Bhainne.

Sie wurde 1975 von Chivas Brothers (die zur damaligen Zeit noch zu Seagram gehörten) gleichzeitig mit Braes of Glenlivet errichtet. Es sollten insgesamt fünf Brennereien errichtet werden, doch man brachte das ehrgeizige Projekt nie zu Ende. Die Architekten gestalteten die Anlage sehr modern, sie fügt sich dennoch ganz gut in die Landschaft ein. Es wurde sogar an Pagodendächer gedacht, die jedoch keine Funktion haben. Die Produktion erfolgt hier voll computergesteuert, und der Spirit wird nach dem Destillieren mit Tankwagen direkt nach Keith geliefert, da die Destillerie über keine eigenen Warehouses verfügt. 1989 wurde der Bau erweitert. Die Brennerei besitzt zwar nur zwei Stills, die jedoch zusammen bis zu fünf Millionen Liter pro Jahr herstellen können.

Der Whisky ist blumig, leicht süß, besitzt eine leicht würzige Note und eignet sich eher als Aperitif. Er fließt jedoch ausschließlich in den Chivas Regal Blend, weshalb es bisher nie eine Originalabfüllung gegeben hat. Nur von einigen unabhängigen Abfüllern kamen ein paar Flaschen auf den Markt.

ALLT-À-BHAINNE	
BESITZER	Chivas Brothers (Pernod Ricard)
GRÜNDUNGSDATUM	1975
AUSSPRACHE	Allt à Vejn
BEDEUTUNG	Milchbach
STATUS	in Produktion
JAHRESPRODUKTION	38 000 Hektoliter

WHISKY

Allt-à-Bhainne, 1991, 43 % Vol.,
Gordon & MacPhail, Connoisseurs Choice
Farbe: helles Gelb

TASTING NOTES

In der Nase sind sofort die fruchtig süßen und würzigen Aromen zu spüren. Im Geschmack fällt der Pfeffer auf. Außerdem spürt man einen leichten Einfluss von Zedernholz. Im Abgang ist er mittellang, rein und klar.

Allt-à-Bhainne gehört zu den modernsten Destillerien Schottlands und erzeugt große Mengen Blends. Als Malt kam der Whisky allerdings nur von unabhängigen Abfüllern auf den Markt.

An Cnoc/Knockdhu • Ardmore

AN CNOC/KNOCKDHU

BESITZER	Inver House (InterBev)
GRÜNDUNGSDATUM	1894
AUSSPRACHE	An Nock/Nockduh
BEDEUTUNG	der Hügel/schwarzes Hügelchen
STATUS	in Produktion
JAHRESPRODUKTION	12 000 Hektoliter

DIE DESTILLERIE KNOCKDHU liegt in der Nähe von Huntly, unterhalb des kegelförmigen Knock Hill.

Die Gebäude der Brennerei Knockdhu wurden 1893/94 von der DCL gebaut. 1931 bis 1933 und während des Zweiten Weltkriegs blieb sie geschlossen. Bis 1987 blieb sie im Besitz der DCL und wurde dann von Guinness und somit UD erworben. Zu diesem Zeitpunkt produzierte sie allerdings nicht mehr, da der Betrieb bereits seit 1983 geschlossen worden war. Erst 1989 nahm Inver House die Brennerei wieder in Betrieb.

Den Malt taufte man An Cnoc, das gälische Wort für Hügel, da man befürchtete, dass der Kunde den Whisky mit dem der Brennerei Knockando verwechseln könnte. Der Whisky ist heute fast nur noch unter dem Namen An Cnoc zu finden und wurde hier aus Kompromissgründen platziert, obwohl der Destilleriename weiterhin Knockdhu lauten wird.

WHISKY

An Cnoc, 1991, 46 % Vol., Originalabfüllung
Farbe: Goldgelb

TASTING NOTES

Im Aroma kommen Vanillenoten und Karamell zum Vorschein, genauso wie Einflüsse von Holz. Im Geschmack ist er sehr fruchtig und überrascht mit einem leichten Torfrauch. Der Abgang verläuft sehr angenehm und mittellang.

ARDMORE

BESITZER	Fortune Brands
GRÜNDUNGSDATUM	1898
AUSSPRACHE	Ardmór
BEDEUTUNG	große Anhöhe
STATUS	in Produktion
JAHRESPRODUKTION	30 000 Hektoliter

DIREKT AN DER Bahnstation von Kennethmont, einem Örtchen südlich von Huntly, liegt die Brennerei Ardmore. Die Eisenbahnlinie verbindet Aberdeen mit Inverness. Da sie sich sozusagen am Rand der Region Speyside befindet, wird sie gelegentlich auch schon den östlichen Highlands zugeordnet.

Ardmore wurde 1898 durch William Teacher & Sons in Betrieb genommen und produziert bis zum heutigen Tag zum Großteil für den Blend Teacher's Highland Cream. Heute gehört die Brennerei zu Fortune Brands. Das Stillhouse wurde 1955 von zwei auf vier Brennblasen erweitert, und 1974 schließlich auf acht Stills. Die Destillerie wird heute teilweise immer noch mit Kohle befeuert. Außerdem besitzt Ardmore eine eigene Böttcherei.

Der Whisky ist vom Stil her malzig, erinnert an Sahne und hat einen öligen Körper. Er wurde bislang ausschließlich von unabhängigen Abfüllern auf den Markt gebracht. Das soll sich aber bald ändern.

WHISKY

Ardmore Heavily Peated, 11 Jahre, Jahrgang 1994/2005, 60,8 % Vol., Speciality Drinks Ltd.
Farbe: Goldgelb

TASTING NOTES

In der Nase entfalten sich der klare Rauch und eine angenehme Holznote. Der Malt ist auch im Geschmack wieder schön rauchig, mit einer gewissen Schärfe. Die buttrige Süße gleicht diese Schärfe etwas aus. Ebenso sind leicht fruchtige Einflüsse auszumachen. Der Abgang ist angenehm kurz und etwas rauchig.

S. 109: Von den Wirren um Namen und Marken unberührt, ruht die Destillerie Knockdhu in der seltenen schottischen Sonne.

Knockdhu

Auchroisk

AUCHROISK	
BESITZER	UDV (Diageo)
GRÜNDUNGSDATUM	1974
AUSSPRACHE	Ochreusk
BEDEUTUNG	Furt am roten Fluss
STATUS	in Produktion
JAHRESPRODUKTION	30 000 Hektoliter

DIE BRENNEREI AUCHROISK liegt in der Nähe von Mulben bei Keith am Burn of Mulben.

Die Destillerie Auchroisk wurde 1974 gebaut, nachdem ein Manager von Justerini & Brooks eine verborgene Quelle gefunden hatte. Die Qualität des Wassers war so gut, dass er die Chefetage davon überzeugen konnte, das Gelände zu kaufen, um dort eine Destillerie zu errichten. Der Whisky wird primär für J&B Blends verwendet, ist aber auch als Single Malt erhältlich. Nach der Fusion von GrandMet und Guinness gehört Auchroisk nun zu UDV und damit zu Diageo.

Der Whisky ist vom Stil her leicht getorft und hat eine feine Sherrynote.

WHISKY

Auchroisk, 10 Jahre, 43 % Vol., Flora & Fauna
Farbe: blasses Gold

TASTING NOTES

Im Aroma zeigt er sich ziemlich fruchtig, etwas süßlich, erinnernd an Beerenfrüchte und weiße Trauben. Im Geschmack ist er weich und süß, geprägt von Nuss und Feige. Im Abgang erscheint er verhältnismäßig kurz und trocken, mit einem sehr geringen Rauchanteil.

Die noch relativ junge Destillerie am Burn of Mulben wurde bewusst im verschachtelten Baustil älterer Brennereien errichtet.

Aultmore

ETWAS NÖRDLICH VON Keith liegt die traditionsreiche Brennerei Aultmore.

Gegründet wurde sie 1896 von Alexander Edwards, der von seinem Vater bereits die Destillerie Benrinnes geerbt hatte. Er gründete außerdem Craigellachie und kaufte dazu noch die Brennerei von Oban. 1923 musste er jedoch Aultmore an John Dewar & Sons verkaufen, die wiederum zwei Jahre später von der DCL übernommen wurde. Sie erweiterte die Destillerie um zwei weitere Brennblasen auf nunmehr vier Stück. 1987 ging die DCL in der Guinness-Tochter UD auf, und als alles unter das Dach des Konzerns Diageo kam, wurde aus kartellrechtlichen Gründen der Verkauf der Destillerie angeordnet. Und so gelangte sie in den Besitz von Bacardi.

Der Whisky ist vom Stil her sehr frisch, kräuterartig und gewürzbehaftet. Er ist in der Regel ziemlich trocken und wird gerne vor dem Essen getrunken. Es gibt leider nur wenige Single-Malt-Abfüllungen, da der Whisky hauptsächlich für den Dewar's Blend verwendet wird.

WHISKY

Aultmore, 12 Jahre, 40 % Vol., Originalabfüllung
Farbe: Goldgelb

AULTMORE

BESITZER	Dewar & Sons (Bacardi)
GRÜNDUNGSDATUM	1896
AUSSPRACHE	Oltmór
BEDEUTUNG	großer Bach
STATUS	in Produktion
JAHRESPRODUKTION	22 000 Hektoliter

TASTING NOTES

Nach nunmehr zehn Jahren gab es endlich wieder eine Originalabfüllung. Im Aroma ist er sehr leicht, blumig, mit einem süßlich fruchtigen Einfluss. Im Geschmack nimmt diese Fruchtigkeit stark zu. Man ist verleitet zu sagen, dass er zu Kompott verarbeitete Pflaumen beinhalten könnte. Im Abgang ist er mittellang und trocken.

Der Hauptanteil des Whiskys von Aultmore wird für den Dewar's Blend verwendet. Mittlerweile gibt es aber auch einen Single Malt.

Balmenach

BALMENACH	
BESITZER	Inver House (InBrew)
GRÜNDUNGSDATUM	1824
AUSSPRACHE	Balménach
BEDEUTUNG	Siedlung in der Mitte
STATUS	in Produktion
JAHRESPRODUKTION	20 000 Hektoliter

NAHE CROMDALE, inmitten der Region Speyside zwischen Grantown-on-Spey und Bridge of Avon und nahe der A 95, liegt die Brennerei Balmenach.

Die Destillerie entstand offiziell 1824 als eine der ersten, die eine Brennlizenz erhielten. Sie wurde von der Familie McGregor gegründet, aus deren Reihen auch zwei bekannte Schriftsteller stammen: Sir Robert Bruce Lockhart (sein Buch *Scotch* handelt von dieser Brennerei) sowie Sir Compton McKenzie, dessen Bestseller *Whisky Galore* sogar verfilmt wurde. Einer der drei Gründerbrüder, James McGregor, hatte bereits zuvor als illegaler Brennmeister der Destillerie Tomintoul Erfahrungen sammeln können. Nach James' Tod 1870 führte sie zunächst seine Witwe weiter. Leider blieben dringend nötige Renovierungsarbeiten aus, weshalb die Brennereigebäude zusehends verfielen. Im Ersten Weltkrieg blieb Balmenach geschlossen. 1922 wurde es von einer Gruppe von Blendern (James Watson, Peter Dawson und MacDonald Green) gekauft, die in den 1930er-Jahren in der DCL aufging. 1963 ersetzte eine Saladin Box die Floor Maltings. 1991 brachte der neue Besitzer, die UD, einen ersten eigenen Single Malt in der Flora-&-Fauna-Serie heraus. Zwei Jahre später jedoch ließen sie Balmenach schließen. 1997 kaufte Inver House die Destillerie und ließ die Produktion bald darauf wieder anlaufen. Interessanterweise ist jedoch vom neuen Besitzer bisher noch kein eigener Single Malt erschienen.

Der Whisky ist vom Stil her leicht torfig und sehr blumig bzw. kräuterartig. Ohne Sherryfassreifung kann er als Aperitif genossen werden, ansonsten eher als Digestif. Neben der Flora-&-Fauna-Serie wurde er auch von unabhängigen Abfüllern auf den Markt gebracht.

WHISKY

Balmenach, Jahrgang 1988/2002, 40 % Vol., Gordon & MacPhail, Connoisseurs Choice
Farbe: sehr heller Bernstein

TASTING NOTES

Im Aroma ist er blumig, süß, mit Honignoten versehen und einem Einfluss von Heidekraut. Im Geschmack verstärkt sich diese Süße. Es macht sich jedoch auch ein leicht würziger Einfluss von Tabakblättern mit ein wenig Rauch bemerkbar. Im mittellangen Abgang ist er trocken, mit einer Sherrynote.

Das Leben in der familieneigenen Brennerei Balmenach wurde von Robert Bruce Lockhart sogar in einem Roman beschrieben.

Balvenie

IN UNMITTELBARER Nähe zum großen Nachbarn Glenfiddich steht die Brennerei Balvenie. Sie liegt am Ortseingang der heimlichen schottischen Whiskyhauptstadt Dufftown.

William Grant und seine Söhne errichteten die Destillerie 1892. Noch heute befindet sich die Brennerei, zusammen mit Glenfiddich und Kininvie, im Familienbesitz der Firma William Grant & Sons. Ihren Namen verdankt sie dem nahe gelegenen Balvenie Castle. Das New Balvenie Castle, ein ehemaliges Gutshaus, diente als Steinlieferant für den Bau der Destillerie. Die ersten Brennblasen wurden übrigens von Lagavulin und Glen Albyn gebraucht gekauft. Heute besitzt die Brennerei acht Stills mit der sogenannten Balvenie-Blase, einer Art Ballon zwischen Hals und Brennblase. Es gibt noch einige weitere Destillerien, die ebenfalls eine ähnliche Form der Brennblasen aufweisen. Durch den gleichen Besitzer und die Nähe zu Glenfiddich werden gewisse Synergien genutzt. So verwendet Balvenie die Abwärme von Glenfiddich für die Beheizung seiner Brennblasen. Beide Brennereien nutzen zudem dieselbe Quelle (Robbie Dubh). William Grant kaufte seinerzeit das ganze Land rund um die Quelle, um sicherzugehen, dass das Wasser ja nicht verschmutzt würde oder durch eventuelle Bauvorhaben versiegen könnte. David Stewart, die „Chefnase" des Hauses, war der Erste, der die Idee mit dem Wood Finishing in die Tat umsetzte und dabei einen Trend in Gang setzte, der bis heute anhält.

Der Whisky ist vom Stil her der honigtönigste Malt überhaupt. Er reift gut, ist meist mittelschwer und besitzt Anzeichen exotischer Früchte. Legendär ist der 21-jährige Balvenie, der nach der Reifung in Bourbonfässern noch sechs bis zwölf Monate in Port-Wood-Fässern nachreifte. Es gab ihn leider nur in sehr begrenzter Stückzahl.

BALVENIE	
BESITZER	William Grant & Sons
GRÜNDUNGSDATUM	1892
AUSSPRACHE	Balwénie
BEDEUTUNG	Beathans Farm
STATUS	in Produktion
JAHRESPRODUKTION	50 000 Hektoliter

WHISKY

The Balvenie Double Wood, 12 Jahre, 40 % Vol., Originalabfüllung
Farbe: dunkler Bernstein

TASTING NOTES

Der Double Wood ist bei Malt-Liebhabern mittlerweile zu einer festen Größe geworden. In der Nase entfalten sich die typischen Orangenaromen zusammen mit dem Sherry. Im Geschmack kommt die süße Sherrynote voll zum Tragen. Er schmeckt etwas nussig und nach Zimt. Im Abgang ist er äußerst angenehm und lang.

Die Stills der Brennerei sind vor allem aufgrund ihrer Form, der berühmten Balvenie-Blasen, bekannt.

Speyside

Benriach

Früher wurde der Whisky von Benriach direkt per Diesellok vom Destilleriegelände abtransportiert.

BENRIACH	
BESITZER	The Benriach Distillery Company Ltd.
GRÜNDUNGSDATUM	1898
AUSSPRACHE	Benríach
BEDEUTUNG	gefleckter Berg
STATUS	in Produktion
JAHRESPRODUKTION	20 000 Hektoliter

DIE BRENNEREI BENRIACH LIEGT südlich von Elgin, gleich neben Longmorn.

Sie wurde 1898 in der Whiskyboomzeit gebaut und noch im Gründungsjahr von der Nachbardestillerie Longmorn übernommen. Bereits zwei Jahre später ging es infolge der Pleite des Großproduzenten Patisson auch mit Benriach bergab, und die Brennerei musste geschlossen werden. Erst 1965 baute sie die Glenlivet Group wieder auf. 1978 wurde sie, wie die Gruppe selbst, vom kanadischen Konzern Seagram aufgekauft. 1994 entschloss man sich, einen Single Malt herauszubringen, nachdem dieser vorher nur von unabhängigen Abfüllern erhältlich war. Nach der Fusion mit Chivas Brothers gehörte die Brennerei dann seit 2001 zu Pernod Ricard. Da der neue Inhaber nun mehr Destillerien besaß, als ihm nötig erschien, ließ er unter anderem Benriach schließen. Doch 2004 kam schließlich die lang ersehnte Rettung: Billy Walker (ehemaliger Direktor bei Burn Stewart) sowie die beiden südafrikanischen Geschäftsleute Wayne Keiswetter und Geoff Bell kauften die Destillerie inklusive ihren Lagerbeständen, deren Abfüllungen bis Mitte der 1960er-Jahre zurückreichen. Dafür wurde eigens die Benriach Distillery Company gegründet.

Die Whiskys fallen recht unterschiedlich aus. Einige sind trocken, leicht geschmeidig, daneben gibt es einen sehr stark getorften, rauchigen und öligen Whisky, der eine gewisse Komplexität aufweist, aber ebenfalls eher trocken ist. Seit November 2006 sind auch einige 15-jährige Wood Finishes mit Sherry, Rum, Madeira und Portwein erhältlich.

WHISKY

The Benriach Curiositas, 10 Jahre, 40 % Vol., Originalabfüllung
Farbe: Bernstein

TASTING NOTES

Der für die Speyside ungewöhnlich starke Torfrauch kommt hier voll zum Tragen. Zudem riecht man Früchte, Blumen und Heidekraut. Im Geschmack ist er ausgewogen mit bittersüßem Torfrauch und einem Einfluss von Eiche. Auch im mittellangen Abgang zeigt sich wieder der Rauch zusammen mit Eiche.

Benrinnes

IN DER NÄHE VON ABERLOUR liegt die Brennerei Benrinnes direkt am Fuß des gleichnamigen Berges.

Sie wurde 1826 gleich neben einem Farmhaus, das auch heute noch steht, gegründet und trug damals denselben Namen wie ein nahe gelegener Wasserfall: Lyne of Ruthie. Drei Jahre nach ihrer Gründung trat der nahe Fluss über die Ufer und zerstörte einen Großteil der Gebäude, die daraufhin erneut errichtet werden mussten. 1842 nannte sie der neue Inhaber, John Innes, in Benrinnes um. 1845 übernahm sie William Smith, der jedoch 1864 in Konkurs ging. Ihr nächster Eigentümer, Davie Edward, gründete später auch Craigellachie. 1922 kam sie in den Besitz von John Dewar & Sons, die drei Jahre darauf mit der DCL fusionierten. In den Jahren 1932/33 und 1943 bis 1945 blieb sie jeweils geschlossen. Erst 1951 wurde sie ans Stromnetz angeschlossen, 1955 erweitert und 1964 um Saladin Boxes erweitert, um das Malz einfacher herstellen zu können. Doch leider ließ man diese 1984 aus Kostengründen wieder abmontieren. 1966 wurden die Stills verdoppelt und ab 1978 die Produktion so umgestellt, dass heute ein dreifach destillierter Whisky produziert wird, wie er für die Gegend Speyside sehr ungewöhnlich ist. Lange gab es keine Eigentümerabfüllungen, erst UD kümmerte sich darum. Heute gehört die Brennerei zum Konzern Diageo.

Der Whisky ist sehr geschmacksintensiv, sahnig, rauchig mit einem Hauch Toffee und Vanille.

BENRINNES

BESITZER	UDV (Diageo)
GRÜNDUNGSDATUM	1826
AUSSPRACHE	Benrínns
BEDEUTUNG	Hügel im Vorgebirge
STATUS	in Produktion
JAHRESPRODUKTION	16 000 Hektoliter

WHISKY

Benrinnes, 15 Jahre, 43 % Vol.,
Flora & Fauna
Farbe: Mahagoni

TASTING NOTES

Im Aroma zeigt sich dieser Single Malt erstaunlich rauchig. Er kommt natürlich nicht an die Islay Malts heran, aber für einen Speyside Whisky zeigt er auch im Geschmack diesen feinen Rauch. Ansonsten ist er angenehm fruchtig. Im lang anhaltenden Abgang zeigt er wieder den Rauch sowie intensive Gewürze.

Ein Bild aus alten Zeiten: In der traditionsreichen Destillerie Benrinnes wird heute ungewöhnlicherweise dreifach destilliert.

Benromach

Die kleinste Destillerie der Speyside wurde in den 1990er-Jahren von dem Abfüller Gordon & MacPhail wiederbelebt.

BENROMACH	
BESITZER	Gordon & MacPhail
GRÜNDUNGSDATUM	1898
AUSSPRACHE	Benrómach
BEDEUTUNG	zottelig, stachelig aussehender Berg
STATUS	in Produktion
JAHRESPRODUKTION	2000 Hektoliter

AM NÖRDLICHEN ORTSENDE von Forres liegt die Brennerei Benromach.

Die Destillerie wurde 1898 von Duncan MacCallum, damaliger Besitzer der Destillerie Ben Nevis, und F. W. Brickmann, einem Spirituosenhändler, gegründet. Nach dem jähen Ende des Whiskybooms musste jedoch auch sie geschlossen werden, nachdem Brickmann mit seiner Firma Konkurs angemeldet hatte. 1911 übernahm sie dann Harvey McNair & Co. aus London und ging im Frühjahr 1912 wieder in Produktion. 1919, nach dem Krieg, kaufte sie John Joseph Calder. 1925 schloss sie erneut und wurde 1937 an die Associated Scottish Distillers Ltd. (ASD) veräußert, die wiederum ein Jahr später von den National Distillers of America aufgekauft wurde. 1974 ließ sie der damalige Besitzer, die DCL, umbauen, bereits 1983 aber wieder schließen. 1993 kaufte die Destillerie dann der heutige Besitzer, Gordon & MacPhail, der bereits im Vorfeld viele Abfüllungen herausgebracht hatte, und erfüllte sich damit einen Traum. Fast fünf Jahre lang baute der neue Besitzer die Brennerei um, bevor sie von Prinz Charles, auf den Tag genau 100 Jahre nach ihrer Gründung, erneut eröffnet wurde.

Der Whisky ist vom Stil her sehr energisch, hinterlässt einen blumigen Eindruck und ist oftmals leicht sahnig. Er wird zum Dessert oder als Digestif genossen.

WHISKY

Benromach Traditional, 40 % Vol., Originalabfüllung
Farbe: Strohgelb

TASTING NOTES

Der zur Mälzung leicht torfrauchige Malt hält sich im Aroma zurück. Bestimmend sind eher Zitrusfrüchte und ein wenig Honig. Im Geschmack wird der Torfrauch etwas stärker, mit einem deutlichen Malzanteil und etwas Pfeffer. Der Malt ist eher trocken. Im Abgang ist er angenehm lang, süßlich, mit einem leichten Einfluss von Malz.

In Cardhu wurde schon vor dem Lizenzerwerb illegal gebrannt. Bereits seit Ende des 19. Jahrhunderts ist die Brennerei Heimat der Marke Johnnie Walker.

Cardhu / Cardow

DIE BRENNEREI CARDHU liegt am Nordufer des Spey, zwischen Cardow und Upper Knockando nahe der B 9102.

Cardhu wurde im Jahr 1811 von Helen Cummings gegründet. Zusammen mit ihrem Mann betrieb sie die Destillerie zuerst illegal, bis sie 1824 eine Lizenz erwarb. Sie brannten ihren Whisky damals noch auf ihrer Farm in Cardow. Dank ihres Einfallsreichtums gelang es Helen Cummings immer wieder, den verhassten englischen Zolleintreibern ein Schnippchen zu schlagen. Ihre Schwiegertochter errichtete 1874 an der heutigen Stelle einen Neubau. Bereits seit 1893 stand Cardhu im Zeichen von Johnnie Walker. Seit 1997 gehört die Brennerei zu UDV und damit dem Großkonzern Diageo. Bis 1975 hieß die Brennerei übrigens Cardow, bevor sie ihren heutigen Namen erhielt.

CARDHU / CARDOW	
BESITZER	UDV (Diageo)
GRÜNDUNGSDATUM	1824
AUSSPRACHE	Cardú
BEDEUTUNG	schwarzer Fels
STATUS	in Produktion
JAHRESPRODUKTION	19 000 Hektoliter

WHISKY

Cardhu, 12 Jahre, 40 % Vol., Originalabfüllung
Farbe: Bernstein

TASTING NOTES

Da in Spanien die Nachfrage nach diesem Malt extrem hoch ist, wird praktisch die ganze Produktion dorthin verkauft. Deshalb müssen die Whiskygeschäfte in der restlichen Welt diesen Single Malt meist direkt importieren. Im Aroma ist er sehr zart mit ein wenig Rauch. Im Geschmack ist er malzig süß und ziemlich ausgewogen. Im Abgang ist er lang, auch wieder ein bisschen süß und etwas torfig.

Cragganmore

CRAGGANMORE	
BESITZER	UDV (Diageo)
GRÜNDUNGSDATUM	1869
AUSSPRACHE	Krággenmór
BEDEUTUNG	großer Felsen
STATUS	in Produktion
JAHRESPRODUKTION	12 000 Hektoliter

HOCH ÜBER DEM FLUSS SPEY, in einer Senke zwischen Aberlour und Grantown-on-Spey, liegt die Brennerei Cragganmore.

John Smith baute die Destillerie 1870, nachdem er vorher bereits einige Erfahrungen bei Macallan, Glenlivet und bei Glenfarclas gesammelt hatte, ehe er sich entschloss, eigene Wege zu gehen. Sein Malt war dabei von Anfang an sehr gefragt. Der Nachteil der hohen Nachfrage war allerdings, dass er ausschließlich für Blends gebraucht wurde. Trotz allem blieb Cragganmore immer eine kleine Brennerei. Mit den Jahren wechselte sie den Besitzer mehrmals (von White Horse Distillers über DCL zu UD) und gehört heute, wie könnte es anders sein, zu UDV und damit zum großen Konzern Diageo.

Der Whisky ist vom Stil her sehr komplex (sicherlich auch ein Verdienst der ungewöhnlich geformten Stills), herb, trocken und stark aromatisch. Er ist eher als Digestif zu empfehlen.

Das stolze schmiedeeiserne Eingangsportal zur kleinen Destillerie Cragganmore.

WHISKY

Cragganmore, 12 Jahre, 40 % Vol.,
Originalabfüllung
Farbe: Gold

TASTING NOTES

Das Aroma zeigt seine Komplexität, er wirkt trocken und riecht nach Kräutern. Im Geschmack ist er schwach rauchig, malzig und zeigt seinen vollen Körper. Im Abgang wird wiederum der Rauch bemerkbar. Er ist lang und leicht süßlich malzig.

Ihren Charme hat die kleine Brennerei Cragganmore im Laufe der Jahrzehnte beibehalten.

Craigellachie

DIE BRENNEREI CRAIGELLACHIE liegt mitten im Herzen der Speyside, südöstlich des gleichnamigen Ortes zwischen Dufftown, Aberlour und Rothes. In der Nähe der Destillerie mündet der Fluss Fiddich in den Spey. Ein paar hundert Meter weiter Richtung Dufftown liegt die berühmte Speyside Cooperage.

Craigellachie wurde 1891 erbaut. Zum Gründerkonsortium gehörte auch Peter Mackie, dessen Name unzertrennlich mit White Horse Distillers und dem weltberühmten Blend White Horse verbunden war. Nach seinem Tod kam die Destillerie 1927 in den Besitz der DCL und folglich 1987 zu UD. Zwischendurch wurde sie 1965 umgebaut. 1997, aufgrund der Fusion mit Diageo, trennte sich deren Nachfolger UDV von dieser Brennerei. Zusammen mit Aberfeldy, Aultmore und Royal Brackla wurde sie an Dewar's und somit Bacardi verkauft.

CRAIGELLACHIE	
BESITZER	Dewar & Sons Ltd. (Bacardi)
GRÜNDUNGSDATUM	1891
AUSSPRACHE	Creg-éllachi
BEDEUTUNG	Felsenberg
STATUS	in Produktion
JAHRESPRODUKTION	28 000 Hektoliter

Der Whisky ist recht süß, malzig-nussig, oftmals fruchtig und rauchig. Er ist bei unabhängigen Abfüllern zu finden und eignet sich eher als Digestif.

WHISKY

Craigellachie, Jahrgang 1989, 43 % Vol.,
Gordon & MacPhail, Connoisseurs Choice
Farbe: Strohgelb

TASTING NOTES

Im Aroma ist er leicht rauchig mit einer malzigen Süße. Im Geschmack tritt diese Süße erneut in Erscheinung, ebenso wie der leichte Rauch. Außerdem wird der Geschmack von Nüssen ergänzt. Im Abgang ist er sehr lang, und der Rauch kommt abermals zum Vorschein.

Tradition und Moderne treffen in der voll computergesteuerten Destillerie Craigellachie, im Herzen der Speyside, aufeinander.

Dailuaine

DAILUAINE	
BESITZER	UDV (Diageo)
GRÜNDUNGSDATUM	1851
AUSSPRACHE	Daljuen
BEDEUTUNG	grünes Tal
STATUS	in Produktion
JAHRESPRODUKTION	25 000 Hektoliter

ZWISCHEN DEM BEN RINNES und dem Fluss Spey bei Carron, nahe Aberlour, befindet sich die Brennerei Dailuaine. Sie liegt unweit der Destillerie Imperial versteckt in einer Senke.

Der Farmer William Mackenzie gründete die Destillerie 1851 an der heutigen Stelle. Der Architekt der Anlage, Charles Chree Doig, schmückte Dailuaine als erste Brennerei überhaupt mit einem Pagodendach. Die Anfangsjahre waren von häufigen Besitzerwechseln innerhalb der Familie geprägt: vom Gründer zu seiner Frau und dann zu ihrem Sohn Thomas. 1898 wurde die Brennerei Teil der Dailuaine-Talisker-Distilleries Ltd. und kam über die DCL zu UD und somit zu Diageo. Die Anlage musste zweimal wieder aufgebaut werden. Beide Male waren die Gebäude Opfer eines Brandes geworden (1917 und 1959). Nach der zweiten Brandkatastrophe ließen die Besitzer die Brennerei gleich von vier auf sechs Brennblasen aufstocken. Idealerweise verfügte Dailuaine sogar über einen eigenen Eisenbahnanschluss, um Whisky, Rohmaterialien, aber auch das Brennereipersonal zu transportieren. Heute ist nur noch ein Teil der Bahnstrecke in Betrieb. Besonders stolz war man auf die eigene Dampflok. Dailuaine gehört zu den unbekannteren Marken, da ihr Whisky fast ausschließlich in die Blends von Johnnie Walker fließt.

Der Whisky schmeckt in der Regel ziemlich fruchtig nach frischen Äpfeln, leicht rauchig und nussig. Es gibt ihn in einer Eigentümerabfüllung in der Flora-&-Fauna-Serie, aber auch von einigen unabhängigen Abfüllern.

WHISKY

Dailuaine, 16 Jahre, 43 % Vol.,
Flora & Fauna
Farbe: sehr dunkler Bernstein

TASTING NOTES

In der Nase präsentiert sich dieser Single Malt sehr trocken, mit einem leichten Anzeichen von Sherry. Im Geschmack zeigt sich dieser Sherry etwas mehr, wenngleich auch nicht so typisch süß. Ansonsten ist der etwas nach Eiche schmeckende Whisky leicht und mild. Im Abgang ist er erstaunlich lang, weich und mild.

Dailuaine, am Spey River bei Carron gelegen, produziert hauptsächlich für den Blend Johnnie Walker. In kleinen Mengen wird auch ein Single Malt abgefüllt.

Dufftown

AM RAND DES beschaulichen Städtchens Dufftown liegt die gleichnamige Brennerei. Dufftown, am Fluss Fiddich gelegen, gilt als die heimliche Whiskyhauptstadt.

Die Destillerie wurde 1896 von Peter MacKenzie gegründet. Vorher beherbergten die alten Natursteingebäude eine Mühle. MacKenzie war in seiner Zeit besonders mit seinen Blends erfolgreich, vor allem in Amerika. Wegen der Prohibition musste er jedoch die Brennerei in den 1920er-Jahren an Arthur Bell & Sons veräußern. Diese kauften die Gebäude zum selben Zeitpunkt, als sie auch Blair Athol erwarben, mit dem Ziel, genügend Whisky für den Bell's Blend zur Verfügung zu haben. Zwischen 1941 und 1947 musste auch Dufftown kriegsbedingt geschlossen werden. Nachdem die Produktion bereits 1968 verdoppelt werden konnte, wurden 1980 nochmals zwei Stills dazugebaut, sodass die Destillerie heute mit sechs Pot Stills destilliert. 1985 wurde Arthur Bell & Sons an Guinness verkauft. Diese wiederum gingen zwei Jahre später in dem heute als Besitzer eingetragenen Großkonzern Diageo auf.

Der Whisky ist vom Stil her trocken, malzig und recht aromatisch, nussig und leicht. In den letzten Jahren ist er noch leichter und grasiger geworden. Er eignet sich ausschließlich als Aperitif und findet vor allen Dingen in den Blends von Bell's und Johnnie Walker Verwendung. Auch einige Eigentümerabfüllungen, zum Beispiel in der Flora-&-Fauna-Serie, sind erhältlich. Von unabhängigen Abfüllern gab bzw. gibt es ebenfalls einige Flaschen.

WHISKY

Dufftown, 15 Jahre, 43 % Vol., Flora & Fauna
Farbe: Bernstein

DUFFTOWN

BESITZER	UDV (Diageo)
GRÜNDUNGSDATUM	1896
BEDEUTUNG	nach dem Gründer der Stadt, James Duff, benannt
STATUS	in Produktion
JAHRESPRODUKTION	35 000 Hektoliter

TASTING NOTES

Schon im Aroma merkt man die Trockenheit, die er neben malzigen Einflüssen an den Tag legt. Diese Trockenheit zieht sich weiter über den Geschmack. Er ist zudem etwas sirupartig, mit einem Anzeichen von Gummi. Auch im Abgang ist er wieder äußerst trocken, aber weich.

Hinter den Mauern des berühmten Glockenturms im Zentrum von Dufftown verbarg sich einst eine illegale Brennerei.

Glen Elgin

GLEN ELGIN	
BESITZER	UDV (Diageo)
GRÜNDUNGSDATUM	1898
AUSSPRACHE	Glen Elgin
BEDEUTUNG	Tal des Elgin
STATUS	in Produktion
JAHRESPRODUKTION	18 000 Hektoliter

AUF DEM WEG RICHTUNG Rothes, etwas außerhalb der Stadt Elgin, liegt die Brennerei Glen Elgin. Sie befindet sich in unmittelbarer Nachbarschaft zu Longmorn.

Mit dem Bau der Destillerie Glen Elgin wurde in den Boomzeiten 1898 begonnen. Nach zwei Jahren Bauzeit konnte sie schließlich fertiggestellt werden. Sie sollte für die nächsten 60 Jahre die letzte Destillerie sein, die in der Speyside gebaut wurde. In den Besitz von White Horse Distillers gelangte die Brennerei erst später, als diese die Lizenz vom damaligen Besitzer SMD, einem Tochterunternehmen der DCL, erhielten. Bedingt durch die vielen Fusionen gehört sie heute dem großen Konzern Diageo.

1964 wurde die Brennerei modernisiert und auf vier Brennblasen erweitert.

Der Whisky ist vom Stil her sehr honigtönig und süß. Er hat meist ein blumiges Aroma und ist eher trocken. Wie die Whiskys Craigellachie und Lagavulin wird auch Glen Elgin für den White Horse Blend verwendet. In den letzten Jahren wurde er neben der zwölfjährigen Originalabfüllung auch mehrfach von unabhängigen Abfüllern präsentiert.

WHISKY

Glen Elgin, 12 Jahre, 43 % Vol., Originalabfüllung
Farbe: tiefes Gold

TASTING NOTES

Im Aroma ist er süß, nach Marzipan, Mandeln und Früchten riechend. Im Geschmack zeigt sich weiterhin eine süße Note. Er schmeckt jedoch recht trocken und leicht scharf. Im ausgewogenen Abgang kommt wieder die Trockenheit zum Tragen.

1992er-Fässer von Glen Elgin. Früher wurde der Whisky nur für Blends verwendet, heute gibt es jedoch auch wieder einen Single Malt.

Glen Grant

DIE BRENNEREI GLEN GRANT liegt etwas versteckt am Ende des Ortes Rothes in einer Seitengasse der Hauptstraße.

Die Destillerie wurde 1840 von den Brüdern John und James Grant gegründet. Sie besaßen bereits vorher an anderer Stelle eine Brennerei und betrieben anscheinend auch sehr erfolgreich Schmuggel. Das Delikate an der Sache war, dass James eigentlich Rechtsanwalt war. Dies kümmerte ihn allerdings herzlich wenig. Gegenüber von Glen Grant bauten sie 1898 Caperdonich, eine weitere Destillerie, die sich im Familienbesitz befand. 1953 schließlich schlossen sie sich mit George und J. G. Smith zu The Glenlivet & Glen Grant Distilleries zusammen. 1970 gesellte sich außerdem Longmorn dazu. 1977 stiegen die Chivas Brothers (damals unter Seagram) ein, womit die Firma in Chivas & Glenlivet Group umbenannt wurde. Heute gehört Chivas zu Pernod Ricard. Da Glen Grant schon immer einen ausgezeichneten Ruf genoss und sehr früh ihren Whisky auch als Single Malt vermarktete, ist die Firma heute stolz darauf, die Nummer zwei im Weltmarkt hinter Glenfiddich zu sein. Da der Konzern jedoch sehr viele ausgezeichnete und bekannte Blends im Angebot hat, wird ein Großteil des Whiskys für das Blending verwendet. Ende 2005 wurde Glen Grant für die Rekordsumme von 150 Millionen Euro an Campari verkauft.

Der Whisky ist in der Regel recht hell, da meist nur Bourbon-Fässer verwendet werden. Er schmeckt etwas nach Kräutern, mit gewissen Nusskomponenten, und eignet sich in jungen Jahren gut als Aperitif. Ältere Jahrgänge werden gern in Sherryfässern nachgereift und eher nach dem Essen genossen. Neben den Originalabfüllungen gibt es auch einige Serien von unabhängigen Abfüllern.

GLEN GRANT	
BESITZER	Campari
GRÜNDUNGSDATUM	1840
AUSSPRACHE	Glen Gránt
BEDEUTUNG	Tal der Grants
STATUS	in Produktion
JAHRESPRODUKTION	50 000 Hektoliter

WHISKY

Glen Grant, 25 Jahre, 40 % Vol.,
Gordon & MacPhail
Farbe: Mahagoni

TASTING NOTES

Im Aroma sticht sofort der Sherry hervor, ergänzt durch Karamell und Apfel. Auch im Geschmack ist der Sherry allgegenwärtig. Weitere Geschmäcker wie Nüsse und Getreide ergänzen das Ganze. Im Abgang ist er eher trocken.

Wehrhaft wie ein kleines Castle präsentiert sich dieses Gebäude der Destillerie Glen Grant.

Glen Moray

GLEN MORAY	
BESITZER	Glenmorangie Plc. (LVMH)
GRÜNDUNGSDATUM	1897
AUSSPRACHE	Glen Móräï
BEDEUTUNG	Tal der Siedlung am See
STATUS	in Produktion
JAHRESPRODUKTION	18 500 Hektoliter

WESTLICH VON ELGIN, am Ufer des Lossie, liegt die Brennerei Glen Moray. Sie steht quasi auf der Grenze zur Speyside und in einer bekannten Gerstenanbaugegend des Lossietals.

Glen Moray wurde 1897 zur Destillerie umgebaut. In den Gebäuden war, genauso wie in der Brennerei Glenmorangie, zuvor eine Brauerei untergebracht gewesen. Sie überstand die große

Whiskykrise, musste jedoch trotzdem 1910 geschlossen werden. 1923 kaufte sie Macdonald & Muir, die später in der Glenmorangie Plc. integriert wurden. Diese wiederum gehören zum heutigen französischen Konzern LVMH. Zwischen 1958 und 1977 verwendete man eine Saladin Box für das Mälzen. 1958 wurde die Brennerei auf vier Brennblasen erweitert und modernisiert.

Der Whisky ist vom Stil her gerstenartig, trocken, meist mit einer fruchtigen Note. Oftmals etwas grasig. Er wird ähnlich wie in der Schwesterbrennerei Glenmorangie mit verschiedenen Wood Finishes endgereift und in verschiedensten Varianten angeboten. Gerade die in Weinfässern gelagerten Whiskys hatten einen guten Ruf, sind mittlerweile aber restlos ausverkauft. Doch auch auf dem Massenmarkt, sprich im Supermarktregal, hat sich der Malt etabliert. In Großbritannien ist er bereits die Nummer fünf. In Deutschland kam bei einer Supermarktkette ebenfalls kürzlich der Zwölfjährige zu einem sehr günstigen Preis auf den Markt, was eine Diskussion darum entfachte, ob Glen Moray damit nicht seinen guten Ruf verspielt.

WHISKY

Glen Moray, 16 Jahre, 40 % Vol., Originalabfüllung
Farbe: Bernstein

TASTING NOTES

Im Aroma ist er sehr ausgeprägt, mit einem Hauch von Gewürzen und Äpfeln. Im Geschmack ist er leicht rauchig, mit Eichentönen sowie Toffee. Im langen Abgang bemerkt man einmal mehr die leichte Brise von Rauch.

Mittlerweile ist Glen Moray in Großbritannien die Nummer fünf unter den beliebtesten Single Malts.

Glen Spey

DIE BRENNEREI Glen Spey liegt mitten im Ort Rothes, gleich an der Hauptstraße. Sie ist wohl die unbekannteste der fünf Destillerien in dieser Ortschaft.

James Stuart baute die Destillerie im Jahr 1880. Bereits sieben Jahre später kam sie zu Gilbey, deren Metier eigentlich vor allem das Gin-Geschäft war. Diese gehörten ab 1962 zur IDV, die die Destillerie 1970 umbauen ließen. Mit dem Umbau vollzog sich auch eine Erweiterung auf vier Brennblasen. Durch die vielen Fusionen kam die Brennerei letztendlich automatisch zu UDV und damit zum Konzern Diageo.

Der Whisky wird hauptsächlich für J & B Blends verwendet und ist als Destillerieabfüllung als Achtjähriger praktisch nicht mehr erhältlich. Nur unabhängige Abfüller bieten ihn ab und zu noch an. Er ist vom Stil her ziemlich leicht, grasig, nussig und leicht getorft. Er eignet sich hervorragend als Aperitif.

GLEN SPEY	
BESITZER	UDV (Diageo)
GRÜNDUNGSDATUM	1878
AUSSPRACHE	Glen Spéj
BEDEUTUNG	Tal des Spey
STATUS	in Produktion
JAHRESPRODUKTION	20 000 Hektoliter

TASTING NOTES

Im Aroma hinterlässt er einen gewissen Einfluss von Keksen, aber auch von Schokolade sowie etwas Kokosnuss. Im Geschmack geht die süßlich zitrusartige Note über in eine würzig trockene. Im langen Abgang zeigt sich wieder die Würze.

WHISKY

Glen Spey,
12 Jahre, 43 % Vol.,
Flora & Fauna
Farbe: Goldgelb

Vom mondänen Rothes Glen Hotel aus kann man alle Destillerien der Gegend zu Fuß besuchen.

Speyside

Glenallachie

Die relativ junge Brennerei produziert fast ausschließlich für die Blends von Clan Campbell, House of Lords und White Heather.

GLENALLACHIE	
BESITZER	Campbell Distillers (Pernod Ricard)
GRÜNDUNGSDATUM	1967
AUSSPRACHE	Glenállächie
BEDEUTUNG	Tal des felsigen Platzes
STATUS	in Produktion
JAHRESPRODUKTION	30 000 Hektoliter

FÄHRT MAN AUF DER A 95 Richtung Grantown-on-Spey, geht etwa zwei Meilen von Aberlour entfernt links eine kleine Straße ab, die zur Destillerie Glenallachie inmitten grüner Wiesen führt.

Die Brennerei wurde von W. Delmé Evans für Mackinlay McPherson gebaut und ging 1967 in Betrieb. Mackinlay McPherson hatten schon Isle of Jura und Tullibardine in Betrieb genommen. 1985 gehörte die Destillerie kurzzeitig zu Invergordon, die die Produktion allerdings nie aufnahm. Nach vier Jahren verkaufte Invergordon die Brennerei an Campbell Distillers, die bereits zu Pernod Ricard gehörten. Durch den Zukauf konnte die damals noch kleine Gruppe ihre Produktionskapazität fast verdoppeln.

Praktisch die gesamte Produktion fließt in die Blends von Clan Campbell, House of Lords und White Heather. Daher gibt es auch aktuell keine Originalabfüllungen eines Single Malt aus diesem Haus. Nur der Vorbesitzer Invergordon brachte eine Version heraus, die wohl so gut wie nicht mehr erhältlich ist. Dagegen bringen unabhängige Abfüller immer mal wieder etwas auf den Markt. Vom Stil her eignet sich der Malt besonders als Aperitif, gilt er doch als delikat, subtil, leicht und trotzdem komplex.

WHISKY

Glenallachie, Gordon & MacPhail, Connoisseurs Choice, 1992, 43 % Vol., Farbe: Stroh

TASTING NOTES

Glenallachie-Abfüllungen gibt es nur sehr selten auf dem Markt. Bei dieser Abfüllung entfalten sich im Aroma Malz, trockenes Gras und eine leichte Süße. Im Geschmack ist er pfefferig mit etwas angekohlter Eiche. Dazu kommen florale Aromen und eine leichte Honigsüße zum Vorschein. Im Abgang ist er würzig.

Die hochmoderne, computergesteuerte Destillerie Glenburgie wird von gerade einmal zwei Mitarbeitern bedient.

Glenburgie

ETWAS AUSSERHALB VON ALVES, einem Ort zwischen Elgin und Forres, liegt die Brennerei Glenburgie.

Als Gründungsdatum wird oft 1810 angegeben, obwohl dies nicht belegt werden kann. Sicher ist nur, dass die Destillerie 1829 auf den Namen Kilnflat getauft wurde, den sie bis 1871 weiter trug, und dass sie in all diesen Jahren William Paul gehörte. Danach wechselten die Besitzverhältnisse beinahe ständig. Zwischen 1871 und 1878 sowie von 1925 bis 1935 blieb die Brennerei geschlossen. Ab 1930 gehörte sie Hiram Walker, die den Whisky hauptsächlich für die Ballantine's Blends verwendete. 1930 ließen die neuen Besitzer die Destillerie, bevor sie wieder in Produktion ging, von Grund auf renovieren. Später kam sie in den Besitz von Allied Domecq, die seit Juli 2005 wiederum zu Pernod Ricard gehören. 1958 installierte man zwei Lomond Stills und produzierte, so wie bei einigen anderen Allied-Brennereien, einen weiteren Malt, der Glencraig getauft wurde. Die beiden Lomond Stills wurden jedoch 1981 abgebaut und durch zwei normale Brennblasen ersetzt.

Der Malt wird nach wie vor hauptsächlich für Blends wie Ballantine's verwendet und ist daher nur selten als Originalabfüllung zu finden. Gordon & MacPhail brachten einige Serien heraus, ebenso wie Signatory und ein paar andere unabhängige Abfüller. Der Whisky eignet sich eher als Aperitif. Er ist normalerweise ölig, jedoch sehr fruchtig und hat eine merkliche Kräuternote.

GLENBURGIE	
BESITZER	Chivas Brothers (Pernod Ricard)
GRÜNDUNGSDATUM	1810
AUSSPRACHE	Glenbörgie
BEDEUTUNG	Tal mit der Feste
STATUS	in Produktion
JAHRESPRODUKTION	keine Angaben

WHISKY

Glenburgie, 10 Jahre, 40% Vol., Gordon & MacPhail
Farbe: dunkler Bernstein

TASTING NOTES

Im Aroma ist dieser Malt frisch und fruchtig, vor allem mit Zitrusfrüchten, etwas süßlich, und er verfügt über einen Hauch von Heu. Im Geschmack setzt sich vor allen Dingen das volle, süße Malz durch, mit leichten Eicheneinflüssen. Sehr kurzer süßer Abgang, in dem sich auch wieder die Eiche leicht bemerkbar macht.

Speyside

Glendronach

Auch heute noch wird in Glendronach sehr traditionell gearbeitet. Die Pot Stills werden zum Teil wie eh und je mit Kohlenfeuer beheizt, und die Gerste kommt von den umliegenden Feldern.

GLENDRONACH

BESITZER	Pernod Ricard
GRÜNDUNGSDATUM	1826
AUSSPRACHE	Glendrónach
BEDEUTUNG	Tal der Brombeerhecken
STATUS	in Produktion
JAHRESPRODUKTION	3000 Hektoliter

DIE BRENNEREI GLENDRONACH liegt zwischen Banff und Huntly nahe der Ortschaft Forgue, östlich der A 97.

Sie wurde bereits 1826 gebaut und gehörte von 1920 bis 1960 einem Sohn von William Grant, dem Inhaber von Glenfiddich. Später ging sie an Wm. Teacher & Sons. Diese waren damals eine der größten Whiskyfirmen, die sich noch in Familienbesitz befand. Ihnen gehörte auch die nahe gelegene Destillerie Ardmore. Anders als dort wird bei Glendronach noch sehr traditionell produziert. Die Gerste kommt aus dem umliegenden Land, die Wash Backs sind aus Holz, und die Pot Stills werden, wenigstens teilweise, noch mit Kohle befeuert. Auch die Warehouses sind noch wie früher mit einem Boden aus Erde versehen. Im Jahr 1976 wurde dann das traditionsreiche Familienunternehmen an Allied Distillers verkauft. Deren Muttergesellschaft Allied Domecq gab 1996 die Schließung bekannt. Doch seit 2004 ist die Brennerei zum Glück wieder in Produktion und gehört seit der Übernahme im Jahr 2005 zum großen Konzern Pernod Ricard.

Der Whisky ist frisch, sanft, mit einer süßlichen Toffee- und Karamellnote und einer guten Malzigkeit. Im Sherryfass gereift, nimmt er den Sherryton sehr intensiv an. Er wird eher nach dem Essen genossen. Es gab einen Achtjährigen, zwei Zwölfjährige (einer im Bourbonfass gereift, der andere aus dem Sherryfass), sowie einen 18-Jährigen von 1976. Aus der Zeit von Allied Distillers findet man nur noch einen 15-Jährigen. Auch von unabhängigen Abfüllern wird er regelmäßig angeboten.

WHISKY

Glendronach, 12 Jahre,
40 % Vol., Originalabfüllung
Farbe: Bernstein

TASTING NOTES

Der Whisky riecht sehr intensiv nach Vanille und Karamell, dann folgen Früchte wie zum Beispiel Birnen. Außerdem ist er sehr nussig. Im Geschmack erscheint er sehr weich und seidig mit malzigen Sherrynoten. Im Abgang ist er leicht, prickelnd, und es zeigen sich erneut Einflüsse von Nüssen.

Ein Bild der Ruhe – Whiskymachen ist kein hektisches Geschäft und Zeit ein Qualitätsfaktor.

Glenfarclas

Glenfarclas wird seit 1865 von derselben Familie geleitet – mittlerweile schon in der fünften Generation.

IN UNMITTELBARER NÄHE zum Ballindalloch Castle, direkt an der A 95 gelegen, liegt die Brennerei Glenfarclas.

Die Destillerie wurde offiziellen Angaben gemäß 1836 von Robert Hey erbaut. Andere Quellen geben alternativ die Jahre 1835 bzw. 1844 an. Sicher ist der Besitzerwechsel im Jahr 1865 zur Grant-Familie, die allerdings nicht mit den Glenfiddich-Grants verwandt ist. John Grant kaufte damals die Destillerie, um sie an John Smith zu verpachten. Doch fünf Jahre später kündigte Smith, um Cragganmore zu gründen. Also übernahmen John Grant und sein Sohn George die Firma. Um an Geld für nötige Renovierungsmaßnahmen zu kommen, beteiligten sie Pattison an der Firma. Schwer gezeichnet von dem bekannten Konkurs dieses Whiskyriesen, überstand Glenfarclas harte Zeiten. 1960 erweiterte die Firma die Brennerei auf vier Stills, 1976 sogar auf sechs. Die Familie begann früh damit, die Brennerei der Öffentlichkeit zugänglich zu machen, und eröffnete bereits 1973 ein Besucherzentrum, was damals einer Pioniertat gleichkam. Der Erfolg gab ihnen recht. Die Investition in das Besucherzentrum steigerte den Absatz erheblich. Bei Blendern genießt der Malt heute einen ausgezeichneten Ruf. Er gehört zur Kategorie 1, was bedeutet, dass praktisch jeder Blender diesen ausgezeichneten Malt auf seiner Wunschliste stehen hat. Auch als Single Malt ist er in einem breit gefächerten Angebot erhältlich. Die Firma ist auch heute noch im Familienbesitz und wird von den Grants bereits in der fünften Generation geführt.

Der Stil des Whiskys ist komplex, mächtig und malzig. Er besitzt eine Sherrynote und wird in der Regel nach dem Essen getrunken.

GLENFARCLAS	
BESITZER	J. & G. Grant
GRÜNDUNGSDATUM	1836
AUSSPRACHE	Glenfárkles
BEDEUTUNG	Tal des grünen Graslandes
STATUS	in Produktion
JAHRESPRODUKTION	30 000 Hektoliter

WHISKY

Glenfarclas 105, 60 % Vol.,
Originalabfüllung
Farbe: tiefes Gold

TASTING NOTES

Dieser ungefähr acht Jahre alte Single Malt hat bei Kennern inzwischen eine große Fangemeinde. Ohne Wasser ist er intensiv und sehr voll, mit Wasser erscheint er eher mild. Im Aroma entfaltet er sich herb, aber trotzdem malzig süß. Im Geschmack behält er seinen ungestümen Schwung bei, bleibt malzig und zeigt auch etwas Eiche. Im Abgang ist er lang, trocken, aber wärmend.

Glenfiddich

GLENFIDDICH	
BESITZER	William Grant & Sons
GRÜNDUNGSDATUM	1887
AUSSPRACHE	Glenfíddich
BEDEUTUNG	Tal der Hirsche
STATUS	in Produktion
JAHRESPRODUKTION	100 000 Hektoliter

DIE BRENNEREI GLENFIDDICH liegt in der Whiskyhauptstadt Dufftown im Fiddich-Tal.

Die Destillerie wurde 1886/87 von William Grant gegründet und mit Unterstützung eines Architekten von der Familie Grant selbst gebaut. Der Konkurs des Blenders Patisson 1898 beeinträchtigte auch Glenfiddich – die ehemalige Vorzeigefirma Patisson war nun mal der größte Abnehmer von Grants Whisky. Man entschied sich schließlich, einen eigenen Blend zu produzieren und ihn auf der ganzen Welt zu vermarkten. Das Konzept ging auf. Im Gegensatz zu vielen anderen Destillerien, die den Konkurs von Patisson nicht überstanden, produzierte Glenfiddich erfolgreich weiter. Da der Konkurrenzkampf durch die vielen Firmenfusionen zu Großkonzernen stetig zunahm und Glenfiddich auch heute noch ein eher kleiner Familienbetrieb ist, überraschte man 1963 den Markt, indem man als erste Firma wieder einen Single Malt auf den Markt brachte. In der Branche stieß dies auf großes Unverständnis. Doch die Grants sollten recht behalten: Dank konsequentem Marketing, der dreieckigen grünen Flasche, dem Logo mit dem Hirschen und ihrer Flexibilität gelangte die Firma zu Weltruhm und wurde die Nummer eins der Single Malts mit einem Anteil von gut 26 Prozent auf dem Weltmarkt.

1963 brachte die Brennerei Glenfiddich wieder einen Single Malt auf den Markt und schrieb von da an Whiskygeschichte.

Der Whisky ist in den jungen Jahren fruchtig und deshalb als Aperitif zu empfehlen. Mit zunehmender Reife bekommt er einen schokoladigen und an Rosinen erinnernden Geschmack und eignet sich dann eher als Digestif nach dem Essen.

WHISKY

Glenfiddich, Caoran Reserve, 12 Jahre, 40 % Vol., Originalabfüllung
Farbe: Gold

TASTING NOTES

Der Name Caoran kommt aus dem Gälischen und bedeutet Torfasche. Das rauchige Aroma kommt daher, dass Islay-Fässer für die Nachreifung verwendet werden, die zuvor rauchigen Malt Whisky enthalten hatten. Er verfügt neben dem leichten Rauch über ein sehr süßes Aroma mit Orangen und Sherry. Im Geschmack wirkt er sehr voll und fruchtig, mit einer leichten torfigen Rauchnote. Im Abgang ist er cremig mit leichtem Rauch.

S. 131: Eine der 28 Brennblasen, die noch dieselbe Größe und Form wie zu William Grants Zeiten haben.

GLENFIDDICH
9100 LITRES
WASH STILL Nº 3

Glenlossie

GLENLOSSIE	
BESITZER	UDV (Diageo)
GRÜNDUNGSDATUM	1876
AUSSPRACHE	Glenlóssie
BEDEUTUNG	Tal des Lossie
STATUS	in Produktion
JAHRESPRODUKTION	22 000 Hektoliter

Glenlossie steht auf demselben Gelände wie die neue Brennerei Mannochmore. Im Gegensatz zu ihrer noch jungen Schwesterdestillerie wurde Glenlossie bereits 1876 gegründet.

ETWAS SÜDLICH VON ELGIN im Lossie-Tal liegt die Brennerei Glenlossie. Auf demselben Gelände befindet sich auch die später errichtete Destillerie Mannochmore. Die Brennerei liegt außerdem nahe der Eisenbahnlinie.

Glenlossie wurde 1876 von John Duff gegründet. Dank ihrer guten Eisenbahnanbindung und weil der Whisky bei Blendern sehr beliebt war, florierte sie von Anfang an. 1919 kam sie zur SMD, deren Tochterfirma John Haig & Co. die Geschicke führen sollte. 1962 ließ sie die Brennerei auf sechs Stills ausbauen. 1971 wurde nebenan auf demselben Gelände die moderne Destillerie Mannochmore errichtet. Ab 1987, als die damalige DCL zu UD kam, brachte Glenlossie erstmals einen eigenen Single Malt heraus. Heute gehört die Brennerei zum Konzern Diageo. Der Whisky ist grasig, malzig und sehr blumig. Man trinkt ihn gerne als Aperitif. Auch Weichheit und Geschmeidigkeit sagt man ihm nach.

WHISKY

Glenlossie, 10 Jahre, 43 % Vol.,
Flora & Fauna
Farbe: Sherry

TASTING NOTES

Das süßliche fruchtige Aroma hat etwas Kokosnuss- und Tabakeinflüsse. Teilweise hat man den Eindruck, auch etwas Heidekraut auszumachen. Im Geschmack ist er homogen, etwas ölig und samtig. Im Abgang zeigt er sich dezent malzig, etwas trocken mit einem leicht würzigen Einschlag.

Neben dem Blend Cutty Sark verlassen auch wieder einige Single Malts die Produktionsstätten der Destillerie Glenrothes.

Glenrothes

AM ORTSRAND VON ROTHES steht die Brennerei Glenrothes. Von der Hauptstraße führt ein wenig versteckt ein Seitenweg zur Destillerie.

Glenrothes wurde 1879 von William Grant & Co. gegründet. Diesen William Grant sollte man aber nicht mit der Familie Grant verwechseln, die Glenfiddich gründete. Heute ist die Brennerei im Besitz der Edrington Group. 1903 musste sie neu errichtet werden, nachdem eine Explosion die Gebäude zerstört hatte. 1922 folgte die nächsten Katastrophe: Eines der Warehouses brannte ab, und 2500 Fässer gingen in Flammen auf.

Nach einem erneuten Zwischenfall, aber auch aufgrund der hohen Nachfrage, musste die Destillerie 1963 neu errichtet werden. Bei dieser Gelegenheit erweiterte man von vier auf sechs Brennblasen und baute 1980 ein komplett neues Stillhouse mit acht Brennblasen.

GLENROTHES	
BESITZER	Edrington Group
GRÜNDUNGSDATUM	1879
AUSSPRACHE	Glenrosses
BEDEUTUNG	Tal (der Earls) von Rothes
STATUS	in Produktion
JAHRESPRODUKTION	59 000 Hektoliter

Der Whisky war lange nicht als Single Malt erhältlich. Die Originalabfüllungen sind heute dank der speziellen Flasche und Etiketten unverkennbar.

WHISKY

Glenrothes Vintage, 12 Jahre, Jahrgang 1992, 43 % Vol., Originalabfüllung
Farbe: Goldgelb

TASTING NOTES

Im Aroma ist er schön weich und fruchtig, mit einem leichten Hauch Lakritz. Im Geschmack paart sich eine Sherrynote mit Eiche und etwas Orange. Im Abgang ist er mittellang und würzig.

Glentauchers

GLENTAUCHERS	
BESITZER	Pernod Ricard
GRÜNDUNGSDATUM	1898
AUSSPRACHE	Glentóchers
BEDEUTUNG	Tal des Windes
STATUS	in Produktion
JAHRESPRODUKTION	19 000 Hektoliter

DIE BRENNEREI GLENTAUCHERS liegt zwischen Keith und Rothes in Mulben.

Die Destillerie wurde 1898 von James Buchanan & Co. gebaut. 1925 wurde sie Teil der DCL. 1965 konnte sie renoviert werden, wobei man die Anlage zugleich auf sechs Stills erweiterte. Doch im Krisenjahr der Whiskyindustrie 1983 musste sie stillgelegt werden. Erst 1989 ging die Brennerei wieder in Betrieb, nachdem sie an Allied verkauft worden war. Durch die vielen Fusionen kam der Betrieb schließlich 2005 zum Konzern Pernod Ricard.

Der Whisky ist ziemlich trocken und malzig süß. Er erschien hauptsächlich von unabhängigen Abfüllern und wurde sogar in Jim Murray's Taschenbuchausgabe *The complete guide to Whisky* zu einem seiner fünf Lieblingswhiskys erkoren.

WHISKY

Glentauchers, Jahrgang 1990/2005, 40 % Vol., Gordon & MacPhail
Farbe: Bernstein

TASTING NOTES

Im Aroma hat der leicht rauchige Malt eine ausgeprägte Sherrynote. Ergänzt wird dieses Aroma noch durch Kräuter und süßen Malz. Im Geschmack zeigt sich erneut die intensive Sherrynote, genauso wie im ausgeprägten Abgang.

Einer der Gründe für den Bau der Destillerie Glentauchers war die günstige Lage an einer Straße und einer Eisenbahnstrecke.

Inchgower · Kininvie

INCHGOWER

BESITZER	UDV (Diageo)
GRÜNDUNGSDATUM	1824
AUSSPRACHE	Inschgauer
BEDEUTUNG	Feld oder Insel der Ziegen
STATUS	in Produktion
JAHRESPRODUKTION	23 000 Hektoliter

AN DER A 98 ZWISCHEN FOCHABERS und Buckie liegt die Destillerie Inchgower. Geografisch gesehen gehört sie noch ganz knapp zur Speyside.

Die Brennerei nahm 1871 ihren Betrieb auf. Der Gründer, Alexander Wilson, hatte vorher die Destillerie Tochineal betrieben, die ihm allerdings zu alt und zu klein geworden war. Der Hauptgrund war jedoch, dass die Pacht für die alte Destillerie auf den doppelten Preis angehoben worden war. So entschloss er sich zum Bau von Inchgower. 1936 kauften die Stadtväter von Buckie Wilson die Brennerei für nur 1000 Pfund und veräußerten sie zwei Jahre später an Bell & Sons. Die Lizenz läuft auch heute noch auf Bell & Sons, obwohl diese 1985 zur UD kamen und dadurch an den Konzern Diageo gingen.

Der Whisky wird hauptsächlich für den Bells Blend verwendet. Als Single Malt kam er zuerst von den Bells als Zwölfjähriger heraus und ist zudem in der Flora-&-Fauna-Serie zu finden. Von unabhängigen Abfüllern kommt er immer mal wieder in einer neuen Abfüllung heraus.

WHISKY

Inchgower, 27 Jahre, 1976,
55,6 % Vol., Rare Malts
Farbe: Gold

TASTING NOTES

In der Nase entfaltet sich ein Hauch von Haselnuss und etwas Rauch. Dazu kommt noch eine fruchtige Note. Im Geschmack zeigt er sich sehr angenehm und komplex, mit etwas Malz, Zitrusfrüchten, Holz und unreifer Haselnuss. Der Abgang ist relativ kurz, mit einem leicht holzigen Einfluss, Malz und sogar etwas Kaffee.

KININVIE

BESITZER	William Grant & Sons
GRÜNDUNGSDATUM	1990
AUSSPRACHE	Kininvie
BEDEUTUNG	Ende der schönen Ebene
STATUS	in Produktion
JAHRESPRODUKTION	44 000 Hektoliter

AUF DEM GROSSEN GELÄNDE der Destillerien Glenfiddich und Balvenie im Fiddich-Tal am Ortseingang von Dufftown steht auch die Brennerei Kininvie. Die Mash Tun ist im Gebäude von Balvenie untergebracht, dennoch haben die Leitungen beider Destillerien keine Verbindung zueinander und sind somit komplett unabhängig.

Am 18. Juli 1990 eröffnete Janet Sheeds Roberts aus der Familie William Grant & Sons persönlich die dritte aktive Brennerei auf dem Gelände. Convalmore, die vierte Brennerei, ist inzwischen nicht mehr in Betrieb. Kininvie wurde gebaut, um den Bedarf für die Grant Blends zu decken, da die Nachfrage nach Single Malts von Glenfiddich und Balvenie derart angestiegen war, dass nicht mehr genug Whisky für die Blends übrig blieb.

Oftmals wurde darüber spekuliert, wann endlich ein Single Malt aus der jüngsten Brennerei der Familie kommen würde. Hochrangige Besucher konnten auch schon das eine oder andere Mal den Whisky direkt vom Fass verkosten.

Im September 2006 wurde schließlich der Hazelwood 105 abgefüllt – zum 105. Geburtstag von Janet Sheeds Roberts, der Enkelin des Firmengründers William Grant, die 1990 die Destillerie eingeweiht hatte. Der Whisky ist 15 Jahre alt, hat 52,5 Prozent Alkohol und stammt aus einem First-Fill-Sherryfass. Dieser Single Malt wurde aber ausschließlich an die Mitarbeiter abgegeben. Daher müssen wir hier leider noch auf eine Tasting Note verzichten.

Knockando

KNOCKANDO	
BESITZER	UDV (Diageo)
GRÜNDUNGSDATUM	1898
AUSSPRACHE	Nockándu
BEDEUTUNG	kleiner schwarzer Hügel
STATUS	in Produktion
JAHRESPRODUKTION	19 000 Hektoliter

DIE BRENNEREI KNOCKANDO liegt am linken Spey-Ufer in einem kleinen Tal versteckt, unweit der Destillerie Tamdhu.

John Thomson baute die Destillerie in der Whiskyboomzeit 1898. Sie überlebte die durch Pattisons Konkurs verursachte Krise allerdings nur, weil sie 1904 von Gilbey übernommen wurde. 1962, mit dem Zusammenschluss von Gilbey und J&B zur IDV, wechselte erneut der Besitzername. Bis 1977 waren Justerini & Brooks Lizenzträger und zeichneten auch im Jahr 1969 für deren Erweiterung auf vier Stills verantwortlich. Heute gehört sie zum Diageo-Konzern, der den Whisky nach wie vor für den J&B Blend verwendet. Unabhängige Abfüller führen eher selten einen Knockando im Angebot, dafür ist er in Eigentümerabfüllungen gut erhältlich.

Der Whisky ist von seinem Stil her sehr elegant und geschmeidig. Er wird gerne als Aperitif genossen.

WHISKY

Knockando, 12 Jahre, Jahrgang 1991, 43 % Vol., Originalabfüllung
Farbe: helles Gold

TASTING NOTES

In die Nase steigt sofort eine fruchtige Note und etwas Würze. Abgerundet wird das Aroma durch einen Hauch Vanille. Im Geschmack kommt eine klare Malznote zum Vorschein, ebenso wie die Vanillenote, die schon im Geruch erkennbar war. Hinzu kommen Gewürze und Haselnüsse. Im zunehmend trockenen Abgang zeigt sich der Whisky erstaunlich weich, mit einem leichten Einfluss von Karamell.

Grünes Farmland und sanfte Hügel – in dieser Landschaft versteckt sich die Brennerei Knockando.

Linkwood

ETWAS AUSSERHALB, im Süden des Stadtgebietes von Elgin liegt die Brennerei Linkwood.

Die Destillerie Linkwood begann ihren Betrieb 1821. 1871 wurde sie komplett neu erbaut. Seit 1933 gehört die Destillerie zur DCL. Die Tochterfirma John McEwan war bis 1992 als Lizenzinhaber eingetragen, bevor dann alles auf UD bzw. heute UDV und deren Mutter Diageo überschrieben wurde. Gut 100 Jahre nach dem Neubau wurde sie um ein weiteres Stillhouse ergänzt. 1962 ließ der damalige Destilleriemanager Roderick McKenzie nach dem Umbau und dem Austausch der Stills die Produktion erst wieder anlaufen, als die Spinnen ihre Netze wieder an den alten Orten gewoben hatten. Er hatte wohl Angst, dass Veränderungen dem Whisky schaden könnten. Offenbar nicht ganz zu unrecht, denn das neue Stillhouse produziert nicht mehr einen so ausgeprägt individuellen Whisky. Bei der Fasslagerung wird jedoch nicht unterschieden, ob der Whisky aus dem Stillhouse A oder B stammt.

Der Whisky ist sehr blumig, teilweise sind die Abfüllungen auch torfig, kräftig mit einer trockenen Malzigkeit. Da ihm auch immer wieder Aromen Richtung Kirschen, Rosenwasser oder Ähnlichem nachgesagt werden, passt er vorzüglich zu Früchtekuchen. Gerade die in Sherryfässern gereiften Whiskys nehmen diesen Sherrygeschmack klar erkennbar an. Seit der Ära McEwan gibt es Eigentümerabfüllungen in den verschiedensten Varianten, auch in der Flora-&-Fauna-Serie. Aber auch Cadenhead und Signatory legen regelmäßig Abfüllungen vor. Der Whisky selbst findet in den Blends von Abbot's Choice und Chequer's Verwendung.

LINKWOOD

BESITZER	UDV (Diageo)
GRÜNDUNGSDATUM	1821
STATUS	in Produktion
JAHRESPRODUKTION	26 000 Hektoliter

WHISKY

Linkwood, 12 Jahre, 43 % Vol.,
Flora & Fauna
Farbe: Strohblond

TASTING NOTES

Der leicht süßliche Duft erinnert etwas an Vanille. Außerdem hinterlässt er ein leicht rauchiges Aroma. Im Geschmack ist er sehr blumig mit Einfluss von Rosen und Zedernholz. Im Abgang zeigt er sich lange und süßlich.

In den sechs Pot Stills von Linkwood entsteht ein sehr aromatischer und verhältnismäßig rauchiger Malt.

Longmorn

LONGMORN	
BESITZER	Chivas (Pernod Ricard)
GRÜNDUNGSDATUM	1893
AUSSPRACHE	Longmórn
BEDEUTUNG	Platz des heiligen Mannes
STATUS	in Produktion
JAHRESPRODUKTION	35 000 Hektoliter

AN DER HAUPTSTRASSE von Elgin nach Rothes, in unmittelbarer Nähe zur Destillerie Benriach, liegt die Brennerei Longmorn.

Die Destillerie Longmorn wurde 1895 von John Duff gegründet, der sie, wie der Name sagt, neben der „Kapelle des heiligen Mannes" baute. Wahrscheinlich hatte deshalb die Wasserquelle den Ruf, nie zu versiegen. Durch einen Bankrott kam die Brennerei in den Besitz der in unmittelbarer Nähe liegenden Destillerie Benriach. Im Zuge der Fusion mit Glenlivet und Glen Grant im Jahr 1970 wurde sie renoviert und erweitert, zunächst auf sechs Stills und dann im Endausbau auf acht Stück, die bis 1993 direkt mit Kohle befeuert wurden. Nach der Übernahme von Chivas Brothers und später durch den Kauf dieser Gruppe durch Pernod Ricard wurde der Single Malt wieder besser verfügbar.

Der Whisky ist komplex und malzig. Dadurch erfreut er sich auch unter Kennern großer Beliebtheit.

WHISKY

Longmorn, 15 Jahre,
45 % Vol., Originalabfüllung
Farbe: dunkler Bernstein

TASTING NOTES

Dieser Malt vermittelt ein wuchtiges Aroma, er ist sehr malzig, fruchtig, etwas nach Blumen duftend und leicht ölig. Im Geschmack bleibt er malzig, süß, frisch und sehr angenehm. Der Abgang zeigt sich sehr lange, bleibt aber angenehm mit süßem Malz.

In guter Nachbarschaft zu einer kleinen Kapelle gedeiht der Longmorn-Whisky aufs Beste.

Macallan

Macallan und seine Fässer sind ein ganz spezielles Kapitel: Man lässt im spanischen Jerez spezielle Sherryfässer herstellen.

MACALLAN

BESITZER	The Edrington Group
GRÜNDUNGSDATUM	1824
AUSSPRACHE	Mackállan
BEDEUTUNG	Sohn des Allan
STATUS	in Produktion
JAHRESPRODUKTION	55 000 Hektoliter

AUF EINER ANHÖHE etwas oberhalb des Spey, nahe Craigellachie, liegt der Park der Brennerei Macallan. Inmitten des Parks liegen die Büros und das Besucherzentrum im alten Manor House von Easter Elchie. Neben diesem Park sind die Gebäude der Destillerie zu finden.

Die Brennerei wurde 1824 gebaut. 1892 kaufte sie Roderick Kemp, der vorher seine Anteile an Talisker abgegeben hatte. Um den Charakter des Whiskys zu erhalten und trotzdem den Absatz zu steigern, wurden zwischen 1965 und 1975 die Anzahl der Brennblasen von sechs auf 21 erhöht. In den 1980er-Jahren vermarktete Firmenchef Allan Shiach, ein direkter Nachfahre der Kemps, den Macallan mit großem Erfolg auch als Single Malt. In seinem Zweitberuf war Shiach zudem ein erfolgreicher Drehbuchautor. Auch heute noch kann man im Besucherzentrum das Werk dieses Mannes kennenlernen, der unter dem Namen Allan Scott Erfolge wie *Wenn die Gondeln Trauer tragen* sowie viele weitere Filmvorlagen verfasste. Die Firma blieb bis 1996 im Besitz der Familie Shiachs. Mit der Zeit konnte man sich einer Übernahme aber nicht erwehren, da man in einer früheren Notlage 25 Prozent an Suntory und ein Prozent an Rémy verkauft hatte. Diese 26 Prozent konnten von Highland Distillers übernommen werden und machten somit den Kauf perfekt. Doch die Folgen des Verkaufs waren nicht so negativ wie befürchtet: Der neue Besitzer wusste sehr wohl, was für ein Juwel er übernommen hatte, und tastete es nicht an, sondern versuchte, mit neuen Möglichkeiten den Absatz weiter zu steigern. Seit November 2006 ist ein neues Besucherzentrum in Betrieb, in dem die Geschichte der besonderen Eichenholzfässer, die Fassreifung und alles, was den typischen Macallan-Geschmack sonst noch ausmacht, veranschaulicht wird. Die Brennerei lässt ihre Fässer extra im spanischen Jerez anfertigen. In den Fässern reift zuerst ein Sherry von Gonzalez Byass, bevor sie dann nach Macallan geliefert werden. Außerdem werden jetzt auch Übernachtungen angeboten. Die ganze Sanierung des Geländes hat rund eine Million Pfund gekostet.

Der Whisky hat eine beeindruckende Fülle und Komplexität, mit einem schönen abgerundeten Aroma. Er beinhaltet die typische blumige Note der Speyside Malts und dank der Oloroso-Fässer einen leichten Sherrygeschmack. Er ist eher als Digestif nach dem Essen geeignet, doch gibt es in jüngster Zeit auch leichtere Versionen, die sich als Aperitif eignen.

WHISKY

Macallan Fine Oak, 12 Jahre, 40 % Vol., Originalabfüllung
Farbe: Mahagoni

TASTING NOTES

Dieser angenehm feine und leichte Malt eignet sich durchaus für Einsteiger, obwohl er im Aroma doch komplex und stark ist. Trotzdem bleibt er weich und wird durch Früchte und Vanille ergänzt. Im Geschmack ist er würzig, sehr ausgewogen und fruchtig. Er zeigt auch wieder das süße Malz, ergänzt durch etwas Eiche. Im Abgang ist er mittellang und zeigt sich am Ende immer süßer, was einen sehr angenehmen Eindruck hinterlässt.

Macduff

MACDUFF	
BESITZER	William Lawson Distillers Ltd., John Dewar & Sons Ltd. (Bacardi)
GRÜNDUNGSDATUM	1962
AUSSPRACHE	Mädaff
BEDEUTUNG	Sohn des Duff
STATUS	in Produktion
JAHRESPRODUKTION	24 000 Hektoliter

Macduff produziert mit fünf Pot Stills und war die erste Destillerie, die Maischebottiche aus Metall verwendete.

DIE BRENNEREI MACDUFF steht etwas oberhalb des Flüsschens Deveron am Ortsrand von Banff, nur wenig von der Küste entfernt.

Sie wurde erst 1962 von Glen Deveron Distillers, einem Konsortium aus vier Investoren, erbaut. Diese waren Leslie Kaufman, George Crawford, Brodie Hepburn und Marty Dykes. Die Brennerei wurde jedoch bereits nach zehn Jahren, im Jahr 1972, an William Lawson Distillers, eine Tochter von Bacardi, verkauft. Für Bacardi war dies der Einstieg ins Whiskybusiness. Ihren Namen verdankt sie übrigens der Ansiedlung Duff House, die auf der anderen Seite des River Deveron liegt. 1966 erweiterte man den Betrieb um eine weitere Brennblase auf damals insgesamt drei, 1968 dann auf vier und 1990 schließlich auf den heutigen Stand von fünf Pot Stills, was schließlich einen Neubau des Stillhouses erforderte. Das Millhouse wurde 2000 erneuert. Außerdem besitzt die Destillerie Macduff eine eigene kleine Küferei.

Die Originalabfüllungen werden immer unter dem Handelsnamen Glen Deveron angeboten. Unabhängige Abfüller etikettieren ihn mit dem Namen der Destillerie: Macduff. Die Whiskys weisen eine malzige Süße auf und sind oftmals leicht fruchtig.

WHISKY

Glen Deveron (Macduff), 10 Jahre, Jahrgang 1996, 40 % Vol., Originalabfüllung
Farbe: Bernstein

TASTING NOTES

Dieser gradlinige Single Malt aus der Brennerei Macduff ist unter dem Namen Glen Deveron erhältlich. Er ist im Aroma malzig und fruchtig und vermittelt eine ausgeprägte Holznote. Im Geschmack sticht erneut die fruchtige Note hervor, gepaart mit Nüssen. Im Abgang ist er eher kurz und dadurch angenehm mild.

Mannochmore

MANNOCHMORE	
BESITZER	UDV (Diageo)
GRÜNDUNGSDATUM	1971
AUSSPRACHE	Mánnochmór
BEDEUTUNG	großer Mönch
STATUS	in Produktion (zeitweise)
JAHRESPRODUKTION	26 000 Hektoliter

ETWAS AUSSERHALB ELGINS im Süden, auf demselben Gelände der Destillerie Glenlossie, liegt die Brennerei Mannochmore.

Die Geschichte von Mannochmore begann 1971, als die damalige DCL John Haig & Co. den Auftrag erteilte, eine Destillerie gleich neben Glenlossie zu errichten. Sie war mit ihren sechs Pot Stills von Anfang an darauf ausgerichtet, über eine Million Liter pro Jahr zu produzieren. Doch der tatsächliche Ausstoß lag unter den hohen Erwartungen, obwohl der Whisky bei Blendern sehr beliebt war. Zur Zeit der Whiskykrise 1983 musste sie geschlossen werden. 1989 begann die Produktion erneut unter dem DCL-Nachfolger UD. Grund für die Wiederaufnahme war, dass damals die Nachbardestillerie Glenlossie zur Renovierung geschlossen werden musste. 1995 schloss Mannochmore allerdings erneut, obwohl beide Brennereien vom selben Personal bedient wurden. Bereits zwei Jahre später ging sie wieder zeitweise in Betrieb. Heute gehört die Destillerie zum Diageo-Konzern, der die Brennerei eingeschränkt weiterbetreibt.

Der Whisky ist ähnlich wie der des Nachbarn Glennlossie, jedoch eine Spur weniger komplex. Er ist etwas ölig, fruchtig, blumig und mitunter leicht torfig; in den meisten Abfüllungen zudem ziemlich trocken. Als Zwölfjähriger kam er in der Flora-&-Fauna-Serie heraus. Ein etwas spezieller Designer-Whisky namens Loch Dhu, der fast schwarz war, sorgte zwar für einige Aufregung auf dem Whiskymarkt, hatte aber wirtschaftlich nur geringen Erfolg. Dagegen verkaufen sich ein paar Abfüllungen von unabhängigen Abfüllern, wie Signatory, Gordon & MacPhail und Cadenhead, recht gut. Signatory brachte ein paar weitere Abfüllungen aus südafrikanischem Holz, das vorher Sherry enthielt, heraus, unter anderem auch einen seltenen Malt in Fassstärke. Ab und zu kommen zudem ein paar ganz neue Abfüllungen auf den Markt.

WHISKY

Mannochmore South African Sherry, 11 Jahre, Jahrgang 1991, 43 % Vol., Signatory
Farbe: Strohgelb

TASTING NOTES

Im Aroma ist dieser Malt ausgesprochen fruchtig, süß, nach Äpfeln riechend, mit einer leichten Vanillenote. Im Geschmack ist er sehr süß, sanft und zart, leicht ölig. Im Abgang zeigt er sich süß und trocken.

Miltonduff

MILTONDUFF	
BESITZER	Chivas Brothers (Pernod Ricard)
GRÜNDUNGSDATUM	1824
AUSSPRACHE	Milton Daff
BEDEUTUNG	Schwarze Mühle
STATUS	in Produktion
JAHRESPRODUKTION	35 000 Hektoliter

ETWAS AUSSERHALB VON ELGIN, um genauer zu sein südwestlich davon, liegt die Destillerie Miltonduff. In ihrer unmittelbaren Umgebung liegen die Ruinen der Pluscarden Abbey. Der Legende nach sollen die Mönche damals neben Bier bereits „uisge beatha" (Whisky) gebrannt haben.

1824 wurde die Brennerei als einer der ersten legalen Betriebe von Andrew Pearey und Robert Bain gegründet. Seit 2005 ist sie im Besitz des Konzerns Pernod Ricard. Wie die meisten Allied-Destillerien hatte auch Miltonduff 1964 zwei Lomond Stills hinzubekommen, die den Mosstowie-Whisky hervorbrachten. Sie wurden jedoch bereits 1981 wieder abgebaut. 1974/75 wurde die Anlage renoviert und mit einem neuen Stillhouse und Mash House versehen, nachdem die Zahl der Wash Backs von acht auf 18 erhöht worden war.

Der Whisky genießt bei Blendern einen ausgezeichneten Ruf und wird für die Blends Ballantines und Teacher's verwendet. Der Single Malt kam nur selten als Eigentümerabfüllung auf den Markt.

WHISKY

Miltonduff, 10 Jahre, 40 % Vol.,
Gordon & MacPhail
Farbe: Bernstein

TASTING NOTES

Im Aroma zeigen sich wohlriechende Vanille und leichter Torf. Im Geschmack ist er etwas blumig. Die Vanillenote setzt sich fort, und zum Schluss kommt die rauchig torfige Note wieder zum Vorschein. Im Abgang ist er ziemlich kräftig mit einem nussigen Einschlag.

Wo einst schon die Mönche der Pluscarden Abbey Hochprozentiges brannten, produziert heute die Brennerei Miltonduff.

Mortlach

AM ORTSRAND VON DUFFTOWN liegt die Brennerei Mortlach. Ganz in der Nähe befindet sich mit der Mortlach Church eine der ältesten Kirchen Schottlands. Sie soll bereits 566 erbaut worden sein. Die Destillerie selbst liegt ebenfalls auf geschichtsträchtigem Boden: Der schottische König Malcom II. hatte hier 1010 die Dänen erfolgreich bekämpft.

Die Destillerie wurde früh gegründet: entweder 1832 oder sogar schon 1823. So genau weiß man das leider nicht mehr. Im Verhältnis zu anderen Destillerien hat sie insgesamt wenige Besitzerwechsel zu verzeichnen. Sie gehörte für kurze Zeit J. & J. Grant von Glen Grant. 1854 kam sie für längere Zeit zu George Cowie. Noch heute findet sich sein Name an der Tür zu seinem ehemaligen Büro. Die Firma wurde jedoch von der DCL übernommen und gehört heute wie so viele andere Destillerien der UDV und somit zum Konzern Diageo.

Der Whisky von Mortlach erfreute sich bei den Blendern stets großer Beliebtheit: Er ist unter anderem Bestandteil von Johnnie Walker. Die Besitzer kamen in den frühen Jahren nie auf die Idee, Eigentümerabfüllungen herauszubringen. Gordon & MacPhail hatten ihn zum Glück öfter im Angebot. Erst in den letzten Jahren kam er in mehreren Abfüllungen aus eigenem Hause heraus. Interessanterweise erschien er auch als Zehnjähriger, dessen Etikett George Cowie & Sons als Hersteller aufführte.

Der Mortlach-Whisky ist sehr blumig, fruchtig und malzig. Außerdem ist er meistens sehr rauchig und torfig. Er gilt als wirklich komplexer Whisky. In vielen Abfüllungen kommt noch eine angenehme Sherrynote hinzu.

MORTLACH

BESITZER	UDV (Diageo)
GRÜNDUNGSDATUM	1823
AUSSPRACHE	Mórtlach
BEDEUTUNG	schüsselförmiges Tal/ großer grüner Hügel
STATUS	in Produktion
JAHRESPRODUKTION	20 000 Hektoliter

WHISKY

Mortlach, 16 Jahre,
43 % Vol., Flora & Fauna
Farbe: Mahagoni

TASTING NOTES

Im Aroma zeigt sich neben leichten Orangennoten leichter Rauch. Trotzdem steigt er sehr intensiv in die Nase. Im Geschmack ist er sehr nussig, angenehm am Gaumen, minimal salzig. Im Abgang kommt neben den Nusseinflüssen nochmals etwas der leichte Rauch hervor.

Ein Bild aus vergangenen Tagen: In der eigenen Böttcherei von Mortlach wurden schon in den 1950er-Jahren die Fässer für die Lagerung des Whiskys hergestellt.

Royal Brackla

1835 erhielt die Destillerie Brackla ihre königliche Lizenz und darf sich seitdem Royal Brackla nennen.

ROYAL BRACKLA	
BESITZER	Dewar & Sons (Bacardi)
GRÜNDUNGSDATUM	1812
AUSSPRACHE	Bráckla
BEDEUTUNG	Platz der gefallenen Bäume
STATUS	in Produktion
JAHRESPRODUKTION	26 000 Hektoliter

SÜDLICH VON NAIRN, in Cawdor, liegt die Brennerei Royal Brackla. In der Nähe des gleichnamigen Ortes liegt das berühmte Schloss, in dem schon Macbeth gehaust haben soll. Auch der Bach, aus dem die Destillerie ihr Wasser bezieht, trägt den gleichen Namen.

Die Brennerei wurde 1812 von Captain William Fraser gegründet. Da König William IV. diesen Whisky sehr schätzte, durfte Fraser seinem Whisky 1835 das „Royal" voranstellen. Königin Viktoria verlängerte dieses Privileg. Royal Brackla war die erste von drei Destillerien, die noch heute das Recht haben, diesen Namenszusatz zu tragen.

Nach mehreren Besitzerwechseln, anfänglich noch innerhalb der Familie, kam sie 1926 zu John Bissett & Co. Ltd. Diese wiederum wurde 1943 eine Tochter der DCL, 1992 der UD und bald darauf der UDV. 1998 wurde sie aus kartellrechtlichen Gründen an Bacardi verkauft, den heutigen Besitzer.

Im Zweiten Weltkrieg blieb sie geschlossen. In den Jahren 1965 und 1966 renovierten die Besitzer die Brennerei komplett und erweiterten sie 1970 von zwei auf vier Brennblasen. Zwischen 1985 und 1991 blieb sie erneut geschlossen.

Der Whisky war unter dem alten Besitzer vorwiegend im Johnnie Walker Gold Label zu finden, während er heute meist in Dewar's White Label Blend einfließt. Unter UD kam er in der Flora-&-Fauna-Serie heraus, später auch als Rare Malt.

Bacardi verwendet den Whisky fast ausschließlich für die Blends, weshalb hauptsächlich Abfüllungen von unabhängigen Abfüllern wie Gordon & MacPhail, Cadenhead oder Signatory auf dem Markt zu finden sind. Der Single Malt ist meist ziemlich fruchtig, relativ trocken und hat oftmals einen scharfen Abgang.

WHISKY

Royal Brackla, The Coopers Choice, Single Cask, 15 Jahre, Jahrgang 1984/2000, 57,9 %, The Vintage Malt Whisky Co. Ltd.
Farbe: schönes Goldgelb

TASTING NOTES

Im Aroma ist er eher leicht, fruchtig, mit einem süßlichen Anklang von Vanille und etwas Lakritz. Im Geschmack zeigt er sich sehr scharf, mit kräftigen Einflüssen von Eichenholz und einem süßlichen Einschlag. Sein Abgang ist lang anhaltend und wärmend, mit einer kräftigen Holznote.

Speyburn

SEHR SCHÖN in einer Senke nahe Rothes gelegen, steht die Brennerei Speyburn. Von der alten Straße nach Elgin kann man die ganze Destillerie überblicken.

Die Brennerei nahm ihren Anfang im Jahr 1897, dem Jahr, in dem Königin Viktoria ihr 60-jähriges Krönungsjubiläum feierte. Die Erbauerfirma, eine Tochterfirma von John Hopkins & Co., wollte unbedingt in diesem besonderen Jahr mit dem Bau fertig werden und die Produktion starten. Dank der Bereitschaft der Mitarbeiter konnte im Gründungsjahr bei eisiger Kälte genau ein Fass produziert werden. Die Firma Hopkins fusionierte 1916 mit der DCL. Die Lizenz wurde dabei an John Robertson & Sons übertragen, da der Whisky eine starke Rolle im Blend Yellow Label spielte. UD, der Nachfolger der DCL, brachte einen Single Malt in der Flora-&-Fauna-Serie heraus, verkaufte die Brennerei aber Anfang der 1990er-Jahre an Inver House, das auch heute noch im Besitz der Brennerei ist.

Der Whisky ist vom Stil her sehr charaktervoll, blumig und kräuterartig (Heidekraut).

SPEYBURN	
BESITZER	Inver House (InterBrew)
GRÜNDUNGSDATUM	1897
AUSSPRACHE	Spéjbörn
BEDEUTUNG	der Bach Spey
STATUS	in Produktion
JAHRESPRODUKTION	12 000 Hektoliter

WHISKY

Speyburn, 10 Jahre, 40 % Vol., Originalabfüllung
Farbe: Goldgelb

TASTING NOTES

Im Aroma zeigt dieser recht sanfte Malt leicht blumige Noten, gepaart mit etwas Heu, Heidekraut und Honig. Im ausgewogenen Geschmack kommen wieder das Heidekraut und weitere Kräuter zum Tragen, ebenso die malzige Süße. Im Abgang zeigt sich der Malt frisch und süß.

Die üppige Vegetation der Umgebung scheint sich auch im Geschmack des Speyburn-Whiskys niederzuschlagen.

Speyside

In der Nähe des Örtchens Kingussie liegt zwischen den Berghängen die Brennerei Speyside mit ihren hübschen traditionellen Gebäuden.

SPEYSIDE

BESITZER	Speyside Distillery Co. Ltd.
GRÜNDUNGSDATUM	1990
AUSSPRACHE	Spéjsaid
BEDEUTUNG	Region des Spey
STATUS	in Produktion
JAHRESPRODUKTION	6000 Hektoliter

AN DER STELLE, wo der Tromie in den Spey fließt, steht die Brennerei Speyside. Sie liegt etwa vier Meilen von der Ortschaft Kingussie entfernt, an der B 970. Ganz in der Nähe stand seinerzeit die alte Destillerie Speyside, die ebenfalls den Namen der berühmten Whiskyregion trug.

Die Brennerei Speyside gehört zu den eher jüngeren Destillerien. George Christie, ein bekannter Blender, wollte bereits in den 1950er-Jahren mit dem Projekt starten und sich so seinen Traum verwirklichen. Doch erst 1964 wurde das eindrucksvolle Giebel-Steingebäude fertig. Fährt man an der Brennerei vorbei, bekommt man den Eindruck, vor einer mindestens 100 Jahre alten Anlage zu stehen. Aber, wie erwähnt, ist der Bau erst etwas mehr als 40 Jahre alt. Viel ungewöhnlicher jedoch ist der Zeitpunkt, an dem endlich das erste Mal Whisky produziert wurde: Wegen der vielen Krisen der Whiskyindustrie konnte der erste Whisky erst 1990 produziert werden. Dies wurde aber auch erst möglich, nachdem die schweizer Investorengruppe Scowis der Familie Christie finanziell half. Genau drei Jahre nach der gesetzlichen Mindestreifezeit kam dann der erste Drumguish auf den Markt. Der Name leitet sich aus einer nahe gelegenen Ortschaft ab. Der erste Speyside Malt war nach drei Jahren nur für jene Personen bestimmt, die beim Bau mitgeholfen hatten. Im Jahr 2000 kaufte dann das Management der Speyside Distillers Co. den Schweizern die Brennerei inklusive der Abfüllanlage in Broxburn wieder ab.

Der Whisky Drumguish ist ziemlich ölig, leicht torfig, blumig und nussig (Haselnuss). Der Speyside ähnelt dem Drumguish, jedoch ohne die torfig-rauchige Note. Beim Abgang wirkt etwas Vanille nach. Er wird am besten als Aperitif genossen. Seit geraumer Zeit existieren auch ein Zehn- und ein Zwölfjähriger, Letzterer konnte schon einige Auszeichnungen gewinnen.

WHISKY

Speyside, 12 Jahre, 40 % Vol., Originalabfüllung
Farbe: bernsteinfarben

TASTING NOTES

Im Jahr 2006 kam der zwölfjährige Malt dieser jungen Brennerei auf den Markt. Im Aroma zeigt er geröstete Gerste, ist dadurch sehr delikat und ausgewogen. Der seidig-cremige Geschmack wird durch leichten Torfrauch und Haselnüsse ergänzt. Im mittellangen Abgang zeigen sich leichte Spuren von Karamell bzw. Vanille.

Strathisla

DIE BRENNEREI Strathisla liegt am Ortsrand von Keith nahe dem Flüsschen Isla, von dem sich auch ihr Name ableitet.

Bereits im 13. Jahrhundert brauten hier Mönche Bier und nutzten das gleiche harte Wasser, das kaum Torf enthält. Die Destillerie produzierte hier seit 1786 Whisky und hieß damals noch Milltown. Später wurde sie in Milton umgetauft. 1876 nahm dann eine Serie von Katastrophen ihren Anfang: Zuerst beschädigte ein Brand die Gebäude, elf Jahre später, 1887, folgte eine Explosion. Damals hieß die Brennerei bereits Strathisla, wurde aber erneut umbenannt. 1949 drohte dann der totale Ruin, als ein Londoner Spekulant, dem die Brennerei damals gehörte, wegen Steuerhinterziehung ins Gefängnis musste. Bei der anschließenden Versteigerung wurde sie von Chivas Brothers bzw. deren damaligem Eigentümer Seagram ersteigert. Seitdem heißt sie wieder Strathisla, stieg zur Nummer eins der konzerneigenen Destillerien auf und wird liebevoll gehegt und gepflegt. Trotz der Erweiterung auf vier Brennblasen konnte weiterhin auf traditionelle Art und Weise produziert werden. Glücklicherweise wurden die hübschen Gebäude so belassen, wie sie waren. So ist sie auch heute noch eine der schönsten, wenn nicht sogar die schönste Destillerie in Schottland überhaupt. Durch diverse Firmenübernahmen gelangte die Brennerei schließlich 2005 zum Konzern Pernod Ricard.

Der Stil des Whiskys ist trocken und fruchtig, er eignet sich bestens als Digestif.

STRATHISLA	
BESITZER	Chivas Brothers (Pernod Ricard)
GRÜNDUNGSDATUM	1786
AUSSPRACHE	Strassáila
BEDEUTUNG	weites Tal des Isla
STATUS	in Produktion
JAHRESPRODUKTION	25 000 Hektoliter

WHISKY

Strathisla, 12 Jahre, 43 % Vol., Originalabfüllung
Farbe: kräftiges, tiefes Gold

TASTING NOTES

Im Aroma zeigt sich dieser Malt kräftig mit einer leichten Süße sowie einer leichten Rauchnote. Im milden Geschmack tritt erneut der Torfrauch hervor sowie malzige Süße und etwas Nuss. Im Abgang ist er lang und kräftig und zeigt erneut die Nuss- sowie die zarte Rauchnote.

Strathisla, mit seinen Natursteinmauern und dem kleinen Wasserrad, ist sicherlich eine der hübschesten Brennereien Schottlands.

Strathmill

Der Whisky von Strathmill fließt hauptsächlich in den Blend J&B und erscheint eher selten als Single Malt.

STRATHMILL	
BESITZER	UDV (Diageo)
GRÜNDUNGSDATUM	1891
AUSSPRACHE	Straßmill
BEDEUTUNG	Mühle im (breiten) Tal
STATUS	in Produktion
JAHRESPRODUKTION	17 000 Hektoliter

BEIM FLÜSSCHEN ISLA, am Ortsrand von Keith, liegt die Destillerie Strathmill. In ihrer Nähe befindet sich auch eine Küferei. Die beiden anderen Destillerien im Ort sind nicht weit von Strathmill entfernt.

Da Keith früher ein Zentrum der Mehlherstellung war, wundert es nicht, dass die Brennerei aus einer ehemaligen Mühle entstanden ist. Daher rührt auch ihr Name. Bei ihrer offiziellen Gründung 1891 nannte man sie allerdings nach dem Fluss Glenisla. Bereits 1823 hatte man aber im gleichen Gebäude eine Destillerie eingerichtet, 1837 wieder entfernt und erneut in eine Mühle umfunktioniert. 1895 ging sie in den Besitz von W & A Gilbey über, der die Brennerei für 9500 Pfund kaufte. 1962 fusionierte das Unternehmen mit Justerini & Brooks und wurde so zur IDV. Durch weitere Zusammenschlüsse gelangte sie schließlich zur UDV und somit zum Konzern Diageo. 1968 wurde die Brennerei um zwei weitere Stills auf vier erweitert. Das Schild „Home of Dunhill" zierte lange Zeit den Eingangsbereich, um darauf hinzuweisen, dass dieser Malt vor allem für den Blend Dunhill verwendet wird. Mittlerweile wurde dieses Schild leider durch das übliche J&B-Logo ersetzt. Schließlich ist der Malt heute auch im Blend J&B zu finden.

Der Whisky wird fast ausschließlich für die eigenen Blends verwendet und gehört daher zu den eher unbekannteren Single Malts. Unter Gilbey gab es ein paar Eigentümerabfüllungen. Außerdem ist er heute in der Flora-&-Fauna-Serie zu finden. Hin und wieder kommt er auch von unabhängigen Abfüllern auf den Markt. Im Stil ist er meist sehr fruchtig und hat eine Muskatnote. Er eignet sich daher eher zum Dessert.

WHISKY

Strathmill, 12 Jahre, 43 % Vol., Flora & Fauna
Farbe: Goldgelb

TASTING NOTES

Dieser Malt ist nicht sehr typisch für die Region Speyside, da er sehr reich und schwer ist. Im Aroma ist er trocken, malzig und nussig. Den Sherry spürt man auch später im Geschmack wieder heraus. Ergänzt wird er durch Vanillenoten und Karamell. Im Abgang ist er mittellang und erstaunlich weich.

Tamdhu

DIE BRENNEREI TAMDHU liegt zwischen den Ortschaften Knockando und Cardhu und befindet sich gleich neben dem Speyside Way, einer ehemaligen Eisenbahnstrecke.

Die Destillerie wurde 1897 als Lieferant für Blends gegründet. Den Standort wählte man auch wegen der nahe gelegenen Eisenbahn, die einen einfachen Transport des Whiskys zu den Blendern gewährleistete. Bereits ein Jahr nach ihrer Gründung litt auch Tamdhu unter dem Zusammenbruch Pattisons und musste geschlossen werden. Allerdings nicht lange: Die Highland Distillers, die heute als The Edrington Group firmieren, kauften die Destillerie noch im selben Jahr und sind auch heute noch die Besitzer. Der Whisky fließt hauptsächlich in die Blends von The Famous Grouse und seit 1997 auch in den Blend von Dunhill. Die sehr gut erhaltene Brennerei bezieht ihre Rohstoffe, etwa die Gerste und auch den Torf, aus der unmittelbaren Umgebung und produziert sehr traditionell. Sie besitzt außerdem Saladin Boxes und mälzt das gesamte Getreide für die eigene Produktion. was sonst kaum mehr gebräuchlich ist. Sie beliefert auch einige umliegende Brennereien mit Malz. Die Destillerie besaß ein Besucherzentrum im alten Bahnhof, welches aber geschlossen werden musste. Man begründete dies damit, dass die Destillerie am Ende des Whisky Trails lag und viele Besucher dort schon recht angeheitert aufkreuzten. Da sich die weiblichen Angestellten immer häufiger über Belästigungen beklagten, sah sich die Firmenleitung gezwungen, das Besucherzentrum zu schließen.

ESTABLISHED 1897
TAMDHU
SPEYSIDE SCOTLAND

TAMDHU	
BESITZER	The Edrington Group
GRÜNDUNGSDATUM	1897
AUSSPRACHE	Tamdú
BEDEUTUNG	dunkler Hügel
STATUS	in Produktion
JAHRESPRODUKTION	40 000 Hektoliter

WHISKY

Tamdhu, 18 Jahre, 43 % Vol., Originalabfüllung
Farbe: Bernstein

TASTING NOTES

Für diesen Whisky wurde extra das Malz aus der eigenen Mälzerei verwendet, das unter Torfrauch getrocknet wurde. Trotzdem ist er nur minimal rauchig. Im Aroma zeigt er sehr fruchtige Noten sowie etwas Ingwer. Im Geschmack ist er süß, weich, mit einem Hauch von Honig und etwas Eiche. Im Abgang ist er leicht würzig und angenehm weich.

Tamdhu liegt in einem Tal zwischen den Ortschaften Knockando und Cardhu. Aus dieser fruchtbaren Gegend bezieht die Brennerei auch alle nötigen Rohstoffe.

The Glenlivet

Nur dieser Brennerei wurde das Recht zuerkannt, sich ein „The" an den Namen anzuhängen, um sich von all den anderen Glenlivet-Brennereien zu unterscheiden.

THE GLENLIVET	
BESITZER	Chivas (Pernod Ricard)
GRÜNDUNGSDATUM	1824
AUSSPRACHE	Glenlíwet
BEDEUTUNG	Tal des Livet
STATUS	in Produktion
JAHRESPRODUKTION	60 000 Hektoliter

IM TAL DES FLUSSES LIVET steht die Destillerie The Glenlivet. Sie liegt unweit der Stelle, an der Livet und Avon zusammenfließen und das Tal in die Bergregion übergeht.

Georg Smith gründete die Brennerei 1824, nachdem er sich zuvor schon einige Zeit um eine offizielle Lizenz bemüht hatte. Er wurde dabei von seinem Sohn unterstützt, der nach dem Tod des Vaters schließlich die Nachfolge antrat. Vor 1824 war der Gründer in der Gegend bereits als illegaler Whiskybrenner bekannt. 1858 zog die Brennerei in das noch heute bestehende Gebäude, Minmore genannt, um. Mit Glen Grant fand die Destillerie 1953 einen neuen Besitzer. Gut 20 Jahre später kamen Longmorn und Hill, Thomson & Co. hinzu und nannten sich Glenlivet Destillers, bevor 1977 die nordamerikanische Seagram den ganzen Laden übernahm.

Der Whisky hat die Eigenschaften, die man mit dem Fluss Livet verbindet: klar, blumig, fein und elegant. Er wird gerne als Aperitif angeboten.

WHISKY

The Glenlivet, 18 Jahre, 43 % Vol., Originalabfüllung
Farbe: Bernstein

TASTING NOTES

Dank seiner Vielfalt, Wärme und Intensität ist dieser Malt einzigartig. Er weist im Aroma leichte Anzeichen von Torfrauch, etwas Eichenholz und eine leichte Süße auf. Im Geschmack ist er süß, nussig und blumig. Im langen Abgang zeigt er nochmals die blumige Süße und ist zum Schluss ein klein wenig bitter.

In einem Hochtal zwischen sanften Hügelketten liegt die Brennerei The Glenlivet. Früher hat es in dieser Gegend einmal über 200 illegale Brennereien gegeben.

Tomatin

DIE BRENNEREI Tomatin liegt am nördlichen Fuß der Grampian Mountains in unmittelbarer Nähe der A 9 auf 315 Meter ü. M., was für schottische Verhältnisse schon ziemlich hoch ist.

Die Destillerie wurde in der Whiskyboomzeit 1897 errichtet und musste wie viele andere im Zuge von Pattisons Konkurs geschlossen werden. 1909 nahm sie ihren Betrieb wieder auf und wurde in den Jahren 1956 bis 1962 stark erweitert. Der Whisky wurde bald ein Bestandteil zahlreicher Blends. 1974 konnte die Brennerei aufgrund der großen Nachfrage nochmals erweitert werden. Sie erhielt insgesamt 24 Brennblasen und durfte sich mit dem Superlativ „Größte Destillerie Schottlands" schmücken. Sie brachte deshalb einst große Gewinne ein. Ihre Größe wurde ihr aber bald zum Verhängnis und trieb sie erneut beinahe in den Ruin. Retter in der Not war das japanische Konsortium Takara Shuzo & Co. und Okura. Die Brennerei Tomatin war damals das erste schottische Unternehmen der Whiskybranche, das sich vollständig in japanischer Hand befand. Okura musste aufgrund finanzieller Probleme seine Anteile an den Partner verkaufen. Dieser blieb bis heute der Besitzer. Das Unternehmen lässt nur noch etwa ein Sechstel dessen produzieren, was bei der Größe der Anlage möglich wäre, und auch die 40 Millionen Liter fassenden eigenen Warehouses sind nur noch teilweise gefüllt. Ein Großteil wandert direkt als Bulk nach Japan und wird dort mit einem lokalen Grain-Whisky verschnitten.

Der Whisky ist für Einsteiger geeignet, die sich nach leichten Single Malts an etwas Kräftigerem versuchen wollen. Er sollte nach einem guten Essen genossen werden, denn er ist geschmackvoll, aber nicht komplex, leicht würzig und besitzt eine runde Malznote.

TOMATIN

BESITZER	Takara & Co Ltd.
GRÜNDUNGSDATUM	1897
AUSSPRACHE	Tómatin
BEDEUTUNG	Wacholderbusch
STATUS	in Produktion
JAHRESPRODUKTION	90 000 Hektoliter

WHISKY

Tomatin, 12 Jahre, 40 % Vol.,
Originalabfüllung
Farbe: Bernstein

TASTING NOTES

Im Aroma zeigt sich dieser Malt wegen seines Kräutereinflusses und Nüssen durchaus würzig. Im Geschmack ist er malzig süß und fruchtig (vor allem Apfel und Pfirsich sind bemerkbar). Karamellnoten und wieder die Nüsse kommen zum Vorschein. Der sehr intensive Geschmack wird im Abgang durch eine milde Rauchigkeit ergänzt.

Im Tal des Findhorn befindet sich Schottlands größte Malt-Brennerei. Die riesigen Warehouses sind allerdings, im Gegnsatz zu dieser Aufnahme von 1965, heute nur noch teilweise gefüllt.

Tomintoul

TOMINTOUL	
BESITZER	Angus Dundee Distillers plc.
GRÜNDUNGSDATUM	1964
AUSSPRACHE	Tomintúl
BEDEUTUNG	Hügel mit Scheunen
STATUS	in Produktion
JAHRESPRODUKTION	30 000 Hektoliter

WILDROMANTISCH AN EINEM Waldrand steht die Brennerei Tomintoul, ganz in der Nähe des Flusses Avon. Ihr Wasser bezieht sie allerdings nicht von diesem Fluss, sondern von der Ballantruan Spring. Vom gleichnamigen Dorf – immerhin der höchstgelegene Ort der Region – muss man noch etwa acht Meilen fahren, bis man die Destillerie entdeckt.

Die Brennerei wurde erst 1964 in Betrieb genommen. Sie gehörte damals W. & S. Strong bzw. Hay & MacLeod. 1972 wurde sie an Scottish & Universal Investment verkauft, die im selben Jahr Whyte & Mackay erworben hatten. Whyte & Mackay traten weiterhin als Besitzer auf, obwohl die Firma inzwischen zu Invergordon gehörte. Invergordon organisierte den Vertrieb für den Singe Malt. Doch trotz der vielen Firmenübernahmen in so kurzer Zeit wurde die Brennerei im Jahr 2000 ein weiteres Mal verkauft: an Angus Dundee Distillers plc., einer im Privatbesitz befindlichen Londoner Firma. Die Destillerie brennt heute in vier Pot Stills

Der Whisky besitzt das leichteste Aroma der ganzen Region, ist grasig, meist mit einer fruchtigen Note versehen, und eignet sich bestens als Aperitif.

Tomintoul liegt am Malt Whisky Trail, der auf einer Strecke von knapp 250 Kilometern die Brennereien der Speyside verbindet.

WHISKY

Tomintoul, 16 Jahre,
40 % Vol., Originalabfüllung
Farbe: Bernstein

TASTING NOTES

Dieser 16-jährige Malt ist ausgewogener als der Zehnjährige. Da mehr Sherryeinflüsse vorhanden sind, wirkt er süßlicher. Im Aroma zeigt er sich sehr malzig-weich mit einem leichten Torfrauch-Einfluss. Dieser tritt, ebenso wie die ausgewogene Süße, auch im Geschmack hervor. Im Abgang ist er sehr sauber und mittellang.

S. 153: Blick vom Cairngorm-Plateau auf den Loch Avon. Tomintoul liegt ganz in der Nähe am Avon River.

Tormore

TORMORE	
BESITZER	Pernod Ricard
GRÜNDUNGSDATUM	1958
AUSSPRACHE	Tormór
BEDEUTUNG	großer Hügel
STATUS	in Produktion
JAHRESPRODUKTION	34 000 Hektoliter

UNTERHALB DER CROMDALE-HÜGEL, an der A 95 zwischen Aberlour and Grantown-on-Spey, liegt die Brennerei Tormore.

Der historistische Bau der Brennerei ist kaum zu übersehen und erinnert an eine Destillerie aus dem 19. Jahrhundert. Allerdings wurde Tormore erst 1960 eingeweiht. Der Architekt Sir Albert Richardson gestaltete die Anlage inklusive künstlichem See für den damaligen Auftraggeber Long John International so einladend und extravagant, dass praktisch jeder Tourist dort anhält, um ein paar Fotos zu machen und die Anlage mit ihrem kleinen Glockenturm von außen zu bewundern. Leider gibt es bis heute auf dem Gelände kein Besucherzentrum.

Der Whisky ist fest, nussig, leicht süß und gut abgerundet. Er ist leider nur selten als Single Malt erhältlich, da er anfänglich ausschließlich für den Blend von John Long gedacht war.

WHISKY

Tormore, 12 Jahre, 40 % Vol., Originalabfüllung
Farbe: heller Bernstein

TASTING NOTES

Im Aroma zeigt sich dieser Malt mit einer malzigen Süße und mit Anzeichen von Zitrusfrüchten wie Orangen und Zitronen. Im Geschmack kommen wiederum die süßen Noten und eine leichte Nussnote zum Vorschein. Im sehr runden Abgang zeigt sich erneut die malzige Süße.

Mit ihren kleinen Brunnen, dem Glockentürmchen und dem grünen Dach gehört Tormore heute zu den schönsten Destillerien Schottlands.

Banff · Braeval

BANFF

BESITZER	UDV (Diageo)
GRÜNDUNGSDATUM	1824
AUSSPRACHE	Bänff
BEDEUTUNG	poetischer Name Irlands
STATUS	abgerissen

DIE BRENNEREI BANFF befand sich zwei Kilometer westlich der gleichnamigen Ortschaft.

Die Destillerie wurde angeblich 1863 erbaut. Wiederum andere Quellen geben an, dass bereits 1824 erste geschichtliche Eintragungen vorliegen. Auf jeden Fall belieferte sie einst das britische Unterhaus mit Whisky und hatte mehrere Katastrophen zu überstehen. 1877 gab es in der Brennerei ein Großfeuer, und im Zweiten Weltkrieg wurde sie am 16. August 1941 von deutschen Kampfflugzeugen bombardiert. Seit 1932 gehörte die Brennerei zur SMD und somit heute zu Diageo. Das letzte Unglück ereignete sich 1983 und besiegelte ihren Untergang. Sie wurde endgültig geschlossen und abgerissen. Da jedoch noch einiges von der Produktion übrig geblieben war, tauchen immer wieder neue Fässer auf, die vor allen Dingen von verschiedenen unabhängigen Abfüllern auf den Markt gebracht werden.

Der Whisky ist rauchig, mit einer torfigen Note und meist recht süß. Er wird eher nach dem Essen getrunken. Der Körper ist mittelschwer und oftmals recht ölig. Er war praktisch nur über unabhängige Abfüller erhältlich. Eine Eigentümerabfüllung ist erst seit 2003 in der Rare Malts Selection erhältlich.

WHISKY

Banff, 21 Jahre, Jahrgang 1981,
57,1 % Vol., Rare Malts
Farbe: golden und funkelnd

TASTING NOTES

Der Whisky besticht durch ein Aroma von Haselnüssen. Im Geschmack erinnert er an Sablé-Gebäck. Der Abgang ist mittellang, mit Haferkeksen, Nüssen und Ingwerkonfitüre.

BRAEVAL

BESITZER	Pernod Ricard
GRÜNDUNGSDATUM	1973
AUSSPRACHE	Bräwal
BEDEUTUNG	Steilhang
STATUS	stillgelegt
JAHRESPRODUKTION	38 000 Hektoliter

IN EINEM TAL NAMENS Braes of Glenlivet liegt die Brennerei Braeval. Die Brennerei hieß ursprünglich genauso wie das Tal, wurde jedoch umbenannt, um Verwechslungen mit der in der Nähe liegenden Destillerie The Glenlivet vorzubeugen. Beide gehören zum selben Konzern. Braeval liegt direkt vor einem gewaltigen Bergrücken. Unter dem Grundstück fließt ein Bach, der in den Livet mündet.

Die Brennerei Braeval, oder eben Braes of Glenlivet, war erst 1973/74 von Seagram (Chivas) erbaut, ein Jahr darauf aber bereits erweitert worden. 2001 wurde sie stillgelegt, kann aber jederzeit wieder in Betrieb genommen werden. 2005 kam die Brennerei in den Besitz von Pernod Ricard, die ihrerseits Allied Domecq aufkauften.

WHISKY

Braeval Deerstalker, 10 Jahre, 40 % Vol.
Farbe: Honiggelb

TASTING NOTES

Im Aroma ist der leichte Whisky sehr malzig. Im Geschmack kommt eine Grapefruitnote hinzu. Im Abgang ist er sehr angenehm, mit einem Einfluss von Vanille.

Caperdonich · Coleburn

CAPERDONICH

BESITZER	Pernod Ricard
GRÜNDUNGSDATUM	1898
AUSSPRACHE	Kaperdónich
BEDEUTUNG	geheime Quelle
STATUS	geschlossen

ZU DEN VIELEN BRENNEREIEN in dem kleinen Örtchen Rothes, die mittlerweile geschlossen wurden, zählt auch Caperdonich.

Die Destillerie wurde 1898 in den Boomjahren von J. & J. Grant gebaut. Da ihre ältere Schwester Glen Grant gleich gegenüber lag, nannte man sie damals auch Glen Grant Nr. 2. Allerdings blieb auch sie nicht von dem Konkurs Pattisons verschont und musste drei Jahre nach ihrer Eröffnung wieder geschlossen werden. Der Betrieb ruhte schließlich bis 1965. Dann wurde sie von Chivas reaktiviert, auf vier Stills erweitert und komplett modernisiert. Ab 1977 gehörte sie Seagram, die wiederum in Allied Domecq aufgingen. Nachdem die Brennerei 2001 nur ganze drei Monate in Betrieb war, wurde sie im Jahr darauf geschlossen. Seither liegt die Produktion still. Im Jahr 2005 wurde Allied von Pernod Ricard, dem heutigen Besitzer, aufgekauft.

Der Stil des Whiskys ist rauchig, sehr trocken und erinnert im Geschmack an getrocknete Früchte, zum Beispiel Rosinen. Da die Destillerie hauptsächlich Whisky für Blends fabriziert, gab es nur ein einziges Mal eine Originalabfüllung, die aber ausschließlich für den italienischen Markt bestimmt war. Ansonsten finden sich Abfüllungen von Gordon & MacPhail, Cadenhead und Signatory.

WHISKY

Caperdonich, Jahrgang 1980, 46 % Vol., Gordon & MacPhail, Connoisseurs Choice
Farbe: gelblicher Bernstein

TASTING NOTES

Im Aroma ist er fruchtig und erinnert an Datteln. Im Geschmack erweist er sich als ölig, mild, mit einer Note von Haselnusslikör. Der Abgang ist kurz und zurückhaltend.

COLEBURN

BESITZER	UDV (Diageo)
GRÜNDUNGSDATUM	1897
AUSSPRACHE	Kolbörn
BEDEUTUNG	Bach an der Ecke
STATUS	geschlossen

DIE GESCHLOSSENE Destillerie Coleburn liegt etwas versetzt zur A 491 zwischen Elgin und Rothes in einem Tal. Gegenüber der Brennerei führte die Eisenbahnlinie vorbei, die 1966 stillgelegt wurde.

Die Brennerei wurde 1897 von John Robertson & Son, die wegen ihres Blends Yellow Label bekannt sind, gegründet. 1916 übenahm die Clynelish Distillery Co. Ltd. diese Brennerei, ab 1925 die DCL. Die Lizenz wurde auf J & G Steward eingetragen, von denen die berühmten Usher-Blends stammten. 1985 wurde die Destillerie endgültig geschlossen. Der DCL-Nachfolger UD, aus der die UDV hervorging, ließ die Lizenz leider 1992 löschen. Ende 2004 kamen Pläne auf, die Gebäude in eine Konzerthalle, ein Hotel und einige Shops umzubauen.

Als Eigentümerabfüllung findet sich nur ein Whisky von 2000 in der Rare-Malts-Serie. Ansonsten blieb es den unabhängigen Abfüllern überlassen, diesen Malt herauszubringen, obwohl nur selten Fässer überhaupt geordert werden konnten. Daher ist der Malt auch eher ein Sammlerstück. Im Stil galt er in der Regel als sehr fruchtig, teilweise trocken und ölig.

WHISKY

Coleburn Connoisseurs Choice, 30 Jahre, Jahrgang 1972, 40 % Vol., Gordon & MacPhail
Farbe: Bernsteinfarben

TASTING NOTES

Diese seltene Abfüllung stammt aus einem Refill-Hogshead-Fass und ist im Aroma typisch fruchtig. Auch im Geschmack sowie im trockenen Abgang zeigt sich diese Fruchtigkeit.

Convalmore · Dallas Dhu

CONVALMORE

BESITZER	William Grant & Sons
GRÜNDUNGSDATUM	1893
AUSSPRACHE	Konvalmór
BEDEUTUNG	große Conval-Berge
STATUS	geschlossen

IM FIDDICHTAL, am Ortseingang von Dufftown, direkt oberhalb der Destillerie Balvenie, liegt die Brennerei Convalmore.

Sie wurde 1894 eingeweiht und war ab 1906 im Besitz von James Buchanan. Bis 1916 fanden Experimente mit einer Column Still statt, die aber wieder Pot Stills weichen musste. 1925 kam die Brennerei in den Besitz der DCL. Während des Zweiten Weltkriegs blieb sie geschlossen, 1985 wurde der Betrieb endgültig eingestellt. Die UD verkaufte Convalmore schließlich an William Grant & Sons von der Nachbarbrennerei Balvenie. Sie nutzen seither die Convalmore Warehouses.

Verwendet wurde der Whisky hauptsächlich in den Blends Black & White und Lowrie's, vom Inhaber kam er nur einmal in der Rare-Malts-Serie sowie 1977 als Vintage heraus. Gelegentlich gab es ihn auch von unabhängigen Abfüllern. Er war fruchtig, voluminös und malzig und eher als Digestif zu genießen.

WHISKY

Convalmore, 28 Jahre, 57,9 % Vol.,
Originalabfüllung
Farbe: intensives Gold

TASTING NOTES

Diese Originalabfüllung hat ein sehr blumiges und fruchtiges Aroma. Im komplexen Geschmack zeigen sich Zitrusfrüchte, ergänzt durch weiche malzige Noten. Im Abgang ist er lang anhaltend, warm, nussig und zeigt erneut Zitrusfrüchte.

DALLAS DHU

BESITZER	ehemals UDV (Diageo)
GRÜNDUNGSDATUM	1898
AUSSPRACHE	Dallas Du
BEDEUTUNG	Weide am schwarzen Wasserfall
STATUS	geschlossen, Museum

DALLAS DHU LIEGT etwas außerhalb von Forres, wenn man auf der A 940 Richtung Grantown-on-Spey fährt, etwas versteckt hinter einem Wäldchen auf der linken Seite.

Die Brennerei wurde 1898 errichtet und von Wright & Greig geführt, die damals auch Eigentümer des Roderick Dhu Blend waren. 1929 kam sie zur DCL und musste 1939 neu errichtet werden, da ein Brand sie weitestgehend zerstört hatte. 1983 wurde sie geschlossen, da ihre Quelle angeblich versiegt war. 1986 ging sie in den Besitz von Historic Scotland über, die die Brennerei beließen, wie sie war, und 1988 als Museum eröffneten. 1992 ließ der neue Besitzer UD die Lizenz löschen. Ansonsten hätte dort wohl wieder produziert werden können.

Der Whisky ging hauptsächlich in die Blends von Roderick Dhu und Benmore. Er kam in diversen Rare-Malts-Ausführungen heraus, aber auch als 24-Jähriger in Fassstärke und in einer limitierten Millennium Edition. Außerdem gab es regelmäßig unabhängige Abfüllungen. Er war sehr seidig, honigsüß und hatte eine Note von Schokolade. Er wurde eher als Digestif genossen.

WHISKY

Dallas Dhu, 1982/2005, 40 % Vol.,
Gordon & MacPhail
Farbe: Strohgelb

TASTING NOTES

Der Whisky hat ein typisches Aroma von Gerste, durchaus würzig mit holzigen Nuancen. Im Geschmack bestätigt sich die Gerste erneut, ergänzt durch Zitrusfrüchte und leichte Rauchigkeit. Im leicht scharfen Abgang ist er eher trocken, mit einem weichen Einschlag von Malz.

Glen Keith · Glendullan

GLEN KEITH

BESITZER	Chivas Brothers (Pernod Ricard)
GRÜNDUNGSDATUM	1957
AUSSPRACHE	Glen Kieß
BEDEUTUNG	Tal des Holzes
STATUS	geschlossen

NUR UNWEIT VON ihrer Schwester Strathisla, im Ort Keith, steht die Brennerei Glen Keith, gleich neben dem Flüsschen Isla.

Glen Keith wurde 1957 auf dem Areal einer alten Getreidemühle errichtet. Der damalige Besitzer Seagram ließ auf dem Gelände riesige Warehouses errichten, in denen ein Großteil der Fässer der damals neun aktiven Brennereien der Firma lagerten und für das Blending vorbereitet wurden. 1970 wurde sie auf fünf Brennblasen erweitert, 1983 kam eine sechste hinzu. Bis 1976 war eine Saladin Box für das Mälzen installiert. 2002 wurde Glen Keith jedoch stillgelegt, nachdem sie 2001 von der Pernod-Ricard-Gruppe übernommen worden war.

Der Malt kam zweimal als Eigentümerabfüllung heraus, zweimal als Zehnjähriger sowie gelegentlich von unabhängigen Abfüllern auf den Markt. Er wurde vor allem für die Blends Chivas Regal, 100 Pipers und Passport verwendet. Er ist eher malzig, ein wenig scharf, mit einem Hauch von Ingwer.

WHISKY

Craigduff, 32 Jahre, Jahrgang 1973,
49,9 % Vol., Signatory Vintage
Farbe: intensives Gold

TASTING NOTES

Dieser Malt namens Craigduff sorgte für reichlich Gesprächsstoff. Es stellte sich heraus, dass er nicht aus Strathisla sondern aus Glen Keith stammt und in einem Sherryfass gereift war. Er ist sehr dezent rauchig. Der Sherry kommt zum Tragen, überdeckt jedoch nicht den typischen Malzcharakter dieses Whiskys.

GLENDULLAN

BESITZER	UDV (Diageo)
GRÜNDUNGSDATUM	1897
AUSSPRACHE	Glendallen
BEDEUTUNG	Tal des Dullan
STATUS	geschlossen

GLENDULLAN WAR EINE der sieben ursprünglichen Destillerien von Dufftown.

Die Brennerei wurde 1897 von Williams & Sons, Blendern aus Aberdeen, gebaut. Glendullan durfte unter anderem König Edward VII. mit Whisky beliefern. Diese Ehre kostete man natürlich marketingtechnisch lange aus. 1919 wurde sie an die McDonald Greenless Ltd. verkauft und ging 1926 an die DCL. 1962 ließ man sie modernisieren. Bereits neun Jahre später wurde allerdings nebenan eine neue Destillerie mit acht Brennblasen gebaut, die 1972 in Produktion ging. Bis 1985 liefen die alte und neue Destillerie als Glendullan A und B parallel. Danach wurde die alte stillgelegt und in ihren Gebäuden eine Reparaturwerkstatt für die umliegenden Destillerien des Konzerns eingerichtet. Diese Werkstatt ist, im Gegensatz zur neuen, inzwischen ebenso geschlossenen Destillerie, noch heute in Betrieb.

Der Whisky wurde für Blends wie Dewar's Bell's, Black & White, Old Parr oder Johnnie Walker verwendet. Der Malt der alten Destillerie schien etwas fester und herber zu sein. Im Gegensatz dazu war jener der neuen leichter und fruchtiger, außerdem trocken und etwas ölig.

S. 158: Die Landschaft um die ehemalige Whiskyhochburg Dufftown mit ihren hübschen kleinen Sträßchen.

WHISKY

Glendullan, 12 Jahre, 43 % Vol., Flora & Fauna
Farbe: blasses Gold

TASTING NOTES

Der Glendullan hat ein sehr komplexes Aroma mit verschiedenen exotischen Früchten. Im Geschmack ist er fruchtig und leicht nussig. Der Abgang ist sehr aromatisch mit dunkler Schokolade.

Imperial

IMPERIAL	
BESITZER	Pernod Ricard
GRÜNDUNGSDATUM	1897
STATUS	geschlossen
JAHRESPRODUKTION	16 000 Hektoliter

DESTILLERIE geschlossen

IN CARRON, NAHE ABERLOUR, direkt am ehemaligen Bahnhof, liegt Imperial. Auf dem früheren Bahndamm befindet sich heute der Speyside Way, ein idyllischer Wanderweg quer durch die Speyside.

Gegründet wurde die Destillerie von Thomas Mackenzie 1897, im Jahr des 60-jährigen Thronjubiläums von Königin Viktoria. Der Name Imperial sollte an dieses Jubiläum erinnern, verblasste jedoch schnell, da die Brennerei aufgrund des Konkurses von Pattison 1900 bereits wieder schließen musste. Als Architekt fungierte Charles Doig, der Erfinder der berühmten Pagodendächer. Nachdem sie 1915 von dem Konsortium James Buchanan, John Dewar und John Walker übernommen worden war, ging sie erst 1919 wieder in Produktion und wurde 1925 an die DCL überschrieben. Von 1926 bis 1954 fanden nur die Maltings Verwendung. 1955 modernisierte man die Anlage und erweiterte sie 1965 von zwei auf vier Stills. Nach der erneuten Schließung 1985 wurde sie im Mai 1989 von Allied gekauft und bis 1998 wieder in Betrieb genommen. 2000 wurde die Brennerei schließlich endgültig geschlossen. Inzwischen gehört sie zum Konzern Pernod Ricard.

Jedes Jahr im Frühjahr ziehen Unmengen von Kröten direkt durch das Brennhaus. Sie wandern vom Hintereingang quer durch das Gebäude und zum Haupteingang wieder hinaus. Die Besitzer meistern diesen Zwischenfall mit Geduld und Humor. Ein viel größeres Problem stellen die vier riesigen Brennblasen dar, die jeweils 36 000 Liter fassen und so einen flexiblen Einsatz eher erschweren. Deshalb wurde der Spruch geprägt: „Entweder man stellt sehr viel Imperial her oder gar keinen."

Der Single Malt kam nur einmal als Originalabfüllung auf den Markt, und ab und an auch von unabhängigen Abfüllern. Der Whiskyexperte Michael Jackson nannte ihn einen der unterbewertetsten Single Malts der Speyside. Während seiner Allied-Phase wurde er hauptsächlich für den Blend Black Bottle verwendet, danach vor allem für die Blends von Ballantines, dessen Logo noch heute das Schild am Eingang ziert.

Vom Stil her ist er meist süßlich und kraftvoll, manchmal mit ein wenig Rauch versehen.

WHISKY

Imperial Cognac Wood Finish,
Private Collection, Jahrgang 1991,
40 % Vol., Gordon & MacPhail
Farbe: Strohgelb

TASTING NOTES

Zu Beginn steigt einem sofort ein mächtiger Hauch von süßlichem Cognac in die Nase, der sich im Geschmack noch verstärkt. Er bleibt jedoch süß und sehr angenehm. Im Abgang ist er mittellang, zeigt aber zum Schluss noch eine gewisse Schärfe.

Die Destillerie Imperial scheiterte letztendlich an ihrer enormen Größe. Im Jahr 2000 schlossen die Pforten wohl endgültig.

Pittyvaich · Tamnavulin

PITTYVAICH

BESITZER	UDV (Diageo)
GRÜNDUNGSDATUM	1975
AUSSPRACHE	Pittivéch
BEDEUTUNG	die Farm mit dem Kuhstall
STATUS	abgerissen

DESTILLERIE geschlossen

DIE BRENNEREI PITTYVAICH stand auf dem Gelände der Destillerie Dufftown, zu der auch eine Farm gehörte. Daher rührt wohl auch der Name.

Sie wurde erst 1975 von Arthur Bell & Sons mit dem Ziel erbaut, möglichst viel Whisky zu produzieren, um mit anderen Blendern tauschen zu können. Sie war übrigens die achte Destillerie in Dufftown und setzte den Spruch „Rome was build on seven hills, Dufftown stands on seven stills" außer Kraft. Nach der Übernahme von Bells durch Guinness 1985 ließ die UD die Brennerei 1993 schließen. Danach blieb sie nur zu Versuchszwecken in Betrieb. So wurde hier 1994 Gin destilliert, und später, als sie bereits zum Konzern Diageo gehörte, experimentierte man mit diversen Gerstensorten und verschiedenen Destillierarten. 2002 wurde die Brennerei schließlich abgerissen.

Der Whisky war unter Bells nie als Eigentümerabfüllung erhältlich, sondern ausschließlich von unabhängigen Abfüllern wie MacArthur, Cadenhead und Signatory. Zu dieser Zeit war der Malt torfig und wohlriechend. Erst später kam in der Flora-&-Fauna-Serie ein sehr sherryhaltiger Malt auf den Markt.

WHISKY

Pittyvaich, 12 Jahre, 43 % Vol., Flora und Fauna
Farbe: tiefer Bernstein

TASTING NOTES

Der Whisky verfügt über eine wohlriechende Sherrynote. Im Geschmack ist er energisch, fruchtig, mit etwas Malz. Der lange Abgang ist wohlriechend und trocken.

TAMNAVULIN

BESITZER	Whyte & Mackay Ltd.
GRÜNDUNGSDATUM	1966
AUSSPRACHE	Tamnavúlin
BEDEUTUNG	Mühle am Hügel
STATUS	geschlossen

DESTILLERIE geschlossen

IN DER ORTSCHAFT Tomnavoulin steht die Brennerei Tamnavulin. Ort und Brennerei werden zwar nicht gleich geschrieben, aber zumindest gleich ausgesprochen. Sie gehört zu den wenigen Destillerien, deren Zusatz „Glenlivet" auch wirklich zutrifft, da sie sich in unmittelbarer Nähe des Flüsschens Livet befindet. Ihr Wasser bezieht sie allerdings aus unterirdischen Quellen.

Sie wurde erst 1966 errichtet, gleich neben einer wunderschönen Wassermühle, die früher der Herstellung von Wolle diente. Die Destillerie selbst ist ein nüchterner Industriekomplex, den seinerzeit Invergordon in Betrieb genommen hatte. Ein Jahr nach der Übernahme durch Whyte & Mackay im Jahr 1994 wurde die Brennerei stillgelegt. Seit 1995 steht nur noch das Besucherzentrum in der alten Mühle und sichert noch ein paar Arbeitsplätze.

Ihre Eigentümer brachten einige Originalabfüllungen auf den Markt, so zum Beispiel den Zwölfjährigen, der dank der großen Lagerbestände noch immer erhältlich ist. Von unabhängigen Abfüllern gab es ebenfalls eine Serie auf dem Markt.

WHISKY

Tamnavulin, 12 Jahre, 40 % Vol., Originalabfüllung
Farbe: heller Bernstein

TASTING NOTES

Dieser Malt ist sehr aromatisch, leicht süßlich und mit etwas Torfrauch versehen. Auch die für die Region typischen Kräuter und Heidekraut sind vorhanden. Im Geschmack zeigen sich zusätzlich noch Zitrone, ein leichter Einfluss von Wein und blühende Johannisbeersträucher. Im Abgang ist er trocken.

EASTERN HIGHLANDS

„Das Wasser war nicht genießbar. Um es trinkbar zu machen, mussten wir es mit Whisky verdünnen."

SIR WINSTON CHURCHILL

EINEN TEIL DER EASTERN HIGHLANDS nehmen die eher dünn besiedelten Grampian Mountains ein. Ganz im Osten grenzen die Highlands an die Nordsee. Ist man mit dem Auto unterwegs, kommt man von Dundee über die A 90 an einigen der Destillerien in diesem Gebiet vorbei. Dabei erreicht man zuerst den Ort Brechin, wo die Destillerie Glencadam ihre Produktionsstätten hat, und rund 20 Kilometer weiter entfernt Fettercairn mit seiner gleichnamigen Brennerei.

Doch die Region bietet noch viele weitere Highlights, wie zum Beispiel das Dunnottar Castle, eine der meistfotografierten Sehenswürdigkeiten Schottlands. Die imposante Burgruine liegt auf einem steil ins Meer abfallenden Felsvorsprung. Der Felsen wird von drei Seiten vom Meer umspült und galt einst als uneinnehmbar. Dunottar Castle liegt in der Nähe von Stonehaven, einem hübschen, romantischen Fischerstädtchen. Um den Ort herum gibt es eine Vielzahl an schönen Wanderwegen durch kleine Buchten und an imposanten Kliffs vorbei.

Weiter nördlich von Stonehaven liegt die drittgrößte Stadt des Landes, Aberdeen. Die Stadt mauserte sich in den 1970er-Jahren, nachdem man

in der Nordsee Erdölvorkommen entdeckt hatte, zu einem wirtschaftlichen Zentrum. Der Aufschwung Aberdeens durch das „schwarze Gold" belebte außerdem auch noch andere Industriezweige und lässt die Stadt bis heute kontinuierlich weiterexpandieren. Vor dem Öl-Boom war Aberdeen bereits ein Knotenpunkt für den Überseehandel gewesen. Die geschichtliche Entwicklung der Seefahrt in der Nordsee kann man in der Ausstellung des Maritime Museum nachverfolgen. Eigene Whiskydestillerien hat die Stadt heute hingegen nicht mehr zu bieten.

Fährt man auf der A 93 nach Westen in die Grampian Mountains, kommt man zur letzten aktiven Brennerei der westlichen Region, Royal Lochnagar. Unweit der Destillerie befindet sich das berühmte Balmoral Castle, der Sommersitz der britischen Königsfamilie. Das Schloss wurde 1848 von Königin Viktoria gekauft und von ihrem Mann, Prinz Albert, grundlegend um- und ausgebaut. Es liegt reizvoll versteckt im Dee-Tal inmitten großer Wälder. Ganz in der Nähe des Schlosses liegt der Ort Braemer. Das Städtchen ist wegen seiner Highland Games, auch Braemar Games genannt, ein beliebtes Ausflugsziel. Dies nicht zuletzt deshalb, weil zumeist auch die Königsfamilie zu den Gästen zählt. Jeden ersten Samstag im September messen sich hier die Athleten bei traditionellen schottischen Sportarten, wie zum Beispiel dem Baumstammwerfen.

Oben: Die einsame, karge Landschaft der Grampian Mountains. Seit den Highland Clearances, in deren Zuge viele Farmer vertrieben wurden, ist dieses Gebiet sehr dünn besiedelt. Unten: Das Mercat Cross am Ende der Union Street in Aberdeen.

S. 162: Dunnottar Castle ist schon aufgrund seiner Lage eine der atemberaubendsten Burgruinen Schottlands.

Fettercairn

FETTERCAIRN	
BESITZER	Whyte & Mackay Ltd.
GRÜNDUNGSDATUM	1824
AUSSPRACHE	Fetterkärn
BEDEUTUNG	bewaldeter Hügel
STATUS	in Produktion
JAHRESPRODUKTION	15 000 Hektoliter

ETWAS ÖSTLICH DER Cairnmorn Mountains, inmitten einer Gegend, die für ihre fruchtbaren Felder bekannt ist, liegt die Brennerei Fettercairn.

Als im Jahr 1823 mit dem Act of Excise ein neues Gesetz verabschiedet wurde, das das Brennen gegen eine geringe Pauschalgebühr und einen festen Steuersatz gestattete, war Fettercairn eine der ersten Brennereien, die nach dem neuen Gesetz eine Lizenz beantragten. 1860 wurde der sogenannte Spirits Act formuliert, der auf die Bedürfnisse der Brenner einging und den Export in Flaschen erlaubte und der außerdem die Malzsteuer abschaffte. Einfluss auf dieses Gesetz hatte wahrscheinlich der damalige Besitzer Gladstone, dessen Bruder britischer Premierminister war und so die verwandtschaftlichen Beziehungen nutzte, um die Whiskyindustrie einen Schritt weiterzubringen. 1887 wäre die Destillerie beinahe einem Feuer zum Opfer gefallen und musste zumindest teilweise umgebaut werden. Zwischen 1926 und 1939 blieb die Brennerei geschlossen, nahm aber unter Train & MacIntyre, einer Tochter der National Distillers of America, den Betrieb wieder auf. 1966 wurde die Destillerie umgebaut und auf vier Pot Stills erweitert. 1973 landete die Brennerei bei Whyte & Mackay, die noch heute Besitzer der Destillerie sind. Nur gerade vier Prozent des Whiskys werden für Single Malts verwendet. Der Großteil fließt in die eigenen Blends von Whyte & Mackay. Der Inhaber stattete die Destillerie mittlerweile mit einem Besucherzentrum aus, um sie der Öffentlichkeit zugänglich zu machen.

Der Whisky ist leicht erdig, nussig, und es wird ihm auch ein leichter Gummigeschmack nachgesagt. Er besitzt ein außergewöhnlich ausbalanciertes Aroma und wird als Single Malt unter dem Namen Old Fettercairn vermarktet.

WHISKY

Fettercairn 1824, 12 Jahre,
40 % Vol., Originalabfüllung
Farbe: kräftiger Bernstein

TASTING NOTES

Dieser leichte zwölfjährige Whisky eignet sich besonders als Aperitif. Das Aroma lässt Vanille- und Karamellnoten zum Vorschein kommen. Im Geschmack wirkt er leicht nussig, behält aber seine Leichtigkeit bei und ist weich, süß und cremig. Der Abgang ist geschmeidig, mit einem leichten Anzeichen von Süße.

Die Hügel der Grampian Mountains sind die Heimat des Fettercairn Whisky, der hier seit 1824 gebrannt wird.

Glen Garioch

Die Granitfassade von Glen Garioch. 1995 stand die Destillerie kurz vor dem Aus, konnte jedoch reaktiviert werden.

GLEN GARIOCH	
BESITZER	Morrison Bowmore Distillers (Suntory)
GRÜNDUNGSDATUM	1797
AUSSPRACHE	Glen Gieri
BEDEUTUNG	Tal des schroffen Bodens
STATUS	in Produktion
JAHRESPRODUKTION	3500 Hektoliter

ETWAS ÖSTLICH VON Kennethmore, im Örtchen Oldmeldrum, steht die Brennerei Glen Garioch. Die meisten Experten zählen sie deshalb schon zur Region der Eastern Highlands. Meistens ist sie jedoch auf den Kartenausschnitten der Region Speyside zu finden, da die Grenzen ziemlich fließend sind.

Die Destillerie gibt als Gründungsdatum das Jahr 1797 an, dies kann allerdings nicht mehr genau belegt werden. Sicher ist, dass sie noch vor 1800 gegründet wurde, wodurch sie als eine der ältesten Destillerien überhaupt gilt. Ihr Gründer war Thomas Simpson. Im Lauf der Jahrzehnte gab es einige Besitzerwechsel, so übernahm zum Beispiel W. Sanderson die Brennerei, der Hersteller von Vat 69. Danach kam Booth's Distilleries in den Besitz von Glen Garioch und 1937 schließlich die SMD, die die Anlage 1968 stilllegte, da sie mit der Wasserqualität nicht zufrieden war. Zwei Jahre später, also 1970, kaufte sie Stanley Morrison, ließ eine neue Quelle suchen, installierte ein Jahr später eine zusätzliche dritte Brennblase und im Jahr 1973 noch eine vierte. Außerdem besitzt sie Floor Maltings, wie die zur gleichen Firma gehörende Brennerei Bowmore. Die Abwärme wurde für ein Gewächshaus verwendet, das heute allerdings nicht mehr existiert. Vorbild hierfür könnte wiederum Bowmore gewesen sein, wo man die Abwärme für ein nahe gelegenes Schwimmbad nutzt. Durch die eigene Mälzung mit Torf war der Whisky immer sehr getorft. 1995 schien das endgültige Aus zu kommen, als Morrisons Sohn die Firma komplett an Suntory verkaufte – diese Firma war schon zuvor an der Brennerei beteiligt gewesen – und andererseits die Destillerie ihre Pforten schloss. Sie stand von nun an zum Verkauf. Da sich jedoch kein Käufer fand, investierten die Japaner selbst und gingen 1997 abermals in Produktion.

Der Whisky war früher etwas stärker getorft als heute, hat sehr würzige und blumige Noten. In den jungen Jahren eignet er sich besonders als Aperitif. Nimmt das Alter zu, eignet er sich eher als Digestif.

WHISKY

Glen Garioch, 15 Jahre, 43 % Vol., Originalabfüllung

Farbe: dunkler Bernstein

TASTING NOTES

Im kräftigen Aroma sind sofort der Rauch und das Torf auszu machen, ebenso wie das Eichenholz. Im Geschmack ist er angenehm leicht rauchig, süß und malzig. Auch hier schmeckt man die Eiche und ein bisschen Heidekraut. Im Abgang ist er weich, sehr lang und etwas würzig.

Glencadam

GLENCADAM	
BESITZER	Angus Dundee Distillers
GRÜNDUNGSDATUM	1823
AUSSPRACHE	Glencedem
BEDEUTUNG	Tal der wilden Gans
STATUS	in Produktion
JAHRESPRODUKTION	13 000 Hektoliter

DIE BRENNEREI GLENCADAM liegt am Ortsrand von Brechin in der Nähe des River Esk. Ihr Wasser bezieht die Destillerie jedoch nicht aus dem Esk, sondern aus dem 50 Kilometer entfernten Loch Lee, der am oberen Ende des Glen Esk liegt. Das Wasser muss hergepumpt werden.

Glencadam gehört zu den weniger bekannten Destillerien Schottlands und wurde wahrscheinlich bereits 1823 gegründet. Dieses Datum ist jedoch nicht unumstritten. 1954 wechselte die Destillerie zu Hiram Walker und gehörte damit zu Allied Domecq. Hauptsächlich wurde der Whisky für den Blend Stewart's Cream of the Barley von der ebenfalls zum Konzern gehörenden Firma Stewart & Sons of Dundee hergestellt. 2003 wechselte sie jedoch erneut den Besitzer. Seit dieser Zeit gehört sie zu Angus Dundee Distillers.

Der Whisky ist sehr sahnig-cremig, mit einem leichten Hauch von Beeren. Er eignet sich daher zum Dessert oder nach dem Essen. Er ist nur selten in Originalabfüllungen wie in der Limited Edition oder als 15-Jähriger erhältlich. Besser verfügbar ist er bei unabhängigen Abfüllern, wie etwa bei Gordon & MacPhail, die ihn mehr oder weniger regelmäßig abfüllen.

WHISKY

Glencadam, 15 Jahre, 40 % Vol., Originalabfüllung
Farbe: sehr dunkler Bernstein

TASTING NOTES

Seit 2006 gibt es endlich wieder eine Originalabfüllung. In der Nase hat diese einen ausgeprägt trockenen und würzigen Geruch, der etwas an Zimt erinnert. Im Geschmack ist sie fruchtig und erinnert etwas an Rosinen und Kokosnuss, mit einer sahnekaramellartigen Süße. Im mittellangen Abgang wirkt sie etwas medizinisch.

Bisher wurde der Whisky aus Glencadam nur für die Blends von Stewart & Sons verwendet, seit Neuestem gibt es aber auch wieder einen echten Single Malt.

Royal Lochnagar

GANZ IN DER NÄHE DES königlichen Schlosses Balmoral liegt die Brennerei Royal Lochnagar. Von der A 93 von Ballater nach Braemar zweigt eine Straße Richtung Schloss ab, die zur Destillerie weiterführt. Diese liegt am Fuß des gleichnamigen Berges.

Royal Lochnagar wurde 1845 von John Begg gegründet. Da seine Brennerei über eine offizielle Lizenz verfügte, hatte Begg jedoch ständig Auseinandersetzungen mit den illegalen Brennereien, die damals noch in der Gegend zu finden waren. Bald fand er eine mächtige Schutzherrin: Königin Viktoria. Sie liebte alles, was mit den schottischen Highlands zu tun hatte, und so kaufte sie 1848 das Schloss Balmoral, das in unmittelbarer Nähe der Brennerei liegt. Noch im selben Jahr lud John Begg Königin Viktoria samt Gemahl Prinz Albert und den Kindern zu sich ein. Zum Abschluss servierte er den hauseigenen Whisky, der so viel Anklang fand, dass Begg kurz darauf zum Hoflieferanten ernannt wurde und seinem Destillerienamen das Präfix „Royal“ hinzufügen durfte. In den 1970er-Jahren wurde das Präfix kurzzeitig gestrichen, da man sich angeblich mit Prinz Philip überworfen hatte. Doch der Disput scheint wieder beseitigt zu sein, denn die Destillerie schmückt sich heute wieder mit „Royal“ im Namen. Wahrscheinlich nicht zuletzt deshalb, weil Prinz Charles sehr gerne seine Zeit in Schloss Balmoral verbringt, ein Kinderbuch mit dem Titel *The Old Man Of Lochnagar* geschrieben, viele Aquarelle in der Umgebung des Hausberges gemalt hat und der Destillerie regelmäßig seinen Besuch abstattet. 1916 kam die Brennerei in den Besitz der DCL und gehört heute zum Imperium von Diageo.

Der Whisky ist vom Stil her mittelschwer, malzig, fruchtig mit ein wenig Rauch und etwas Würze. Er existiert bereits schon relativ lange als zwölfjährige Abfüllung. Auch ein Selected Reserve, der nummeriert und ziemlich teuer ist, sowie eine Rare-Malts-Serie wurden ins Programm aufgenommen. Von unabhängigen Abfüllern ist er nur schwer zu bekommen.

ROYAL LOCHNAGAR	
BESITZER	UDV (Diageo)
GRÜNDUNGSDATUM	1845
AUSSPRACHE	Roiel Lochnagár
BEDEUTUNG	See des Lärms
STATUS	in Produktion
JAHRESPRODUKTION	4300 Hektoliter

WHISKY

Royal Lochnagar, 12 Jahre, 40 % Vol., Originalabfüllung
Farbe: heller Bernstein

TASTING NOTES

Im Aroma entfaltet er sich sehr voll und angenehm mit einem säuerlich fruchtigen Anzeichen. Im Geschmack wandelt sich die Fruchtigkeit zu einer angenehm malzigen Süße. Ein ganz leichtes Anzeichen von Rauch ist zu spüren. Der Abgang ist sanft und lang.

Royal Lochnagar, in der Nähe von Schloss Balmoral gelegen, darf sich Hoflieferant der königlichen Familie nennen.

Glenesk · Glenury

GLENESK

BESITZER	UDV (Diageo)
GRÜNDUNGSDATUM	1897
AUSSPRACHE	Glenesk
BEDEUTUNG	Tal des Wassers
STATUS	abgerissen

DIE BRENNEREI und die Glenesk Maltings liegen westlich der Ortschaft Montrose, ganz in der Nähe des River North Esk.

Glenesk wurde 1897 als Highland Esk gegründet und verzeichnete in den Folgejahren einige Namenswechsel. Früher stand an gleicher Stelle eine Flachsmühle, die man für ihre neue Bestimmung einfach umbaute. Bereits zwei Jahre nach ihrer Gründung wurde sie in North Esk umbenannt. Während des Ersten Weltkriegs war sie geschlossen und wurde erst 1938 durch eine Tochtergesellschaft des neuen Besitzers National Distillers of America wieder eröffnet. Allerdings stellte sie von nun an Grain Whisky her und erhielt den Namen Montrose. 1964 kam sie zur SMD mit dem Betreiber William Sanderson & Sons, der die Destillerie in Hillside umbenannte und sie wieder in eine Malt-Destillerie verwandelte. SMD verwendeten den Whisky hauptsächlich für den Blend Vat 69. 1968 kamen dann die Glenesk Maltings hinzu, die mit ihren Malting Drums industriell Malz herstellen ließen. Nachdem die Brennerei 1980 zum letzten Mal zum heutigen Namen Glenesk umfirmierte, musste sie 1985 geschlossen werden. Die Maltings werden noch weiterverwendet und versorgen umliegende Brennereien mit Malz.

WHISKY

Glenesk, Jahrgang 1985/2000, 40 % Vol.,
Gordon & MacPhail, Connoisseurs Choice
Farbe: volles Gold

TASTING NOTES

Der Whisky besitzt ein weiches, harmonisches Aroma mit Toffeenoten. Den ersten Eindruck bestätigen der wunderbar weiche Geschmack nach Malz und etwas Aprikose sowie der lang andauernde, ein wenig süße Abgang.

GLENURY

BESITZER	DCL (Diageo)
GRÜNDUNGSDATUM	1825
AUSSPRACHE	Glenuri
BEDEUTUNG	Tal von Ury
STATUS	geschlossen, umgebaut

EINEM KLEINEN TAL IM BEZIRK URY verdankte die Destillerie Glenury ihren Namen. Sie liegt etwas südlich von Aberdeen und ganz in der Nähe des Fischereihafens Storehaven bzw. des River Cowie.

Die Anfänge der Destillerie gehen auf das Jahr 1825 zurück. Captain Robert Barclay gründete die Destillerie. Er arbeitete zuvor als Farmer und Schafzüchter und hatte als Läufer sogar einmal einen Weltrekord aufgestellt. Dank seiner Zeit als Abgeordneter des Parlaments schloss er mit einem Mitglied der königlichen Familie so gute Freundschaft, dass dieser Freund als König William IV. der Brennerei später die Erlaubnis erteilte, den Namenszusatz „Royal" zu führen. 1966 wurde die Brennerei modernisiert, 1985 vom damaligen Besitzer DCL geschlossen. Die Lizenz wurde inzwischen gelöscht.

WHISKY

Glenury Royal, 50 Jahre,
42,8 % Vol., Originalabfüllung
Farbe: goldener Bernsteinton

TASTING NOTES

Im süßlichen Aroma erinnert er an Rosenholz, Weihrauch, Muskat und etwas Käserinde. Der Whisky schmeichelt dem Gaumen mit einer angenehmen Süße, mit Süßgebäck und etwas Holz. Im Abgang ist er melasseartig und tanninhaltig.

Whiskyfreunde aus aller Welt werden hier für ihre Dienste rund um den schottischen Whisky geehrt. Diese Personen gehören dann zu den „Keepers of the Quaich". Man kann nur aufgrund von Empfehlungen von mindestens zwei anderen Mitgliedern für die Aufnahme vorgeschlagen werden. Ein Gremium entscheidet, ob man in den Kreis der weltweit zurzeit etwas mehr als 1400 Mitglieder aufgenommen wird.

Unweit des Schlosses liegt das wunderschöne Örtchen Pitlochry. Das kleine Städtchen lebt fast ausschließlich von den Einnahmen durch den Tourismus. Im Ort befindet sich die Destillerie Blair Athol. Ganz in der Nähe zieht die kleine Destillerie Edradour jährlich weit über 100 000 Besucher an. Auch der gleichnamige Ort bietet Sehenswertes, wie zum Beispiel die bekannte Lachstreppe. Sie ermöglicht es den Lachsen, den an sich unüberwindbaren Kraftwerksdamm des Loch Faskally zu „umgehen", um an ihre Laichplätze zu gelangen.

Etwas weiter südlich stößt man bei Aberfeldy auf die gleichnamige Destillerie. In der Nähe von Crieff kann man die als „The Famous Grouse Experience" bezeichnete Tour der Destillerie Glenturret besuchen und sich im Restaurant verwöhnen lassen. Tullibardine, eine weitere Brennerei, findet man bei Perth, im kleinen Ort Blackford.

Oben: Wade's Bridge bei Aberfeldy: eine der 40 Brücken, die General George Wade während des Jakobiten-Aufstands bauen ließ. Unten: Während einer kleinen Pause bei den Highland Games, die alljährlich bei Pitlochry ausgetragen werden, kann man sich schon mal ein Gläschen Whisky genehmigen.

S. 170: Das Hotel Atholl Palace liegt wunderschön in einer Parklandschaft in der Nähe des Städtchen Pitlochry.

Aberfeldy

ABERFELDY	
BESITZER	Dewar's (Bacardi)
GRÜNDUNGSDATUM	1896
AUSSPRACHE	Äberfeldi
BEDEUTUNG	Mündung des Feldy
STATUS	in Produktion
JAHRESPRODUKTION	20 000 Hektoliter

DIE BRENNEREI ABERFELDY findet man im gleichnamigen Örtchen am River Tay. Der Höhenkurort liegt in den Grampian Mountains in den südlichen Highlands.

Die Brennerei wurde 1896 von den Whiskyhändlern John Dewar & Sons aus Perth erbaut. 1925 verschmolz diese Firma in der DCL. 1972 baute man ein neues Stillhouse und erweiterte die Kapazität auf vier Pot Stills. Die eigene Mälzerei wurde jedoch aus Kostengründen aufgegeben. Mit der Übernahme der DCL durch Guinness kam die Destillerie unter das Dach der UD. Diese übertrugen die Lizenz wiederum John Dewar & Sons. Aufgrund der Fusionen und der Gründung des Großkonzerns Diageo stellten die Kartellbehörden in Amerika und in Brüssel die Bedingung, dass Dewar's verkauft werden musste, inklusive vier Destillerien, unter ihnen Aberfeldy. Grund für diese Auflage war, dass Dewar's White Label der meistverkaufte Blend in den USA war bzw. noch immer ist. So wurde Aberfeldy 1998 an den Rum-Konzern Bacardi verkauft, der auch heute noch der aktuelle Besitzer ist. Bacardi ließ im Jahr 2000 ein Besucherzentrum eröffnen.

Der Whisky ist sehr kräftig, ölig und fruchtig. Als Single Malt eignet er sich besonders als Digestif, und seit er vom ehemaligen Besitzer UD in die Flora-&-Fauna-Serie aufgenommen wurde, ist er auch wieder besser erhältlich. Er ist sehr charaktervoll, und man schmeckt ihn auch gut aus dem Dewar's White Label heraus, für den er hauptsächlich hergestellt wird.

WHISKY

Aberfeldy, 12 Jahre, 40 % Vol., Originalabfüllung
Farbe: Bernstein

TASTING NOTES

Dieser Aberfeldy ist im Geruch überraschend rauchig, hat ein leichtes Honigaroma und entfaltet sich recht voll. Auch im Geschmack zeigt er wieder seine Rauchigkeit. Am Anfang noch recht fein, schmeckt er anschließend doch recht kräftig und würzig. Der Abgang ist ziemlich lang, mit einem süßen Abschluss.

Die traditionsreiche Brennerei gehört heute zu Bacardi.

Blair Athol

AM SÜDLICHEN ORTSEINGANG von Pitlochry an der A 9 steht die Brennerei Blair Athol. Vor allen Dingen in den wärmeren Monaten, wenn ein Großteil der Gebäude mit Efeu und anderen Kletterpflanzen bewachsen ist, wird die Destillerie zu einem wahren Schmuckstück. Die Gegend um Blair Athol hat auch sonst sehr viele schöne Sehenswürdigkeiten zu bieten und wird jedes Jahr von vielen Touristen besucht.

An der Stelle der heutigen Destillerie stand bereits 1798 ein Gebäude. Als Besucher ist man verleitet zu meinen, die Destillerie könnte aufgrund des robusten Natursteinbaus durchaus aus dieser Zeit stammen. Doch nachdem Arthur Bell & Son die Anlage zusammen mit Dufftown bereits 1933 gekauft hatten, ließen sie die Brennerei 1949 ganz neu errichten. Seit dieser Zeit ist der Whisky Bestandteil des Blends Bell's. Nachdem die Firma von Guinness gekauft wurde und daraufhin mit der UD fusionierte, gehört sie somit zum großen Konzern Diageo. Es wird ebenso oft fälschlich angenommen, dass die Destillerie etwas mit dem nahen Schloss Blair Castle in der Ortschaft Blair Atholl zu tun hätte. Die Ortschaft schreibt sich jedoch mit Doppel-l. Auch der Whiskylikör Atholl Brose kommt aus anderem Hause, nämlich von Gordon & MacPhail.

Der Whisky wird trotz des Hauptverwendungszwecks für den Blend Bell's auch als Single Malt angeboten. Obwohl er keinen ausgeprägt komplexen Körper hat, wirkt die Sherrynote bereichernd. Er ist würzig, nussig und erinnert etwas an Shortbread.

BLAIR ATHOL	
BESITZER	UDV (Diageo)
GRÜNDUNGSDATUM	1798
AUSSPRACHE	Blär Äßoll
BEDEUTUNG	Ebene oder Moor von Athol
STATUS	in Produktion
JAHRESPRODUKTION	10 000 Hektoliter

WHISKY

Blair Athol, 12 Jahre, 43 % Vol.,
Flora & Fauna
Farbe: poliertes Mahagoni

TASTING NOTES

Der Whisky hat ein leicht süßliches Aroma, mit minimal Rauch und etwas Orange. Auch im Geschmack wirkt er wieder süß, ist ausgewogen und wärmend. Teilweise erinnert er ein wenig an Nüsse. Im Abgang ist er lang, mit der angesprochenen leichten Süße, und auch wieder dezent rauchig.

Efeu und wilder Wein ranken in bunten Farben an der Fassade der hübschen Brennerei Blair Athol.

Dalwhinnie

DALWHINNIE	
BESITZER	UDV (Diageo)
GRÜNDUNGSDATUM	1897
AUSSPRACHE	Dohlwinnie
BEDEUTUNG	Versammlungsplatz
STATUS	in Produktion
JAHRESPRODUKTION	13 000 Hektoliter

Das Besucherzentrum der Destillerie ist das gnaze Jahr über geöffnet und bietet dem Besucher einen interessanten Einblick in Geschichte und Produktionsverfahren der Brennerei.

DIE HÖCHSTGELEGENE DESTILLERIE des Landes auf einer Höhe von 330 Metern ü. M. ist die Brennerei Dalwhinnie. Sie liegt am Rand des gleichnamigen Ortes, direkt an der Bahnlinie Glasgow–Fort William, und in Sichtweite der A 9, einer der Hauptverkehrsadern des Landes. Hier in den schottischen Bergen ist es in der Regel merklich kühler als im Rest des Landes, weshalb es im Winter durchaus vorkommen kann, dass die Brennerei eingeschneit ist. Die Destilleriemitarbeiter betreuen nebenher auch eine meteorologische Station, die Daten für den Wetterdienst erfasst.

Die Brennerei wurde 1897 unter dem Namen Strathspey gegründet, obwohl der Fluss Spey gar nicht in ihrer Nähe liegt. Für kurze Zeit führte sie eine amerikanische Gesellschaft, bevor sie 1926 in den Besitz der DCL kam und vor allem für den Blend Black & White von James Buchanan & Co. produzierte. Die Lizenz ist bis heute auf Buchanan ausgestellt. Dalwhinnie gehört aufgrund der Übernahmen von DCL zu UD bzw. UDV zum Konzern Diageo. UD nahm den Whisky in die Classic Malts auf und etikettierte ihn kurioserweise als Northern Highland Whisky. Dies konnte aber zum Glück korrigiert werden. Der Beiname Northern wurde wieder weggelassen.

Der Whisky ist vom Stil her ganz leicht torfig, etwas süßlich mit einem Hang zu Heidehonig. Er erinnert außerdem an frisch geschnittenes Gras und wirkt relativ klar. Er eignet sich gut als Aperitif.

WHISKY

Dalwhinnie, 20 Jahre, 56,8 % Vol., 1986/2006, Originalabfüllung
Farbe: leuchtender Bernstein

TASTING NOTES

Im Aroma ist er sehr ausgeprägt und reif. Am Anfang sehr würzig und nach Kräutern riechend, geht der Duft danach in süßere Orangen-, Pfirsich- und Christstollenaromen über. Mit Wasser verdünnt wirkt er noch vielfältiger, mit einem zusätzlichen leichten Hauch von Rauch. Dieser Rauch ist auch im Geschmack zu spüren. Er ist ausgesprochen komplex, wärmend, am Anfang süß, dann trockener. Mit der Zeit kommen Gewürze und die Orangenaromen zum Tragen. Im Abgang ist er mittel bis lang und erinnert an reife Früchte.

Deanston

UNWEIT DES STÄDTCHENS Doune, gerade noch nördlich der berühmten Linie, die die Highlands von den Lowlands trennt, steht die Brennerei Deanston. Doune war früher für seine Pistolenfabrik bekannt und wird heute hauptsächlich wegen des Schlosses und des Oldtimer-Museums besucht. Deanston liegt direkt am Fluss Teith, der die Destillerie mit Wasser versorgt.

Die Brennerei kann auf eine lange Geschichte zurückblicken, obwohl sie erst 1965/66 gegründet wurde. Richard Arkwright richtete in den imposanten Gebäuden, in denen heute die Destillerie untergebracht ist, 1785 eine Baumwollmühle ein. Als er 1836 die Firma erweitern ließ, wurde die Mühle bereits mit Wasser aus dem Fluss Teith angetrieben. Dieses besonders hochwertige Wasser veranlasste die Betreiber 1965, die Gebäude in eine Destillerie umzufunktionieren. 1972 wurde diese von Invergordon übernommen und erlebte ihre absolute Blütezeit. Doch auf die Boomjahre folgten schwierige Zeiten, und Invergordon sah sich Mitte der 1980er-Jahre gezwungen, die Destillerie zu schließen. Nachdem das Interesse an Malt Whisky gegen Ende des 20. Jahrhunderts stetig anwuchs, wurde die Brennerei 1991 an Burn Stewart verkauft und wieder in Betrieb genommen. Seit dieser Zeit ist der Single Malt auch wieder besser erhältlich. Im Herbst 1998 ergänzte man die Destillerie durch weiteres Equipment, sodass nun auch Gin und Wodka destilliert werden können. Der Whisky ist leicht, etwas nussig und beinhaltet eine klare malzige Süße. Er erinnert viele Liebhaber auch eher an einen Lowland als an einen Highland Malt.

DEANSTON	
BESITZER	Burn Stewart Distillers Ltd. (CL World Brands)
GRÜNDUNGSDATUM	1965
AUSSPRACHE	Diensten
BEDEUTUNG	die Hügelfestung
STATUS	in Produktion
JAHRESPRODUKTION	30 000 Hektoliter

WHISKY

Deanston, 12 Jahre, 40 % Vol., Originalabfüllung
Farbe: Goldgelb

TASTING NOTES

Der Whisky besitzt ein sehr leichtes öliges Aroma mit einem deutlichen Anzeichen von Eiche. Im Geschmack ist er deutlich stärker, als dies das Aroma vermuten lässt. Zusätzlich gesellen sich Zitrone, Malz und intensive Gewürze hinzu. Im Abgang merkt man erneut das intensive Eichenholz.

Das hochwertige Nass des Teith River versorgt die Destillerie Deanston mit Wasser.

Edradour

EDRADOUR	
BESITZER	Signatory (Andrew Symington)
GRÜNDUNGSDATUM	1825
AUSSPRACHE	Edradaur
BEDEUTUNG	zwischen zwei Flüssen
STATUS	in Produktion
JAHRESPRODUKTION	900 Hektoliter

DIE DESTILLERIE EDRADOUR liegt in dem Weiler Balnauld, in einem kleinen Tal verborgen, oberhalb der Stadt Pitlochry.

Die Brennerei, die auch unter dem Namen Glenforres firmierte, wurde 1825 gegründet. Die heutige Destillerieanlage stammt jedoch erst aus dem Jahr 1837. Fast 100 Jahre wechselten sich einige erfolgreiche Inhaber ab, bevor William Whiteley & Co., eine Tochtergesellschaft der amerikanischen Gruppe J. G. Turney & Sons, die Brennerei 1933 aufkauften.

1982 übernahm der Spirituosenkonzern Pernod Ricard das Zepter. Vier Jahre später erschien offiziell der zehnjährige Single Malt, der leider mangels Vermarktungsstrategie ausschließlich in der Destillerie angeboten wurde. Doch Mitte 2002 kam die Wende: Die Brennerei ging wieder in schottischen Besitz über. Andrew Symington, der Inhaber des unabhängigen Abfüllers Signatory Vintage, erfüllte sich damit einen Traum: In einem gerade einmal fünf Minuten dauernden Verhandlungsgespräch kaufte er die Brennerei den französischen Vorbesitzern ab. Kurz nach dem Kauf erschwerte allerdings ein schweres Unwetter den Start des neuen Besitzers. Die beiden nahe gelegenen Flüsschen stellten die halbe Destillerie inklusive des Besucherzentrums unter Wasser. Erst nach mehrwöchigen Aufräum- und Reparaturarbeiten konnte der Betrieb wieder aufgenommen werden. Ein gutes halbes Jahr nach dem Kauf gelang Symington dann der nächste Coup, als er Iain Henderson (vormals bei Laphroaig) als Produktionsleiter engagieren konnte. Dieser stellte den Betrieb sehr schnell um, sodass die Qualität enorm verbessert werden konnte. Er bot spezielle Wood Finishes an und experimentierte unter anderem auch an einer stark getorften Version. Der größte Anteil (circa 90 Prozent) wird heute als Single Malt abgefüllt. Die Destillerie beschäftigt drei Personen in der Produktion und stellt pro Woche circa 3000 Liter Whisky her. Im Sommer benötigt das Besucherzentrum bis zu 20 Guides, die die gut 100 000 Besucher (pro Jahr) durch die heiligen Hallen führen.

Der von jeher sehr kräftige Whisky hat sich seit 2002 mit den verschiedensten Wood Finishes (Marsala, Madeira, Port, Chardonnay, Sauternes, Bordeaux und Burgunder) stark geändert. Ende 2006 kam dazu der getorfte Ballechin auf den Markt. Edradour bietet außerdem einen sehr guten Cream-Likör an.

WHISKY

Ballechin Burgundy Matured, 46 % Vol., Originalabfüllung
Farbe: mitteldunkler Bernstein

TASTING NOTES

Dieser getorfte Single Malt von Edradour ist etwas ganz Spezielles. Einmal durch die limitierte Anzahl von 6000 Flaschen, aber auch weil er der erste seiner Art ist. Der intensive Torfrauch entfaltet sich im Aroma neben einem leichten Anflug von Lakritz. Im Geschmack vermittelt er eine starke Würze, gepaart mit einer leichten Süße. Dazu kommt ein leichter Geschmack von Sandelholz. Im Abgang ist er sehr lang und intensiv rauchig.

S. 177: *Die ehemalige Genossenschaftsbrennerei Edradour gilt als Schottlands kleinste und zugleich hübscheste Destillerie.*

THE EDRADOUR
EST. 1825
The smallest distillery in Scotland
Closed Sundays
CAR PARK
Open 10-4 Shop only

Glenturret

GLENTURRET	
BESITZER	The Edrington Group
GRÜNDUNGSDATUM	1775
AUSSPRACHE	Glenturret
BEDEUTUNG	Tal des kleinen trockenen Flusses
STATUS	in Produktion
JAHRESPRODUKTION	4000 Hektoliter

AM WESTLICHEN RAND der Ortschaft Crieff im Tal des Flusses Turret liegt die Brennerei Glenturret.

Glenturret gehört neben Strathisla und Littlemill zu den ältesten Destillerien überhaupt. Bereits 1717 wurde in Hosh illegal destilliert, die heutige Brennerei stammt jedoch aus dem Jahr 1775.

Diese Jahreszahl ziert auch heute noch die Flaschen, womit Glenturret in Anspruch nimmt, Schottlands älteste Destillerie zu sein. Doch wie gesagt, das ist nicht eindeutig zuzuordnen. Man kann jedoch stolz behaupten, dass die ältesten Gebäude, die tatsächlich aus dem Gründungsjahr 1775 stammen, noch immer genutzt werden. Von 1929 bis 1959 stand die Destillerie still. Im Jahr 1959 kaufte sie James Fairlie mit der Absicht, dem Single Malt seine Bedeutung zurückzuführen, die er einst hatte und heute wieder genießt. Mit guter Qualität konnte der Whisky viele Liebhaber gewinnen und hat heute einen ausgezeichneten Ruf. Um sich abzusichern, gewann die Brennerei Cointreau und ein wenig später auch Highland Distillers als Partner dazu. 1981 wurde in Glenturret eines der ersten Besucherzentren überhaupt eröffnet. Heute gehört Glenturret, zusammen mit seinen vielen firmeneigenen Restaurants, zu den Hauptattraktionen Schottlands und wird jedes Jahr von zahllosen Touristen besucht. Sie ist die meistbesuchte Brennerei überhaupt (seit 1981 mehr als zwei Millionen Besucher).

Man preist jedoch in erster Linie den Blend The Famous Grouse an, den in Schottland am häufigsten getrunkenen Blend, und erst in zweiter Linie den Malt dieser Destillerie. Nach dem Tod von James Fairlie konnte auch sein Sohn Peter großen Einfluss ausüben. Er stieg in der Firma nach der Übernahme von Macallan durch Highland Distillers zum Marketingchef auf. Sogar ein Whiskylikör wurde Fairlie's genannt, um an die Familie zu erinnern, die so großen Einfluss hatte. Genützt hat es Peter Fairlie indes relativ wenig, denn er wurde 1999 aus dem Konzern entlassen, was in der Branche viel Aufsehen erregte, aber auch

Das Moorhuhn (englisch: grouse) auf dem Hof der Brennerei verdeutlicht unübersehbar die Herkunft des Blends The Famous Grouse.

aufzeigt, dass Fusionen und Firmenzusammenschlüsse oft negative Folgen haben können. Peter Fairlie gründete daraufhin seine eigene Firma, eine unabhängige Abfüllerei.

Der Whisky ist vom Stil her sehr komplex, frisch, blumig und trocken. In jungen Jahren wird er als Aperitif genossen, mit zunehmendem Alter als Digestif.

WHISKY

Glenturret, 10 Jahre, 40% Vol., Originalabfüllung
Farbe: blasser Bernstein

TASTING NOTES

Im Aroma sticht ein herrlich süßer Sherry mit ein bisschen Rauch und Malzaroma in die Nase. Das Malz tritt auch beim Geschmack wieder hervor, ebenso der cremige Sherry. Er hat außerdem eine leicht pfeffrige Schärfe. Im Abgang ist er mittellang und wieder ein wenig cremig.

TOWSER STORY

Glenturret ist außer für seinen Whisky noch wegen der Katze Towser bekannt, die es bis ins Guinnessbuch der Rekorde geschafft hat. Da Malz bei Mäusen sehr beliebt ist, hat fast jede Destillerie eine oder mehrere Katzen, die die Mäuse jagen sollen. Und Towser war die beste Mäusejägerin weit und breit: In ihrem langen Leben – sie wurde annähernd 24 Jahre alt – soll sie 28 899 Nagetiere „erlegt" haben und stellte damit einen bisher unerreichten Rekord auf.
Kurz nachdem sie starb, wurde sie bereits zur Legende. Zehn Jahre nach ihrem Tod errichtete man ihr zu Ehren sogar ein Denkmal auf dem Destillerie-Gelände.
Es wird auch erzählt, dass Towser angeblich Whisky liebte und ihn bei jeder Gelegenheit gerne aufschleckte, wenn beim Abfüllen mal wieder was „daneben"-gegangen war.
Die Enkelin von Towser namens Amber war dagegen das pure Gegenteil: Sie schaffte es nicht mal, eine einzige Maus zu erlegen, und verstarb im Jahr 2004. Was wiederum dazu führte, dass das Thema auch marketingtechnisch genutzt wurde und man bei der „Organisation zum Schutz der

Seit 1997 steht dem Mäusejäger Towser zu Ehren eine kleine Gedenkstatue auf dem Gelände der Brennerei Glenturret.

Katze" (Cats Protection) um einen geeigneten Nachfolger anfragte. Diese Organisation kümmert sich darum, dass die pro Jahr rund 60 000 umherstreunenden Katzen ohne festes Heim wieder einen Besitzer finden, der sich um sie kümmert. Und so machte man sich in allen schottischen Tierschutzzentren (Arborath, Cardyke, Dundee, Forfar und Perth) auf die Suche, einen adäquaten Nachfolger für Towser zu finden. Das war natürlich anhand der beeindruckenden Eckdaten von Towsers Jagdtätigkeiten fast ein Ding der Unmöglichkeit. Im Finale standen zwei Dylans, Domino, Frances, Hannah, Holly, Jet Li, Moggie und Lola. Die Entscheidung fiel schließlich auf Dylan aus der Region Forfar. Der weiß und rotblonde Kater wurde von einer Jury ausgewählt, die aus Destillerie-mitarbeitern und Mitgliedern von Cats Protection bestand.
Auch andere Destillerien verfügen über bekannte Katzen: so zum Beispiel Barley von Highland Park.
Da sich jedoch die Lebensmittelgesetze in den letzten Jahren sehr stark gewandelt haben und man auf Hygiene noch mehr Wert legt, verlieren die kleinen Mäusejäger immer mehr an Bedeutung. Nicht zuletzt deshalb, weil die Brennereien heutzutage anders gebaut werden und auch die Lagerung anders erfolgt. Deshalb werden Katzen in den Innenhöfen der verschiedenen Brennereien wahrscheinlich immer seltener anzutreffen sein.

2004
THE VICTORIA
CASK NO.374
BLACKFORD
TULLIBARDINE DISTILLERY
2004
UISGE BEATHA
CASK NO.373
BLACKFORD
2004
BLACKFORD
TULLIBARDINE DISTILLERY
2004
CASK NO. 370
BLACKFORD
TULLIBARDINE DISTILLERY
2003
ROBERT & GORDON
CASK NO. 19
BLACKFORD
2003
CASK NO. 20
BLACKFORD
2004
PROVAN
BLACKFORD
2004

Tullibardine

IN BLACKFORD, IN DER NÄHE von Gleneagles, dem weltberühmten Hotel mit seinen luxuriösen Golfplätzen, liegt die Brennerei Tullibardine. In Blackford wird außerdem das bekannte Highland-Springs-Mineralwasser gefördert. Das kristallklare Wasser für die Destillerie, die an der Stelle einer ehemaligen Brauerei steht, kommt aus den Hügeln von Ochil.

Tullibardine wurde erst 1949 von dem Ingenieur William Delmé Evans gegründet. Dieser war zugleich der Architekt der Destillerien Glenallachie und Jura. 1947 erwarb er die Brauerei in Blackford und baute sie zur Brennerei um. Die Brauerei war einst die erste in ganz Schottland gewesen und hatte 1488 das Bier zur Krönung König James' IV., gebraut. Daher heißt der Shop der Brennerei auch Café 1488. Seit dem 12. Jahrhundert hatte man dort Bier gebraut und dieselbe Wasserquelle genutzt. 1953 musste Evans die Destillerie aus Gesundheitsgründen zwangsweise an Brodie Hepburn verkaufen. 1971 wurde die Destillerie an Invergordon Destillers weiterveräußert. Der neue Besitzer erweiterte die Anlage von zwei auf vier Brennblasen. In den Jahren 1991 bis 1994 befand sich die Destillerie in einer Phase der feindlichen Übernahmeschlachten. Whyte & Mackay bzw. deren Muttergesellschaft American Brands kaufte die Anlage und ließ sie, wie auch andere gerade erworbene Destillerien, schließen. 2003, im selben Jahr, als Delmé Evans starb, wechselte die Destillerie zum letzten Mal den Besitzer: Dieses Mal ging sie an ein Konsortium von drei Whiskyliebhabern, die die Firma gemeinsam kauften. Im Dezember, nach neun Jahren Unterbrechung, wurden die Kessel schließlich wieder in Betrieb genommen. Gut ein Jahr später eröffnete der Shop, und die Destillerie konnte wieder besucht werden.

Der leicht zugängliche Whisky ist in den jungen Jahren sehr mild, weich, zitrusartig, malzig und süß und eignet sich bestens als Aperitif. Mit zunehmendem Alter wird der Whisky trockener, nussiger, und sein Körper wirkt öliger und kräftiger.

S. 180: Im Jahr 2003 konnte ein Konsortium von Whiskyliebhabern die Brennerei Tullibardine in Blackford erwerben.

TULLIBARDINE	
BESITZER	Gruppe von drei Inhabern: Gary Grant, David Myles, John Black
GRÜNDUNGSDATUM	1949
AUSSPRACHE	Tullibárdin
BEDEUTUNG	Hügel von Bardine
STATUS	in Produktion
JAHRESPRODUKTION	15 000 Hektoliter

WHISKY

Tullibardine Vintage, Jahrgang 1988, 46 % Vol.
Farbe: Goldgelb

TASTING NOTES

In der Nase wirkt er frisch und leicht, mit einer Brise von Vanille. Im Geschmack verstärkt sich die Vanillenote, er wirkt leicht süßlich und erinnert ein wenig an weiße Schokolade. Er ist jedoch deutlich kräftiger als der 1993er. Im Abgang ist er schön lange angenehm wärmend.

In den Gebäuden einer ehemaligen Bierbrauerei wurde 1947 die Brennerei Tullibardine errichtet.

IRLAND

IRLAND

Die grüne Insel mit ihren gastfreundlichen Menschen ist für den Whiskeyliebhaber immer eine Reise wert, auch wenn heute nur noch drei Brennereien aktiv den Pure Pot Still, die Blends und Malt Whiskeys herstellen. Immerhin führen diese wenigen Betriebe aber etwa 30 verschiedene irische Whiskeys im Angebot. Daneben gibt es noch ein paar weitere Destillerien, die zwar teilweise seit Jahrzehnten keinen Whiskey mehr produziert haben, in deren verbliebenen Warehouses jedoch noch immer zahlreiche Fässer lagern.

DIE IREN BLICKEN, was den Whiskey betrifft, genauso wie die Schotten auf eine bewegte Geschichte zurück. Ihnen war das Glück nicht immer gewogen, zudem begingen sie auch ein paar gravierende Fehler, die ihre weitere Geschichte maßgeblich geprägt haben. Einst Weltmarktführer in der Whisk(e)ybranche, müssen sie sich heute erst wieder bemühen, um den irischen Whiskey jenseits der Insel bekannter zu machen. Besonders die Prohibitionszeit in den Vereinigten Staaten stürzte die irische Whiskeyindustrie in eine schwere Krise. Heute werden viele Marken zu neuem Leben erweckt, die einst Größen im Whiskeygeschäft waren. Sie feierten vor 100 Jahren außergewöhnliche Erfolge, um dann aber auf einmal von der Bildfläche zu verschwinden. An die Erfolgszeit möchte man heute verständlicherweise gerne wieder anknüpfen. So kam in den vergangenen Jahren in den noch übrig gebliebenen Destillerien Midleton, Cooley und Bushmills eine wahre Flut an Neuerscheinungen auf den Markt, die es teilweise in sich haben. Das „uisce beatha" (Lebenswasser), so der gälische Name für Whiskey, ist auch in Irland wieder auf dem Vormarsch. Zum Wohl! Oder „Sláinte!", wie die Iren sagen.

Der Giant's Causeway im County Antrim diente der Legende nach dem Riesen Finn MacCool als eine Art Damm, um zu seiner Geliebten auf der schottischen Insel Staffa zu gelangen.

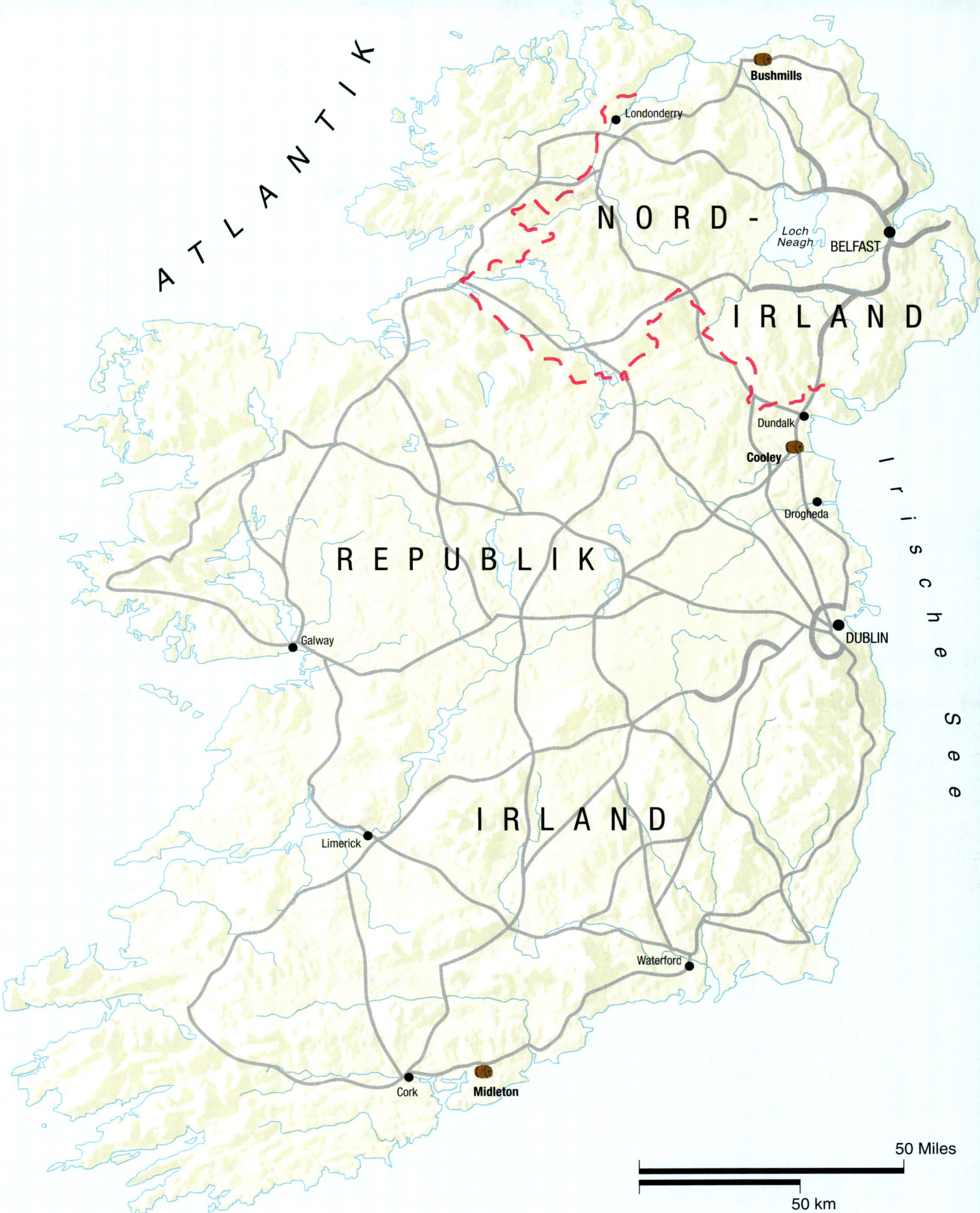
ATLANTIK
Bushmills
Londonderry
NORD-
IRLAND
Loch Neagh
BELFAST
Dundalk
Cooley
Drogheda
Irische See
REPUBLIK
IRLAND
DUBLIN
Galway
Limerick
Waterford
Cork
Midleton
50 Miles
50 km

Geschichte

Die Whiskeyerfinder

Die Fachleute sind sich eigentlich einig: Der Whisk(e)y stammt ursprünglich aus Irland. Doch genau beweisen lässt es sich leider nicht. Der erste geschichtliche Hinweis stammt jedenfalls zur Freude der so nahe gelegenen konkurrierenden Whiskynation aus Schottland. Daher bleibt der – eigentlich müßige – Streit um das Recht, sich Whisk(e)yerfinder nennen zu dürfen, weiterhin bestehen. Jim Murray, ein bekannter Whiskykenner, ging der Sache vor Jahren noch einmal auf den Grund, führte detaillierte Recherchen durch und versuchte in seinem Buch *Classic Irish Whiskey* nachzuweisen, dass bei allen Hinweisen auf das Wort „aqua vitae" in Wirklichkeit Branntwein gemeint war und nicht Whisk(e)y.

Der Legende nach waren es christliche Mönche, die im 5. Jahrhundert Gerätschaften für die Herstellung von Arzneimitteln und Parfüm nach Irland, aber auch nach Schottland brachten. Für die Iren kommt natürlich nur St. Patrick, der Nationalheilige, dafür in Frage, diese Aktivitäten vorangetrieben zu haben. Zwar sagt man, dass Mönche als Erste wasserklare Flüssigkeiten destillierten, doch war zumindest zu Lebzeiten Patricks noch nicht bekannt, wie man durch Destillation ein alkoholisches Getränk herstellen konnte. Vielleicht kam das Wissen aus Italien nach Irland. Von den Mönchen übernahmen bald die Bauern die Kunst des Destillierens. Die Landwirte jedenfalls verarbeiteten, genauso wie ihre schottischen Nachbarn, einen Teil ihres Getreides zu „Lebenswasser", um mit den zusätzlichen Einnahmen ihre Pacht bezahlen zu können.

Bereits 1556 und dann nochmals 1620 wies die irische Regierung auf die Gesundheitsgefahren bei übermäßigem Konsum von Alkohol hin. Hinweise auf Gesundheitsrisiken, wie heutzutage bei Zigaretten üblich, sind also keine Erfindung der Neuzeit. Der gestiegene Alkoholkonsum, der für viele Leute in der totalen Abhängigkeit endete, zwang die Regierung schließlich zu handeln. Sie führte ausgerechnet zum Weihnachtstag des Jahres 1661 eine schmerzhaft hohe Whiskeysteuer ein, erreichte jedoch dadurch lediglich dasselbe, was auch in Schottland geschah: Whiskey wurde von nun an hauptsächlich illegal gebrannt und über Land geschmuggelt.

Ginge es nach den Mythen und Legenden der Iren, kümmerte sich bereits ihr Nationalheiliger St. Patrick um die Whiskeyproduktion.

Von der Ära der Schwarzbrenner zum Whiskeyboom

Man sprach nun auf der einen Seite vom besteuerten „Parlamentswhiskey", auf der anderen Seite vom „Poitín", dem illegal gebrannten Alkohol, der unters Volk gebracht wurde. Die Bevölkerung schmuggelte und brannte und versuchte mit allerlei Tricks, die Steuern zu umgehen. Wie auch in Schottland dauerte es rund 150 Jahre, bis man 1822 und 1823 die ersten Gesetze verabschiedete, die schließlich den Weg für die legale Whiskeyherstellung ebneten. Dafür war von nun an eine Lizenz vonnöten.

Einzelne Lizenzen hatte es allerdings schon früher gegeben. So sind die Iren stolz darauf, die älteste lizenzierte Brennerei der Welt zu beheimaten. König Jakob I. von England und Irland erteilte 1608 Sir Thomas Phillips das Privileg, in der Gegend um Bushmills Whiskey destillieren zu dürfen. Die heutige Brennerei dieses Namens entstand jedoch erst 1784 und war damit jünger als Kilbeggan oder schottische Destillerien wie Glenturret, Littlemill und Bowmore. Auf den Flaschenetiketten wird jedoch noch heute gerne das Gründungsjahr 1608 vermerkt.

Der vergleichsweise leichte Pure Pot Still, der durch die Zugabe von ungemälzter Gerste seinen unverkennbaren Geschmack bekommt, kam bei der Kundschaft gut an. In England und in den USA lief er sogar dem Scotch Whisky den Rang ab und verhalf den großen irischen Firmen wie Jameson, John Power und George Roe zu großem Reichtum. Sie schlossen sich zusammen, um 1879 gemeinsam das Buch *Truths about Whiskey* herauszubringen. Darin wurde beschrieben, was guten Whiskey ausmacht, und vor schlechten und gepanschten Whiskeys gewarnt. Der Whiskeyboom hatte allerdings auch zahlreiche schwarze Schafe auf den Plan gerufen, die qualitativ schlechte Ware auf den Markt brachten und damit den guten Ruf des Whiskeys gefährdeten. Das waren bereits die ersten Anzeichen dafür, dass es mit dem irischen Whiskey bergab ging, wenngleich man sicher nicht nur den Whiskeyproduzenten dafür die Schuld geben kann.

Der Niedergang der irischen Whiskeyproduktion

Für den Zusammenbruch der irischen Whiskeyindustrie sind mehrere Gründe zu nennen. Einerseits gab es auch in Irland eine Temperenzbewegung, die mahnend den Zeigefinger hob und den Alkohol als Teufelszeug brandmarkte. Allen voran ein gewisser Father Matthew, der völlige Abstinenz predigte. Er stieß bei den strenggläubigen Iren auf so zahlreiche offene Ohren, dass von 1838 bis 1844 die Anzahl der Pubs von 21 000 auf 13 000 sank.

Außerdem kamen die schottischen Blends auf den Markt. Das kontinuierliche Brennverfahren, das durch Robert Stein und Aeneas Coffey, einem irischen Steuereintreiber aus Dublin, perfektioniert worden war, brachte den Durchbruch für die Herstellung von Grain Whisky. Von dieser Innovation profitierten jedoch weniger die Iren, wie man das aufgrund der Herkunft Coffeys hätte vermuten können, sondern eher die Schotten. Dort wurde in großen Mengen Grain Whisky produziert, der für die Blends benötigt wurde. Der Whiskyverschnitt war dadurch wesentlich günstiger und zudem leichter als der Pure Pot Still. Innerhalb kürzester Zeit verbreitete er sich auf der ganzen Welt und löste damit die irischen Whiskeys von der Weltmarktspitze ab. Erst als es dafür eigentlich schon viel zu spät war, begann man auch in Irland Blends herzustellen, vernachlässigte dabei allerdings den irischen Pure Pot Still, der einst die Erfolge eingebracht hatte. Als die irischen Blends schließlich auf den Markt kamen, waren sie nur noch eine weitere Variante der bereits etablierten Scotch Blended Whiskys.

Die amerikanische Prohibition bedeutete den nächsten Einbruch. Die von 1920 an annähernd 14 Jahre lang anhaltende Prohibition schadete nicht nur den amerikanischen Herstellern, sondern auch den irischen. Die Iren waren viel zu gottes- und vor allem gesetzesfürchtige Menschen und hatten große Skrupel, den Whiskey auf illegale Weise in die USA zu schmuggeln. Die Schotten und vor allen Dingen Kanadier dagegen hatten keine Skrupel, den Whisky teils über Drittstatten (vor allem in der Karibik)

Die Whiskeybrennerei Old Bushmills rühmt sich, die älteste Destillerie der Welt zu sein. Bereits 1608 wurde in der Umgebung von Bushmills im County Antrim Whiskey destilliert.

in die USA zu importieren. So verschwand der irische Whiskey komplett vom amerikanischen Markt. Die meisten Amerikaner wussten jedoch nichts vom Ausbleiben des irischen Nachschubs. Es waren vor allem Gangster, die billigsten Whisky in ihren eigenen Schwarzbrennereien herstellten und ihn als irischen Whiskey verkauften. Das Vertrauen in den „Fusel aus Irland" sank somit rapide. So sehr, dass es nach der Aufhebung der Prohibition für irische Firmen praktisch keine Chance mehr gab, ihren Whiskey mit seinem gesunkenen Image wieder auf dem Markt zu etablieren.

Doch nicht nur auf dem US-Markt ging es bergab. Nach dem Osteraufstand von 1916 wurde von den englischen Besatzern ein Handelsembargo verhängt, infolgedessen wichtige Absatzmärkte in Australien und Neuseeland abgeschnitten wurden. In der Zwischenzeit waren viele irische Brennereien pleitegegangen, und die verbliebenen machten sich in den 1950er-Jahren das Leben gegenseitig schwer. Da sie fast nur noch den heimischen Markt beliefern konnten, besannen sie sich schließlich eines Besseren und kamen zu dem Schluss, dass man gemeinsam wohl stärker wäre. Zuerst formierte sich die Gruppe der Cork Distillers, bestehend aus vier Destillerien rund um Cork. 1966 kam es dann zur großen Fusion von Cork Distillers, Powers und Jameson zur Irish Distillers Group (IDG). 1972 schloss sich auch Bushmills dieser großen Gruppe an. Von da an ging es wieder bergauf. 1975 baute die IDG eine komplett neue Destillerie, die es aufgrund ihrer Bauweise ermöglichte, alle möglichen Whiskeys herzustellen. Mit diesem Schritt wurden bis auf Bushmills alle alten Brennereien des Konzerns geschlossen und später in Museen umgebaut. 1987 kam es dann zwischen John Teeling und Pernod Ricard zum Übernahmestreit um IDG. Die Franzosen gewannen und brachten den irischen Whiskey dank ihres großen Vertriebsnetzes wieder auf die Erfolgsspur zurück.

Teeling, der wie der Großteil der stolzen Iren nicht verstehen konnte, dass man den Konzern in ausländische Hände gab, gründete kurzerhand die dritte heute noch produzierende Destillerie, Cooley. Diese musste natürlich erst einmal geschäftstüchtig aufgebaut werden. Mit der Zeit stellte sich jedoch der Erfolg ein, und Pernod Ricard (IDG) zeigte großes Interesse an einer Übernahme. Die irische Wettbewerbskommission konnte diese Übernahme jedoch verhindern. Die IDG musste 2006 sogar die Destillerie Bushmills an Diageo abtreten. Jeder wird sich jetzt fragen, warum gerade an den größten Spirituosenkonzern der Welt? Ist das wettbewerbsrechtlich nicht Nonsens? Diageo besitzt schließlich mehr Whiskybrennereien als jede andere Firma. Als Grund für die Bewilligung wurde angeführt, dass Pernod Ricard über ein höheres Produktionsvolumen an Whisky verfügt.

Irish Whiskey versus Scotch Whisky

Beide Länder werden gerne miteinander verglichen, gelten sie doch allgemein als die Whisk(e)yproduzenten schlechthin. Der erste Unterschied findet sich jedoch bereits bei der

Während der irischen Hungersnot verließen viele arme Farmer ihre Heimat und wanderten nach Amerika aus. Einige von ihnen führten in der Neuen Welt auch die irische Whiskeytradition fort.

Die Temple Bar im gleichnamigen Dubliner Stadtviertel, der Vergnügungsmeile der irischen Hauptstadt.

Schreibweise: Die Iren schreiben heute „Whiskey", genauso übrigens wie die Amerikaner; in Schottland dagegen schreibt man das Wort ohne „e", also „Whisky". Dies war allerdings nicht immer so. Bis Anfang des letzten Jahrhunderts schrieb man es in Irland willkürlich einmal mit „e" und einmal ohne „e".

Der Irish Pure Pot Still, der dem irischen Whiskey überhaupt zu Weltruhm verhalf, wurde außerdem in einem anderen Produktionsverfahren hergestellt. Beim Einmaischen mischten die Iren neben dem Malz auch ungemälzte Gerste bei. Diese „Erfindung" war eine notwendige Sparmaßnahme, als die englische Besatzungsmacht eine Malzsteuer einführte. Aber nicht nur finanziell bewährte sich das Verfahren, sondern auch rein geschmacklich. Sein leichter Körper hob den irischen Whiskey von den schweren schottischen Malt Whiskys ab. Hinzu kam die Methode der dreifachen Destillation, die immer mehr Brennereien praktizierten, um die Qualität ihres Whiskeys zu verbessern, sowie die Bauweise der Pot Stills, die viel größer als die schottischen waren und heute noch sind. Eine weitere Besonderheit des irischen Whiskeys bestand darin, dass man für die Trocknung des Malzes kein Torffeuer verwendete, sondern ausschließlich Holz bzw. Kohle. Torf kommt heute nur vereinzelt zum Einsatz, zum Beispiel bei Cooleys Connemara.

Aktive Destillerien

Um das Jahr 1880, als die irische Whiskeyindustrie noch florierte, gab es 28 legale aktive Brennereien. Dies beschrieb der englische Autor Alfred Barnard 1887 in seinem Buch *The Whisky Distilleries of the United Kingdom*. Barnard stellte fest, dass einige Betriebe nach wie vor zweifach destillierten, und widerlegte damit das damals allgemein übliche Vorurteil, dass in Irland „nur" dreifach destilliert würde.

Als sich die großen Firmen, wie Jameson oder Power zur IDG (Irish Distillers Group) zusammengeschlossen hatten, wollte jedoch kein „Gemeinsam-sind-wir-stark"-Gefühl aufkommen. Das änderte auch nicht der Bau der Super-Destillerie in Midleton, mit der man die Vielfalt der bereits von Barnard beschriebenen irischen Individualisten aus einer Brennerei bedienen konnte.

Der irische Geschäftsmann John J. Teeling schlug mit der Brennerei Cooley ein weiteres Kapitel in der irischen Whiskeygeschichte auf. Sollte es ihm wirklich gelingen, die ebenfalls zu Cooley gehörende Destillerie Kilbeggan zu neuem Leben zu erwecken, wäre ihm der Platz in den Geschichtsbüchern endgültig sicher. Der Dritte im irischen Bunde ist heute die Brennerei Old Bushmills von Diageo.

Cooley

COOLEY	
BESITZER	Cooley Distillers plc. (größter Aktionär: John Teeling)
GRÜNDUNGSDATUM	1987
STATUS	in Produktion
JAHRESPRODUKTION	50 400 Hektoliter

DIE DESTILLERIE COOLEY befindet sich in Riverstown bei Dundalk im County Westmeath, nahe der nordirischen Grenze. Die vormals staatliche Spritfabrik, die aus der Zeit vor dem Zweiten Weltkrieg stammt, liegt etwas versteckt hinter einer Reihe von Fichten und wirkt trotz der erst kürzlich durchgeführten Renovierungsmaßnahmen ein wenig düster.

Die Brennerei wurde erst 1987 von dem charismatischen John Teeling gegründet. Dieser wollte bereits die IDG aufkaufen, allerdings kam ihm der französische Konzern Pernod Ricard zuvor und machte ihm einen Strich durch die Rechnung. Stattdessen konnte er jedoch zusammen mit einer Investorengruppe dem Staat die Cimicei Teo Distillery für 120 000 Pfund abkaufen. In dieser Brennerei wurde vormals vor allem für die Wodkas der Firma Smirnoff Kartoffelschnaps hergestellt. Da diese Brennerei damals keine Lagerhäuser für die notwendige Einlagerung von Whiskey hatte, kaufte Teeling zusätzlich die Kilbeggan Distillery, mit einer Vielzahl an Marken wie Inishowen, Locke, Millar, Tyrconell und Watt. Diese befand sich im Besitz der Familie Locke und war zu dieser Zeit nur noch als Museum zu besichtigen. Heute steht in Riverstown ein Lagerhaus mit einer Kapazität von etwa 20 000 Fässern.

Cooleys Greenore wurde bei der International Wine and Spirits Competition mit einer Goldmedaille prämiert.

Das Produktionsvolumen der Brennerei Cooley ist seit 1987 kontinuierlich gestiegen. Im Lagerhaus in Riverstown können heute um die 20 000 Fässer Whiskey eingelagert werden.

Wie Teeling zum Whiskey kam, ist ebenfalls eine interessante Geschichte. Er promovierte Anfang der 1970er-Jahre in Harvard und führte dabei Untersuchungen über die Whiskeybranche in Irland durch. Er kam dabei zu dem Ergebnis, dass Irland den besten Whiskey der Welt mit dem schlechtesten Marketing der Welt besaß. Zur damaligen Zeit war dies, zumindest was den zweiten Punkt anbelangt, nicht von der Hand zu weisen. Dank seiner fundierten Marketingkenntnisse begann er sofort nach dem Kauf mit Maßnahmen zur Absatzförderung. Allen voran nannte er die Destillerie, nach dem Namen einer nahe gelegenen Bergkette, in Cooley um. Dieser Name war noch dazu wesentlich einfacher zu merken als der alte.

Um flexibel reagieren und um auch Malt Whiskey herstellen zu können, erwarb die Gruppe zusätzlich die bereits gebrauchten Pot Stills aus der seit langer Zeit geschlossenen Comber Distillery in Belfast sowie die Mash Tun der alten schottischen Destillerie Moffat.

Damit endlich auch Geld ins Haus kam, brachte er nach der Mindestreifezeit von drei Jahren den Tyrconnell auf den Markt, der von den Kritikern mit guten Noten bedacht wurde. Dies rief natürlich auch die Konkurrenz auf den Plan: Die IDG wollte Cooley aufkaufen, konnte aber durch die Kartellbehörden davon abgehalten werden. Die Brennerei war jedoch finanziell noch nicht genügend gefestigt. Teeling ging deswegen Distributionsverträge mit UD und allen voran mit Invergordon ein. Diese sind heute zwar nicht mehr gültig, waren damals aber essenziell, um auch Whiskey für Blends verkaufen zu können und letztendlich auf diese Weise Geld in die Kasse fließen zu lassen. Die Blends gingen hauptsächlich an einige britische Großhandelsketten wie Tesco, Sainsbury oder Marks & Spencer. Mittlerweile konnte die Firma weltweit große Marktanteile hinzugewinnen. Sicherlich auch dank innovativer Whiskeys, wie dem Connemara, einem getorften Single Malt, dem Greenore, einem Single Grain Whiskey, sowie den Blends Kilbeggan, Locke's und dem Hauswhiskey Celtic, der zu Ehren des schottischen Fußballvereins Celtic Glasgow herausgebracht wurde, um nur einige der vielen Marken des Hauses zu nennen. John Teeling hat der Whiskeywelt auf beeindruckende Weise bewiesen, dass man auch heute noch mit einer Vision und ohne Großkonzern im Rücken in Irland durchaus kommerziellen Erfolg haben kann.

WHISKEY

Connemara Peated Single Malt, 40 % Vol.
Farbe: kräftiges Goldgelb

TASTING NOTES

Im Aroma zeigen sich leichte Einflüsse von Torfrauch, gepaart mit schönen fruchtigen Zitronen. Der Whiskey wirkt erstaunlich komplex. Im Geschmack kommt zusätzlich zum Rauch etwas süßes Malz hinzu. Manche vermissen das salzige Meeresaroma, wie man es von Islay her kennt, andere wiederum schätzen gerade diesen Umstand. Im Abgang ist er anhaltend lang mit einem schönen torfig-rauchigen Nachklang.

John Teeling hat mit guten Ideen und innovativen Geschäftskonzepten die Marke Cooley auf dem Markt etablieren können.

County Cork

Midleton

MIDLETON	
BESITZER	IDL (Pernod Ricard)
GRÜNDUNGSDATUM	1825
STATUS	in Produktion
JAHRESPRODUKTION	200 000 Hektoliter

DIE SÜDIRISCHE KLEINSTADT Midleton liegt nur rund 24 Kilometer von Cork entfernt. Das Städtchen entstand rund um ein Zisterzienserkloster, das im 12. Jahrhundert von französischen Mönchen aus dem Burgund gegründet wurde. Im Ort zweigt in der Nähe der Kirche eine kleine Zufahrtsstraße zur alten Destillerie Midleton ab. Die neue Brennerei, ein leider wenig ansehnlicher moderner Industriekomplex, wurde zwar in Sichtweise zur alten erbaut, jedoch etwas versteckt hinter einem kleinen Pappelwäldchen auf einem Hügel dahinter.

Die Brennerei wurde 1825 von den drei Brüdern Murphy gegründet. Dieselbe Familie führt heute unter anderem eine Brauerei im benachbarten Cork. Die Destillerie konnte erbaut werden, nachdem kurz zuvor, wie auch in Schottland, die Bestimmungen für die Besteuerung von Alkohol gelockert worden waren. Sie ist wie Old Bushmills ein Betrieb, der alle Höhen und Tiefen der irischen Whiskeygeschichte überlebt hat. Ende des 19. Jahrhunderts schloss sie sich mit anderen Brennereibetrieben aus der näheren Umgebung Corks zur Cork Distillery Company zusammen und setzte so einen ähnlichen Prozess in Gang, wie er auch in Schottland zu beobachten war. Nachdem die Destillerie sämtliche Rückschläge unbeschadet überstanden hatte, fusionierte sie 1966 gemeinsam mit Jameson und Powers zur Irish Distillers Limited, kurz IDL genannt. Aufgrund von Platzproblemen, vor allen Dingen in Dublin, wurde die Idee geboren, die gesamte Produktion zentral an einem Ort zusammenzufassen. Midleton schien dafür der geeignete Platz zu sein. Doch die alte Destillerie hatte eine zu geringe Produktionskapazität, und so wurde 1975 in der Nähe zur alten Brennerei ein komplett neuer und moderner Industriebau errichtet. Um all die verschiedenen Whiskeys der alten Destillerien weiterhin herstellen zu können, installierte man eine hochkomplexe Anlage. Das Herzstück des Brennhauses besteht aus vier Pot Stills sowie sechs Säulenbrennapparaten. Die Pot Stills sind heute allerdings nicht mehr so groß wie der riesige zwiebelförmige Kupferkessel aus der alten Brennerei, jedoch immer noch wesentlich umfangreicher als alle in Schottland verwendeten Brennblasen. Aber

In den hübschen alten Destilleriegebäuden der Brennerei Midleton ist heute das Jameson Heritage Center untergebracht.

In dem alten Cottage der Destillerie Midleton wohnten einst die Brennmeister mit ihren Familien.

die Größe hat auch Nachteile: Man muss sehr viel Whiskey produzieren, damit es sich wirklich lohnt, die Stills in Gang zu setzen. Alle Stills sind in einem Gebäude untergebracht und stehen so dicht nebeneinander wie nirgendwo sonst. Durch diese Bauart ist die Brennanlage heute die wohl flexibelste weltweit.

MALT WHISKEY

Auch der Herstellungsprozess unterscheidet sich in Midleton ein wenig von anderen Betrieben. Man wundert sich schon allein über die Anzahl der Pot Stills. Wie in Irland gebräuchlich, wird auch in Midleton normalerweise dreifach gebrannt. Hierfür stehen vier Brennblasen zur Verfügung, von denen zwei als Wash Stills dienen. Dass dabei Whiskey mit sehr unterschiedlichem Alkoholgehalt hergestellt wird, ist ebenfalls eher ungewöhnlich. Die Volumprozentzahlen variieren schon beim ersten Brennvorgang. In den Wash Stills produziert man einen Rohbrand mit einem Alkoholgehalt zwischen 22 und 50 Prozent. Beim zweiten Brennvorgang erreicht man 50 bis 78 Prozent und beim letzten Vorgang, der schließlich den Feinbrand hervorbringt, ein Alkoholgehalt zwischen 63 bis 85 Prozent.

GRAIN WHISKEY

Auch die sechs Patent Stills, die für den im Säulenbrennverfahren hergestellten Grain Whiskey verantwortlich sind, werden zu einer dreifachen Destillation benutzt. Dazu stehen hier in Midleton drei Brennsäulen zur Verfügung. Es laufen also immer zwei mal drei Brennsäulen parallel. Die erste Brennsäule erzeugt einen Rohbrand, der bereits um die 70 Prozent Alkohol enthält. Bei der zweiten Destillation passiert etwas Ungewöhnliches: Man mischt Wasser unter, um unerwünschte Alkoholarten und Fuselöle zu entfernen. Daraus ergibt sich, dass der Alkoholpegel wieder auf ungefähr 20 Prozent sinkt. Beim dritten und letzten Brennvorgang geht dann „die Post ab“: mit 94,5 Prozent Alkohol erreicht das Produkt zwischenzeitlich beinahe das Stadium reinen Alkohols. Nach seiner Reifezeit jedoch wird er 63 Prozent aufweisen. Der Grain Whiskey wird in Midleton hauptsächlich aus Mais hergestellt, wovon auch die beiden riesigen Maissilos vor der Brennerei künden. Gelegentlich greift man aber auch auf Weizen oder Gerste zurück. Einen gewissen Gerstenanteil braucht man ohnehin, um die für die Herstellung von Alkohol nötigen Enzyme zu erhalten. Der größte Anteil an den irischen Blends stammt aus diesen Coffey Stills. Einerseits, weil Old Bushmills ausschließlich Malt Whiskey herstellt, und andererseits, weil der Konkurrent Cooley als sehr junge Destillerie praktisch nur für die eigenen Hausmarken produziert.

Neben dem Pure Pot Still wird jedoch auch in Midleton Malt Whiskey hergestellt, nicht zuletzt um Bushmills dieses Feld nicht allein zu überlassen. Alle heute zur IDG gehörenden Marken werden in Midleton produziert. Außerdem werden hier auch Whiskeys für andere Marken hergestellt. Zudem produziert man für Old Bushmills, obwohl diese gar nicht mehr zum französischen Konzern gehört. Bei Diageo hält man sich derzeit noch sehr bedeckt und wird wohl Überlegungen anstellen, woher der Grain Whiskey für die Blends in Zukunft kommen soll. Der Whiskey für die hauseigenen Marken wird in der eigenen Abfüllanlage in Dublin in die Flaschen gebracht.

Vor der Abfüllung wird der Whiskey in den 25 Lagerhäusern in Midleton gelagert. In den einzelnen Warehouses befinden sich meist mehr als 30 000 Fässer. Auch ein paar Lagerhäuser der alten Destillerie werden noch aktiv für die Lagerung des teuren Gutes verwendet.

Für die Fasslagerung werden teilweise spanische Sherryfässer verwendet. Der Whiskey aus diesen Fässern gelangt für gewöhnlich in die Standarderzeugnisse der Jameson-Marke. Der Großteil des Whiskeys reift jedoch in Bourbonfässern, die von den amerikanischen Brennereien Wild Turkey oder Heavan Hill stammen. Aber auch ehemalige Jack-Daniel's-Fässer finden ihre Verwendung. Auch in Midleton hielt das Wood Finishing Einzug: Neben neuer Eiche werden Madeira-, Portwein- oder Marsala-Fässer verwendet.

Midleton war außerdem eine der ersten Brennereien, die die Lagerung auf Paletten einführten. Die Fässer werden der Länge nach postiert, bis eine Palette voll ist. Dann schichtet man eine Palette nach der anderen darauf. So kann man platzsparend hohe Türme aufschichten. Diese großen Hallen wirken natürlich sehr industriell und haben nichts mehr mit dem Charme der dunklen, meist feuchten und gedrungenen Lagerhäuser zu tun, die man vor allem aus Schottland kennt.

Die schönen historischen Gebäude der alten Destillerie wurden 1975 zu einem wunderbaren Museum umgebaut und für die Öffentlichkeit zugänglich gemacht. Das Jameson Heritage Centre, wie es genannt wird, hat jedoch nur im Entferntesten mit Jameson zu tun. Ende 2006 wurde es renoviert und ausgebaut, sodass heute mehrere Säle und eine Bar für verschiedene Anlässe gebucht werden können. Die alte Destillerie besitzt die größte Pot Still der Welt. Sie fasst 1530 Hektoliter und kann heute im Museum besichtigt werden. Auch die heutigen Brennblasen haben noch ein Fassungsvolumen von 750 Hektolitern, was im Vergleich zu den Stills in Schottland sehr groß ist.

Wie bereits angesprochen, stellt Midleton eine Vielzahl an Marken her. Doch auch unter der Eigenmarke bietet die Brennerei eine Menge verschiedener Whiskeys an. Aus der alten Destillerie gibt es sogar noch den Old Midleton Whisky (man beachte die Schreibweise ohne „e" im Wort Whisky) und einen 26-jährigen, im Portfass gereiften Pure Pot Still zum 175-jährigen Jubiläum.

Aus der neuen Brennerei stammt der Midleton Very Rare, ein Blend, der vom Manager der Brennerei handsigniert ist.

WHISKEY

Midleton Very Rare, Jahrgang 1990, 40 % Vol.,
Irish Blend
Farbe: Goldgelb

TASTING NOTES

In der Nase spürt man wie bei so vielen irischen Blends eine ausgeprägte Zitrusnote. Ergänzt wird sie durch einen Toffeeduft. Im Geschmack kommt ein leicht süßliches Malz hinzu. Außerdem wird er durch einen Anflug von Würze charakterisiert. Im Abgang ist dieser Blend mittellang, mit einer zart ausklingenden fruchtigen Note.

S. 195: Die Kupferbrennblase, die man im Brennereimuseum in Midleton bewundern kann, war einst die größte Pot Still der Welt.

Old Bushmills

OLD BUSHMILLS	
BESITZER	Diageo
GRÜNDUNGSDATUM	1608
STATUS	in Produktion
JAHRESPRODUKTION	30 000 Hektoliter

IN DER NORDIRISCHEN Grafschaft Antrim, etwas außerhalb des Ortes Bushmills, liegt die Destillerie Old Bushmills. Die Brennereigebäude wurden östlich des Ortes an einen niedrigen Hügel gebaut und erinnern eher an einen kleinen Weiler. In den Sommermonaten arbeiten hier bis zu 150 Menschen. Bis zur Küste sind es gerade mal drei Kilometer und von dort nach Schottland nur etwa 40 Kilometer. Bei guter Sicht kann man manchmal bis zur schottischen Insel Islay oder zur Halbinsel Kintyre sehen.

Was das genaue Gründungsdatum der Destillerie betrifft, gibt es unterschiedliche Aussagen. Bereits im Jahr 1608 existierte in der Gegend um Bushmills eine Lizenz zum Whiskeybrennen. Die heutigen Besitzer glauben, dass diese ihren Vorgängern gehört haben müsste. Sie könnte tatsächlich aber auch im Besitz der benachbarten Coleraine-Destillerie gewesen sein, die jedoch mittlerweile geschlossen ist. Bewiesen ist nur, dass Thomas Phillips vom Gouverneur des englischen Königs James I. eine Brennerlaubnis erteilt worden war und diese für einen größeren Teil des County Antrim Gültigkeit besaß. Aufgrund des Namens und einiger anderer Indizien geht man davon aus, dass mindestens eines der Gebäude eine Wassermühle war.

Ab etwa 1743 wurde in den Gebäuden – zunächst allerdings schwarz – gebrannt. Im 19. Jahrhundert war auf den Etiketten als Gründungsdatum das Jahr 1784 angegeben. Man geht deshalb davon aus, dass ein Teil der heutigen Gebäude aus dieser Zeit stammen könnte. So genau lässt sich dies allerdings nicht mehr rekonstruieren, da im Jahr 1885 ein Feuer in der Brennerei wütete und alle Unterlagen vernichtete. Zudem wurde im Zweiten Weltkrieg in Belfast die Verwaltung und die Abfüllanlage von deutschen Flugzeugen bombardiert und zerstört. Dabei gingen weitere Aufzeichnungen unwiederbringlich verloren.

Die Whiskeys der Destillerie Bushmills werden teilweise in Bourbon- und Sherryfässern gelagert, später werden sie dann in Portweinfässern „verheiratet".

Nach dem Krieg baute man die Gebäude im schottischen Stil wieder auf. Zu dieser Zeit beschlossen die Besitzer zudem, nur noch Malt Whiskey in einer Dreifach-Destillation herzustellen. Vorher hatte man sich auch dem Pure Pot Still verschrieben. Nach einigen Besitzerwechseln – unter anderem gehörte die Brennerei zu Seagram sowie dem Bierbrauer Charington – kam sie dann 1972 zur IDG. Seit 1987 gehörte sie zum Konzern Pernod Ricard, musste aber aufgrund kartellrechtlicher Auflagen 2006 an den großen Konkurrenten Diageo abgetreten werden.

1930 bereits war die Brennerei Coleraine ebenfalls in den Besitz der Inhaber von Bushmills übergegangen. Früher hatte man sich als große Konkurrenten betrachtet. So kam es, dass der Grain Whiskey aus Coleraine für die Blends von Bushmills verwendet wurde. Da die Produktion in Coleraine allerdings im Zug des Neubaus der Midleton-Destillerie ganz aufgegeben wurde, verschwand er Mitte der 1980er-Jahre aus den Bushmills-Blends.

Wegen der dreifachen Destillation bei Bushmills darf man sich nicht über die Anzahl der Brennblasen wundern. In dem engen Brennhaus stehen vier Wash Stills und fünf Spirit Stills, die alle recht schmale, lange Hälse aufweisen. Die Wash Stills erzeugen während des ersten Brennvorgangs die typischen 20 bis 22 Prozent Alkohol. Der zweite Brennvorgang ist dann wesentlich komplexer: Der schwache Anteil, hier Weak Feints genannt, der nur circa 30 bis 32 Prozent Alkohol aufweist, wird aufgefangen und im nächsten Durchgang erneut destilliert. Der starke Anteil (Strong Feints) läuft im dritten Brennvorgang in drei der Spirit Stills und wird auf 83 Prozent gebracht und als Feinbrand in die Fässer abgefüllt. Auch beim dritten Brennvorgang bleibt ein schwacher Anteil mit 32 Prozent übrig. Dieser wird zusammen mit einem 70-Prozent-Alkoholanteil aus dem zweiten Brennvorgang erneut destilliert.

Die heutigen Blends von Bushmills werden fast ausschließlich an Ort und Stelle produziert. Viele beinhalten einen großen Anteil von rund 80-prozentigem Malt Whiskey. Die Grain Whiskeys stammen heute aus Midleton. Seit ein paar Jahren gibt es zudem auch endlich wieder Single Malts aus der Destillerie. Was in Zukunft mit den Blends passieren wird, ist seit der Übernahme durch Diageo allerdings unklar. Man geht davon aus, dass die Grain Whiskeys längerfristig nicht mehr aus Midleton kommen werden. Welche Alternativen es gibt, wird sich in den nächsten Jahren zeigen.

WHISKEY

Bushmills Three Wood, 16 Jahre,
40 % Vol.
Farbe: Bronze

TASTING NOTES

Wie es der Name besagt, werden die Malt Whiskeys etwa 16 Jahre lang in Bourbonfässern gelagert, teilweise auch in Oloroso-Sherryfässern. Danach werden sie in Portweinfässern „verheiratet“. Im Aroma kommt dieses Weinaroma zum Tragen, lässt aber im Geschmack durchaus Platz für Dörrfrüchte, Rosinen und Vanille. Im Abgang kommt nochmals der Portwein zur Geltung: trocken, aber süßlich, mit einem Anflug von Bitterschokolade.

In einem Staubecken wird das Wasser des Flusses St. Columb aufgestaut. Aus diesem Becken bezieht der Bushmills-Whiskey sein Wasser.

Jameson

JAMESON

BESITZER	IDL (Pernod Ricard)
GRÜNDUNGSDATUM	1780
STATUS	geschlossen

DESTILLERIE geschlossen DESTILLERIE

AN DIE BERÜHMTE Destillerie Jameson, die einst in der Bow Street in Dublin stand, erinnert heute nur noch ein Museum.

Nach offiziellen Angaben wurde die Brennerei 1780 von John Jameson gegründet; es fehlen jedoch genauere Unterlagen, die dies sicher belegen könnten. Jameson stammte aus Schottland und war mit der dortigen Whisky-Dynastie Haig verschwägert. Sein Sohn John heiratete die Tochter von Robert Stein, dem Erfinder der kontinuierlichen Destillation. Er führte die Geschicke an der Bow Street und konnte riesige Mengen an Fässern verkaufen. 1902 wurde die Brennerei in eine Aktiengesellschaft umgewandelt. Die Jamesons waren dafür bekannt, dass sie sich um gute Qualität bemühten und deshalb schon früh die Wichtigkeit der Reifezeit erkannten. Zur damaligen Zeit wurde der Whiskey eher kurz gelagert und jung getrunken. Die Jamesons gelten auch als Vorreiter bei der Lagerung in Sherryfässern. 1966 fusionierte Jameson mit Powers und Cork Distillers zur IDG. Die Brennerei wurde geschlossen, und fortan produzierte man bei Powers, dem einst größten Konkurrenten. Als man 1975 die neue Destillerie Midleton errichtete, schlossen auch bei Powers die Tore, und die Produktion wurde gänzlich nach Midleton verlegt. Die alten Gebäude verfielen und liefen Gefahr einzustürzen. 1998 wurden die alten Gemäuer schließlich renoviert und beherbergen seitdem ein Museum. Pünktlich zu Weihnachten 2006 schloss man erneut, um die Anlage für 3,5 Millionen Euro um Restaurants, Bars, spezielle Tasting Rooms, einen neuen Shop und weitere Gebäude zu erweitern. Dieser Umbau dauerte bis – natürlich – zum St. Patricks Day am 17. März 2007.

Erst in den 1960er-Jahren wurde beschlossen, den populärsten Whiskey aus Irland als Eigenmarke herauszubringen. Vorher war er fassweise an andere Abfüller verkauft worden. Heute ist er der einzige irische Whiskey in der Top-100-Liste der Spirituosen. 1999 kam ein erster, 15 Jahre alter Pure Pot Still Whiskey auf den Markt. Exklusiv bietet das Visitors Centre zudem einen zwölfjährigen Jameson Distillery Reserve an.

WHISKEY

Jameson, 12 Jahre, 40 % Vol., Irish Blend
Farbe: Goldgelb

TASTING NOTES

Dieser zwölf Jahre alte Blend aus dem Hause Jameson ist wohl der reifere Bruder des meistverkauften Whiskeys Irlands. Im Aroma kommen spürbare Sherrynoten zur Geltung, ebenso wie Vanille. Im Geschmack zeigt sich die zwölf Jahre lange Reifung mit kräftigem, vollmundig-süßem Sherry, ergänzt durch getrocknete Früchte. Auch im angenehm langen Abgang kommt der Sherry hervor und zeigt nochmals die Vanillenote.

Die alte Jameson Distillery in Dublin stammt aus dem Jahr 1780. In den Gebäuden wurde 1997 ein Besucherzentrum eingerichtet, in dem man alles über die Whiskeyherstellung erfährt.

Kilbeggan

Der Bach Brusna treibt noch heute das Mühlrad der Brennerei an. Nachdem die Destillerie zuvor nur noch zu Lagerzwecken und als Museum diente, wird sie eventuell 2007 wieder eröffnet werden.

IM COUNTY WESTMEATH, östlich von Dublin, liegt im Ort Kilbeggan die gleichnamige Brennerei. Von der Straße von Dublin nach Galway aus sieht man sofort das große Wasserrad, das heute wie vor Hunderten von Jahren der Bach Brusna antreibt.

1757 wurde hier zum ersten Mal Whiskey hergestellt. Kilbeggan streitet sich gerne mit Bushmills darum, wer die erste Brennerei des Landes war. Damals wurde die Destillerie noch nach dem Flüsschen Brusna benannt. Alten Aufzeichnungen zufolge verfügte die Brennerei zuerst nur über einen Brennapparat und musste den Alkohol folglich dreimal in derselben Brennblase destillieren. Im Jahr 1843 pachtete John Locke die Destillerie. Später kaufte die Familie Locke schließlich die Brennerei und investierte zwischen 1860 und 1880 viel Geld, um sie auszubauen. Die meisten Gebäude sowie einige Produktionsanlagen stammen noch aus dieser Zeit. Doch leider musste die Familie nach dem Zweiten Weltkrieg die Brennerei veräußern. Schon bald wollten Kriminelle den Lagerbestand auf dem Schwarzmarkt verkaufen. Später gehörte sie kurz einem Inhaber aus Deutschland, der ebenfalls nur an den Lagerbeständen interessiert war und den

KILBEGGAN

BESITZER	Cooley Distillers plc (größter Aktionär: John Teeling)
GRÜNDUNGSDATUM	1757
AUSSPRACHE	Kilbeggen
BEDEUTUNG	kleine Kirche
STATUS	evtl. 2007 wieder eröffnet
JAHRESPRODUKTION	geplant: 2500 Hektoliter

Old Galeon verkaufte. 1953 wurde die Produktion endgültig eingestellt und die Brennerei zwischenzeitlich sogar als Schweinestall genutzt. Den Einwohnern der Ortschaft Kilbeggan ist es schließlich zu verdanken, dass die Destillerie nicht ganz verkam und in den alten Gemäuern ein schönes Museum eingerichtet wurde. 1987 erwarb sie John Teeling, der Lagerhäuser für seine Destillerie Cooley benötigte. Kurz nach Redaktionsschluss dieses Buches hieß es, dass die Brennerei ab Frühjahr 2007 mit einer Pot Still aus dem Jahr 1901 wieder in Produktion geht. Für das erste Jahr ist ein Produktionsvolumen von circa 2500 Hektolitern geplant.

Zu Ehren der Familie Locke hatte Teeling in Cooley bereits einige Whiskeys, wie zum Beispiel den Kilbeggan, auf den Markt gebracht. Dieser Blend wurde eigens von dem schottischen Master Blender Jimmy Lang von Chivas kreiert. Zur Einweihung der neuen Brennerei soll ein 15 Jahre alter Old Super Premium Kilbeggan Irish Whiskey auf dem Markt eingeführt werden.

WHISKEY

Kilbeggan, 40 % Vol., Irish Blend
Farbe: Blassgold

TASTING NOTES

In die Nase steigen sofort die zitronenartigen Düfte auf. Im süßlichen Geschmack werden sie durch eine leicht geröstete Malznote ergänzt. Im Abgang ist er ausgewogen und trocken.

Powers

POWERS	
BESITZER	IDG (Pernod Ricard)
GRÜNDUNGSDATUM	1791
STATUS	geschlossen

DIE DESTILLERIE POWERS, seit 1809 nach ihrem Inhaber John Power benannt, lag an der John's Lane, nahe der Liffey. Auf der anderen Seite des Flusses war ihr damals größter Konkurrent, Jameson, angesiedelt. Seit ihrer Fusion werden die beiden Whiskeys allerdings nicht mehr in Dublin produziert.

Die Brennerei war 1791 von James Power gegründet worden. Sein Sohn John, der sogar zum Ritter geschlagen wurde, ließ sie dann im Jahr 1809 zu John Power & Son umbenennen. Die Firma entwickelte sich prächtig und galt gerade auf dem irischen Markt noch vor ihrem damaligen Rivalen Jameson als die Nummer eins. Jameson setzte damals hauptsächlich auf den Export. Powers glänzte durch seine innovativen Produktionsmethoden und füllte als erste Brennerei den Whiskey in Flaschen ab. Ebenso führten sie eine Miniaturflasche, den „Baby Power", ein. Auch qualitativ hatte die Destillerie einen ausgezeichneten Ruf und konnte große Erfolge feiern. Nachdem die Firma 1871 expandierte, wurde die Anlage im viktorianischen Stil renoviert. Das so entstandene Ensemble prägt noch heute das Bild von Powers in Dublin.

Mit der Fusion zur IDG und dem Bau der neuen Midleton Destillerie legte man jedoch wie bei Jameson auch hier die Produktion still. Heute erinnern vor allen Dingen noch die drei Pot Stills an die große Vergangenheit. Die schönen Gebäude beherbergen heute zudem das National College for Art and Design.

WHISKEY

Powers Gold Label, 40 % Vol., Irish Blend
Farbe: Goldgelb

TASTING NOTES

Dieser kernige Blend hat einen hohen Anteil an Pure Pot Still Whiskey. Der Anteil an Grain Whiskey macht den doch sehr kräftigen Whiskey etwas milder. Im Aroma spürt man etwas getoastetes Holz mit einem würzigen Einschlag. Im Geschmack werden diese Eindrücke durch leicht ölige, aber auch süße Noten ergänzt. Im Abgang zeigt er sich mittellang und ausgewogen.

Die hübschen viktorianischen Gebäude der stillgelegten Destillerie Powers beherbergen heute das National College for Art and Design.

Tullamore

DIE ORTSCHAFT TULLAMORE liegt mitten in Irland in der Grafschaft Offaly. Der Ort galt einst als die irische Whiskeyhochburg. Die gleichnamige Brennerei wurde direkt an den Grand Canal gebaut, der wiederum lange der wichtigste Transportweg für den Whiskey war.

Heute steht nur noch ein Lagerhaus, in dem das Tullamore Heritage Centre mit Museum, Shop, Pub und Restaurant untergebracht ist. Die Pot Stills waren bereits 1953 abgebaut und nach Kilbeggan ins dortige Museum gebracht worden. Übrig geblieben ist eine Ansammlung einiger alter Erinnerungsstücke.

Begonnen hatte alles 1829, als Michael Molloy die Destillerie gründete. Vor seinem Tod vererbte er sie seinem Neffen Bernard Daly. Den großen Durchbruch schaffte aber erst Daniel E. Williams, der die Brennerei später kaufte. Der Marke den Zusatz „DEW" hinzuzufügen erwies sich als genialer Werbefeldzug. Dew waren einerseits seine Initialen und bedeutete außerdem „Morgentau". Doch dieses Wortspiel, das die Iren so sehr lieben, wurde noch durch den Werbeslogan „Give every man his Dew" perfektioniert. Wenn man das Ganze als „due" ausspricht, dann heißt das übersetzt etwa so viel wie: „Gebt jedem Mann das Seine!" Der Erfolg stellte sich prompt ein. Tullamore Dew wurde zu einem der bekanntesten Whiskeys des Landes und verzeichnete auch im Export große Erfolge. Damals stellte man einen dreifach destillierten Pure Pot Still Whiskey her, gereift in Sherry- und Portweinfässern. Doch auch Tullamore stellte nach dem Erfolg des Scotch Blend auf die Blends um. Dies geschah 1947, als der Enkel von D. E. Williams aus den USA zurückkehrte. Trotz ihrer Pionierleistung in Sachen Blends ging es wirtschaftlich schnell bergab. Der Blend brachte keine großen Erfolge, ebenso wenig der Likör Irish Mist. Die Brennerei wurde daher 1954 an John Power & Sons verkauft, der wiederum zur IDG stieß. 1993 wurde die Marke an Cantrell & Cochraine veräußert, die damals noch zu Diageo sowie zu Allied Domecq gehörten. 1999 wurde sie schließlich von BC Partners übernommen.

TULLAMORE

DESTILLERIE geschlossen

BESITZER	Cantrell & Cochraine (BC Partners)
GRÜNDUNGSDATUM	1829
BEDEUTUNG	großer Hügel
AUSSPRACHE	Tullamór
STATUS	geschlossen

WHISKEY

Tullamore Dew, 12 Jahre, 40 % Vol., Irish Blend
Farbe: helles Goldgelb

TASTING NOTES

Dieser Whiskey besitzt ein komplexes Aroma, wie die meisten Blends mit dem unverkennbaren Pot-Still-Charakter. Im Geschmack kommt die süße Sherrynote zum Tragen. Im erstaunlich langen Abgang wirkt er leicht würzig.

In den alten Gemäuern der Brennerei Tullamore ist heute ein Heritage Center mit einem Museum untergbracht.

Green Spot

VIELE NAMEN UND MARKEN gerieten im Zuge des Destilleriesterbens in der Zeit zwischen den Weltkriegen und den Jahren der amerikanischen Prohibition für eine Weile in Vergessenheit. Doch in den letzten Jahren und Jahrzehnten erwarben die noch aktiven Brennereien und einige unabhängige Firmen alte Markenrechte und erweckten sie zu neuem Leben. Dieses Konzept ging teilweise sehr erfolgreich auf. Doch auch schon früher hatte es Firmen gegeben, die ihren Whiskey herstellen ließen und selbst vermarktet haben, wie einige unten stehende Beispiele zeigen.

GREEN SPOT

EINE RARITÄT IN mehrfacher Hinsicht: einerseits, weil der Green Spot jährlich nur in einer Stückzahl von 6000 Flaschen abgefüllt wird, und andererseits, weil er der letzte ist, der für einen Wein- und Lebensmittelhändler hergestellt wird. Die Firma Mitchell & Son führt noch heute das Geschäft an der Kildare Street in Dublin. Jahr für Jahr pilgern viele Anhänger dieses Blends in die Kildare Street, um sich eine Flasche Green Spot zu sichern. Von Anbeginn der 1920er-Jahre wurde der Whiskey in der Destillerie Jameson destilliert. Heute kommt er natürlich auch aus der Brennerei Midleton.

WHISKEY

Green Spot, 40 % Vol., Irish Blend
Farbe: etwas blasses Gold

TASTING NOTES

Dieser circa sieben bis acht Jahre alte Irish Blend verfügt über ein sehr leichtes minzig erfrischendes Aroma. Im Geschmack ist er leicht süßlich, etwas würzig und kommt später etwas kräftiger zum Vorschein. Der malzige und leicht an Minze erinnernde, sanft ausklingende Nachklang tut sein Übriges, um den frischen Eindruck abzurunden.

Die meisten irischen Pubs, wie hier das Ryan's in Dublin, verfügen über eine große Auswahl an Whiskeys.

Redbreast · Tyrconnell

REDBREAST

DIESER PURE POT STILL WHISKEY ist auch bekannt als „The Priest Bottle" – soll er doch angeblich den Gaumen vieler Priester verwöhnt haben. Der Redbreast kam 1939 zum ersten Mal in den Handel. Er wurde von der Firma Gilbeys in eigenen Sherryfässern gelagert, abgefüllt und vertrieben. Hergestellt wurde er in Dublin bei Jameson. Schon damals hatte er einen ausgezeichneten Ruf. Nachdem die Destillerie Jameson geschlossen wurde, lieferte ihn Gilbey nur noch bis Mitte der 1980er-Jahre aus. Diese Whiskeys galten schließlich als überaltert.

Vor ein paar Jahren wurde Redbreast durch die IDG wiederbelebt. Leider erlangte dieser außergewöhnliche und typische irische Pure Pot Still Whiskey bisher keinen großen Erfolg. Böse Zungen behaupten, dass die Vertriebsgesellschaft ihrem Kind nicht die nötige Aufmerksamkeit schenken würde, die dieser Whiskey eigentlich verdient hätte. Unter demselben Namen wird auch ein Blend vertrieben.

WHISKEY

Redbreast, 12 Jahre, 46 % Vol.
Farbe: leuchtende Bronze

TASTING NOTES

Unter Kennern gilt dieser Pure Pot Still Whiskey mit zum Besten, was Irland zu bieten hat. In der Nase finden sich komplexe Aromen von getrockneten Früchten mit Bananen und Äpfeln. Ergänzt werden sie durch Vanille und nussige Noten, zum Beispiel Mandeln. Im Geschmack lassen sich Sherry und weitere Früchte wie Birnen oder Aprikosen bemerken. Im Abgang ist er bombastisch lange, erneut mit Sherry und roher Gerste.

TYRCONNELL

UNTER DIESEM NAMEN produzierte früher die Firma A. A. Watt einen Whiskey. Benannt wurde er nach einem bekannten Rennpferd der Familie. Bis zum Jahr 1925 besaßen sie die Abbey Street Distillery im nordirischen Londonderry. Watt erlangte Berühmtheit als erste Destillerie des Landes, die eine Coffey Still besaß. Diese wurde von ihrem Entwickler 1833 persönlich installiert. Die Brennerei galt lange Zeit als die größte des Landes und konnte mit ihrem Whiskey auch in den USA große Umsätze verbuchen. Doch mit der Prohibition kam auch für Watt das Aus. Iriscot übernahm die Bestände und verschnitt den Whiskey mit schottischem Whisky, bis die Marke letztendlich 1970 nicht mehr auf dem Markt vertreten war.
Cooley ließ den Namen A. A. Watt schließlich auferstehen, indem er die Marke Tyrconnell wiederbelebte und einen zweifach destillierten Malt Whiskey herausbrachte. Mit dieser außergewöhnlich guten Marketingkampagne stellte sich prompt der Erfolg der damals noch sehr jungen Destillerie Cooley ein.

WHISKEY

Tyrconnell, 40 % Vol., Irish Single Malt
Farbe: Goldgelb mit einem grünlichen Touch

TASTING NOTES

Dieser zweifach destillierte Single Malt (nur aus gemälzter Gerste) ist im Aroma sehr fruchtig. Man denkt dabei an Äpfel oder Birnen. Außerdem verfügt er über eine leichte Zitrusnote. Im leicht öligen Geschmack kommen Malz und Zitrone zur Geltung. Man merkt ihm zwar die kurze Reifezeit an, was aber nicht bedeutet, dass er nicht dennoch einen mittellangen und geschmeidigen Nachklang aufweist.

EUROPA

EUROPA

In fast allen Ländern gibt es seit jeher Spirituosenspezialitäten wie Branntweine, Obstbrände und Ähnliches. Der einsetzende Whiskyboom entfachte nun bei vielen Destillateuren das Interesse, einmal selbst Whisky herzustellen. Einerseits um die eigene Produktpalette zu erweitern, oft genug aber auch aus reiner Experimentierfreude und Leidenschaft für die Herstellung edler Tropfen.

AUCH WENN LÄNDER wie Schottland, USA, Kanada und Irland den Großteil des heute konsumierten Whisk(e)ys weltweit herstellen, so darf man die Fähigkeiten und den Erfindungsreichtum der übrigen europäischen Destillerien nicht unterschätzen. Einige imitieren ihre meist schottischen Vorbilder derart perfekt, dass man kaum einen Unterschied ausmachen kann. Das gilt sowohl für die Qualität als auch für den Geschmack. Andere wiederum unternehmen gewagte Experimente, wie zum Beispiel die Herstellung eines Whiskys aus Hafer.

Auf den folgenden Seiten werden einige interessante europäische Betriebe mit ihren Produkten vorgestellt. Manche Whiskys sind auch nur regional und in stark limitierter Menge erhältlich. Möchte man einem seiner Favoriten einen Besuch abstatten, lohnt es sich in der Regel, dies den Brennereien im Voraus telefonisch anzukündigen. Vielleicht können Sie ja bei einem Dram ein wenig mit dem Brennmeister fachsimpeln.

Einige Destillerien sind erst seit kurzem in Betrieb und haben deswegen heute noch gar keinen Whisky auf den Markt gebracht.

Wie hier in der tschechischen Brennerei Jelínek, kommen die beliebten Brennapparate der Firma Holstein in vielen europäischen Destillerien zum Einsatz.

200 Miles
200 km
SCHWEDEN
NORWEGEN
Bergen
Oslo
Mackmyra
Stockholm
Göteborg
Ostsee
SCHOTT-
LAND
Edin-
burgh
NORD-
IRLAND
Belfast
IRLAND
Dublin
Nordsee
DÄNE-
MARK
Kopen-
hagen
RUSS-
LAND
GROSS-
BRITANNIEN
Penderyn
Cardiff
St. Georg's
Distillery
London
NIEDER-
LANDE
Amsterdam
Hamburg
Danzig
Berlin
POLEN
Warschau
Zielona Góra
Brüssel
BELGIEN
DEUTSCHLAND
Warenghem
Distillerie
des Menhirs
Paris
Frankfurt
TSCH.
REPUBLIK
Prag
Blaue Maus
Jelínek
Krakau
SLOWAKEI
Straßburg
München
Waldviertler
Roggenhof
FRANKREICH
Holle
Slyrs
Reisetbauer
SCHWEIZ
Swissky
ÖSTERREICH
Budapest
UNGARN
Bordeaux
SLO-
WENIEN
Zagreb
KROATIEN
Mailand
Venedig
Bilbao
Adriatisches Meer
BOSNIEN-
HERZEGOWINA
Belgrad
Andorra
la Vella
Marseille
Sarajevo
SERBIEN
adrid
Barcelona
ITALIEN
MONTE-
NEGRO
PANIEN
Mittelmeer
Ajaccio
Rom

Deutschland

ANGEBLICH VERSUCHTE MAN in Deutschland schon 1913 einen Whisky herzustellen. Vor dem Zweiten Weltkrieg boten vor allem große Hotels ihren vornehmen Gästen schottische Whiskys an. Teilweise hatten sie sogar Eigenmarken, wie etwa das Hotel Adlon in Berlin. Doch im Großen und Ganzen war Whisky damals dem „Otto Normalverbraucher" gänzlich unbekannt. Populär wurde Whisky erst ab 1958, als die Firma A. Racke damit begann, aus importiertem schottischem Malz und destilliertem einheimischem Getreide den Blend Racke Rauchzart herzustellen. Anfangs hieß er Red Fox, musste jedoch aufgrund schottischer Proteste umbenannt werden. Dies beeinträchtigte den Erfolg jedoch keinesfalls: 1969 war dieser Whisky mit rund drei Millionen verkauften Flaschen der beliebteste Whisky Deutschlands. Racke Rauchzart wurde erst in den 1970er-Jahren durch schottische Whiskys und amerikanischen Bourbon überholt. Die Firma Racke konzentriert sich heute ausschließlich auf den Weinhandel und hat sich im Oktober 2006 endgültig von seinem Spirituosengeschäft getrennt.

Am Flüsschen Regnitz im oberfränkischen Eggolsheim brennt Robert Fleischmann den Whisky Grüner Hund.

1996 kam der erste Single Malt mit dem klingenden Namen Piraten-Whisky von Robert Fleischmann aus dem fränkischen Eggolsheim auf den Markt. In letzter Zeit macht zudem der oberbayrische Slyrs stark von sich reden. Aus dem schwäbischen Owen kommt von der Firma Gruel ein Single Grain Whisky, von der Firma Rabel stammt ein eher rauchig milder Whisky. In Hessen stellt Holger Höhler Whisky her, und in Tübingen bietet der Hotelier Volker Theurer einen Whisky aus eigener Brennerei an. Vom fränkischen Weingut Reiner Mösslein kommt ein Whisky, der fünf Jahre in einem französischen Eichenholzfass lagert.

BLAUE MAUS

BESITZER	Robert Fleischmann
GRÜNDUNGSDATUM	1923
STATUS	in Produktion

IM FRÄNKISCHEN EGGOLSHEIM-NEUSES bei Forchheim ist das Familienunternehmen Robert Fleischmann zu Hause. Die Firma wurde 1923 gegründet und wird seit 1973 von Robert Fleischmann geführt. 1984 wurde der erste echte Single Malt gebrannt. Für den Eigenbedarf lagern davon immer noch Bestände im Keller. Der Whisky sollte ursprünglich ausschließlich im hauseigenen Lokal ausgeschenkt werden, das wie eine Hafenkneipe eingerichtet ist. Robert Fleischmann liebt die Seefahrt – daher die ungewöhnlichen Namen, wie zum Beispiel der Piraten-Whisky. Dieser wurde 1994 vorgestellt, nachdem er 1986 gebrannt worden und acht Jahre lang im Eichenfass gereift war. Er wurde allerdings als „Pur Malt" etikettiert, was auf einen Vatted Malt hinweisen könnte. Ob das fehlende „e" bei Pur ein Druckfehler ist oder das Kennzeichen eines deutschen Single Malt sein soll, ist nicht klar. Aus gesetzlichen Gründen dürfen nur kleine Mengen hergestellt werden. Deshalb kommen jeweils nur ein paar Fässer pro Jahr auf den Markt. Die Jahrgänge erhalten eigene Namen wie Blaue Maus, Schwarzer Pirat, Spinnaker, Grottentaler und Grüner Hund.

WHISKY

Grüner Hund, 40 % Vol.,
Jahrgang 1992, Originalabfüllung
Farbe: dunkler Bernstein

TASTING NOTES

Im Aroma zeigt dieser Single Malt nussige Noten von Mandeln, ist etwas blumig, am Anfang sogar ziemlich kräftig. Im Geschmack zeigen sich wieder die Mandeln, allerdings gebrannt, mit leicht bitteren Noten und einer angenehmen süßen Malznote. Im Abgang ist er mittellang und schön wärmend.

DER GELERNTE Bierbrauer und Brennmeister Florian Stetter fing im Jahr 1997 mit dem Destillieren von Whisky im oberbayrischen Schliersee an. 1999 konnte dann zum ersten Mal ein Whisky nach schottischem Vorbild präsentiert werden: der Slyrs. Dieser bayrische Whisky wird aus reinem Gerstenmalz und Gebirgsquellwasser aus den Alpen hergestellt und lagert mindestens drei Jahre in amerikanischen Fässern aus Weißeiche. Für die Destillation kommt ein bei Obstbrennern typischer Feinbrandkessel zum Einsatz. Im Jahr 2002 wurden dann die ersten Whiskyflaschen Slyrs mit 43 Prozent verkauft.

Der Name stammt übrigens von dem Benediktinerkloster Schliersee, das hier im Jahr 779 gegründet worden war. Die Brennerei Lantenhammer, so der eigentliche Name der Destillerie, wurde bereits 1928 gegründet. Nachdem der erste Whisky gebrannt worden war, kam man sich jedoch mit dem fränkischen Whiskybrenner Robert Fleischmann etwas ins Gehege, da man den Whisky gerne als den ersten und einzigen bayrischen Whisky bezeichnete. Robert Fleischmann war jedoch schneller. Auch wenn die Beziehung zwischen den Franken und dem restlichen Bayern nicht immer ganz so harmonisch ist, liegt das Frankenland dennoch im Freistaat Bayern. So kam es, dass der Slyrs zumindest der erste und einzige Whisky im Regierungsbezirk Oberbayern ist.

Wie man in der schönen Berglandschaft des Schliersees auch eher vermuten würde, stellt Slyrs in erster Linie Obstbrände her. Sein Whisky ist aber eine echte Bereicherung des Whiskymarktes.

SLYRS / LANTENHAMMER

BESITZER	Florian Stetter
GRÜNDUNGSDATUM	1928
STATUS	in Produktion

WHISKY

Slyrs, Jahrgang 2003, 43 % Vol.,
Originalabfüllung
Farbe: Goldgelb

TASTING NOTES

Dieser oberbayrische Single Malt Whisky hat im Geruch neben leichten Vanilleeinflüssen auch Aromen von Honig und Marzipan. Ein voller Geschmack von Gerste und süßem Sirup kommt zum Vorschein. Im ideal langen Abgang zeigt sich erneut das Gerstenmalz mit einem etwas öligen Einschlag.

Österreich

ANFANG DER 1990ER-JAHRE brachte die Branger Bräu einen Tyrolean Malt auf den Markt. Da er allerdings nur ein Jahr lagerte, durfte er nicht als Whisky verkauft werden. Kurz darauf folgte der Waldviertler Whisky von Johann Haider. Der ehemalige Weltcup-Skifahrer Wolfram Ortner aus Bad Kleinkirchheim, der seinen Sport verletzungsbedingt aufgeben musste, eröffnete seine eigene Schnapsbrennerei, nebst Kaffeerösterei, in der mittlerweile auch Whisky gebrannt wird. Dieser wird meist im Set mit schönen Gläsern und Zigarren angeboten. Die Destillerie Weidenauer ist vor allen Dingen für ihre exotischen Whiskys bekannt. Man destilliert hier einen Hafer- und Dinkel-Whisky.

REISETBAUER

BESITZER	Julia und Hans Reisetbauer
GRÜNDUNGSDATUM	1995
STATUS	in Produktion

AUS DEM OBERÖSTERREICHISCHEN Axberg in der Nähe von Linz kommt der Reisetbauer Single Malt Whisky. Hans und Julia Reisetbauer konnten sich vor allen Dingen mit Obstbränden einen Namen machen. Schließlich stehen rund um den eigenen Hof circa 6000 Williams-Christ-Birnbäume. Doch seit dem Jahr 1995 brennt Reisetbauer auch einen Single Malt, der normalerweise rund sieben Jahre lagert. Um sich von der Konkurrenz abzuheben, verwendet man hier ehemalige Chardonnayfässer, aber auch ganz spezielle Fässer von der Trockenbeerenauslese. Abgefüllt werden sie entweder mit 43 Prozent oder aber in Fassstärke mit 56 Prozent.

WHISKY

Reisetbauer Single Malt Whisky, 56 % Vol., Jahrgang 1997, Originalabfüllung
Farbe: sehr heller Bernstein

TASTING NOTES

Der Single Malt bringt Aromen von gerösteten Haselnüssen und Kräutern hervor. Im Geschmack ist er angenehm malzig, leicht würzig und mit einem Hauch von Rauch versehen. Im milden Abgang kommen erneut das Malz und der leichte Rauch dezent hervor.

WALDVIERTLER ROGGENHOF

BESITZER	Monika und Johann Haider
GRÜNDUNGSDATUM	1995
STATUS	in Produktion

AUS DER WAHRSCHEINLICH strukturschwächsten Region Österreichs, dem Waldviertel, kommt der erste Whisky aus dem Alpenland, der sich aufgrund seiner dreijährigen Fasslagerung so nennen darf. Hier findet man allerdings auch alles für die Herstellung von Whisky: vom Getreide über das Wasser, das als eines der besten und reinsten auf der ganzen Welt gilt, bis zur Manhartsberger Sommereiche für die Herstellung der Fässer. Johann Haider produziert drei verschiedene Sorten von Whisky: einen reinen Waldviertler Gerstenmalz-Whisky Karamell J. H., einen hundertprozentigen Roggenwhisky namens Waldviertler Roggenmalz-Whisky J. H. und einen Waldviertler Roggenwhisky J. H. bestehend aus 40 Prozent Roggen und 60 Prozent Gerste.

WHISKY

Waldviertler Gersten-Malz-Whisky Fassstärke, 54 % Vol., Originalabfüllung
Farbe: Bernstein

TASTING NOTES

Dieser Single Malt hat ein ausgeprägtes Aroma von Eiche mit einer Malznote. Im Geschmack zeigt sich erneut die Eiche, versetzt mit einer etwas öligen Note. Der Abgang ist angenehm, versetzt mit etwas Schokolade.

Schweiz

IN DER SCHWEIZ war das Brennen von Getreide seit dem Ersten Weltkrieg untersagt. Das Gesetz wurde erst 1999 aufgehoben. Der Obstbrenner Ernst Bader stellte als Erster seinen eigenen Whisky her, viele weitere folgten ihm. Edi Bieri aus Baar produziert den bekanntesten Schweizer Whisky, den Swissky. Aus dem Fricktal kommt Ruedi Käser, der sich, bevor er Whisky brannte, schon einen Namen mit verschiedensten Obstbränden und Weinen gemacht hatte. Er gründete ein eigenes Whisky Castle, nachdem man schon vorher in Käsers Schloss residiert hatte.

BRENNEREI-ZENTRUM BAUERNHOF

BESITZER	Edi Bieri
GRÜNDUNGSDATUM	2002
STATUS	in Produktion

ETWAS OBERHALB VON BAAR, im Kanton Zug, brennt Edi Bieri den Swissky. Zusammen mit der Brauerei in Baar und deren Chef Kurt Uster hat er diesen Whisky kreiert. Das Malz stammt aus dem fränkischen Bamberg, wo Rauchmalz hergestellt wird. Mit seiner mobilen Brennerei besuchte er außerdem im Jahr 2003 den Hotelier Claudio Bernasconi, Inhaber der größten Whiskybar der Welt im Hotel Waldhaus am See in St. Moritz, um dort innerhalb von drei Tagen den St. Moritzer Whisky herzustellen.

WHISKY

Swissky, 40 % Vol., Originalabfüllung
Farbe: Goldgelb

TASTING NOTES

Dieser Whisky ist sehr jung, im Geruch frisch, malzig mit einem Anzeichen von Äpfeln. Im Geschmack zeigt sich ein klares Anzeichen von süßem Malz und einer leichten Öligkeit. Im Abgang ist er schön weich mit einer Eichennote und Gerstenmalz.

WHISKY-BRENNEREI HOLLE

BESITZER	Ernst Bader
GRÜNDUNGSDATUM	1999
STATUS	in Produktion

ERNST BADER ist der Schweizer Whiskypionier. 1999 destillierte er auf seinem Hof in Lauwil seinen ersten eigenen Whisky.

Ernst Bader brennt seinen Whisky auf seinem eigenen Hof.

WHISKY

Holle Single Malt, 5 Jahre, 42 % Vol., gereift im Chardonnayfass, Originalabfüllung
Farbe: Bernstein

TASTING NOTES

Das Aroma zeigt etwas Malz und die Trauben des Chardonnayfasses. Im Geschmack ist er leicht fruchtig und angenehm süß. Dabei kribbelt er leicht auf der Zunge. Der kurze Abgang ist süßlich und mild.

Frankreich

FRANKREICH GEHÖRT mit zu den größten Whiskymärkten überhaupt. Cognac, Armagnac und Pastis sind nicht mehr so angesagt und verlieren seit Jahren Marktanteile. Immer mehr Brennereien gehen dazu über, eigene Whiskys zu brennen. Die meisten Destillerien befinden sich in der klimatisch an Irland und Schottland erinnernden Bretagne, so auch Menhirs und Warenghem.

DISTILLERIE DES MENHIRS

BESITZER	René Le Lay
GRÜNDUNGSDATUM	1921
STATUS	in Produktion

NOCH HEUTE BEFINDET sich die 1921 gegründete Distillerie des Menhirs im Familienbesitz. Sie steht wie die meisten französischen Brennereien in der Bretagne, genauer gesagt nahe der Stadt Quimper.

Hauptsächlich werden hier Apfelbrände hergestellt. Da die Brennerei allerdings in einem großen Buchweizenanbaugebiet steht, kam man auf die Idee, einen Whisky aus Buchweizen herzustellen. Gesagt, getan! Seit 1999 gibt es den Eddu Silver, einen Malt Whisky aus gemälztem Buchweizen, der vier Jahre lang in französischen Eichenfässern reift. Es folgte der Blend Eddu Gray Rock, der neben dem Buchweizen auch Malt Whisky aus Dalmore und Grain-Whisky von Invergordon beinhaltet. Für den Namen Eddu gibt es zwei Erklärungen: Die einen behaupten, dass Eddu der altbretonische Begriff für Buchweizen ist. Eine andere Erklärung besagt, dass „ed“ für Getreide und „du“ für schwarz steht. Wahrscheinlich stimmt beides.

WHISKY

Eddu Silver, 40 % Vol., Originalabfüllung
Farbe: heller Bernstein

TASTING NOTES

Dieser aus gemälztem Buchweizen hergestellte Single Malt duftet wunderbar fruchtig, mit Einflüssen von Honig und Heidekraut. Im Geschmack ist er sehr elegant, mit süßlich fruchtigen und vanillebetonten Anzeichen. Im Abgang zeigt er sich schön lang mit einem Einfluss von Äpfeln und Eichenfass.

WARENGHEM

BESITZER	Warenghem
GRÜNDUNGSDATUM	1900
STATUS	in Produktion

DIE BRENNEREI WURDE ursprünglich 1900 von Léon Warenghem gegründet und befindet sich in Lannion in der Bretagne, wo noch immer viele keltische Einflüsse sichtbar sind.

Die Destillerie stellt hier hauptsächlich Liköre sowie einen Apfelschnaps her. 1987 brachte sie den ersten Blended Whisky namens W. B. (steht für Whisky Breton) heraus. Es folgte der Milin Guer und schließlich 1999 der erste Single Malt, Armorik. Produziert wird hier noch ganz traditionell. Die Brennerei verfügt über zwei schöne Pot Stills sowie eine Anlage zur kontinuierlichen Destillation von Grain Whisky. Gelagert wird der Whisky in übereinandergestapelten Eichenfässern.

WHISKY

Armorik, 40 % Vol., Originalabfüllung
Farbe: heller Bernstein

TASTING NOTES

Hauptsächlich Honig und gebackene Äpfel bestimmen das Aroma dieses traditionell hergestellten Single Malt. Ergänzend hinzu kommen leichte Einflüsse von Holz, die sich im Geschmack jedoch etwas verflüchtigen. Dafür spürt man deutlich Karamell und einen leichten Hauch von Orangen und Schokolade. Der Armorik ist etwas ölig und schön würzig. Diese Würze spürt man auch klar im mittellangen Abgang.

England und Wales

ENDE DES 19. JAHRHUNDERTS gab es in England noch zahlreiche Brennereien. Diese verschwanden jedoch alle im Lauf des 20. Jahrhunderts. Erst seit 2006 gibt es wieder eine englische Whiskydestillerie.

In Wales soll der Legende nach schon der heilige David Whisky gebrannt haben. Sicher ist zumindest, dass hier die Familie von Evan Williams bereits im 18. Jahrhundert Whisky brannte. Später schrieb Williams in den USA Whiskygeschichte.

ST. GEORGE'S DISTILLERY

BESITZER	James und Andrew Nelstrop
GRÜNDUNGSDATUM	2006
STATUS	in Produktion

DIE ERSTE LIZENZIERTE BRENNEREI Englands ist die St. George's Distillery von James Nelstrop und seinem Sohn Andrew. Sie liegt nicht weit von London entfernt, direkt an der A 11 zwischen East Harling und Roudham.

Im April 2006 begannen die Bauarbeiten, und bereits am 27. November floss der Spirit in Bourbonfässer von Jim Beam. Der erste Single Malt könnte also möglicherweise nach der Mindestreifezeit von drei Jahren ab Anfang Dezember 2009 auf den Markt kommen. Momentan werden gut drei Fässer pro Tag produziert. Die Firma investiert außerdem rund eine Million Pfund, um ein Besucherzentrum mit Café, Shop und Konferenzräumen zu bauen. Durch die ideale verkehrstechnische Anbindung an die A 11 rechnet man in Zukunft mit rund 100 000 Besuchern pro Jahr. Als Manager konnte man den Whiskyexperten Iain Henderson gewinnen. Henderson war in Rente gegangen, nachdem er bei Laphroaig aufgehört hatte. Doch offenbar erschien ihm das Leben im Ruhestand als etwas zu ruhig. Daher ließ er sich bereits von Andrew Symington dazu überreden, in seiner Destillerie Edradour mitzuarbeiten. Im November 2006 wechselte der viel beschäftigte Rentner schließlich zu St. George's und kümmert sich nun hier um weitere interessante Whiskys.

PENDERYN / GWALIA

BESITZER	Welsh Whisky Company Ltd.
GRÜNDUNGSDATUM	1974
STATUS	in Produktion

DAFYDD GITTINS, ein ehemaliger Pilot, baute 1974 zusammen mit seiner Frau in Brecon eine Whiskybrennerei auf. Den ersten Whisky, einen Blend aus verschiedenen schottischen Whiskys, nannte er Prince of Wales, dem jedoch kein großer Erfolg beschieden war. Nach mehrfachen technischen und juristischen Problemen stand die Destillerie 1997 zum Verkauf. Ein paar lokale Firmen erwarben die mehr an ein Provisorium erinnernde Brennerei und gründeten in Penderyn das neue Unternehmen Gwalia. Um die Brennerei finanzieren zu können, kamen ein Wodka namens Tafski, der Gin Galn Usk und der Whiskylikör Merlin auf den Markt, bevor schließlich 2004 der erste Single Malt unter dem Namen Penderyn erschien. Er wird in einer speziell integrierten Brennblase hergestellt, welche der Ururenkel des Erfinders des Faradayschen Käfigs, David Faraday, entwickelte. Diese Brennblase ermöglicht es, in einem einzigen Brennvorgang hochprozentigen Spirit herzustellen. Zur Reifung kommt der Whisky zunächst in ehemalige Bourbonfässer und im Anschluss in Madeirafässer.

WHISKY

Penderyn, 46 % Vol., Originalabfüllung
Farbe: Goldgelb

TASTING NOTES

Dieser walisische Single Malt ist im Aroma sehr süß, mit einer ausgeprägten Eichennote. Im Geschmack kommt neben der Eiche noch etwas Würze hinzu. Er behält aber trotzdem seine malzige Süße. Im mittellangen Abgang kommt nochmals dezent die Eiche zum Vorschein.

Schweden

In einer alten Industrieanlage, ein paar Autostunden nördlich von Stockholm, liegt die Brennerei Mackmyra, die sich bis dato noch nördlichste Destillerie der Welt nennen darf.

IN DEN LÄNDERN Schweden und Finnland begann man erst sehr spät, Whisky herzustellen, Norwegen wird wohl bald folgen. Das hat natürlich auch mit den strengen Alkoholgesetzen und den hohen Alkoholpreisen zu tun. Momentan gibt es auf dem Markt nur einen Single Malt mit dem Namen Mackmyra Preludium aus der schwedischen Destillerie Mackmyra. Die zweite schwedische Brennerei, Gotland Whisky, liegt auf der Insel Gotland. Dort werden große Pläne geschmiedet: Es soll ein richtig torfrauchiger Whisky im Stile der Islay-Whiskys auf den Markt kommen, zudem auch eine mildere Version. Man strebt eine Jahresproduktion von 200 000 Flaschen an.

Anders sieht es in Finnland aus: Mika Heikkinen betreibt ein Restaurant und besitzt eine Kleinstbrennerei. 2004 brachte er den Old Buck mit 70 Prozent Alkoholgehalt heraus, verkaufte die 100 Flaschen allerdings vorwiegend an Bekannte. Die erste Flasche ging für den stolzen Preis von 1100 Euro über die Theke. Angeblich sollen noch ein paar Fässer davon in Lagerung sein. Seit 2002 produziert zudem die Destillerie Teerenpeli in Lathi einen Single Malt. Der Whisky soll erst 2007 oder 2008 (das kommt auf die Reifung an) offiziell auf den Markt kommen. Man verwendet leicht rauchiges Malz und lagert den Whisky in Bourbon- und Sherryfässern.

Auch in Norwegen soll bald eine eigene Whiskybrennerei ihre Pforten öffnen. Dazu wurde die Lofotr Maltwhisky AS gegründet, die ihre Brennerei bereits bei den Behörden angemeldet hat. Sie wäre damit die nördlichste Destillerie der Welt.

MACKMYRA SVENSK WHISKY

BESITZER	Mackmyra Svensk Whisky AB
GRÜNDUNGSDATUM	1999
STATUS	in Produktion

AN DER OSTKÜSTE SCHWEDENS, in Valbo, nahe Gävle und circa 200 Kilometer entfernt von Stockholm, gründeten 1999 acht Single-Malt-Enthusiasten die Destillerie Mackmyra. Die Firma Mackmyra Svensk Whisky AB und Inhaberin der Destillerie gehört heute mehrheitlich der Familie Klingberg, auf deren Grundstück die Brennerei steht. Anfangs wurde mit einer kleinen selbstgebauten Brennblase experimentiert, die gerade mal 100 Liter fasste. 2002 installierten die Inhaber schließlich die endgültigen Brennapparate und konnten 2006 den Single Malt Mackmyra Preludium erstmals vorstellen. Außerdem wird den Kunden Whisky in Fässern angeboten. Dabei kann man wählen, ob man einen fruchtigen oder rauchigen Whisky haben möchte. Der rauchige Whisky entsteht durch den geräucherten Wacholder und den schwedischen Torf. Außerdem kann man individuell die Fassart, Größe und den Lagerort bestimmen.

WHISKY

Mackmyra Preludium 03, 52,2 % Vol., Originalabfüllung
Farbe: Goldgelb

TASTING NOTES

Dieser rauchige Single Malt Whisky reift zuerst in Bourbon- und dann in Sherryfässern. Im Aroma ist er leicht rauchig, fruchtig und hinterlässt einen buttrigen Einfluss. Im Geschmack kommt die Butter, zusammen mit Schokolade und Einflüssen von Rosinen und getrockneten Feigen zum Tragen. Außerdem sind im Hintergrund leichte Eichennoten spürbar. Im Abgang ist er zuerst leicht bitter. Zuletzt kommen nochmals die milden Rauchnoten zum Vorschein.

Polen und Tschechien

IN POLEN GIBT ES nur wenige Whiskybrennereien. Das liegt auch daran, dass bei den Spirituosen der Wodka hier noch immer bevorzugt wird. Die wenigen Whiskyliebhaber greifen lieber auf Scotch und andere bekannte ausländische Produkte zurück. Generell wurde die Definition von Whisky in osteuropäischen Ländern etwas lockerer als anderswo gehandhabt. Oftmals verkaufte man einfach Branntweine mit chemischen Zusätzen als Whisky. Mit dem Beitritt zur EU müssen sich die polnischen Hersteller allerdings den europäischen Gesetzen anpassen.

LUBUSKA WYTWÓRNOA WÓDEK

BESITZER	V&S Group
GRÜNDUNGSDATUM	1946
STATUS	in Produktion

DER SPIRITUOSENKONZERN V & S Group stellt in der polnischen Brennerei in Zielona Góra einen Blend her, der Dark Whisky heißt und sehr mild ist. Daneben ist der Konzern auch für den Vertrieb der schottischen Marken The Famous Grouse und Macallan in Polen zuständig.

WHISKY

Dark Whisky, 40 % Vol., Originalabfüllung
Farbe: Bernstein

TASTING NOTES

Dieser recht weiche Blend verfügt im Aroma über sehr fruchtige Noten. Sie zeigen sich auch im Geschmack mit weichen, etwas samtigen Einflüssen am Gaumen. Dazu kommen auch Andeutungen von Toffee, die sich erneut im weichen Abgang widerspiegeln.

IN DER TSCHECHISCHEN Brauerei Dynybyl soll angeblich schon vor dem Zweiten Weltkrieg Whisky gebrannt worden sein. Bei Halberd tat man dies seit Anfang der 1970er-Jahre. Auch bei Stock wird heute noch Malt Whisky hergestellt, der aber ausschließlich in Blends fließt. Etwas mehr Einfluss hatte der Getränkekonzern Seliko mit seinen beiden Brennereien nahe Olmütz. Doch der Konzern ging in Konkurs. Die Brennereien wurden jedoch unter verschiedenen Firmen weitergeführt.

R. JELÍNEK

BESITZER	R. Jelínek
GRÜNDUNGSDATUM	1894
STATUS	in Produktion

DIE BRENNEREI Jelínek ist für den sechsjährigen Gold Cock Black und den zwölfjährigen Gold Cock Green (Malt Whisky) verantwortlich, ebenso für den dreijährigen Blend Gold Cock Red und die ganze King-Barley-Reihe, zu der Kojetin den Grain liefert. Produziert wird in Vizovice, in der Nähe von Brünn. Die Geschichte der Schnapsbrennerei geht bis ins 17. Jahrhundert zurück. Nach den Jahrzehnten der Verstaatlichung in der sozialistischen Tschechoslowakei wurde der Betrieb schließlich 1989 privatisiert. Gebrannt wird wird mit einem Brennapparat der Firma Holstein.

WHISKY

Gold Cock Green Feathers, 12 Jahre, 43 % Vol.
Farbe: Gold

TASTING NOTES

Im Aroma ist er buttrig. Im Geschmack zeigt er eine Toffeenote und schmeckt ein wenig nach Früchten. Der Abgang ist trocken mit etwas Leder.

VEREINIGTE STAATEN VON AMERIKA

VEREINIGTE STAATEN VON AMERIKA

Die USA gehören zu den großen Nationen, die Whiskey produzieren. Irische und schottische Einwanderer brachten aus ihrer Heimat das Wissen mit, um das „Feuerwasser" herzustellen. Im Laufe der Zeit entwickelten sich ganz eigene Whiskeystile, an vorderster Front der Bourbon und der Tennessee Sour Mash. Jack Daniel's und Jim Beam gehören heute zu den Top Ten der Whisk(e)ywelt.

HEUTE GELTEN VOR ALLEN Dingen die Staaten Kentucky und in etwas kleinerem Stil Tennessee als Hochburgen der amerikanischen Whiskeyindustrie. Viele der heute aktiven Brennereien liegen idyllisch in malerischer Umgebung, mehrheitlich in der tiefsten Provinz, dort, wo es auch heute noch etwas gemächlicher und traditioneller zugeht. Es entstanden aber auch riesige Betriebe, teilweise unansehnliche Industrieanlagen mit großen mehrstöckigen Warehouses. Alle Destillerien sind auf ihre Art und Weise sehr amerikanisch und, sofern sie der Öffentlichkeit zugänglich sind, auf jeden Fall einen Besuch wert.

Im Land der unbegrenzten Möglichkeiten entwickelt sich dank des anhaltenden Whiskeybooms eine eigene Dynamik. In den letzten Jahren entstanden viele kleine neue Mikro-Destillerien, die verschiedenartigste Whiskeys produzieren. Über das ganze Land verstreut finden sie ihren kleinen Markt oder haben ihn bereits gefunden. Wie ihre Vorbilder, die kleinen schottischen Brennereien, öffnen sie ihre Betriebe den Besuchern und setzen mehr auf Qualität als auf Quantität. Ihre Experimentierfreude wird vor allem in den liberaleren, progressiven Staaten an der Ost- und Westküste immer stärker honoriert.

Mit amerikanischem Whiskey verbindet man vor allem die Marke Jack Daniel's. Es gibt in den USA allerdings weit mehr Whiskeysorten als die des berühmten Vertreters aus Tennessee.

Cleveland
Pennsylvania
Peoria
Ohio
Indiana
Pittsburgh
Harrisburg
Springfield
Columbus
Dayton
Indianapolis
Baltimore
Illinois
Cincinnati
Washington
West-
Virginia
Brown-Forman
Bernheim
A. Smith Bowman
Charleston
Louisville
Frankfort
Evansville
Woodford Reserve
Jim Beam
Four Roses
Barton
Wild Turkey
Heaven Hill
Buffalo Trace
Marker's Mark
Ohio
Richmond
Virginia
Roanoke
Paducah
Kentucky
Appalachen
Nashville
Tennessee
North-
Carolina
Knoxville
Raleigh
Jack Daniel's
George A. Dickel
Charlotte
VEREINIGTE STAATEN
VON AMERIKA
Columbia
South-
Carolina
Wilmington
Atlanta
Birmingham
Augusta
Charleston
Alabama
Macon
Georgia
Montgomery
Columbus
Savannah
Chattahoochee
Albany
Mobile
Biloxi
Pensacola
Tallahassee
Jacksonville
St. Augustine
Daytona Beach
Orlando
100 Miles
100 km

Geschichte

Die ersten Whiskeypioniere

In der zweiten Hälfte des 18. Jahrhunderts zog eine wahre Flut von Siedlern von Virginia in die neuen Staaten Kentucky oder Tennessee. Andere wiederum drangen aus Pennsylvania weiter gen Westen vor. Scouts, wie der berühmte Daniel Boone, brachten zahlreiche Wagemutige aus dem alten Europa in die Neue Welt. Alleine bis 1776 waren es mehr als eine Viertelmillion Scotch-Irish, die vor allem aus der nordirischen Provinz Ulster hierherkamen und ihre Kompetenz in Sachen Whiskeybrennen aus ihrer alten Heimat in die neue mitbrachten. Zu Hause oftmals vertrieben, konnten sie hier in der neuen Freiheit ihr Wissen in die Tat umsetzen. Mit dem Anbau von Roggen entwickelte sich nach und nach der Rye Whiskey, der vor allen Dingen in Maryland und Pennsylvania viele Anhänger fand. Überschüssiges Getreide wurde hier zu Whiskey gebrannt. Heute spielt der Rye Whiskey in den USA allerdings nur noch eine untergeordnete Rolle. Erst mit der Besiedlung der Gegenden an den großen Flüssen, rund um die Appalachian Mountains, damals noch Virginia bzw. das heutige Kentucky, begann man auch, Mais zu Whiskey zu verarbeiten.

Viele Einwanderer setzten den Whiskey fortan auch zum Tausch gegen andere Waren ein. Viele Siedler trieben regen Handel mit den Indianern, die dem Feuerwasser immer mehr verfielen. Whiskey war Medizin, wertvolle Währung, und zeitweise köderte man sogar Soldaten mit der Garantie, dass jedem Rekruten eine Ration Whiskey pro Tag zugeteilt würde.

Die Regierung plante alsbald, hohe Steuern für Schnaps einzufordern, egal ob kommerziell oder nur für den Hausgebrauch gebrannt. Viele Amerikaner sahen sich dadurch an ihre Vergangenheit in Großbritannien erinnert, wo man schon früh begonnen hatte, den Whisky zu besteuern. Als sie sich in ihrer neuen Heimat erneut ihrer Freiheit beraubt sahen, kam es zu ersten Unmutsäußerungen. Gerade in den Hochburgen der Whiskeyherstellung häuften sich die Scharmützel, die 1794 schließlich in der sogenannten Whiskey Rebellion gipfelten. George Washington, der erste Präsident der Vereinigten Staaten und selbst Whiskeybrenner, musste ein Heer von 12 000 Mann rekrutieren, um den Aufstand niederzuschlagen. Viele Rebellen

Dieses Plakat aus der Prohibitionszeit sollte vor den Gefahren des Alkohols, insbesondere des Whiskeys, warnen.

flohen daraufhin nach Kentucky, wo im Städtchen Harrodsburg unter einem der einflussreichsten Siedler, Colonel James Harrod, fleißig Whiskey aus Roggen und Weizen gebrannt wurde. Viele sehen darin die Geburtsstunde des Kentucky-Whiskeys. In dieser ereignisreichen Zeit zwischen 1775 und 1800 begannen auch einige der einflussreichsten Familien, wie die Böhms (Jim Beam), Browns (Brown-Forman) oder Samuels (Maker's Mark), mit dem Whiskeybrennen.

Anfang des 19. Jahrhunderts gab es alleine in Pennsylvania etwa 3500 Brennanlagen, in Kentucky rund 2000. Die Whiskeys waren noch sehr rau und wurden ohne zwischenzeitliche Lagerung verkauft.

Die Geburtsstunde des Bourbon

Damals erschienen zwei Bücher, die entscheidenden Einfluss auf die weitere Entwicklung des amerikanischen Whiskeys haben sollten. 1818 veröffentlichte der Autor und Brennmeister Harrison Halls aus Philadelphia das Buch *Distiller*. Er beschrieb darin, dass es wohl effizienter sei, Whiskey aus mehr als einer Sorte Getreide herzustellen. Er präzisierte seine Ausführungen noch weiter: Man sollte Mais und Roggen verwenden, der Anteil des Roggens solle aber nicht über 25 Prozent liegen. Zur Lagerung empfahl er Hogsheadfässer aus weißer Eiche, deren Innenseiten verkohlt waren. Das sollte Verunreinigungen bei der Gärung verhindern. Ob dies wohl die Geburt des Bourbon war? Man weiß es nicht. Damals galt jedenfalls der Rye Whiskey aus Pennsylvania, besonders aus dem Monogahela-Tal, als der erste wirklich eigene amerikanische Whiskeystil. Heute ist in Pennsylvania allerdings keine Brennerei mehr in Betrieb. Die letzte verbliebene, die Mitcher's Distillery, wurde 1989 geschlossen. Ein weiteres Buch, *The Art of Making Whiskey*, von Anthony Boucherine, folgte 1819. Auch dieses Buch setzte einige Maßstäbe in Sachen Whiskeyproduktion.

Der Bourbon erhielt seinen Namen von einem gleichnamigen County in Kentucky. Dort wurde 1821 in der Zeitung *Western Citizen* zum ersten Mal für Bourbon Whiskey Werbung gemacht. Der Ohio River, der durch das County fließt, war damals der Haupttransportweg für den Whiskey. Erst 1860 verlor er an Bedeutung, als man das Land mit der Eisenbahn erschloss. Da die Whiskeyfässer oftmals Monate zu ihrem Bestimmungsort unterwegs waren, fand man heraus, dass der Whiskey durch eine längere Fasslagerung an Qualität gewann.

Die Prohibitionszeit

Mit der Zeit kam der Whiskey in immer größeren Mengen auf den Markt und wurde für jedermann erschwinglich. Dies rief wiederum die Temperenzler auf den Plan, die den Alkohol verbieten wollten und den Whiskey als Teufelszeug brandmarkten. Sie sollten ihr Ziel schon bald erreichen: In einigen Bundesstaaten wie Tennessee galt das Alkoholverbot bereits ab 1910, ab dem 17. Januar 1920 herrschte schließlich in den ganzen USA die Prohibition. Alle Brennereien wurden geschlossen, bis auf sechs Betriebe, die Alkohol zu medizinischen Zwecken herstellen durften.

Allerdings wurde das Land nicht wie erwartet „trockengelegt" – ganz im Gegenteil. Der Schwarzmarkt mit Whiskey aus dem In- und Ausland blühte auf und machte viele Gangster, Schmuggler und Schwarzbrenner zu reichen Männern. Außerdem profitierten ausländische Whiskyhersteller, die keine Scheu hatten, Whisky in die USA zu schmuggeln. Es gab aber auch Verlierer. Die Iren zum Beispiel, die Skrupel hatten, ihren Whiskey zu schmuggeln, und allen voran natürlich die Amerikaner selbst. Viele Brenner wurden mit dem Verbot ihrer Existenzgrundlage beraubt. Auch nach der Aufhebung der Prohibition 1933 änderte sich vorerst nicht viel. Der Whiskeymarkt erholte sich jedoch mit der Zeit. Besonders zwei Marken, Jack Daniel's und Jim Beam, entwickelten sich in den letzten Jahrzehnten zu weltweit bekannten Marken. Trotz allem ist die Anzahl der Destillerien heute sehr überschaubar.

Seit ein paar Jahren gibt es jedoch wieder einige kleine Brennereien, die ihre Chance auf dem Markt erkannten und begannen, neben Branntweinen und Fruchtschnäpsen auch wieder erstklassigen Whiskey herzustellen.

Harry's New York Bar Ende der 1940er-Jahre. Kaum vorstellbar, dass in den Kneipen der USA der Alkoholausschank einmal verboten war.

VIRGINIA

„Ich mag Whiskey. Schon immer. Deswegen trinke ich ihn auch nie.“

ROBERT E. LEE

DER BUNDESSTAAT VIRGINIA verdankt seinen Namen eigentlich der englischen Monarchin Elisabeth I., die den Beinamen „Jungfräuliche Königin“ (Virgin Queen) hatte. Walter Raleigh gab dem Land diesen Namen zu Ehren der britischen Königin, als er 1584 eine Siedlung auf Roanoke Island gründete. Das damalige Virginia umfasste allerdings ein wesentlich größeres Gebiet als der heutige Bundesstaat. Virginia trat 1788 als zehnter Bundesstaat den USA bei, verlor allerdings 1861 die nordwestlichen Gebiete an den neu gegründeten Staat West Virginia.

Die Landwirtschaft Virginias wird heute vom Mais- und Weizenanbau dominiert und ist damit eigentlich für die Herstellung von Whiskey prädestiniert. Umso mehr verwundert es, dass seit der Prohibition nur mehr eine Destillerie ständig in Betrieb war. Demnächst wird sich allerdings wieder die historische Brennerei des ersten amerikanischen Präsidenten, George Washington, dazugesellen, die mithilfe alter Aufzeichnungen nach historischem Vorbild auf dem Gelände des Anwesens Mount Vernon rekonstruiert wird. Viele amerikanische Destillerien unterstützen das Projekt, indem sie Spezialabfüllungen herausbringen und mit dem Erlös die Finanzierung sichern.

Virginia war allerdings nicht immer ein weißer Fleck auf der Whiskeylandkarte, wie das heute der Fall ist. In der Zeit vor dem Ausbruch des Bürgerkriegs zwischen den Nord- und Südstaaten im Jahr 1861 wurde in Virginia noch mehr Whiskey produziert als in Kentucky. Der Sezessionskrieg beendete jedoch diese Vorreiterstellung. Nach dem Ende des Krieges und der Abschaffung der Sklaverei waren zahlreiche Betriebe gänzlich von der Landkarte ver-

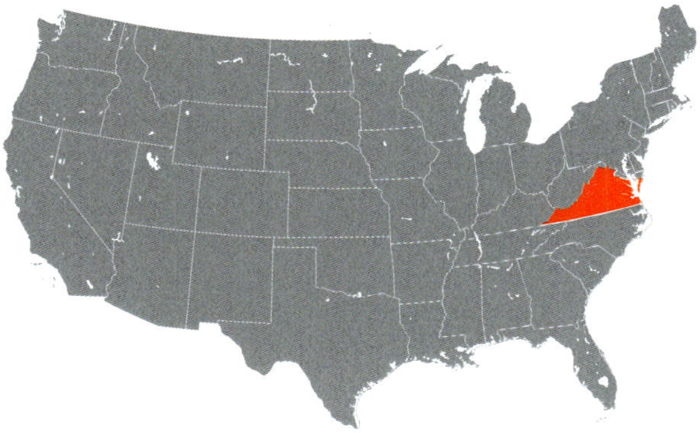

schwunden. Diverse Betriebe zogen zudem in andere Bundesstaaten um. So gab es zu Beginn der Prohibition im ganzen Staate Virginia nur noch fünf Brennereien. Nach dem Ende der Prohibition stieg einzig und alleine Abraham Smith Bowman ins Rennen, als er 1935 eine Brennerei in Reston, nahe dem Potomac River, gründete und mit seinem Virginia Gentleman große Erfolge feiern konnte. Bowman ist bis dato die einzige noch aktive Destillerie in Virginia geblieben, wenngleich sie heute nicht mehr in Renton produziert.

Leider gibt es nur wenige historische Aufzeichnungen über die verschiedenen Brennereien in Virginia. Lediglich den Ausgrabungen und Recherchen in Mount Vernon ist es zu verdanken, dass man etwas über die George Washington Distillery in Erfahrung bringen konnte. Der erste Präsident der USA hatte 1761 das Gut Mount Vernon von der Witwe seines Bruders geerbt und betätigte sich dort unter anderem als Farmer. 1797, nachdem Washington als Präsident abgedankt hatte, ließ er dort eine Brennerei mit angeblich 50 Maischebottichen und fünf Brennblasen aus Kupfer errichten. Er produzierte dort einen Whiskey, der aus 60 Prozent Roggen, 35 Prozent Mais und fünf Prozent Gerste bestand. Bereits nach drei Jahren wurden 500 Hektoliter hergestellt. Der Whiskey wurde ohne Reifung an Whiskeyhändler und berühmte Persönlichkeiten in Virginia verkauft.

Oben: Das Landgut George Washingtons am Mount Vernon über dem Potomac River in Virginia.
Unten: Eine illegale Brennerei am Mount Vernon wird in den 1920er-Jahren von Bundesbeamten demontiert.

S. 222: Der Shenandoah-Nationalpark in Virginia lockt Jahr für Jahr mehr als eine Million Naturfreunde an.

A. Smith Bowman

A. SMITH BOWMAN	
BESITZER	Sazerac Company
GRÜNDUNGSDATUM	1935
STATUS	in Produktion
JAHRESPRODUKTION	keine Angaben

DER BAU DER HEUTIGEN DESTILLERIE befindet sich in einem Industriegebiet in der hübschen Kleinstadt Fredericksburg.

Abram Smith Bowman gründete seine Destillerie im Jahr 1935 auf dem Familienanwesen Sunset Hills Farm. Die Farm lag im Fairfax County, dem heutigen Reston, in der Nähe von Washington, D.C. Das Land, auf dem die Farm stand, hatte Bowman acht Jahre zuvor erworben. Er konnte sich diesen Spaß leisten, da er bereits viel Geld mit der Produktion von Autobussen verdient hatte. Als ersten Whiskey stellten die Bowmans den Virginia Gentleman her, der schon bald bei den Regierungsvertretern in der nahen Hauptstadt Washington bekannt und geschätzt wurde. Ebenso großen Anklang fand der Whiskey bei den Journalisten. Die Begeisterung war sogar so groß, dass man ein eigenes Label unter dem Namen Gentleman of the Press herausbrachte, der selbst im nationalen Presseclub aufgelegt wurde.

In den 1960er-Jahren verkaufte die Familie Bowman dann Stück für Stück ihre Ländereien rund um die Brennerei. Auf dem Gebiet entstand nun im Laufe der Jahrzehnte kontinuierlich die heutige Stadt Reston. 1987 schlossen die Bowmans ihren alten Betrieb endgültig und zogen in das etwa 60 Meilen südlicher gelegene Städtchen Fredericksburg am Rappahannock River um. Ein Jahr darauf, also 1988, ging man dort in einer ehemaligen Zellophanfabrik wieder in Produktion. In der neuen Brennerei wird im Verhältnis zur alten allerdings nur relativ wenig Whiskey gebrannt. Hier wird heute hauptsächlich Wodka und Gin produziert. Zeitweise stellte die Brennerei auch Rum her. Im Jahr 2003 verkaufte die Familie die Brennerei an die Sazerac Company aus New Orleans, die auch Eigentümer der Destillerie Buffalo Trace in Frankfort, Kentucky, ist. Bis dahin galt die Bowman-Brennerei als die älteste noch in Familienbesitz befindliche Firma des Landes. Auf

Wenn man das hübsche Städtchen Fredericksburg heute sieht, mag man nicht glauben, dass sich hier 1862 die Nord- und Südstaaten im Bürgerkrieg in einer blutigen Schlacht gegenüberstanden.

Nicht nur in den hübschen Kneipen von Fredericksburg erfreut sich der Virginia Gentleman auch heute noch großer Beliebtheit.

alle Fälle ist sie heute die einzige verbliebene Destillerie im Staat Virginia.

Der bereits 1935, also kurz nach der Prohibition, produzierte Whisky Virginia Gentleman gilt auch heute noch als Zugpferd der Brennerei. Bis 1996 stand auf dem Etikett Virginia Whiskey, doch heute lautet das Label Virginia Bourbon. Ungewöhnlich ist, dass der Whiskey heute nur noch teilweise in dieser Brennerei hergestellt wird. Seit dem Umzug an die neue Produktionsstätte erfolgt die Gärung und der erste Brennvorgang in einer anderen Destillerie. Die Buffalo Trace Distillery übernimmt heute den Part des Zulieferbetriebes. Vorher galt die Destillerie Heaven Hill lange Zeit als Hauptlieferant für den Spirit. Auf jeden Fall versichert der Hersteller, dass auch der erste Teil der Whiskeyproduktion nach wie vor nach dem gleichen Rezept hergestellt wird wie früher. Nach dem ersten Brennvorgang wird das Destillat mit Eisenbahnwaggons nach Fredericksburg transportiert, wo es anschließend im kupfernen Doubler, einem Brennapparat, der fast wie eine zylinderförmige Pot Still aussieht, erneut gebrannt wird. Dieser zweite Brennvorgang wird seit fast 30 Jahren vom legendären Brennmeister Joe Dangler durchgeführt.

Die sechsjährige Variante 90 Proof (das amerikanische Maß für den Alkoholgehalt; zwei Proof sind so viel wie ein Volumprozent) enthält angeblich 85 Prozent Mais, acht Prozent Roggen und sieben Prozent Gerstenmalz. Der Mais macht diesen Whiskey sehr süß, der Roggen wiederum verleiht dem Whiskey eine gewisse Würze. Neben dieser Abfüllung gibt es ihn auch noch in einer 80-Proof-Variante, die ungefähr vier Jahre lang reift. Der etwas ältere Whiskey ist hier auf jeden Fall die erste Wahl.

WHISKEY

Virginia Gentleman 90 Proof,
45 % Vol., Originalabfüllung
Farbe: Kupferrot

TASTING NOTES

Dieser etwa sechsjährige Whiskey hat ein sehr süßes Aroma, mit einem Hauch Vanille, viel Honig und einer leichten Würze. Dominant ist auch der Duft von Eiche. Im Geschmack machen sich die genannten Düfte erneut stark bemerkbar, und die Vanille kommt sogar noch etwas mehr zum Vorschein. Im Abgang ist er sehr weich.

TENNESSEE

„Welche Whiskeymarke trinkt Grant?
Ich würde gerne meinen anderen Generälen
ein Fass davon schicken."

ABRAHAM LINCOLN

DENKT MAN AN TENNESSEE, fällt vielen Jack Daniel's ein, den Musikfans Nashville, die Country-Hochburg, und natürlich auch Memphis, die Heimat der Rock-'n'-Roll-Legende Elvis Presley und größte Stadt des Bundesstaates, die am Ostufer des Mississippi River liegt und sich daher bereits in der subtropischen Zone befindet.

Der Staat, der südwestlich an Virginia angrenzt und als nördlichen Nachbarn die Whiskeyhochburg Kentucky hat, zählt rund 5,6 Millionen Einwohner. Tennessees Hauptstadt ist Nashville.

Der Bundesstaat schloss sich 1796 als 16. Mitglied den Vereinigten Staaten an, trat allerdings im Zuge des Bürgerkriegs am 7. Mai 1861 aus der Union aus. Nach dem Bürgerkrieg, als das Gesetz zur Abschaffung der Sklaverei ratifiziert wurde, trat Tennessee am 24. Juli 1866 als erster Bundesstaat wieder bei.

Besonders in den ländlichen Gegenden geht es heute in Tennessee noch sehr konservativ zu. Gerade einmal in drei Countys ist die Herstellung von Whiskey erlaubt: in Coffee, Lincoln und Moore. Ebenso ist der Verkauf von Alkohol stark reglementiert. Doch auch hier kann man sich dem Fortschritt nicht verschließen, sodass das Verbot besonders in den größeren Städten langsam aufgelockert wird.

Bereits 1910 trat in der Region rund um Tennessee, die auch „Bibelgürtel" genannt wird, die Prohibition in Kraft und vertrieb die letzten verbliebenen Brennereien in Regionen, in denen man dem Thema Alkoholproduktion etwas aufgeschlossener gegenüberstand. 1913 schlossen die letzten sieben Destillerien von den einst rund 700, die noch 100 Jahre zuvor in Tennessee produziert hatten. 1933 wurde die Prohibition in den USA offiziell

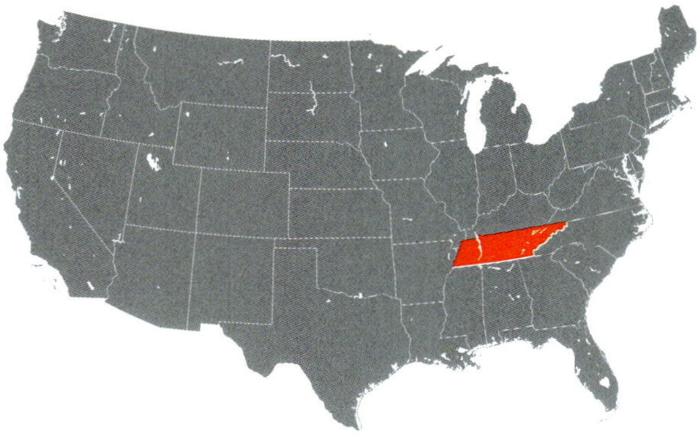

aufgehoben – nicht jedoch in Tennessee. Erst 1938 konnte die Produktion mit der Auflage wieder aufgenommen werden, dass der Whiskey hier nicht verkauft, geschweige denn getrunken werden durfte. Seit 1995 ist es den Destillerien jedoch wieder erlaubt, in ihrem Shop Whiskey zu verkaufen. Getrunken werden darf er vor Ort allerdings noch immer nicht.

Der Tennessee Whiskey unterscheidet sich ein wenig von den Whiskeys des nördlichen Nachbarn Kentucky bzw. allen anderen amerikanischen Whiskeys. Er wird vor der Abfüllung in die Fässer extra durch einen Filter aus Holzkohle gegossen. Ein Vorgang, der auch „Lincoln County Process" genannt wird. Besser bekannt ist dieses Procedere auch unter dem Namen „Charcoal Mellowing" oder „Leaching". Die Holzkohle wird aus Zuckerahorn hergestellt und soll bewirken, dass der Whiskey bei der Reifung im Fass reiner wird und einen ausgeglicheneren Charakter aufweist. Im Laufe der Jahrzehnte wurde diese Technik noch verfeinert. Der Begriff „Tennessee Sour Mash" wurde 1941 von der Steuerbehörde als eigenständige Whiskeysorte eingeführt. Es ist jedoch nicht der Sour Mash, der den Tennessee Whiskey so einzigartig macht, sondern das bereits beschriebene „Charcoal Mellowing". Die Brennereien in Tennessee sind auf diese Besonderheit natürlich mächtig stolz.

Oben: Das Grab Elvis Presleys in Graceland ist Pilgerstätte für Millionen Fans des „King of Rock 'n' Roll".
Unten: Stille Zeugen des amerikanischen Bürgerkriegs im Chickamauga & Chattanooga National Military Park.

S. 226: Der Raddampfer auf dem Mississippi stammt aus einer Zeit, als es noch Hunderte von Destillerien in Tennessee gab.

George A. Dickel

Einer der beliebtesten Whiskys von George A. Dickel ist der Sour Mash No. 8.

GEORGE A. DICKEL	
BESITZER	Diageo
GRÜNDUNGSDATUM	1870
STATUS	in Produktion
JAHRESPRODUKTION	47 500 Hektoliter

IN DER NÄHE DER rund 17 000 Einwohner zählenden Stadt Tullahoma, die früher dank ihrer Eisenbahnanbindung ein wichtiger Ort in der Region war, steht die Brennerei George A. Dickel, die lange Zeit unter dem Namen Cascade Hollow firmierte. Die Destillerie liegt nur etwa 15 Meilen von Jack Daniel's entfernt.

George Dickel, der 1818 in Deutschland auf die Welt gekommen war, wanderte im Jahr 1844 zusammen mit seiner Frau in die USA aus. Ende der 1860er-Jahre begann er dort mit dem Whiskey-Handel. Er kaufte den Whiskey in Fässern und verkaufte ihn unter seinem eigenen Namen weiter. Schon damals entwickelte sich eine gute Partnerschaft mit der damals noch Cascade heißenden Destillerie, bei der er bald ausschließlich kaufte. 1888 konnte George A. Dickel die Cascade Distillery zusammen mit seinem Schwager Victor Schwab ihren Vorbesitzern abkaufen. Schon damals schrieb die Destillerie das Wort Whisky wie die Schotten ohne „e". Dies wurde bis zum heutigen Tag so beibehalten. Leider konnte sich George Dickel nicht mehr intensiv seiner eigenen Brennerei widmen, da er an den Folgen eines Reitunfalls litt, an denen er schließlich sechs Jahre später verstarb. Schwab führte den Betrieb nun zusammen mit seinem Sohn weiter. Aufgrund der in Tennessee schon früh einsetzenden Prohibition mussten die beiden jedoch 1910 schließen und zogen nach Louisville in Kentucky um, um dort bei Stitzel-Weller weiterzuproduzieren. Doch auch dort stoppte die Prohibition schließlich jegliche Alkoholproduktion. Nach dem Ende der Prohibition sicherte sich Schenley die Markenrechte und produzierte bei Ancient Age in der Nähe von Lees-

Ein großes Eingangsschild begrüßt den Besucher auf dem Gelände der Brennerei George A. Dickel, die hier 1870 gegründet wurde.

town. Man besann sich jedoch der alten Traditionen und baute 1958, nicht mal einen Kilometer von der alten Brennerei entfernt, eine neue Brennerei, die im Vergleich zu ihrem Nachbarn Jack Daniel's geradezu winzig wirkt. Hier arbeiten gut 29 Mitarbeiter, im Gegensatz zu den rund 400 in der benachbarten Brennerei in Lynchburg.

1964 erhielt der Whisky dann endlich wieder den angestammten Namen seines Firmengründers George A. Dickel zurück. 1987 kaufte UD die Destillerie von Schenley, und 1997 kam sie letztendlich beim heutigen Großkonzern Diageo unter. Da sie 2001 alle Lagerhäuser voll belegt hatten, entschlossen sich die Besitzer, den Betrieb einzustellen. Lange Zeit fürchtete man nun, dass die Produktion ganz eingestellt werden könnte. Schließlich kursierte das Gerücht, dass sich Diageo ganz aus den USA zurückziehen wollte. Als 2004 die Produktion wieder anlief, konnten alle wieder aufatmen.

Auch bei Dickel wendet man die Charcoal-Mellowing-Methode an, wenngleich ein wenig anders als bei Jack Daniel's. Im Gegensatz zum großen Nachbarn legt man hier auf die Holzkohle eine Wolldecke, die verhindern soll, dass der Whisky nur an einer Stelle abtropfen kann. Bereits beim Eintritt in die Holzkohle wird er auf diese Weise schön verteilt. Auch der Doubler sieht hier etwas seltsam aus. Während man normalerweise von einem Kupferkessel ausgeht, besteht er hier aus rostfreiem Stahl, wird aber von Kupferrohren beheizt.

Der George Dickel Old No. 8 Brand ist der Standard-Whisky, der etwas ältere George Dickel Superior No. 12 gehört nach Ansicht Jim Murrays, einem der bekanntesten Whiskyexperten, zu den zehn besten Whiskys der Welt und wird in seinen Büchern als Weltklassiker beschrieben. Neben diesen beiden Klassikern gibt es auch noch einen Zehnjährigen. Die Whiskys von Dickel sind etwas leichter und aromatischer als die Whiskeys von Jack Daniel's.

WHISKY

George Dickel No. 12,
90 Proof, 45 % Vol., Originalabfüllung
Farbe: rötlicher Bernstein

TASTING NOTES

Dieser Whisky ist im Aroma würzig, aber trotzdem recht mild. Man riecht Apfelkuchen, Zitronenschnitten, Kleeblütenhonig und einen leichten Hauch von Roggen. Im Geschmack ist er mittelschwer, würzig, komplex, erneut mit Äpfeln, etwas Zimt und Ingwer. Der Abgang ist sehr sauber, mit einem Hauch von Apfelkuchen.

In dem hübschen Shop, der auf dem Gelände der Dickel-Destillerie steht, kann der Whiskyfan allerlei Souvenirs und Andenken erwerben.

Tennessee

Jack Daniel's

JACK DANIEL'S	
BESITZER	Brown-Forman
GRÜNDUNGSDATUM	1866
STATUS	in Produktion
JAHRESPRODUKTION	keine Angaben

Die mächtigen Brennblasen von Jack Daniel's, die noch aus der Zeit vor der Prohibition stammen, stehen in einem siebenstöckigen Backsteinbau.

DAS KLEINE SÜDSTAATENSTÄDTCHEN Lynchburg ist die Heimat der berühmten Brennerei Jack Daniel's. Die Einwohnerzahl Lynchburgs wird nach wie vor mit 361 angegeben, genau wie in der ersten Fernsehwerbung, ganz egal ob nun neue Einwohner hinzukommen oder Todesfälle zu verzeichnen sind. Es geht hier sehr gemächlich zu, und man ist bestrebt, alles so zu belassen, wie es ist. Der Ort wird von hohen Hügeln umgeben und ist für gewöhnlich immer schön herausgeputzt. Die meisten Geschäfte stammen noch aus den goldenen 1920er-Jahren. Zur Destillerie gehören ein Haushaltswarenladen sowie der Saloon, der aber, wie bereits erwähnt, noch immer keinen Alkohol ausschenken darf. Ebenso wenig wie der nahe Shop direkt bei der Brennerei. Dort wird nach wie vor statt Whiskey die berühmte Zitronenlimonade serviert, die ebenfalls bei Jack Daniel's hergestellt und landesweit verkauft wird.

Jack Daniels Großvater, Joseph Daniel, war einst zusammen mit seiner damals 15-jährigen Geliebten, Tochter wohlhabender Schotten, für die Joseph arbeitete, durchgebrannt und schließlich nach Amerika, ins Land der unbegrenzten Möglichkeiten, gekommen. Sein Enkel Jack Daniel, der eigentlich Jasper Newton Daniel hieß, aber immer nur Jack genannt wurde, verließ seine Familie ebenfalls früh, da er sich mit seiner Stiefmutter nicht verstand. Seine leibliche Mutter verstarb, als Jack gerade mal ein Jahr alt war. Schon in jungen Jahren arbeitete er für den Farmer und Distiller Dan Call, der ihm alles beibrachte, was er für das Brennhandwerk wissen musste. Allerdings war Call auch evangelischer Laienpriester und konnte die Herstellung von Alkohol irgendwann nicht mehr mit seinem Glauben vereinbaren. Deshalb verkaufte er schließlich Jack Daniel seine komplette Ausstattung – da war Jack gerade mal 14 Jahre alt geworden.

Der etwas mildere Single Barrel erfreut sich bei Jack-Daniel's-Freunden immer größerer Beliebtheit.

Jack arbeitete von da an sechs Jahre lang als Whiskeyhändler und gründete 1866 mit 20 Jahren die Brennerei in Lynchburg, die auch heute noch an Ort und Stelle steht. Den Ort hatte er mit viel Bedacht ausgewählt, da er hier die Cave Spring, eine Quelle mit hervorragender Wasserqualität, gefunden hatte. Die Höhle wurde so genau wie nur möglich untersucht. Allerdings konnte man wegen der engen Platzverhältnisse nicht direkt bis zur Quelle vordringen.

Daniel fuhr seinen Whiskey selbst mit dem Pferdewagen aus und kümmerte sich auch um sämtliche Marketingfragen. Der nicht einmal 1,60 Meter große Mann mit dem unerschütterlichen Selbstvertrauen nahm an jedem nur erdenklichen Wettbewerb teil, um seinen Whiskey bekannt zu machen. Ab 1890 füllte er den heute meistverkauften amerikanischen Whiskey „No. 7" mit dem schwarzen Etikett und der berühmten viereckigen Flasche ab. Den großen Durchbruch schaffte er 1904, als er bei der Weltausstellung in St. Louis, Missouri, die Goldmedaille für den weltbesten Whiskey erringen konnte. Da Jack nie heiratete, obwohl er der begehrteste Junggeselle der Gegend war, nahm er seinen Neffen Lem Mortlow in seine Firma auf, der nach dem Tod seines Onkels die Geschicke leiten sollte. Jack war einmal so wütend über einen Safe, der sich nicht öffnen ließ, dass er mit seinem Fuß dagegentrat und sich dabei einen Zeh brach. Als sein Fuß nicht mehr heilen wollte, verstarb er schließlich 1911 an den Folgen dieses Unfalls. Zwei Jahre zuvor war sein Neffe Lem nach St. Louis gezogen, um dort weiter Whiskey produzieren zu können, nachdem im County Moore bereits Ende 1909 der Alkoholkonsum verboten worden war. Als die Prohibition in den USA 1933 beendet war, wollte Motlow wieder nach Lynchburg zurückkehren. Doch der Staat Tennessee erlaubte erst im Jahr 1938, die Produktion wiederaufzunehmen. Drei Jahre später wurde der Whiskey aus Tennessee als eigene Sorte anerkannt, was letzten Endes auch ein Verdienst von Motlow war. Nach seiner Rückkehr erweiterte er die Destillerie und vererbte sie 1947 an seine vier Söhne. Diese konnten jedoch unter sich keinen geeigneten Nachfolger ausmachen und verkauften den Betrieb deshalb 1956 an Brown-Forman. Dieser führte die Geschicke so gut weiter, dass Jack Daniel's heute zur unangefochtenen Numer eins unter den amerikanischen Whiskeys avancierte.

Jack Daniel's Old No. 7 ist der erfolgreichste Whiskey. Er besteht aus einer Mischung aus fünf- bzw. sechsjährigen Whiskeys. Der „Gentleman Jack" wird nach der Reifung ein zweites Mal filtriert und ist daher weicher und leicht süßlicher. Immer größeren Zulauf findet auch der Jack Daniel's Single Barrel. Dieser ist nicht so wuchtig wie die anderen und kann im Geschmack aufgrund der Einzelfassabfüllung auch mal etwas variieren. Gerade in dieser charakteristischen Eigenschaft liegt auch sein Reiz.

WHISKEY

Jack Daniel's Old No. 7 Brand, 86 Proof, 40 % Vol., Originalabfüllung
Farbe: Kupferrot

TASTING NOTES

Dieser fünf- bis sechsjährige Whiskey ist der Inbegriff für Jack Daniel's. Absolut nichts für Whiskeyneulinge, da er schlicht nichts für Zartbesaitete ist. Bereits in der Nase ist er sehr energisch, feurig und phenolisch nach Eiche und Lakritze riechend, mit einem etwas süßlichen Touch. Im Geschmack ist er anfangs sehr heftig, dann etwas sanfter, sehr ölig, weiterhin nach Lakritze schmeckend, mit einem Einschlag von Toffee. Der Abgang ist unwahrscheinlich lang. Man spürt zudem die Eiche und den öligen Geschmack, ergänzt von etwas Mais und Malz im Nachklang.

Bei Jack Daniel's lässt man es, wie in ganz Lynchburg, seit jeher sehr entspannt angehen.

KENTUCKY

„Whiskey ist bei Weitem das populärste aller Medikamente, das eine Erkältung garantiert nicht kuriert."

JERRY VALE

DER STAAT KENTUCKY, den man zu den Nordstaaten zählt, trat am 1. Juni 1792 als 15. Bundesstaat der Union bei. Vorher war Kentucky ein Teil Virginias gewesen. Die Bewohner Kentuckys wussten nie so genau, wozu sie sich zählen sollten, da zwei ihrer berühmtesten Einwohner im Sezessionskrieg auf verschiedenen Seiten standen. Auf der einen Seite Abraham Lincoln, der Präsident der Union, und auf der anderen Seite Jefferson Davis, der Präsident der Konföderation.

Der Name des Staates hat seinen Ursprung in dem Wort „Ken-tah-ten" der Irokesen, was so viel heißt wie „Land der Zukunft". Heute ist Kentucky auch als „Bluegrass State" bekannt, womit die im März und April blaugrün blühenden Grasweiden gemeint sind.

Der Bourbon Whiskey stammte ursprünglich aus dem Bourbon County, dort wird jedoch schon seit Langem kein Whiskey mehr hergestellt. Heute darf man überall in den USA Bourbon herstellen, wenn die vorgeschriebenen Auflagen erfüllt werden.

Obwohl heute mit Whiskey mehrere Milliarden Dollar Umsatz erwirtschaftet werden, gelten hier verschiedene Liqueur Laws – Alkoholverkaufsgesetze. Demnach ist in 61 der 120 Counties, trotz der hohen Erlöse mit Whiskey, der Verkauf von Alkohol untersagt. Diese Gesetze werden sehr unterschiedlich gehandhabt, sodass es ratsam ist, sich vorher zu informieren. So wird in den meisten Destillerien kein Schluck Whiskey ausgeschenkt, sondern es werden Pralinen gereicht.

Die Destillerien Kentuckys verteilen sich heute auf die Städte Bardstown, Clermont, Frankfort, Lawrenceburg, Loretto, Louisville und Versailles.

Louisville ist mit fast 700 000 Einwohnern die größte Stadt von Kentucky. Es ist nicht weiter verwunderlich, dass einige Brennereien diese Metropole als Standort wählten, nicht zuletzt wegen der guten Verkehrsanbindungen: früher der Ohio River und im Laufe des 19. Jahrhunderts die Eisenbahn. In der berühmten „Distillery Row" standen einst zwölf Brennereien. Sie wuchsen im Laufe der Zeit

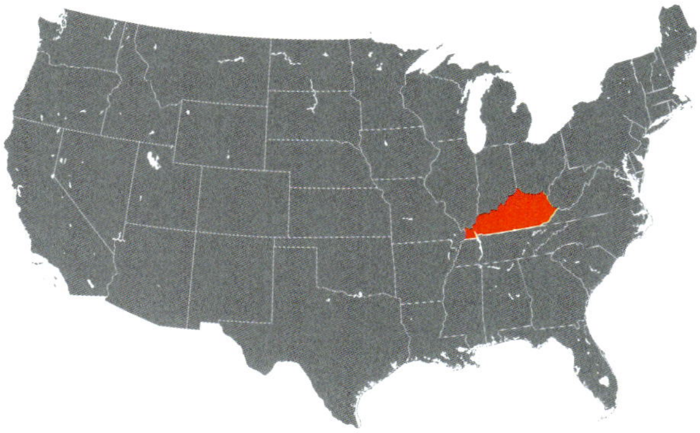

zu mächtigen Industrieanlagen mit mehrstöckigen Backsteingebäuden. Immerhin zwei dieser Betriebe produzieren auch heute noch: Brown-Forman, die den berühmten Old Forester herstellen, und die Destillerie Bernheim, die hier nicht nur ihre eigenen Marken produziert, sondern auch die Marken von Heaven Hill. Louisville ist außerdem die Heimat des Paketzustelldienstes UPS und der bekannten Fast-Food-Kette Kentucky Fried Chicken, die 1930 gegründet wurde und heute mehr als 12 000 Restaurants in 80 Ländern führt.

Mit Kentucky verbindet man neben den hiesigen berühmten Whiskeybrennereien natürlich auch Pferde. So gibt es in dieser Region viele Vollblutzüchter und das berühmte Kentucky Derby, das seit 1875 alljährlich im Mai in Louisville für zwei Wochen die Stadt auf den Kopf stellt. Es stellt nicht nur ein sportliches und wirtschaftliches, sondern auch ein kulturelles Ereignis dar und bietet für jeden etwas. Auch sonst gilt Louisville als eine der Kulturmetropolen nördlich von St. Louis, mit vielen Museen und zahlreichen anderen Attraktionen.

Neben der alles dominierenden Landwirtschaft (Pferde-, Rinder- und Schweinezucht, Molkereiprodukte, Getreide und Tabak) erwirtschaftet der Staat auch mit der Herstellung von Autoteilen, Maschinen und der Kohleförderung viel Geld – und natürlich mit Whiskey.

Oben: In den Churchill Downs in Louisville zieht das Kentucky Derby jedes Jahr im Mai mehr als 200 000 Pferdesportfans an. Unten: Einer der Exportschlager aus Kentucky – neben all den bekannten Whiskeymarken wie Jim Beam, Wild Turkey etc.

S. 232: Die guten Transportmöglichkeiten am Ohio River machten Louisville schnell zum Zentrum der Whiskeyindustrie Kentuckys.

Barton

BARTON	
BESITZER	Constellation Brands
GRÜNDUNGSDATUM	1890
STATUS	in Produktion
JAHRESPRODUKTION	keine Angaben

In den riesigen siebenstöckigen Warehouses in Bardstown reifen die zahlreichen Whiskeys der Destillerie Barton.

DIE BRENNEREI BARTON liegt in Bardstown, einem hübschen, 7000 Einwohner zählenden Ort etwas südlich von Louisville. Früher galt dieser Ort einmal als das Zentrum der amerikanischen Whiskeyherstellung, da sich hier einst 22 Brennereien befanden. Heutzutage produziert hier allerdings außer der Brennerei Barton nur noch die Destillerie Heaven Hill.

Die Backsteinfabrikgebäude der Brennerei Barton stehen auf einem 180 Hektar großen Firmengelände, das bis vor kurzem auch das Whiskeymuseum von Oscar Getz beherbergte. Dieses zog allerdings vor einigen Jahren in ein ehemaliges College-Gebäude (Spalding Hall) nahe dem Gerichtsgebäude von Bardstown um. Auf dem Gelände der heutigen Brennerei hatte Tom Moore 1889 eine Destillerie errichtet, die er nach seinem Namen Tom Moore Distillery nannte. Zusammen mit seinem Partner Ben Mattingly besaß er bereits eine andere Brennerei. Seinen Namen trägt noch heute eine Marke der Brennerei, während die Marke Mattingly & Moore heute von Heaven Hill herausgebracht wird. Leider fiel die Brennerei Tom Moore wie so viele andere der Prohibition zum Opfer. 1934 machte sich der Geschäftsmann Henry Teur daran, die Firma wieder zu eröffnen und ein Modernisierungsprogramm zu starten. Doch erst Oscar Getz machte sie 1946 zur modernsten Brennerei ihrer Zeit, als er sie nach rein funktionellen Maßstäben komplett neu bauen ließ. Leider ist sie daher auch alles andere als eine Augenweide. Die Gärbottiche befinden sich außerhalb der Gebäude und besitzen kein Dach, die Stills haben nur einen Kopfteil aus Kupfer, der Rest besteht aus Edelstahl. Nur der isolierte Doubler, der ebenfalls im Freien steht, ist ganz aus Kupfer. Auf dem riesigen Gelände befinden sich außerdem 30 siebenstöckige Lagerhäuser. Es weist hier eigentlich nichts mehr auf die ursprüngliche Brennerei Moore hin.

Unter Getz' Führung erreichte die Firma ihre Größe und Bedeutung. Zusätzlichen Ruhm erreichte Getz damals, als er das fantastische Oscar Getz Museum of Whiskey History gründete und 1978 das Buch *Whiskey, an American Pictorial History* schrieb. Dieses Buch gibt einen faszinierenden kulturhistorischen Einblick in die Geschichte der amerikanischen Whiskeyherstellung. Außerdem expandierte er auch nach Schottland. 1971 übernahm er dort die Brennerei Littlemill und ließ außerdem die Destillerie Loch Lomond bauen. Nach der Gründung einer schottischen Tochterfirma brach eine Zeit an, die aufgrund vieler Käufe und Verkäufe der Firmen und Töchterfirmen ziemlich unübersichtlich wurde. Heute gehört die schottische Teilfirma zu Glen Catrine, der amerikanische Teil befindet sich dagegen im Besitz der Barton Brands, einer Tochter der Constellation Brands. Diese Firma wurde vor allen Dingen mit billigen Supermarktweinen groß. Die Firmenführung musste sich immer wieder herber Kritik erwehren, dass man der Öffentlichkeit keinerlei Einblick in die Produktionsverfahren gebe und zu viel geheim halten würde, wie zum Beispiel die Mash Bill. Doch aller Kritik zum Trotz kann sich Barton mit dem Erfolg krönen, die Nummer vier der Spirituosenkonzerne im Lande zu sein, nachdem man vorher sehr lange auf dem achten Platz gelegen hatte. Neben den größtenteils sehr günstigen Whiskeys produziert die Firma in zwei weiteren Brennereien vor allen Dingen Rum, Gin, Wodka, Tequila und andere Spirituosen.

Auf dem Whiskeymarkt jedenfalls besitzt Barton eine Vielzahl an Marken wie Barklay's, Colonel Lee – der allerdings eine vernichtende Kritik von Whiskyguru Jim Murray erntete –, weiter den bereits erwähnten Tom Moore, die Hausmarke Very Old Barton, einen Fleischmann's, The Glenmore, den Ten High, den Kentucky Gentleman und noch einige weitere.

WHISKEY

Kentucky Gentleman BIB – 100 Proof, 50 % Vol., Originalabfüllung
Farbe: Bernstein

TASTING NOTES

Ein Whiskey, der schon in jungen Jahren seinen Charakter unter Beweis stellt, im deutschsprachigen Raum jedoch nur schwer erhältlich ist. Er weist eine enorme Stärke auf, und im Aroma dringt nur wenig Malz durch. Im Geschmack kommt er sehr explosiv süßlich, mit einem kräftigen Anteil an Roggen und etwas Karamell. Im Abgang ist er lang, trocken, mit einem Einfluss von Eiche und Vanille.

Das eigentliche Destilleriegebäude wirkt auf dem riesigen Areal mit den gigantischen Warehouses geradezu winzig.

Bernheim

Ob Roggen-, Weizen- oder Gersten-Whiskey – im Hefebottich wird die Basis für die Gärung des Getreides gelegt.

BERNHEIM	
BESITZER	Heaven Hill
GRÜNDUNGSDATUM	1992
STATUS	in Produktion
JAHRESPRODUKTION	85 000 Hektoliter

DIE HEUTIGE MODERNE Destillerie Bernheim steht mitten in Louisville, im zehnten Bezirk. Sie wurde im Jahr 1992 komplett neu errichtet, und nur die umliegenden massiven Ziegelsteinbauten der Lagerhäuser weisen darauf hin, dass sich hier einmal ältere Gebäude befanden. Früher stand hier einmal die Astor Distillery.

Isaac Wolfe Bernheim (1848–1945), auch „Ike" genannt, kam als deutscher Emigrant zuerst nach Pennsylvania und später nach Kentucky. Er war der stolze Besitzer des Patents für den Flachmann, wurde mit dieser Erfindung allerdings nicht gerade reich. Daher betätigte er sich zusammen mit seinem Bruder als Whiskeyhändler und machte sich damit einen Namen. Um die Jahrhundertwende baute sich Ike dann in Louisville, direkt neben der Eisenbahnstrecke, eine eigene Brennerei. Seit 1888 war er bereits Mitinhaber einer anderen Brennerei, die allerdings abbrannte. Die beiden Brüder wurden vor allen Dingen mit der Marke I. W. Harper bekannt und erwirtschafteten großen Reichtum. Die Marke ließ Bernheim bereits 1879 als Handelsmarke schützen. Die Initialen „I" und „W" gehen auf seine Vornamen zurück. Bernheim wollte er nicht verwenden, da er fürchtete, dass dieser jüdische Name wohl nicht sehr förderlich für den Absatz wäre. Also nahm er einfach den Nachnamen eines befreundeten Pferdezüchters. Er galt als einer der Pioniere des Marketings, nicht zuletzt auch daher, weil er den Whiskey immer in I.-W.-Harper-Flaschen verkaufte. Während der Prohibition zählte die Destillerie zu den sechs Firmen, die eine Lizenz für die Herstellung medizinischen Alkohols besaßen. Auf diese Weise konnten sie sich in diesen schwierigen Zeiten finanziell gerade noch über Wasser halten.

Der Roggen-Whiskey Rittenhouse gilt bei vielen Whiskeykennern als ein Geheimtipp.

Nach der Prohibitionszeit erwarben sie die Marke Old Charter und die Bestände, die damals aus der Stitzel-Weller-Brennerei kamen. Ihre eigene Marke ging an zwei Whiskey-Broker aus Chicago, die sie wiederum an Schenley verkauften. Da Schenley 1987 zu UD kam, wurde die Marke ebenfalls von der heutigen Mutter Diageo übernommen und ist seitdem in deren Besitz. Bernheim selbst besaß zu jener Zeit rund 90 Marken, von denen heute nur noch wenige in der Firma verblieben sind. IDV, der Vorgänger von Diageo, gehörte Anfang der 1990er-Jahre noch die nur etwa sechs Kilometer von Bernheim entfernte Stitzel-Weller-Brennerei sowie die schon früher erworbene Glenmore Distillery. In dem Bestreben, einen zentralen Destilleriekomplex zu schaffen, in dem man alle Kentucky-Marken produzieren konnte, wurde daher 1992 die neue Destillerie Bernheim errichtet. Daneben besaß die Firma auch die George A. Dickel Distillery in Tennessee. Den Neubau konzipierte man so, dass mit den einen Stills die Bernheim-Sorten, wie I. W. Harper und Old Charter produziert werden konnten, und andererseits die Stitzel-Weller-Marken Weller, Rebel Yell und Old Fitzgerald. Die Brennapparate bestehen aus rostfreiem Stahl, und nur die Beer Stills haben Köpfe aus Kupfer. Schon bald nachdem der Bau der modernen Brennerei vollendet war, wechselte sie den Besitzer. Als sich Diageo etwas aus den USA zurückzog, nutzte Heaven Hill die Gunst der Stunde und kaufte die Brennerei. Heaven Hill hatte seine eigene Produktionsstätte etwas mehr als ein Jahr zuvor durch einen Brand verloren. Allerdings ging beim Kauf nur der Old Fitzgerald als Marke an Heaven Hill. Der Rest verblieb bei Diageo. Sie produzieren aber auch weiterhin einige der Fremdmarken. Hierfür ist Heaven Hill ja schließlich bekannt.

Man besitzt heute eine Vielzahl an Marken wie Evan Williams, Elijah Craig, Henry McKenna, die Marke Heaven Hill selbst sowie die Traditionsmarke Old Fitzgerald. Hinzu kommt eine Vielzahl kleinerer Marken. Ein beliebter Rye Whiskey ist der Rittenhouse, der in einigen Fachgeschäften als Geheimtipp gilt.

WHISKEY

Bernheim Wheat Whiskey,
45 % Vol., Originalabfüllung
Farbe: Gold

TASTING NOTES

Dieser Whiskey, bestehend aus 51 Prozent Weizenanteil, zeigt sich im Aroma wie ein kräftiger Grain. Fruchtige Noten wie Pflaume und Aprikose vervollständigen dies. Im Geschmack bleiben diese Früchte erhalten, werden aber durch holzige Einflüsse ergänzt. Das Ganze hat eine würzige Note, die sich auch im mittellangen Abgang wiederholt.

Parker und Craig Beam, die beiden Meisterbrenner von Bernheim, kreieren heute eine Vielzahl verschiedenster Whiskeys.

Kentucky

Brown-Forman

Die Brennerei Brown-Forman liegt in der „Distillery Row", in der Hafenstadt Louisville. In den goldenen 1950er-Jahren stellten die Böttcher hier noch Fässer für sechs Brennereien her.

BROWN-FORMAN	
BESITZER	Brown-Forman
GRÜNDUNGSDATUM	1891
STATUS	in Produktion
JAHRESPRODUKTION	keine Angaben

IN SHIVELY, AM SÜDWESTLICHEN Stadtrand der Hafenstadt Louisville, liegt die Brennerei Brown-Forman. Das Viertel, in dem der schlichte Backsteinbau liegt, trägt den Beinamen „Distillery Row". Die Lagerhäuser dieses typischen Industriebaus werden im Winter sogar beheizt, damit der Whisky (man beachte wieder die Schreibweise ohne „e") bei optimalen Bedingungen reifen kann. Dank ihrer Lage am Ohio River war die Stadt Louisville schon früh ein reger Handelsplatz. Besonders der Handel mit Hanfseilen, Tabak und dem berühmten Schinken aus der Region blühte.

Begonnen hatte alles unter dem Namen Early Times Distillery im Jahr 1860. Der Name stammte von einem Ort in der Nähe von Bardstown, der ebenfalls Early Times heißt. Damals gründete John H. Beam, der Onkel des bekannten James „Jim" Beam, die Brennerei und produzierte einen Whisky, den er Early Times nannte. Heute weist nur noch der Ortsname auf diese Episode hin. Brown-Forman kaufte die Destillerie im Jahr 1923 von ihrem damaligen Besitzer S. L. Guthrie und zog bereits kurz darauf an die heutige Adresse um. Der Concentration Warehouse Act hatte verboten, dass die Firma weiterhin den Whisky in Early Times lagerte. Eigentlich hatte die Brennerei in Louisville zuerst Old Kentucky Distillery geheißen. In den letzten Jahren wurde sie allerdings einfach in Brown-Forman Distillery umbenannt. Dies wohl auch aus dem Grund, dass hier nicht mehr nur der Early Times Whisky produziert wird. Vor allen Dingen wird hier heute der Old Forester Whisky hergestellt, der in Fachkreisen als der wesentlich bessere von beiden gilt. Selbst der Whisky hatte einige Umzüge hinter sich gebracht. Zuerst wurde er in der St. Mary Distillery nahe Loretto destilliert. Doch als auch diese Brennerei schließen musste, stellte man ihn schließlich in der Old Forester Distillery in Louisville, nur unweit der Early Times Distillery, her. 1979 schloss Brown-Forman letztlich die Old-Forester-Brennerei und konsolidierte die gesamte Produktion in der Early-Times-Anlage.

Zu einem zusätzlichen Verwendungszweck kam die Brennerei im Jahr 1996. Ein Feuer in der Heaven Hill Distillery hatte dort den Großteil der Produktionsanlagen zerstört, worauf dort kein Whisky mehr gebrannt werden konnte. Heaven Hill verlagerte die gesamte Produktion kurzerhand nach Louisville und mietete die Anlagen von Brown-Forman jeweils für vier Tage in der Woche, bis man schließlich mit der Destillerie Bernheim eine eigene Alternative fand.

Doch wie kam die Brennerei eigentlich in den Besitz von Brown-Forman, die nun schon seit mehr als einer Generation das Ruder in der Hand halten? Zuerst sollte man einmal festhalten, dass es sich hier um den einzigen amerikanischen Konzern handelt, dessen Familienmitglieder die Aktienmehrheit halten und deshalb auch an der Konzernspitze sitzen. Um 1750 war der Großvater des Firmengründers, George Garvin Brown, aus Schottland nach Amerika emigriert. George gründete zusammen mit seinem Halbbruder J. T. S. Brown die Firma und brachte den Old Forester Whisky heraus. Die schottische Herkunft begründet auch die Schreibweise des Wortes Whisky ohne „e". Er füllte den Whisky als Erster in Flaschen ab und versah diese mit einem Qualitätssiegel. Zu dieser Zeit handelte man noch ausschließlich mit Fässern, wobei aufgrund von Panscherei zumeist eine sehr unregelmäßige Qualität erzeugt wurde. Da Brown den Whisky zudem noch für medizinische Zwecke lieferte, witterte er das ganz große Geschäft. Sein Halbbruder ging dagegen eigene Wege und versuchte sich mit billigen Whiskys. George setzte sich letztendlich durch und bekam sogar während der Jahre der Prohibition eine der sechs Lizenzen, um Whisky für medizinische Zwecke herstellen zu dürfen.

Heute ist der Old Forester die Hauptmarke der Destillerie. Der fruchtige Whiskey wird in angekohlten Eichenfässern gelagert. Der eher nussige Early Times wird mit Straight Bourbon aus angekohlten Fässern verschnitten und heute vor allem ins Ausland exportiert.

WHISKY

Old Forester 86 Proof, 43 % Vol., Originalabfüllung
Farbe: dunkles Kupfer

TASTING NOTES

Diese Standardabfüllung wird nach der klassischen Methode aus 72 Prozent Mais, 18 Prozent Roggen und 10 Prozent Gerste hergestellt. Der Old Forester ist im Aroma wunderbar blumig mit einem typischen Roggeneinfluss. Ein Whisky, der sich am Gaumen ständig verändert. Zuerst wirkt er etwas trocken, dann tritt eine Toffeesüße mit Orangeneinflüssen hervor, und im nächsten Moment kommen Mais und Roggen zum Vorschein. Im Abgang ist er trocken und mittellang, mit etwas würziger Eiche zum Abschluss.

Der Ohio River war seit der Gründung von Louisville immer ein wichtiger Verkehrsweg, auf dem die hier hergestellten Güter in andere Städte und Staaten verschifft wurden.

Buffalo Trace

Seit beinahe 200 Jahren wird in der kleinen Stadt Frankfort nun schon der Whiskey von Buffalo Trace gebrannt und gelagert.

BUFFALO TRACE	
BESITZER	Sazerac Company
GRÜNDUNGSDATUM	1857
STATUS	in Produktion
JAHRESPRODUKTION	keine Angaben

ETWAS ÖSTLICH VON LOUISVILLE und südlich von Frankfort befinden sich die schon von Weitem sichtbaren Gebäude der Brennerei Buffalo Trace. Besonders der Wasserturm sowie die hohen Lagerhäuser stechen dabei hervor. Der 1795 von deutschen Einwanderern gegründete Ort, an dem einst die Büffel den Kentucky River überquerten, hatte früher einmal Leestown geheißen. Heute weist keine noch so detaillierte Karte mehr auf diese einstige Siedlung hin.

Ein gewisser Benjamin Blanton, ein erfolgreicher Goldsucher, kehrte als reicher Mann zurück nach Leestown, wo er in der Nähe der Siedlung die Rock Hill Farm kaufte und Whiskey zu brennen begann. Er beschloss schon bald, noch größer in das Whiskeygeschäft einzusteigen, und baute 1865 an der Stelle eine Brennerei, an der heute die Buffalo Trace Distillery steht. Nach nur vier Jahren verkaufte er die Anlage an Richard Tobin, der sie dann OFC Distillery nannte (Old Fire Cooper).

Unter diesem Namen war sie in Kentucky und Umgebung sehr erfolgreich. Doch der Name sollte sich noch mehrmals ändern. So kann die Brennerei heute mehr Namenswechsel aufweisen als Besitzerwechsel. Um 1870 wurde sie Teil des Imperiums von Edmund Taylor, dem damals auch Labrot & Graham gehörte. Taylor steckte in dieser Zeit viel Geld in die Brennerei und ließ sie laufend verbessern. Später wurde sie, wie auch Labrot & Graham, an George T. Stagg verkauft.

An der Stelle, wo die Brennerei Buffalo Trace heute produziert, weideten einst riesige Büffelherden.

Dieser taufte sie in Old Stagg Distillery um. Als dann im Zweiten Weltkrieg Stagg an Schenley verkauft wurde, nannte man sie zuerst Schenley, später dann nach ihrem bekanntesten Produkt, Ancient Age Distillery, bevor sie 2000 zum letzten Mal in Buffalo Trace Distillery umbenannt wurde. Dieser Name sollte auf ihre geografische und geschichtliche Vergangenheit hinweisen.

Aufgrund der erschwerten Bedingungen im Tennessee der Prohibitionszeit befanden sich hier auf dem Gelände auch Gebäude der Brennerei George A. Dickel, die hier Anlagen für das Charcoal-Mellowing-Filterverfahren hatte. Dickel gehörte damals ebenfalls zu Schenley. Heute stehen zwar noch die Gebäude, aber die George A. Dickel Distillery ist natürlich wieder nach Tennessee heimgekehrt. Buffalo Trace gehört seit 1992 zu Sazerac.

Die teilweise bis zu zwölf Stockwerke hohen Lagerhäuser werden im Winter beheizt. Das Gelände umfasst 110 Gebäude auf 270 Hektar. Auf dem Gelände stößt man unweigerlich auch auf die Statue von Colonel Albert Bacon Blanton, dem Sohn des Firmengründers. Er fing 1897 mit 16 Jahren als Bürolehrling an. 15 Jahre später beförderte man ihn zum Manager. Nach 55-jähriger Tätigkeit setzte er sich 1952 zur Ruhe. Nach ihm wurde einer der erfolgreichsten Whiskeys benannt: die erste kommerziell vertriebene Einzelfassabfüllung. Sie ist seit 1984 erhältlich und gehört zu den Exportschlagern. Daneben baute man das Angebot an interessanten Spezialabfüllungen aus: die Antique Whiskey Collection, eine Serie von W. L. Weller, Elmer-T.-Lee-Einzelfassabfüllungen und unter dem Namen Buffalo Trace einen Rye Whiskey, dessen erste Abfüllung eine absolute Sensation war. Standardprodukte waren natürlich die Ancient Age Whiskeys.

Schon von Weitem sichtbar ist das Wahrzeichen von Buffalo Trace, der Wasserturm mit dem schwarzen Büffel.

WHISKEY

Blanton's Gold Edition, 51,5 % Vol.,
Originalabfüllung
Farbe: Bernstein

TASTING NOTES

Der Whiskey hat ein fruchtig-blumiges Aroma mit ein wenig Einfluss von Holz und Schokolade. Im Geschmack zeigt er sich sehr komplex und wuchtig mit etwas mehr Schokolade und einem Einschlag von Nelken. Im Abgang ist er lang anhaltend mit Vanille und erneut den Holzeinflüssen.

Four Roses

FOUR ROSES	
BESITZER	Kirin Brewery Co.
GRÜNDUNGSDATUM	ca. 1860
STATUS	in Produktion
JAHRESPRODUKTION	110 000 Hektoliter

DIE WUNDERSCHÖNEN GEBÄUDE, die einer spanischen Missionsstation gleichen – nicht zuletzt wegen des kleinen Glockentürmchens –, stehen südlich von Frankfort im circa 20 Kilometer entfernten Lawrenceburg. Damit liegt die Four Roses Distillery in unmittelbarer Nachbarschaft zur Wild Turkey Distillery. Die Brennerei, die seit 2002 den Namen Four Roses Distillery LLC trägt, gehört zweifelsfrei mit zu den schönsten Brennereien Amerikas.

Als Gründer der Brennerei gilt der Ire „Old Joe" Peyton. Angeblich soll er hier im Jahr 1818 mit einem Kanu angekommen sein, sich niedergelassen und umgehend mit dem Brennen begonnen haben. Sein Whiskey war sehr erfolgreich und wurde unter seinem Namen „Old Joe" bestellt. Peyton verkaufte seine Firma später an einen gewissen Gratz Hawkins. Zu jenem Zeitpunkt hieß die Brennerei Old Prentice. Die Destillerie sollte im Laufe ihrer Geschichte noch öfter den Besitzer wechseln. Sie gehörte unter anderem eine Weile lang den Gebrüdern Ripy, denen auch eine weitere Destillerie in unmittelbarer Nachbarschaft gehörte, bevor sie an Paul Jones, einen Whiskeyhändler, ging. Dieser ließ übrigens 1888 den Namen Four Roses registrieren und verhalf der Brennerei zu ihrer Berühmtheit. Bis zum heutigen Tage weiß jedoch eigentlich niemand so genau, warum die vier Rosen gewählt wurden. Selbst in der Brennerei kursieren dazu zwei Geschichten: Angeblich hatte ein Colonel namens Rose vier Töchter. Das Verwirrende an der Geschichte ist nur, dass er eigentlich fünf Töchter hatte. Die andere Geschichte besagt, dass

Four Roses mit seinen Gebäuden im spanischen Kolonialstil ist sicherlich eine der hübschesten amerikanischen Destillerien.

Nicht alles läuft bei der Whiskeyherstellung vollautomatisch: Wie hier in der Abfüllanlage wird bei einigen Produktionsprozessen noch richtig Hand angelegt.

Jones' Verlobte angeblich Rose hieß. Warum aber dann vier Rosen? Ein Schelm, wer Böses dabei denkt …

Von 1910 bis 1912 baute man auf dem heutigen Anwesen die Brennereigebäude im spanischen Kolonialstil. Warum man diesen Baustil wählte, weiß auch niemand mehr so genau. Jedenfalls kam der alte Four Roses schon vor der Prohibition von hier. Ab 1943 gehörte die Brennerei zum kanadischen Konzern Seagram und produzierte in Shively, einem Vorort von Louisville, nahe der Brown-Forman-Destillerie. 1986 zog die Brennerei aber wieder zurück an die Stelle der Old Prentice Distillery und somit zurück zu ihren Wurzeln. Als Seagram 2001 von Vivendi gekauft wurde, ging die Destillerie ein Jahr darauf an den langjährigen japanischen Seagram-Partner Kirin, der wiederum größter Bierbrauer Japans ist.

Etwas speziell ist der Herstellungsprozess des Whiskeys. Aus zwei verschiedenen Mash Bills (einmal 75 Prozent Mais, 21 Prozent Roggen, vier Prozent Gerstenmalz; bei der zweiten sind es 60 Prozent Mais, 36 Prozent Roggen, vier Prozent Gerstenmalz mit jeweils 25 Prozent Sour-Mash-Anteil) wird jeweils mit fünf verschiedenen Hefekulturen gegärt, sodass zehn unterschiedliche Beers gebrannt werden. Diese reifen verschieden lang in jeweils unterschiedlichen Fässern und werden erst nach der Reifung zusammengeführt. Übrigens lagern die Fässer nicht in den Warehouses nahe der Brennerei. Dort wird nämlich Wild Turkey Whiskey gelagert. Four Roses lagert in rund 50 Meilen entfernt gelegenen Lagerhäusern, die an der Straße zur Jim-Beam-Brennerei liegen. Viel Liebe steckt im Detail! Dazu fand Manager Jim Rutledge in Florida noch Zypressenholz, um das abgenutzte Holz der 23 Gärbottiche nach und nach zu ersetzen. Vorher muss das Holz jedoch ein Jahr trocknen.

Heute werden hier noch drei verschiedene Sorten Four Roses und Bulleit hergestellt. Bis vor Kurzem war der Bourbon nur für den Export bestimmt, mittlerweile hat er aber auch in den USA zahlreiche Fans gefunden.

WHISKEY

Four Roses Single Barrel, 43 % Vol., Originalabfüllung
Farbe: heller Bernstein mit einem Rotstich

TASTING NOTES

Diese Einzelfassabfüllung hat ein ausgeprägtes Aroma von Malz und Vanille. Im würzigen und komplexen Geschmack dringt der Roggen durch. Im Abgang ist er süßlich, mit einer kräftigen Eichennote.

Heaven Hill

HEAVEN HILL	
BESITZER	Heaven Hill Distilleries Inc.
GRÜNDUNGSDATUM	1890
STATUS	Brennerei größtenteils abgebrannt
JAHRESPRODUKTION	keine Angaben

Der 40-prozentige Bourbon Heaven Hill – die Hausmarke der Brennerei – ist nur eine unter vielen Marken aus der Destillerie aus Bardstown.

DIE EHEMALIGEN GEBÄUDE, die einem Brand zum Opfer gefallen sind, befanden sich etwas außerhalb von Bardstown, in einem Flusstal nahe der Straße nach Loretto. An derselben Stelle stand einst die Heavenhill Farm. Einige der Lagerhäuser stehen auch heute noch. Die Bürogebäude und das schöne neue Besucherzentrum befinden sich in einem Vorort von Bardstown.

Die Geschichte von Heaven Hill ist noch relativ jung. Im Jahr 1935 gründeten David, Ed, Gary, George und Mose Shapira die Brennerei, nachdem sie genug Geld gespart hatten und nach der Prohibition die große Chance sahen, in das Whiskeygeschäft einzusteigen. Noch heute befindet sich das Unternehmen im Familienbesitz und wird nun von deren Kindern und Enkeln weitergeführt. Alles wurde so konzipiert, dass man im großen Stil Whiskey produzieren konnte. Die Brennerei produzierte mittlerweile stolze 400 bis 500 Fässer pro Tag. Man verfügte über 31 Gärbottiche, mehrere Beer Stills, einen Doubler und 25 eigene Lagerhäuser. Dazu gesellten sich noch einmal 19 weitere aus der ehemaligen T. W. Samuels Distillery. Doch selbst dies schien nicht zu reichen. Die Brennerei produzierte eine riesige Anzahl von Eigenmarken, aber auch für andere Abfüller und Supermarktketten. Die genaue Anzahl der Labels war wohl selbst innerhalb der Firma nicht so genau bekannt. Wenn man also auf ein Flaschenetikett trifft, auf dem Bardstown oder ein Fantasiename einer Destillerie in Amerika steht, ist die Chance relativ groß, dass der Whiskey aus der Heaven Hill bzw. Bernheim Destillery stammt. Dank des Engagements von Max Shapira, dem Vizepräsidenten des Unternehmens, gelang es mit einer konsequenten Markenpolitik in den letzten beiden Jahrzehnten eine Produktlinie aufzubauen, die einen enorm hohen Qualitätsstandard erreicht und daher den Whiskey in aller Welt bekannt gemacht hat.

Am 7. November 1996 kam dann der große Schock, als ein Blitz in ein Lagerhaus einschlug. Das Feuer griff auf insgesamt neun Lagerhäuser über und zerstörte außerdem die ganzen Apparaturen und Gebäude für die Whiskeyherstellung. Bei dem Flammeninferno gingen insgesamt 90 000 Fässer verloren, womit der Lagerbestand gewaltig dezimiert wurde. Die Verluste waren jedoch nicht

Die großen Whiskeypioniere Elijah Craig und Evan Williams werden nicht nur in einer Ausstellung gewürdigt. Nach ihnen wurden auch einige Whiskeys von Heaven Hill benannt.

ganz so groß, wie man ursprünglich befürchtete. So konnte man beim anderen Familienbetrieb, Brown-Forman, die Brennerei kurzfristig für vier Tage pro Woche anmieten und die Produktion wieder aufnehmen. Nach Glenfiddich besitzt Heaven Hill das zweitgrößte Whiskeylager der Welt mit rund 600 000 Fässern. Im März 1999 konnte man schließlich die Destillerie Bernheim von Diageo abkaufen, sodass man wieder über eine eigene Produktionsstätte verfügt. Die Pläne, die alte Destillerie Heaven Hill wieder aufzubauen, sind deswegen vorläufig zur Seite gelegt worden.

Heute sind die Marken im High-Quality-Marktsegment wie Elijah Craig oder Evan Williams, Namen ehemaliger Bourbon-Pioniere, sehr beliebt.

Von der ursprünglichen Brennerei Heaven Hill blieb nach einer Brandkatastrophe 1996 nicht mehr viel übrig. Die Whiskey Tastings finden aber immer noch in Bardstown statt.

WHISKEY

Elijah Craig, 12 Jahre, 47 % Vol., Originalabfüllung
Farbe: Bernstein

TASTING NOTES

Der Whiskey ist der absolute Star aus dem Hause Heaven Hill. Die zwölf Jahre Reifezeit tun ihm sehr gut. Im Aroma zeigt sich eine Fruchtigkeit mit Pfirsichen, Äpfeln und Kirschen. Zudem ist er mit etwas Vanille versehen und zeigt Anzeichen von Eiche und Minze. Im Geschmack sticht wieder die Eiche hervor. Er ist abwechselnd trocken, dann wieder etwas süßlich, mit einem sehr langen und komplexen Abgang. Dabei kommt auch noch etwas Malz zum Vorschein.

Im Heaven Hill Bourbon Heritage Center erfahren die Besucher in einer interaktiven Ausstellung alles über die Geschichte und Herstellungsmethoden des Bourbon.

Jim Beam

JIM BEAM	
BESITZER	Jim Beam Brands (Fortune Brands)
GRÜNDUNGSDATUM	1795
STATUS	in Produktion
JAHRESPRODUKTION	400 000 Hektoliter

Die Jim-Beam-Destillerie besteht eigentlich aus zwei Brennereien, die 14 Kilometer voneinander entfernt liegen.

JIM BEAM BESITZT EIGENTLICH zwei Brennereien für seine Hauptmarke. Die eine steht in Clermont, etwa eine halbe Autostunde südlich von Louisville, und ist sozusagen der ursprüngliche Betrieb, die andere steht im etwa 14 Kilometer entfernten Boston, Nelson County. Die Anlage in Clermont erfreut sich bei Touristen großer Beliebtheit: Die Besucher erfahren hier viel über die Herstellung des Whiskeys sowie über die Familie Beam. Man kann dort unter anderem das alte Wohnhaus der Beams besichtigen.

Angefangen hatte alles mit Jakob Böhm, einem deutschen Auswanderer, der wahrscheinlich 1788 ins Land der unbegrenzten Möglichkeiten nach Kentucky kam, und dort anfing, mit überschüssigem Getreide Whiskey zu brennen. Irgendwann wurde sein Name amerikanisiert, sodass er von da an Jacob Beam hieß. 1795 gründete er seine eigene Firma und verkaufte seinen Whiskey von da an im größeren Stil. Sein Sohn David führte den Betrieb später weiter. Unter seiner Führung wurde sie als Old Tub Distillery bekannt. Der Whiskey erhielt ebenfalls den Namen Old Tub. Sein Bruder John gründete damals die Early Times Distillery. So um das Jahr 1890 herum übernahm der Urenkel James „Jim" Beam die Firmenleitung und führte die Geschicke, bis er wegen der Prohibition 1920 den Betrieb einstellen musste. Beam blieb jedoch hartnäckig und gründete im Alter von 70 Jahren zusammen mit seinem Sohn Jeremiah, nach Aufhebung der „trockenen" Jahre, 1933 die Brennerei in Clermont. Da das Geld damals knapp war, nahm er Harry Blum, einen Schnapshändler aus Chicago, mit als Geschäftspartner auf. Damals wurde immer noch der Old Tub produziert. Der Name Jim Beam etablierte sich erst um 1942. Noch während des Zweiten Weltkriegs ging die Brennerei schließlich ganz in den Besitz von Blum über.

Einer der Klassiker aus dem Hause Jim Beam: der Black Label, mit dem berühmten, unverkennbaren Etikettdesign.

Blum kannte sich bestens im Marketing aus und brachte die Marke Jim Beam sofort auf die Erfolgsspur. Das Unternehmen lief so gut, dass im nahen Boston 1953 eine weitere Brennerei errichtet werden musste. 1967 wurde der Betrieb dann vom amerikanischen Mischkonzern American Brands gekauft, der vor allen Dingen auch im Tabakgeschäft tätig ist. Mit dem neuen Besitzer kamen 1987 weitere Marken wie Old Crow, Old Grand-Dad und Old Taylor hinzu. Deren ursprüngliche Destillerien waren alle geschlossen worden. Die drei genannten Marken werden heute in einer der beiden Brennereien von Jim Beam hergestellt, angeblich sogar mit ihren alten Hefekulturen. Das ganze Imperium wurde mehrfach umbenannt, die eigentliche Firma heißt heute Jim Beam Brands, ihre Muttergesellschaft Fortune Brands. Obwohl die Gründerfamilie schon seit einigen Jahrzehnten nicht mehr im Besitz dieser Firma ist, ist sie noch immer eng mit ihr verbunden. So ist zum Beispiel ein Urenkel von Jim Beam heute im Konzern beschäftigt. Seinem Enkel Booker Noe, einst Master Distiller und passionierter Whiskeybotschafter wurde eine ganz besondere Ehre zuteil: Nach ihm wurde ein eigener Whiskey benannt.

Über die Herstellungsmethoden weiß man wenig, da die Mash Bill geheim gehalten wird. Man geht jedoch davon aus, dass es drei verschiedene Bills sind. Da zwar beide Brennereien genau identisch produzieren, aber das Wasser aus unterschiedlichen

Quellen kommt, ist auch der Whiskey leicht unterschiedlich. Der Whiskey in Boston gilt als etwas würziger und voller. Man geht deshalb davon aus, dass die beiden Whiskeys miteinander gemischt werden. Die Produktion fällt mit mehr als 600 Fässern pro Tag jedenfalls ziemlich hoch aus. Der „normale" Jim Beam mit dem weißen Etikett ist der meistverkaufte Bourbon der Welt und wird nur innerhalb der USA vom Jack Daniel's Old No. 7 getoppt. Weltweit gehört dieser Jim Beam zu den 20 am meisten getrunkenen Spirituosen. Es gibt außerdem den Black Label und einen Rye Whiskey mit einem gelben Etikett. Daneben sind die bereits erwähnten Old Crow, Old Grand-Dad und Old Taylor im Angebot. Mit den Small-Batch-Marken Knob Creek und Basil Hayden's kamen außerdem zwei Marken im Premium-Segment heraus.

WHISKEY

Basil Hayden's, 8 Jahre, 40 % Vol., Originalabfüllung
Farbe: Bernstein

TASTING NOTES

Der Whiskey gehört zu Jim Beams qualitativ hohen Small Batch Bourbons, bei denen jedes Fass einzeln ausgesucht wird. In die Nase strömen Düfte von Pfefferminz, Gewürzen und Anzeichen von Tee. Im Geschmack kommt der Roggen mit einer pfeffrigen Würze zum Tragen. Ergänzt wird er durch süßen Honig. Im Abgang ist er lang und trocken, und es dringt nochmals die Süße des Honigs durch.

Die Traditionsmarke Jim Beam stellt täglich mehr als 600 Fässer Whiskey her und ist der weltweit größte Bourbon-Produzent.

Maker's Mark

MAKER'S MARK	
BESITZER	Beam Global Spirits & Wine (Fortune Brands)
GRÜNDUNGSDATUM	1805
STATUS	in Produktion
JAHRESPRODUKTION	82 000 Hektoliter

DIE WUNDERSCHÖNEN in Schwarz und Rot gehaltenen Holzbauten der Brennerei stehen umsäumt von Bäumen und schönen Wiesen. Mitten durch das Gelände fließt ein kleiner Bach in einem gemauerten Bachbett. Das Anwesen liegt etwa sechs Kilometer von Loretto entfernt. In einer solchen idyllischen Umgebung ist es leicht nachvollziehbar, dass noch alles von Hand betrieben wird und moderne Technik mehr oder weniger nicht zum Einsatz kommt.

Die Familie Samuels führt die Brennerei heute in der siebten Generation, auch wenn sie ihnen mittlerweile nicht mehr gehört. Ihre Vorfahren waren einst als Einwanderer aus Schottland gekommen. Robert Samuels kam als ehemaliger Offizier von Pennsylvania nach Kentucky und ließ sich hier als Farmer und Whiskybrenner nieder. Sein Enkel Tylor William startete 1844 in Deatsville mit der kommerziellen Herstellung von Whisky. Noch heute befinden sich dort Lagerhäuser, die auch weiterhin genutzt werden. Nach der Prohibition versuchten es William Isaac und Leslie Samuels erneut und eröffneten die alte Destillerie wieder, nachdem sie neu aufgebaut wurde. In der Folgezeit übernahm die Brennerei Leslie's Sohn T. William, verkaufte sie aber 1943. Doch bereits zehn Jahre später zog ihn der Whisky wieder in seinen Bann. Er fand nahe Loretto eine heruntergekommene Destillerie mit einem tiefen klaren See, der von einer Quelle mit ausgezeichneter Wasserqualität gespeist wurde. Er hatte gefunden, was er immer gesucht hatte. Er beschloss, sich seinen Traum zu erfüllen, und baute die Destillerie liebevoll wieder auf. Sie

Ihre idyllische Lage und die hübschen alten Holzgebäude machen die Brennerei von Maker's Mark zu einer der schönsten Destillerien der USA.

Im Souvenir Shop von Maker's Mark können die Besucher ihre erworbenen Flaschen selbst mit dem berühmten Siegel versehen.

gehört heute zu den nationalen historischen Wahrzeichen. Außerdem trennte sich Bill von den alten Rezepten der Samuels', ersetzte den Roggen durch den milderen und angenehmeren Winterweizen und produzierte ganz gemächlich weit entfernt von jeglichen industriellen Maßstäben.

Die Brennerei wurde übrigens ursprünglich Star Hill Distillery getauft. Heute wird sie jedoch für gewöhnlich Maker's Mark Distillery genannt. Der Stern im Logo stammt von ihrem ursprünglichen Namen. Auch das „S" ließe darauf schließen, allerdings hat dies mehr mit der Familie Samuels zu tun.

Bill Samuels ist heute die treibende Kraft in der Firma, selbst seitdem sie 1981 an Hiram Walker und damit an Allied Domecq verkauft wurde. Seit der Auflösung von Allied gehört der Betrieb zu Beam Global Spirits & Wine. Trotzdem hält man an der Tradition fest und produziert rein manuell nicht mehr als 54 Fässer pro Tag. Weiterhin ungewöhnlich ist, dass man die Fässer ein Jahr lang an der Luft trocknen lässt, bevor sie eingesetzt werden. Die Fässer werden in den Lagerhäusern außerdem regelmäßig umgeschichtet. So kommen die Fässer von den oberen, wärmeren Etagen in die tieferen, kühleren. Man legt eben enormen Wert auf Qualität, auch wenn dies zusätzliches Geld kostet. Die Destillerie Glenmorangie, die ebenfalls berühmt für ihr Wood Management ist, kauft hier gerne gebrauchte Fässer ein. Wie alles hier, ist selbst die Flasche sehr individuell. Jede Flasche bekommt nach der Abfüllung eine eigene – meist rote – Versiegelung.

Neben der Standardversion Red Seal mit 43 Prozent bzw. 45 Prozent Alkohol gibt es eine weiße und blaue Version. Daneben erscheint in regelmäßigen Abständen die Limited Edition mit goldenem Siegel und 50,5 Prozent. Es sind außerdem immer wieder Vintages geplant.

WHISKY

Maker's Mark Red Seal, 45 % Vol., Originalabfüllung
Farbe: kräftiges Gold

TASTING NOTES

Der Whisky (man beachte die Schreibweise ohne „e") gehört sicherlich mit zur besten handgefertigten Premium-Marke in den USA. Im Aroma ist er voll und reich an Vanillenoten, Holz und auch etwas Nelken. Im Geschmack ist er weich, Vanille und Karamell treten hervor. Im Abgang zeigt er sich geschmeidig, rein und lang.

In diesen Stills wird der berühmte Maker's Mark gebrannt. Das Motto der Brennerei lautet ganz klar: Qualität statt Quantität.

Wild Turkey

WILD TURKEY	
BESITZER	Austin Nichols Distilling Co (Pernod Ricard)
GRÜNDUNGSDATUM	1869
STATUS	in Produktion
JAHRESPRODUKTION	108 000 Hektoliter

IM STÄDTCHEN LAWRENCEBURG, nur circa 20 Kilometer südlich von Frankfort, thront über dem Kentucky River die Wild Turkey Distillery. In ihrer unmittelbaren Nachbarschaft befindet sich auch die Four Roses Distillery.

Die Marke Wild Turkey ist noch verhältnismäßig jung und wurde erst 1942 von Thomas McCarthy eingeführt. McCarthy war damals Präsident der Firma Austin, Nichols & Company und vor allen Dingen im Verkauf von Wein und Spirituosen tätig. Diese Firma existierte bereits seit 1855. Unter McCarthys Führung begann man, Bourbon und Gin von fremden Brennereien zu beziehen und unter eigenem Namen zu vermarkten. Der Name Wild Turkey kam zustande, als McCarthy eines Tages mit drei Bridge-Spielpartnern auf die Jagd ging, um Truthähne zu schießen. Da sein Whiskey bei seinen Spielpartnern sehr gut ankam, baten ihn seine Kollegen, beim nächsten Truthahnschießen wiederum diesen Whiskey mitzubringen. Er fand heraus, welche Flasche er damals dabei hatte, und etikettierte sie mit Wild Turkey. Seit diesem Zeitpunkt trägt der Whiskey seinen Namen. Doch es sollte noch bis zum Jahr 1970 dauern, bis sich die Firma entschloss, selbst eine Destillerie zu erwerben. Man

Das Tal des Kentucky River bildet die Kulisse für die traditionsreiche Destillerie Wild Turkey in Lawrenceburg.

Die Marke Wild Turkey steht seit eh und je für große Bourbon-Tradition.

fand sie schließlich in Lawrenceburg. Die Destillerie war ursprünglich von D. L. Moore gegründet worden und 1907 in den Besitz der irischen Gebrüder Ripy übergegangen, denen auch eine Zeitlang eine benachbarte Brennerei gehörte. Zeitweise hieß die Brennerei Boulevard Distillery. Heute aber trägt sie wieder den Namen ihres Hauptproduktes. Die Austin Nichols Distilling Company wurde in den 1980er-Jahren von Pernod Ricard übernommen. Mit diesem Besitzerwechsel startete auch die weltweite Vermarktung der Marke.

Die Produktion stieg zwar in den letzten Jahren etwas an, fällt aber verglichen mit ihren großen Nachbarn mit 60 000 Fässern pro Jahr verhältnismäßig bescheiden aus. Bei Wild Turkey setzt man schließlich stark auf Tradition: Die Stills sowie der Doubler sind hier noch ganz aus Kupfer. Ebenso setzt man auf bewährte Angestellte, wie Jimmy Russell, der schon unter den Ripy-Brüdern sein Handwerk lernte und nach mehr als 40 Dienstjahren wohl irgendwann den Job seinem Sohn Eddie übergeben wird, der ebenfalls schon 20 Jahre im Business ist.

Der Sour-Mash-Anteil ist mit 33 Pozent relativ hoch, andernorts verwendet man für gewöhnlich nur etwa 25 Prozent. Die Mash Bill wird allerdings geheim gehalten. Es wird nur so viel verraten, dass weniger Mais und mehr Roggen bzw. Gerstenmalz verwendet wird. Aber alles nur von bester Qualität. Es kursieren daher verschiedene Gerüchte über die Zusammensetzung. Was die Zusammensetzung des Bourbon betrifft, hat sich aber ein Gerücht als ziemlich hartnäckig erwiesen: 75 Prozent Mais, 13 Prozent Roggen und zwölf Prozent Gerstenmalz.

Außerdem produziert die Brennerei auch einen Rye Whiskey. Jimmy Russell ist der Meinung, dass der Whiskey mit rund 50 Prozent, also „bottled in bond", die beste Form darstellt. Daher werden diverse Abfüllungen, wie der Wild Turkey 101, Russell's Reserve und ein Zwölfjähriger mit 101 Proof abgefüllt. Daneben gibt es aber auch die normalen Trinkstärken. Der Whiskeyspezialist Jim Murray zählt den Rare Breed mit zu den besten Whiskeys überhaupt.

WHISKEY

Wild Turkey Rare Breed, 54,1 % Vol., Originalabfüllung
Farbe: dunkler Bernstein

TASTING NOTES

Im Aroma verspürt man zuerst eine Brise frischer Frühlingsblumen, mit einem leichten Anklang von Honig. Trotzdem ist der Whiskey leicht würzig. Im Geschmack ist er erst kräftig, wird dann weicher und trockener und zeigt leichte Honig- und Orangennoten. Teilweise scheint sogar etwas Tabak hervorzudringen. Im Abgang ist er lang und nussig, klingt aber schön aus.

Woodford Reserve

WOODFORD RESERVE

BESITZER	Brown-Forman
GRÜNDUNGSDATUM	1812
STATUS	in Produktion
JAHRESPRODUKTION	keine Angaben

ETWA FÜNF MEILEN SÜDLICH von Frankfort, in Versailles, liegt die Destillerie Woodford Reserve, die heute den Namen ihres bekanntesten Whiskeys trägt. Die hübschen Sandsteingebäude stehen inmitten einer Landschaft, die von großen Farmhäusern und Bluegrass-Weiden geprägt wird. Die Gegend ist vor allen Dingen auch für ihre vielen Pferdezuchtbetriebe bekannt. Die direkt am Glenn's Creek gelegene Brennerei ist die einzige, die von den einst vielen in diesem Tal überlebt hat.

Elijah Pepper, ein Whiskeybrenner aus Virginia, kam um das Jahr 1797 nach Versailles, um auch hier sein Wissen erneut in die Tat umzusetzen. Zuerst baute er eine Blockhütte auf einem Hügel über der heutigen Brennerei, um dort Landwirtschaft zu betreiben. Schon bald begann er allerdings in einer kleinen Brennerei wieder Whiskey zu brennen. Als dort allerdings mit der steigenden Produktion die Wasservorräte etwas knapp wurden, siedelte er an den Glenn's Creek, den heutigen Ort der Brennerei, um. Dort befanden sich einige Kalksteinquellen mit einer ausgezeichneten Wasserqualität. Etwas weiter südlich von Versailles gründete er zusammen mit seinem Schwager seinerzeit auch noch eine weitere Brennerei.

Nach dem Tod von Elijah Pepper führte sein Sohn Oscar die Geschicke weiter. Dieser engagierte den hoch angesehenen Schotten Dr. James Crow, seines Zeichens Arzt, Chemiker und Brennmeister mit Herz und Seele. Crow verbrachte in der Folgezeit viel Zeit mit der Perfektionierung der Sour-Mash-Methode. Er war zwar nicht, wie vielfach behauptet, der Erfinder dieser Methode, trug jedoch sehr viel zur ihrer Perfektionierung bei. Dank seiner wissenschaftlich fundierten Methoden ließen sich die Unbeständigkeiten bei der Produktion wesentlich vermindern. Woodford Reserve kann so mit Fug und Recht zu einer der historisch bedeutendsten Destillerien der Welt gezählt werden.

Auf einem Hinweisschild über dem Eingang steht noch heute Old Oscar Pepper Distillery Est. 1838 Labrot & Graham Est. 1878: ein Hinweis auf die erfolgreiche Vergangenheit der Familie Pepper. Mit Labrot & Graham wurde zudem die nächste

Im Zuge der aufwendigen Renovierungsarbeiten wurde auch ein hübsches Besucherzentrum gebaut, in dem die Besucher einen Einblick in die Geschichte der Brennerei am Glenn's Creek erhalten.

Die Fässer werden nach dem Brennen in das Lagerhaus mit seinen massiven Sandsteinmauern gerollt.

Epoche eingeläutet. James E. Pepper, der die Brennerei bereits mit 16 Jahren nach dem Tode seines Vaters Oscar übernommen hatte, verkaufte die Destillerie, um in New York sein Glück zu versuchen. Einige Jahre später kehrte er jedoch als armer Mann wieder zurück. In dieser Zeit war die Brennerei durch mehrere Hände gegangen, bevor sie 1878 von James Graham und dem Franzosen Leupold Labrot gekauft wurde. Die Flaschen weisen heute noch mit dem Logo L&G auf die damaligen Besitzer hin. Auch der Schornstein der Brennerei führt noch diese Initialen. Im Jahr 1940 kaufte der Konzern Brown-Forman die Brennerei für läppische 75 000 US-Dollar. Im Kaufpreis inbegriffen waren sogar noch mehr als 25 000 Fässer mit hochwertigem Whiskey. Dieser glückliche Umstand half der Firma enorm, denn aufgrund der rapide ansteigenden Nachfrage hatte Brown-Forman selbst nicht mehr genug Whiskey. So sicherte dieser Lagerbestand letztendlich die Existenz Brown-Formans. Leider musste die Destillerie jedoch im Zuge des stark rückläufigen Bourbon-Geschäfts im Jahr 1970 geschlossen, und das Grundstück verkauft werden. Als in den 1990er-Jahren die Nachfrage nach hochwertigen sogenannten Small Batch Bourbons stark anstieg, nahm man die Brennerei wieder in Betrieb, musste zu diesem Zeitpunkt aber deutlich mehr für den Kaufpreis bezahlen als in den 1940ern. Zehn Millionen Dollar schluckte außerdem die Renovierung. Seit Oktober 1996 erstrahlt die Brennerei wieder in neuem Glanz. Als einzige Brennerei in den USA verwendet sie ausschließlich Pot Stills aus Schottland. Natürlich wird hier kein Malt Whisky hergestellt, sondern ein Bourbon aus 72 Prozent Mais, 18 Prozent Roggen und zehn Prozent Malz. Zur Verwirrung vieler taufte man die Brennerei 2003 kurzerhand in Woodford Reserve um, nachdem sie vorher traditionell noch Labrot & Graham geheißen hatte.

Hergestellt werden die Marken Woodford Reserve und President's Choice, die allerdings beide anfänglich noch aus der Brown-Forman bzw. der Early Times Distillery, wie sie damals noch genannt wurde, stammten.

WHISKEY

Woodford Reserve,
45,2 % Vol.,
Originalabfüllung
Farbe: Bernsteingelb

TASTING NOTES

Dieser Whiskey ist eine Mischung aus dreifach destilliertem Bourbon der gleichnamigen Destillerie mit dem Straight Bourbon der Brown-Forman-Brennerei. Im Aroma erinnert er sehr intensiv an Vanille, mit einem Hauch von Früchten. Im Geschmack ist er sehr voluminös und kräftig, leicht würzig und wenig süß. Der Abgang ist lang und sehr wärmend.

Anchor Distilling Co.

IN DEN LETZTEN JAHREN haben sich einige Kleinstbrennereien etabliert, die zumeist Wodka, Rum oder Obstbrände destillieren. Nebenbei produzieren einige von ihnen auch Whisk(e)y. In den meisten Fällen wird dies allerdings in so geringen Mengen getan, dass die unten aufgeführten Destillerien ihren Whiskey oftmals nicht exportieren. Bei den meisten Brennereien besteht jedoch die Möglichkeit, nach vorhergehender Vereinbarung, die entsprechenden Betriebe zu besuchen und einen Whiskey vor Ort zu kaufen. In fast allen Fällen lohnt sich die Anreise allemal.

ANCHOR DISTILLING CO.	
BESITZER	Fritz Maytag
GRÜNDUNGSDATUM	1993
STATUS	in Produktion

IM STADTVIERTEL POTRERO in San Francisco, Kalifornien, gleich neben der Anchor Steam Brewing Company, liegt die gleichnamige Brennerei.

Fritz Maytag, ein Nachkomme der berühmten Haushaltsgeräte- und Käserei-Familie (Hoover und Maytag Blue), erwarb im Jahr 1965 die Anchor Steam Brewery. 1993 richtete er dort eine kleine Destillerie ein und begann nach dem Vorbild der ehemaligen Whiskeypioniere Rye Whiskey zu destillieren. 1994, also nach nur einjähriger Reifezeit in nicht ausgekohlten Fässern, kam der Old Potrero auf den Markt. Später folgte der Old Potrero Single Malt Rye Whiskey, der ebenfalls nur ein Jahr lagert. Was daran „Old" ist und was „Malt", darüber sollte man sich lieber nicht den Kopf zerbrechen. Es folgte der dreijährige, in angekohlten Fässern gereifte Old Potrero Single Malt Straight Rye Whiskey. Alle Whiskeys bestehen übrigens aus 100 Prozent Roggen.

WHISKEY

Old Potrero Single Malt Rye Whiskey, 62,1 % Vol., Originalabfüllung
Farbe: blasses Braun

TASTING NOTES

Dieser aus 100 Prozent Roggen hergestellte Whiskey lagert in nicht ausgekohlten neuen Eichenfässern. Im Geruch ist er sehr blumig und grasig, mit Noten von Vanille, Nuss und Zimt. Im Geschmack zeigt sich vor allem der süße Honig neben dem Roggen. Im Abgang ist er etwas pfeffrig und zeigt erneut Roggen- und Honignoten.

Im Stadtviertel Potrero, im Osten von San Francisco, liegt die Brauerei Anchor Steam, zu der auch eine kleine Destillerie gehört.

Clear Creek · Domaine Charbay Distillery

CLEAR CREEK

BESITZER	Steve McCarthy
GRÜNDUNGSDATUM	1987
STATUS	in Produktion

DIE KLEINE BRENNEREI Clear Creek befindet sich mitten in Portland, im Bundesstaat Oregon.

Steve McCarthy startete Ende der 1980er-Jahre mit dem Destillieren von Obstbränden, Grappa, Brandy und *Eau de Vie*. Schon bald kam auch ein Whiskey aus getorftem schottischem Gerstenmalz hinzu. Genannt wird er nach seinem Erzeuger: McCarthy's Oregon Single Malt Whiskey. Hergestellt wird er mit einer Brennblase, wie sie auch gerne im deutschsprachigen Raum für die Herstellung von Obstbränden verwendet wird. Man ist verleitet zu glauben, er werde mit einer Pot Still hergestellt. Dieser Single Malt war übrigens der wirklich erste echte Single Malt Whisky in den USA, als er 1997 auf dem Markt erschien. Der Old Potrero, der sich zwar auf dem Etikett damit rühmt, der älteste zu sein, ist schließlich ein Rye Whiskey. Der McCarthy Whiskey reift in ehemaligen Sherryfässern, zum Teil auch in neuen Eichenfässern. Aufgrund der geringen Produktionskapazitäten dieser wirklich winzigen Destillerie ist der Whiskey stark limitiert. Man geht von einer durchschnittlichen Jahresproduktion von circa 1200 Flaschen aus.

WHISKEY

McCarthy's Single Malt Whiskey, 40 % Vol.
Farbe: Gold

TASTING NOTES

Im Aroma ist er trocken und rauchig, mit einer grappaähnlichen Erdigkeit. Im Geschmack ist er recht süß, mit etwas Trockenfrüchten. Der Abgang ist süß und sirupartig.

DOMAINE CHARBAY DISTILLERY

BESITZER	Miles and Marko Karakasevic
GRÜNDUNGSDATUM	1983
STATUS	in Produktion

DER FAMILIENBETRIEB befindet sich am Spring Montain in St. Helena im schönen kalifornischen Weinanbaugebiet Napa Valley.

Die Familie Karakasevic war 1962 aus Jugoslawien gekommen und begann hier mit dem Weinbau. Später installierten sie eine Pot Still und brannten zuerst Grappa, dann Wodka, Apfel-Brandy und schließlich Walnusslikör. 1999 begannen sie, auch einen Whiskey herzustellen, der zwei Jahre in amerikanischen Weißeichefässern reifte. Die Gerstenmalzmaische wurde dazu mit Hopfen aromatisiert. In handbemalten Flaschen abgefüllt, wird er für den stolzen Preis von mehr als 300 Dollar verkauft.

WHISKEY

Charbay Whiskey, 2 Jahre, 40 % Vol., Originalabfüllung
Farbe: heller Bernstein

TASTING NOTES

Im Aroma zeigen sich Dörräpfel und Früchtekuchen. Im Geschmack kommt der Hopfen zum Tragen sowie etwas Honig. Dazu gesellt sich eine leicht rauchige Note. Im langen Abgang sind wieder die Dörrfrüchte auszumachen.

Edgefield · St. George Spirits

EDGEFIELD

BESITZER	Mike and Brian McMenamin
GRÜNDUNGSDATUM	1998
STATUS	in Produktion

AM STADTRAND VON PORTLAND, OREGON, befindet sich dieses Freizeitzentrum, bestehend aus Hotel, Bars, Kino, Theater, einem Golfplatz sowie einer Weinkellerei, einer Brauerei und einer kleinen Brennerei.

Das Ganze hatte ursprünglich mit einem Pub begonnen, den die Gebrüder Brian and Mike McMenamin 1983 gründeten. Seit 1998 gehört den beiden auch eine kleine Brennerei, in der sie zuerst mit Brandy und Grappa experimentierten. Später gingen die McMenamins dazu über, Gin zu produzieren, und destillierten schließlich einen Whiskey, den sie Hogshead nannten. Zum Destillieren verwendeten sie ungetorftes Gerstenmalz. Gebrannt wird in einer Pot Still, die von der Familie Holstein vom Bodensee hergestellt wird. Diese Stills sind aufgrund ihrer Flexibilität bei kleinen Brennern sehr beliebt. Der Whiskey reift anschließend drei Jahre lang in angekohlten Fässern aus amerikanischer Eiche.

WHISKEY

McMenamin's Edgefield Hogshead Whiskey, 46 % Vol., Originalabfüllung
Farbe: helles Goldgelb

TASTING NOTES

Dieser aus 100 Prozent ungemälzter Gerste gebrannte Whiskey hat ein Vanillearoma mit leichten Einflüssen von Aprikosen sowie eine grasige, blumige Note. Im Geschmack zeigt sich erneut die Vanille, jedoch auch süßes Malz und Karamell. Im Abgang ist eine deutliche Honignote zu erkennen.

ST. GEORGE SPIRITS

BESITZER	Jörg Rupf/Lance Winters
GRÜNDUNGSDATUM	1982
STATUS	in Produktion

IM KALIFORNISCHEN ALMEDA befindet sich die kleine Brennerei St. George Spirits.

Der Firmengründer Jörg Rupf wuchs im Schwarzwald auf, bevor er 1978 nach Kalifornien kam, um in Berkeley Jura zu studieren. 1982 gründete er die Brennerei und kümmerte sich fortan nur noch um das Brennen von Obstbränden, mit denen er mehrfach prämiert wurde. Mit der Zeit reizte es ihn immer stärker, Whiskey herzustellen. Sein dafür benötigtes Gerstenmalz stammt aus Wisconsin. Die Lagerung erfolgt neben den gebrauchten Bourbonfässern auch in neuen französischen Eichen- und in Portweinfässern. Gebrannt wird, wie bei so vielen Mikro-Brennereien, in einer Holstein-Still.

WHISKEY

St. George Single Malt Whiskey, 43 % Vol., Originalabfüllung
Farbe: Goldgelb

TASTING NOTES

Dieser Single Malt aus zweizeiliger gemälzter Gerste hat sehr blumige und nussige Noten, mit Anzeichen von Orange und Vanille sowie leichtem Rauch. Im Geschmack ist klar Haselnuss zu erkennen. Der fruchtige Eindruck bleibt erhalten, ebenso der zarte Rauch. Im Abgang ist etwas Schokolade spürbar, gepaart mit dem dezenten Rauch.

S. 257: Einer der typischen kleinen Brennapparate, wie sie in amerikanischen Mikro-Destillerien – hier bei Edgefield – häufig anzutreffen sind.

St. James Spirits · Stranahan's

ST. JAMES SPIRITS

BESITZER	Jim Busutill
GRÜNDUNGSDATUM	1995
STATUS	in Produktion

DIE KLEINE BRENNEREI befindet sich im südkalifornischen Irwindale.

Jim Busutill gründete die Destillerie im Jahr 1995 und begann drei Jahre später neben Kirsch- und Ananas-Brandy, Rum, einem Wodka und Himbeerwein auch Whisky herzustellen. Der Whisky reift drei Jahre lang in ehemaligen Bourbonfässern. Busutill hatte eigentlich Chemie studiert und unterrichtet hauptberuflich Biologie, doch seine Passion ist das Brennen, das er in Deutschland und der Schweiz gelernt hat. Nebenher züchtet er außerdem Falken, was den Namen des Whiskys erklärt, den er in schottischer Schreibweise ohne „e" angibt.

WHISKY

Peregrine Rock – California Pure Malt Whisky, 40 % Vol., Originalabfüllung
Farbe: Goldgelb mit grünlichen Nuancen

TASTING NOTES

Dieser Single Malt aus getorftem schottischem Gerstenmalz wird drei Jahre lang in Bourbonfässern gelagert. Im Aroma zeigt er fruchtige Noten von Pfirsichen und Aprikosen. Außerdem ist leichter Rauch zu spüren. Im Geschmack zeigt sich der Rauch ein wenig deutlicher, ist aber nach wie vor dezent. Dafür entfalten sich die genannten Fruchtnoten viel ausgeprägter, neben einer grasigen und malzigen Note. Im leicht rauchigen Abgang zeigt sich erneut das süße Malz.

STRANAHAN'S

BESITZER	Jess Graber/George Stranahan
GRÜNDUNGSDATUM	2004
STATUS	in Produktion

IN DENVER, im Bundesstaat Colorado, befindet sich die Brennerei Stranahan's. Sie steht direkt neben der Brauerei Flying Dog.

Die Destillerie arbeitet eng mit der Brauerei zusammen. Seit 2004 wird hier nach dem typischen zweifachen Destillationsverfahren Whiskey gebrannt. Nach der Gesetzgebung von Colorado muss der Whiskey nur zwei Jahre reifen. Bevor die ersten Flaschen im März 2006 verkauft wurden, lagerte der Whiskey zwei Jahre in amerikanischer Weißeiche. Damals waren es rund 6000 Flaschen. Die Brennerei hat sich für 2007 viel vorgenommen: Mittlerweile strebt man für das nächste Jahr bereits ein Produktionsvolumen von 33 000 Flaschen an.

WHISKEY

Stranahan's Colorado Whiskey, 47 % Vol., Originalabfüllung
Farbe: Rotbraun

TASTING NOTES

Dieser Whiskey, im Bourbonstil hergestellt, weist in der Nase eine äußerst honigbetonte Süße auf. Im Geschmack kommt zu diesen Honignoten auch eine würzige und leicht ölige Note dazu. Im Abgang gesellt sich noch etwas Eichengeschmack hinzu.

Triple Eight Distillery · West Virginia Distilling Co.

TRIPLE EIGHT DISTILLERY

BESITZER	Cisco Brewers
GRÜNDUNGSDATUM	1997
STATUS	in Produktion

DAS UNTERNEHMEN, bestehend aus Weinkellerei, Brauerei und Destillerie, befindet sich auf der Insel Nantucket im Bundesstaat Massachusetts, an der Ostküste der USA.

Die 1981 gegründete Weinkellerei wurde 1995 durch die Cisco-Brauerei erweitert und schließlich 1997 durch eine kleine Pot Still ergänzt, um einen Single Malt Whiskey mit dem Namen Notch zu produzieren. Für die Schulung des heimischen Personals wurde extra George McClements von der schottischen Brennerei Bowmore engagiert. Der Whiskey sollte schließlich möglichst nach schottischem Vorbild hergestellt werden. Auch die Lage am Meer und das Wasser, das aus einem sandigen Boden stammt, garantieren Produktionsverhältnisse, die denen der Brennereien auf Schottlands Inseln sehr ähneln. Im Jahr 2000 erhielt die Destillerie ihre Brennlizenz und begann mit der Produktion. Nach der Destillation reift der Whiskey mindestens drei Jahre lang in ehemaligen Bourbonfässern in einer Scheune und wird voraussichtlich mit einem Alkoholgehalt von 60 Volumenprozent abgefüllt werden. Die ersten Probeabfüllungen bekamen schon recht gute Kritiken.

TRIPLE EIGHT DISTILLERY

Während der Whiskey in den Fässern reift, produziert die Brennerei auch noch Gin, Rum und Wodka. Besonders der Wodka von Triple Eight findet überregional reißenden Absatz.

WEST VIRGINIA DISTILLING CO.

BESITZER	Payton Fireman
GRÜNDUNGSDATUM	1997
STATUS	in Produktion

IN DEN BERGEN um Morgantown, in West Virginia, steht die kleine, aber moderne Brennerei von Payton Fireman.

Fireman, von Beruf eigentlich Rechtsanwalt, stellt in seiner West Virginia Distilling Co. einen unausgereiften Corn Whiskey her, der Mountain Moonshine West Virginia Spirit Whiskey genannt wird. Ganz in der Tradition der früher illegal gebrannten Moonshine Whiskeys fügt er dem Destillat einige Wochen lang kleine Eichenholzstücke bei, wodurch der Whiskey im Geschmack etwas weicher wird.

Zudem produziert die Brennerei noch einen Corn Whiskey namens Mountain Moonshine Old Oak Recipe Spirit Whiskey, der zwei Jahre lang in Bourbonfässern reift.

WHISKEY

Mountain Moonshine, Old Oak Recipe Spirit Whiskey, 40 % Vol.
Farbe: Gold

TASTING NOTES

Im Aroma ist er sehr leicht, mit einem Hauch von Pflaumen und grünen Trauben. Im fruchtigen, zuckersüßen Geschmack kommen Mais, erneut die Pflaumen und grüne Äpfel zum Vorschein. Der Abgang ist wieder etwas pflaumig.

KANADA

KANADA

Kanada bietet alles, was man braucht, um Whisky herzustellen. Die Destillerien finden hier sauberes Wasser und riesige Getreideanbaugebiete. Der kanadische Whisky unterscheidet sich jedoch sehr vom Bourbon und auch vom Scotch. Er ist sehr leicht im Geschmack. Einzig der Roggen verleiht ihm eine würzige und herbe Note. Aber vielleicht verhilft ihm ja gerade das zu seiner Popularität.

BEGONNEN HAT ALLES Ende des 18. Jahrhunderts in den Gebieten um die großen Seen in Ontario und Québec. Damals entstanden die ersten Brennereien, die regelmäßig Whisky produzierten. Das Gewerbe entwickelte sich zügig, und bereits Mitte des 19. Jahrhunderts soll es um die 200 Destillerien gegeben haben. Als die US-amerikanische Konkurrenz Anfang des 20. Jahrhunderts unter der Prohibitionszeit stark zu leiden hatte, waren neben den Schotten vor allem die Kanadier die Profiteure dieser Situation. Sie lieferten die verbotene Ware, die von Schmugglern unter das whiskyliebende Volk gebracht wurde. Diese „Versorgungshilfe" zahlte sich aus. Als der Whisky in den USA wieder legal wurde, hatten sich die kanadischen Destillerien bereits auf dem US-Markt positioniert und konnten sofort und jederzeit liefern. Noch heute wird im Land des Bourbon und Tennessee Whiskey mehr Canadian Whisky getrunken als eigene Marken. So ist es auch nicht weiter verwunderlich, dass Kanada mit rund 200 Millionen Flaschen als der drittgrößte Whiskyproduzent der Welt gilt. Heute stellen allerdings nur noch zehn Destillerien den typischen kanadischen Whisky her, bei dem gewöhnlicherweise Rye Whisky mit relativ neutralem Whisky verschnitten wird.

Der Roggen – die Getreideart, die den kanadischen Whisky berühmt machte.

500 Miles
500 km
G R Ö N -
L A N D
Baffin Bay
Beaufort-see
Inuvik
awson
Yukon
erritory
Northern Territories
Labrador-see
Hudson Bay
British Columbia
K A N A D A
Alberta
Edmonton
Manitoba
Québec
Neufundland
Alberta
Calgary
Potter / Cascadia
Highwood
Lethbridge / Black Velvet
Vancouver
Seattle
Saskatchewan
Regina
Gimli
Winnipeg
Maple Leaf
Ontario
Prince Edward Island
Glenora Distillery
New Bruns-wick
Nova-Scotia
Halifax
Québec
Schenley
Montreal
Canadian Mist
Toronto
Boston
Kittling Ridge
Walkerville / Hiram Walker & Sons
New York
St. Paul
Boise
VEREINIGTE STAATEN VON AMERIKA
Carson City
Salt Lake City
Denver
Chicago
Indianapolis
Washington
Charleston
Topeka
St. Louis
Las Vegas
Raleigh
Nashville
Los Angeles
Columbia
Oklahoma City
Santa Fe
Phoenix
Atlanta
El Paso
Dallas
Houston
New Orleans
Hermosillo
ATLANTIK

Geschichte

Whisky in der Neuen Welt

Die Geschichte des Canadian Whisky verlief sehr ähnlich wie beim großen Nachbarn, den USA. Man beachte dabei, dass in Kanada die Schreibweise von Whisky wie in Schottland bevorzugt wird: ohne „e". Einwanderer aus Schottland und Irland brachten ihr Whisky-Know-how aus der Alten Welt mit und brannten schon bald aus überschüssigem Getreide ihre ersten Schnäpse. Der Alkohol wurde an andere Siedler, Jäger oder Trapper verkauft, die in der kanadischen Wildnis etwas Wärmendes oder Tröstendes zum Trinken brauchten. Mit der Zeit nahm die Qualität dieser Brände immer mehr zu.

John Molson war dann der Pionier unter den kommerziellen Whiskybrennern. Er errichtete 1821 die erste offizielle Brennerei und musste bereits damals Steuern entrichten. Molson begründete außerdem eine der größten Brauereien des Landes. Doch der Erfolg kam erst etwa ein halbes Jahrhundert später. Die meisten Whiskypioniere bauten selbst Getreide an und hatten dadurch freien Zugang zum wichtigsten Rohstoff für die Whiskyherstellung. Zu ihnen zählten John Philip Wiser, Henry Corby, James Worts, William Gooderham, Hiram Walker und Joseph E. Seagram. Die beiden Letztgenannten brachten ihre Firmen zu Weltruhm und trugen maßgeblich zum Erfolg des Canadian Whisky bei.

Auf dem Gelände der Destillerie Walkerville ließ der Whiskypionier Hiram Walker einen Palast im Renaissancestil errichten. Heute befindet sich in den Räumen das Museum der Brennerei.

Ein kanadischer Zollbeamter veranschaulicht die Raffinesse der Whiskyschmuggler während der Prohibitionszeit. Kein Wunder, dass so viele Amerikaner ihr „Brot" jenseits der Grenze kauften.

Hiram Walkers Aufstieg

Der Ausgangspunkt der Entwicklung war simpel: Hiram Walker war einfach nicht zufrieden mit dem damals sehr herben und qualitativ minderwertigen Whisky, der zu dieser Zeit in seinem näheren Bekanntenkreis angeboten wurde. Darum ließ er aus Roggen und Gerstenmalz einen aromatischen und verhältnismäßig reinen Brand herstellen. Daneben stellte er aber aus dem viel günstigeren Mais einen rektifizierten und eher geschmacksneutralen Spirit her. Walker vermischte beides und ließ das Destillat sechs Jahre lang als Blend in Fässern reifen. Nachdem er damit – sowohl was die Herstellung als auch die Reifezeit betraf – neue Wege beschritten hatte, führte er auch beim Marketing

Verbesserungen ein. Er verkaufte den Whisky nicht in Fässern oder Krügen, sondern in Flaschen, auf deren Etikett Club Whisky geschrieben stand. Damit hatte Hiram Walker den heute noch gültigen leichten Canadian Style geschaffen und nebenbei den ersten Markenwhisky des Landes.

Neben Hiram Walker war es Joseph E. Seagram, der in Kanada Whiskygeschichte schreiben sollte. Als Sohn englischer Einwanderer begann er im Jahr 1883 in einer Destillerie in Waterloo, Ontario, Whisky zu brennen. Die Brennerei hatte er kurz zuvor erworben. 1916 begann die Erfolgsgeschichte seines Seagram's V. O., die ihn bald zum größten Rye-Whisky-Produzenten des Landes machte. Der Aufstieg der Firma begann jedoch erst richtig während der Prohibitionszeit in den benachbarten USA.

Nachbarschaftshilfe für die USA

Auch in Kanada gab es eine Temperenzlerbewegung, die jeglichen Alkohol verbieten wollte. Allen voran ging Father Chiniquy, der sich einen „Apostel der Enthaltsamkeit" nannte, obwohl er es selbst mit dem Alkoholverzicht nicht so genau nahm. Chiniquy wurde schließlich exkommuniziert, nachdem ihm Brandstiftung, Unterschlagung und zu allem Überfluss auch noch amouröse Fehltritte nachgewiesen wurden. Viel mehr Einfluss konnte Nellie Mooney McClung ausüben. Die Lehrerin und Autorin setzte eine Art Frauenbewegung in Gang und motivierte zahlreiche leidgeplagte Frauen, deren Männer Alkoholiker waren, sich für ein Alkoholverbot stark zu machen. Mit Erfolg! Bereits 1914 wurde in einigen Provinzen Alkohol grundsätzlich verboten. 1918 galt das Verbot für kurze Zeit sogar landesweit. Die Regierung erkannte jedoch schnell die Sinnlosigkeit dieses Verbots und hob es noch im selben Jahr wieder auf. Vielleicht war es jedoch nicht nur die Einsicht in die Vergeblichkeit eines solchen Gesetzes, sondern auch wirtschaftliches Kalkül. In den USA stand die Prohibition jedenfalls gerade vor der Tür, und vielleicht war es ein geschickter Schachzug der kanadischen Regierung, die kanadischen Hersteller nicht zu gängeln. Sobald das Alkoholverbot im Nachbarland wirksam wurde, zeigte man jedenfalls keine Skrupel, die Schmuggler mit qualitativ gutem Whisky zu beliefern. Die Schwarzbrenner in den USA hatten es wegen der inländischen Kontrollmöglichkeiten natürlich ungleich schwerer. Ihr eigener Stoff war meist nur minderwertige Ware, während der kanadische Whisky nach den 14 Jahren der Prohibition einen ausgezeichneten Ruf genoss. Da die eigene Produktion in den USA erst wieder anlaufen musste, konnten die Kanadier in die Bresche springen. Seither ist der kanadische Whisky in den USA die unumstrittene Nummer eins. Es verwundert daher auch nicht, dass heute zahlreiche amerikanische Firmen im Besitz kanadischer Marken und Destillerien sind. Auch die europäischen Konzerne besitzen zahlreiche Anteile an den nur noch etwa zehn produzierenden Destillerien des Landes. Der Whiskymarkt ist ständig im Wandel – auch in Kanada.

Torontos Distillery District beheimatete einst die größte Destillerieanlage des Landes. Die 45 viktorianischen Backsteinbauten wurden in ein Wohn- und Kulturviertel umgewandelt.

NOVA SCOTIA

„Die chemische Analyse der sogenannten dichterischen Inspiration ergibt 99 Prozent Whisky und ein Prozent Schweiß."

WILLIAM FAULKNER

Der Cabot Trail auf Cape Breton Island gilt als eine der schönsten Küstenstraßen überhaupt.

DER NAME DER PROVINZ Nova Scotia ist lateinisch und bedeutet Neuschottland. Flächenmäßig ist sie die zweitkleinste Provinz Kanadas und besteht aus einer Halbinsel und zu einem weiteren großen Teil aus der Cape-Breton-Insel. Hier befindet sich auch die einzige Brennerei der Provinz. Die Landschaft mit ihren Hügeln, schroffen Klippen und ihren verschlafenen Hafenstädtchen erinnert einen sofort an Schottland. Die ideale Umgebung also, um die Whiskytradition Schottlands aufleben zu lassen.

Die wichtigste und größte Stadt von Nova Scotia ist Halifax mit etwa 360 000 Einwohnern. Sie ist zugleich Hauptstadt der Provinz und wurde 1749 von etwa 2500 Siedlern errichtet, um für das britische Militär einen Vorposten gegen die Franzosen zu bilden. Später war Halifax in beiden Weltkriegen ein strategischer Angelpunkt für die Kriegslogistik. Der Hafen der Stadt ist heute ein wichtiger Handelsplatz mit zwei großen Containerterminals, zahlreichen Ladungsdocks für Autos und andere Maschinen und einem direkten Anschluss zur Eisenbahn.

Rund 80 Prozent der Einwohner Nova Scotias haben Vorfahren, die aus Großbritannien stammen, davon ein großer Teil Schotten. Neben Englisch wurde in dieser Provinz deshalb auch noch eine ganze Weile das schottische Gälisch gesprochen. Viele der schottischen Einwanderer waren im Zuge der Highland Clearances aus ihrer Heimat vertrieben worden. Hier in Nova Scotia konnten sie ihre Traditionen weiterführen. So brachten sie auch ihr ganz spezielles Kulturgut, den Whisky, mit und gründeten bald die ersten Whiskybrennereien.

Da sich gerade auf Cape Breton Island viele Schotten niedergelassen hatten, fehlte dort eigentlich noch eine Destillerie. Der Traum von der eigenen Destillerie Glenora konnte letztendlich auch wahrgemacht werden, wenngleich es dazu mehrerer Anläufe bedurfte. Glenora produziert einen für Kanada eher untypischen Malt Whisky, ganz in der Tradition der schottischen Vorfahren.

Glenora

IN EINER UMGEBUNG, die schottischer nicht sein könnte, mit einem Tal, Bergen, Wiesen, Wäldern und frischem klarem Wasser, steht die Brennerei in Glenville auf Cape Breton Island.

Der kanadische Geschäftsmann Bruce Jardine hatte den Traum, hier eine Brennerei nach schottischem Muster aufzubauen. Mit dem MacLellan's Brook fand er die perfekte Wasserquelle. Die Brennerei ist mit einem Pagodendach ausgestattet und besitzt Mash Tun und Brennblasen von Forsyth in Rothes. Der Architekt kam natürlich auch aus Schottland. Die Mitarbeiter wurden von Morrison Bowmore ausgebildet. Alles schien perfekt zu sein, als im September 1990 der erste Whisky floss. Doch schon im Dezember musste die Destillerie mangels Geldes wieder geschlossen werden. 1991 konnten die Besitzer neues Geld auftreiben und produzierten bis 1993 weiter, als man leider erneut die Pforten schließen musste. Seit 1995 gehört sie Lauchie MacLean und produziert seither auch wieder. Im Jahr 2000 konnte dann erstmals der Glen Breton, ein zehnjähriger Single Malt aus eigener Produktion, herausgebracht werden. Neben diesem Malt werden noch zwei eigene Rumsorten produziert. Außerdem versucht man, mit einem Shop, einem Restaurant und den eigenen Chalets, die man mieten kann, die Touristen anzulocken. Das Konzept scheint heute aufzugehen.

GLENORA	
BESITZER	Lauchie MacLean
GRÜNDUNGSDATUM	1989
STATUS	in Produktion
JAHRESPRODUKTION	500 Hektoliter

WHISKY

Glen Breton Rare, 10 Jahre, 43 % Vol., Originalabfüllung
Farbe: Gold

TASTING NOTES

Ein echter Single Malt aus Kanada, erzeugt in schottischen Pot Stills. In der Nase entfaltet sich ein Anzeichen von Heidekraut, honigsüß, mit etwas Butterscotch und im Hintergrund etwas Ingwer. Im Geschmack ist er cremig, hat eine angeröstete Eichennote, Mandeln und Karamell. Im mittellangen Abgang ist er süß und zeigt zum Schluss eine rauchige Note.

Ganz ihren schottischen Vorbildern verpflichtet – sogar mit einem kleinen Pagodendach –, steht die Brennerei in einem Tal auf Nova Scotia.

QUÉBEC

„Whisky hat mehr Menschen getötet als Gewehrkugeln. Trotzdem wären die meisten lieber voll Whisky als voller Blei."

LOGAN PEARSALL SMITH

Die Hauptstadt Québec mutet mit der hübschen Uferpromenade und den Ausflugsdampfern auf dem Fluss sehr französisch an.

QUÉBEC, DIE GRÖSSTE Provinz Kanadas (etwa dreimal die Fläche von Frankreich), hat eine mehrheitlich Französisch sprechende Bevölkerung. Hauptstadt ist mit rund 500 000 Einwohnern die Stadt Québec. Sie wurde 1985 von der UNESCO zum Weltkulturerbe ernannt. Die Provinz selbst ist, abgesehen von den Städten, sehr dünn besiedelt.

In der Whiskyindustrie hatte Québec einst eine wichtige Rolle gespielt, lagen hier doch mit den Brennereien LaSalle und Beaupré zwei der wichtigsten Destillerien, die während der Prohibitionszeit die USA mit Whisky „versorgten". Heute gibt es nur noch eine aktive Brennerei, die Destillerie Valleyfield/Schenley. Sie befindet sich mittlerweile in amerikanischer Hand. Während die früher zu Seagram gehörende Brennerei Beaupré unweit der Stadt Québec angesiedelt war, produzierten die Besitzer der Destillerie LaSalle ihren Whisky in einem Vorort der Metropole Montréal.

Montréal mit seinen 1,8 Millionen Einwohnern ist ein großer Wirtschaftsstandort und die zweitgrößte Stadt Kanadas. Im Großraum rund um Montréal leben insgesamt gut 3,6 Millionen Menschen. Die Stadt am St.-Lorenz-Strom erlangte ihre Bedeutung im 18. Jahrhundert durch den Pelzhandel. Mit der bereits 1853 gegründeten Eisenbahnverbindung zwischen Montréal und New York wurde die Stadt zeitweise zum zweitgrößten Wirtschaftsstandort von ganz Nordamerika. Heute liegt sie allerdings selbst innerhalb der kanadischen Grenzen hinter Toronto. Weil sich die Französisch sprechende Bevölkerung hier immer benachteiligt sah und es dadurch oft zu großen Konflikten mit der Regierung kam, ließen sich viele große Konzerne lieber in anderen Provinzen nieder. Die Folgen davon spiegeln sich in einer für kanadische Verhältnisse hohen Arbeitslosigkeit und in den stetig sinkenden Einwohnerzahlen der Stadt.

Valleyfield / Schenley

ETWA EINE AUTOSTUNDE westlich von Montreal liegt die Brennerei Valleyfield, die auch Schenley Distillery genannt wird. Sie befindet sich in der mehrheitlich französischsprachigen Provinz Québec. Sie ist damit gleichzeitig die einzige noch verbliebene Brennerei auf frankofonem Boden Kanadas.

Schenley OFC
ORIGINAL FINE CANADIAN
CANADIAN WHISKY CANADIEN

Schenley gründete die Destillerie 1945 und verkaufte sie im Jahr 1981 an kanadische Geschäftsleute. In den 1980er-Jahren konnte sie dann die UD erwerben. 1999 wurde sie zum letzten Mal, an den heutigen Besitzer Barton Brands bzw. deren Mutterkonzern Constellation Brands, verkauft.

In der Brennerei in Valleyfield werden die Schenley-Marken Golden Wedding und Canadian O. F. C. produziert, die beide nur in Kanada angeboten werden. Außerdem stellt die Destillerie die Marken Gibson's, MacNaughton, Order of Merit oder Royal Command her. Die Marke Gibson's gehört heute zu William Grant & Sons (Glenfiddich). Früher produzierte man hier alle UD-Marken und dazu noch Rum und Wodka.

VALLEYFIELD / SCHENLEY	
BESITZER	Barton Brands Inc.
GRÜNDUNGSDATUM	1945
STATUS	in Produktion
JAHRESPRODUKTION	240 000 Hektoliter

WHISKY

Schenley OFC, 8 Jahre, 40 % Vol., Originalabfüllung
Farbe: helles Goldgelb

TASTING NOTES

Dieser Canadian Whisky mit der ausgeschriebenen Bezeichnung Original Fine Canadian (OFC) zeigt im Aroma sehr viel süßes Karamell, Toffeenoten sowie Anzeichen von Zitrusfrüchten. Im Geschmack vermittelt er wieder den Toffeeeinfluss, ergänzt durch Vanille und eine leichte Würze von Roggen. Im Abgang ist er weich, mit den bekannten Karamell- und Toffeeanzeichen.

In der Nähe der großen Metropole Montreal, am St.-Lorenz-Strom, wurde 1945 die Destillerie Schenley gegründet.

ONTARIO

„Wenn mich jemand fragt, ob ich Wasser zu meinem Scotch möchte, antworte ich, dass ich durstig bin und nicht schmutzig."

JOE E. LEWIS

Die berühmten Niagarafälle in der Nähe von London, Ontario, liegen genau an der Grenze zwischen Kanada und den USA.

ONTARIO IST DIE PROVINZ Kanadas mit den meisten Einwohnern. Rund 39 Prozent aller Kanadier leben hier. Toronto ist die Hauptstadt der Provinz und mit rund 2,5 Millionen Einwohnern auch die größte und wichtigste Stadt des Landes. Das Ballungszentrum, zu dem auch das nahe gelegene Mississauga, die drittgrößte Stadt der Provinz, zählt, wächst stetig weiter. So zählte man 2005 im Einzugsgebiet Torontos rund 5,3 Millionen Einwohner. In politischer Hinsicht die wichtigste Stadt der Provinz ist das 775 000 Einwohner zählende Ottawa – die Hauptstadt Kanadas.

Ontario ist die Provinz der Seen. Mit rund 250 000 Seen und Flüssen kommt man auf eine Gesamtlänge von mehr als 100 000 Kilometern Wasserwege. Der Name Ontario bedeutet in der Sprache der Irokesen so viel wie „Schönes Wasser" oder „Schöner See", was angesichts dieser geografischen Gegebenheiten durchaus Sinn macht.

Toronto hieß noch bis zum Jahr 1850 York. Die gute Wasser- bzw. Gasanbindung sowie später eine Eisenbahnstrecke sorgten dafür, dass die Stadt boomte.

Der Distillery District, heute ein Wohn- und Ausgehviertel, beherbergte früher einen riesigen Destilleriekomplex. William Gooderham und James Worts gründeten hier 1832 die Gooderham and Worts Distillery, die zur größten Brennerei des gesamten britischen Empires aufstieg. Nachdem sie 1926 mit der Firma Hiram Walker verschmolzen war, musste sie 1990 jedoch für immer ihre Tore schließen.

Die Nähe zu den USA und zu qualitativ hochwertigem Wasser zog seinerzeit viele Whiskypioniere, wie etwa Hiram Walker, an. So verwundert es nicht, dass in dieser Provinz noch drei Brennereien in Betrieb sind: Walkerville, Canadian Mist und Kittling Ridge. Besonders die Marke Canadian Club, ein typischer kanadischer Whisky, gehört heute zu den Exportschlagern.

Canadian Mist

Die Blends der Marke Canadian Mist waren bis 1998 die beliebtesten Whiskys in den Vereinigten Staaten. Inzwischen hat ihnen allerdings Diageos Crown Royal diesen Rang abgelaufen.

DIE BRENNEREI CANADIAN MIST, die den gleichnamigen Whisky produziert, liegt ungefähr 100 Kilometer von Toronto entfernt, in dem kleinen Örtchen Collingwood.

Im Jahr 1965 kreierte die Firma Barton die Marke Canadian Mist und ließ sie von Melcher produzieren. Der Whisky hatte jedoch einen solch durchschlagenden Erfolg, dass man beschloss, eine eigene Destillerie dafür zu bauen. Und so wurde in der Rekordzeit von nur vier Monaten die Brennerei Canadian Mist errichtet, die schließlich 1967 in Betrieb ging. Seit 1971 gehört die Marke zu Brown-Forman. Diese kümmern sich seitdem um die Vermarktung und schafften es, den Whisky in den USA zur absoluten Nummer eins zu machen. Auch weltweit wurde er eine Weile lang an der Spitze der kanadischen Whiskys geführt, musste aber 1998 das Feld für Crown Royal räumen.

Der Herstellungsprozess ist etwas speziell für diesen Whisky. In der Destillerie Canadian Mist verwendet man eine Mischung aus Mais und gemälzter Gerste, was für kanadischen Whisky sehr ungewöhnlich ist. Der zusätzlich benötigte Anteil an Roggen wird allerdings in der Brown-Forman Distillery (teilweise auch Early Times genannt) in Kentucky produziert. Dafür fährt man den Whisky aus Kanada in Tanklastern nach Kentucky, um ihn dort mit einem kleinen Anteil von Bourbon zu verschneiden.

CANADIAN MIST	
BESITZER	Brown-Forman
GRÜNDUNGSDATUM	1967
STATUS	in Produktion
JAHRESPRODUKTION	150 000 Hektoliter

WHISKY

Canadian Mist, 3 Jahre, 40 % Vol., Originalabfüllung
Farbe: Goldgelb

TASTING NOTES

Dieser in den USA sehr beliebte Canadian Blended Whisky, der mit einem Anteil Bourbon verschnitten wird, ist ziemlich leicht. Er besitzt ein Aroma von süßen Beeren und Karamell, mit leichten Noten von Sherry und Honig. Im Geschmack entwickelt sich vor allen Dingen wieder das Karamell in Form von Sahnebonbons. Auch im Nachklang kommt es wieder zur Geltung.

Die Destillerie ist ein wichtiger Wirtschaftsfaktor in ihrem Heimatort Collingwood.

Hiram Walker & Sons

Die Brennerei Hiram Walker in Walkerville ist mit Sicherheit die traditionsreichste Destillerie Kanadas. Im Museum der Brennerei erhält man einen schönen Einblick in die Geschichte der Firma.

HIRAM WALKER & SONS

BESITZER	Pernod Ricard
GRÜNDUNGSDATUM	1858
STATUS	in Produktion
JAHRESPRODUKTION	450 000 Hektoliter

DIE STADT WALKERVILLE am Eriesee wurde nach dem Gründer und Erbauer der Brennerei, Hiram Walker, benannt. Sie verschmolz im Laufe des letzten Jahrhunderts mit der Stadt Windsor.

Hiram Walker hatte sich hier 1858 niedergelassen und die Walker Windsor Distillery erbaut. Da das Geschäft mit dem Whisky von Anfang an gut lief, ließ Walker nach und nach für seine Angestellten um die Brennerei herum Häuser errichten, dazu eine Schule, eine Kirche und 1869 auch ein Postamt. Zu Ehren von Hiram Walker nannte man die Ortschaft Walkerville, genauso wie die Brennerei noch heute heißt. In anderen Quellen wird sie auch gerne nach dem ursprünglichen Firmennamen genannt: Hiram Walker & Sons. Heute gehört die Firma zum Konzern Pernod Ricard, der 2005 den früheren Betreiber Allied Domecq übernommen hatte. Aus dieser Brennerei kommt ursprünglich der Canadian Club, ein Whisky, der noch heute zu den kanadischen Klassikern gehört und der den typischen Canadian Style erst begründete. Die Marke Canadian Club gehört jedoch inzwischen zu Fortune Brands, und es wird wohl nur eine Frage der Zeit sein, bis dieser Whisky in Alberta und nicht mehr in Walkerville produziert wird.

Die Brennerei besitzt neben den Patent Stills für das kontinuierliche Brennverfahren auch eine Pot Still.

Neben dem Canadian Club stellt die Destillerie noch weitere Marken her, unter anderem die Wiser's-Serie, den Imperial (nicht zu verwechseln mit der gleichnamigen Destillerie in Schottland, wenngleich beide denselben Eigentümer haben), den Meagher's 1878 und den Gooderham & Worts.

WHISKY

Canadian Club Classic, 12 Jahre, 40 % Vol., Originalabfüllung
Farbe: heller Bernstein

TASTING NOTES

Dieser kanadische Blend ist immer noch ein Klassiker, wenngleich er mit zwölf Jahren für einen kanadischen Whisky doch schon eher älter ist. Im Aroma ist er angenehm fruchtig und mild, mit einem Anzeichen von Karamellsahnebonbons. Im Geschmack zeigt sich deutlich der Roggen mit einem Anflug von Vanille. Er ist trocken, mild und durchaus weich. Die Trockenheit zeigt er auch im Abgang, zusammen mit etwas Rauch.

Kittling Ridge

KITTLING RIDGE	
BESITZER	John K. Hall
GRÜNDUNGSDATUM	1992
STATUS	in Produktion
JAHRESPRODUKTION	keine Angaben

DIE KLEINE BRENNEREI Kittling Ridge, die für ihre Whiskyherstellung Pot Stills benutzt, liegt in Grimsby, nur rund 25 Kilometer von den Niagarafällen entfernt.

Sie wurde Anfang der 1970er-Jahre von Otto Rieder, einem Obstbrenner schweizerischer Abstammung, errichtet. Rieder brannte jedoch zuerst nur Obst- und Weinbrände, konnte sich aber auch durch zwei eigene Blends einen Namen machen, deren Zutaten jedoch aus anderen Brennereien stammten. 1992 übernahm der Weinhändler John K. Hall die Firma und begann, einen eigenen Whisky, den Forty Creek, zu destillieren – was Rieder zuvor nie gelungen war. Rieder experimentierte seinerzeit nur an diversen Whiskys herum, konnte aber nie ein vorzeigbares Produkt daraus entwickeln. Hall brachte 2003 den sogenannten Forty Creek Barrel Select auf den Markt. Dieser wurde aus Mais, Gerste und Roggen destilliert, in angekohlten Eichenfässern zur Erstreifung gelagert und in Sherryfässern nachgereift. Seinen Namen bekam der Whisky von dem kleinen Flüsschen Forty Mile Creek, an dem die Destillerie gebaut wurde. Obwohl er mit seinem Whisky und zusätzlich mit einem Wodka sehr erfolgreich ist, bleibt Halls Hauptgeschäft jedoch nach wie vor der Weinhandel.

KITTLING RIDGE
ESTATE WINES & SPIRITS

WHISKY

Forty Creek Barrel Select,
40 % Vol., Originalabfüllung
Farbe: Bernstein

TASTING NOTES

Dieser Canadian Blended Whisky hat von den Whiskykritikern immer sehr gute Noten erhalten. Im Geruch kommen bereits Vanille, geröstete Eiche und fruchtige Einflüsse zum Tragen. Im Geschmack erscheint erneut die Vanille und wird durch Walnuss, Honig und Gewürze ergänzt. Selbst im Abgang kommt die Vanille wieder zum Vorschein. Er ist eher weich ausklingend.

Im Gegensatz zu den meisten anderen kanadischen Destillerien wird in Grimsby nicht im Säulenbrennverfahren destilliert, sondern mit zwei traditionellen Pot Stills aus Kupfer.

MANITOBA

„Ich liebe Whisky so sehr, dass ich manchmal meine, ich heiße Igor Stra-whisky."

IGOR STRAWINSKY

Getreidefelder so weit das Auge blicken kann. Der fruchtbare Boden Manitobas lockte auch immer wieder viele Whiskybrenner an.

MANITOBA IST die östlichste der drei Prärieprovinzen Kanadas. Man kennt Manitoba auch als das Land der 100 000 Seen, eine Reminiszenz an den gewaltigen Agassiz-See, der nach dem Rückgang der gigantischen Gletscher entstanden war.

Heute leben noch etwa zehn Prozent der kanadischen Ureinwohner (Indianer und Métis) hier. Die meisten Einwanderer stammen aus Großbritannien, gefolgt von Deutschen, Franzosen, Polen, Ukrainern, Filipinos und vielen anderen. Da die 548 000 Quadratkilometer große Provinz nicht einmal 1,2 Millionen Einwohner zählt, kommen auf einen Quadratkilometer gerade einmal 2,15 Einwohner.

Hauptstadt und zugleich größte Gemeinde der Provinz ist Winnipeg. In der Stadt leben mehr als die Hälfte der Einwohner Manitobas, und das sind circa 620 000. Winnipeg liegt im Überschwemmungsgebiet der beiden Flüsse Red River und Assiniboine River. Um die Stadt vor größeren Überschwemmungen zu schützen, wurde allerdings mittlerweile ein Überlaufkanal gebaut. In der Region herrscht kontinentales Klima. Während in den Sommermonaten angenehme Temperaturen herrschen, gehört Winipeg im Winter zu den kältesten Städten der Welt. Die Durchschnittstemperatur liegt im Januar bei –20 Grad Celsius.

Einer der wichtigsten Wirtschaftszweige ist auch heute noch die Landwirtschaft. Neben den großen Getreideanbaugebieten (Weizen und Gerste), werden aber auch Erbsen, Sonnenblumen und Raps angebaut.

Dank der sehr ertragreichen Getreideanbaugebiete ließen sich in Manitoba auch zahlreiche Whiskybrenner nieder. So ist es nicht weiter verwunderlich, dass hier auch die größte Brennerei des Landes, ein Erbe Seagram's, die Destillerie Gimli, steht. Mit der Brennerei Maple Leaf steht eine weitere Destillerie in Winnipeg. Trotz eines neuen Eigentümers ist die Zukunft Maple Leafs jedoch noch etwas ungewiss.

Gimli

AM WESTUFER des Lake Winnipeg befindet sich die große Destillerie Gimli. Die Brennerei liegt etwa 160 Kilometer nördlich der Provinzhauptstadt Winnipeg.

Der Destilleriekomplex mit seinen vielen Lagerhäusern wurde im Jahr 1968 errichtet und ist somit die letzte vom Seagram-Konzern erbaute Brennerei, die noch in Betrieb ist. Die anderen Destillerien wie Waterloo, Beaupré oder LaSalle in Québec wurden entweder stillgelegt oder bereits abgerissen. Der Konzern sorgte jedoch dafür, dass man in der Lage war, in Gimli jeden dieser ehemals woanders produzierten Whiskys herzustellen. Gimli ist auch die Heimat des Seagram's Crown Royal, dem weltweit erfolgreichsten Canadian Whisky. Dieser war noch bis 1992 in Waterloo, Ontario, produziert worden. Aber auch die weiteren Seagram's-Marken, wie Seagram's V.O., Seagram's 5 Star und Seagram's 83, werden hier neben weiteren Marken fabriziert. Im Jahr 2001 ging die Brennerei inklusive all ihrer Marken an Diageo. Die Seagram's-Whiskymarken sind das Einzige, was heute noch auf den einst größten Spirituosenkonzern hinweist. Jedenfalls wanderten sie vom Besitz des einstmaligen Branchenriesen in den Besitz des heute größten Konzerns.

Die Destillation wird in drei Beer Stills und einer vierstufigen Säulenbrennanlage sowie in einer weiteren Anlage mit zwei Brennsäulen vorgenommen. Für den Blend werden bis zu 50 verschiedene Whiskys miteinander verschnitten. Der Whisky wird größtenteils in angekohlten amerikanischen Eichenholzfässern gelagert. Auf dem Areal stehen 46 Warehouses, in denen 1,25 Millionen Fässer lagern. Täglich werden hier 1000 Fässer Whisky gebrannt.

GIMLI	
BESITZER	Diageo
GRÜNDUNGSDATUM	1968
STATUS	in Produktion
JAHRESPRODUKTION	365 000 Hektoliter

WHISKY

Seagram's Crown Royal, 40 % Vol., Originalabfüllung
Farbe: heller Bernstein

TASTING NOTES

Dieser Canadian Whisky ist der wohl meistverkaufte Blend Kanadas und deshalb weltweit gut erhältlich. Im Aroma ist er süß, mit einem merklichen Anzeichen von Malz. Im Geschmack dringt etwas Eiche hervor, genauso wie der Roggen. Er ist jedoch schön weich und süß, und sein milder Abgang sehr ausgewogen.

Die Prärieprovinzen sind die Kornkammer Kanadas. Die Destillerie Gimli erhält täglich mehrere Truck-Ladungen Getreide von den Feldern Manitobas.

Maple Leaf

DESTILLERIE geschlossen

MAPLE LEAF	
BESITZER	Angostura Canada bzw. Burn Stewart (CL Financial)
GRÜNDUNGSDATUM	1997
STATUS	momentan geschlossen

MITTEN IN MANITOBAS pulsierender Metropole Winnipeg wurde 1997 die Brennerei Maple Leaf gegründet. Mittlerweile kann sie bereits auf eine bewegte Vergangenheit zurückblicken.

Primärer Verwendungszweck war die Herstellung verschiedenartigster Spirituosen. Unter den etwa 135 Marken befand sich jedoch nur ein Whisky: der Canadian Cellars. Da die Firma trotz regelmäßiger Finanzierungen mehrfach finanzielle Unregelmäßigkeiten aufwies, mussten die beiden Chefs C. Alatiotis und D. Volinsky im Januar 2006 Konkurs anmelden. Die Zukunft der Brennerei war bzw. ist deshalb sehr ungewiss. Im Sommer 2006 kaufte zwar die kanadische Tochter von Angostura die Brennerei für 3,6 Millionen kanadische Dollar, aber wohl eher der Marken wegen. Man nimmt an, dass sich demnächst wohl Burn Stewart um die Belange bei Maple Leaf kümmern wird. Es wurde jedoch angekündigt, dass das gesamte Personal mit übernommen werde. Ob die Firma neben den vielen anderen Marken weiterhin Whisky produziert, wird man sehen.

WHISKY

Canadian Cellars, 40 % Vol., Originalabfüllung
Farbe: blasses Gold

TASTING NOTES

Dieser Canadian Blended Whisky ist zurzeit schwer erhältlich. Im Aroma hat er eine leichte Karamellnote und erinnert etwas an ein getoastetes Weißbrot. Im Geschmack hat er Toffeeeinflüsse, ist etwas holzig und nussig. Im Abgang ist er pfeffrig.

Die Destillerie Maple Leaf steht mitten in Winnipeg, Manitoba, am Zusammenfluss von Red River und Assiniboine River. Hier leben 55 Prozent der Bevölkerung der Provinz Manitoba.

AUFSTIEG UND ENDE VON SEAGRAM

Joseph E. Seagram kam nach einem einjährigen Wirtschaftsstudium in den USA in den 1860er-Jahren nach Kanada zurück und wurde Leiter der Waterloo Mill in Ontario, in der schon damals aus überschüssigem Getreide alkoholische Getränke hergestellt wurden. 1883 übernahm er den Laden ganz und gründete die Joseph E. Seagram Flour Mill & Distillery Company. Seinen ersten Whisky nannte er folglich Seagram's 83. 1911 wurde die Firma in Joseph E. Seagram & Sons umbenannt und läutete mit Seagram's V. O. (VO = very own) 1916 ihre große Erfolgszeit ein. Durch diesen Erfolg beeindruckt, ging die damals größte Spirituosenfirma DCL eine Partnerschaft in den 1920er-Jahren ein. Die DCL beteiligte sich auch am Unternehmen von Samuel Bronfman, einem umtriebigen Geschäftsmann, der aus der Sowjetunion eingewandert war und während der Prohibition mit den Amerikanern ausgiebigen Alkoholschmuggel betrieb. All dies erlebte jedoch der Firmengründer Joseph Seagram nicht mehr, da er im Jahr 1919 verstorben war. Was die DCL mit der Liaison mit Bronfman bezwecken wollte, ist heute unklar. Auf jeden Fall wurde ihr das Eisen zu heiß, und sie zog sich aus dem Geschäft zurück, sodass Bronfman Seagram als alleiniger Besitzer erwerben konnte.

Samuel Bronfman wusste genau, dass die Prohibition früher oder später ein Ende finden würde. Er hatte daher schon im Voraus riesige Whiskyvorräte angelegt und konnte so den Markt nach der Aufhebung des Alkoholverbotes 1933 im großen Stil regelrecht überschwemmen. Die Amerikaner konnten ja zu diesem Zeitpunkt auf keine alten Whiskeybestände zurückgreifen und mussten ihre Produktion erst wieder aufbauen. So geht der Erfolg des Canadian Whisky neben Walker sicherlich auch auf das Konto von Bronfman bzw. Seagram. Nach dem Zweiten Weltkrieg, als Bronfman stark expandierte, entwickelte sich die Firma Seagram zum größten Spirituosenkonzern der Welt. Schon bald kaufte sie unter anderem die Chivas Brothers und erwarb somit Destillerien wie Strathisla in Schottland, Kirin in Japan, weitere Firmen in Indien, Thailand und Südkorea etc.

Doch die Bronfmans fanden auch Gefallen am Glamour von Hollywood und kauften in den 1960er-Jahren für exorbitante Summen die MGM-Studios, später auch noch die MCA, inklusive der Universal Studios und der dazugehörenden Musik- und Buchverlage, die ihnen jedoch leider nur milliardenschwere Verluste einbringen sollten. Doch im Jahr 2001 kam dann die große Überraschung. Der französische Mischkonzern Vivendi kaufte im Aktientausch Seagram. Da Vivendi jedoch nur am Mediengeschäft interessiert war, warf man die Spirituosenfirmen sprichwörtlich den Löwen zum Fraß vor. Diageo schnappte sich zwar den größten Teil, Pernod Ricard kam allerdings zu den Highlights mit der Chivas & Glenlivet Group und stieg so zum zweitgrößten Spirituosenkonzern hinter Diageo auf. Und so wurde der einst größte Spirituosenkonzern der Welt zerschlagen.

Mit Seagram's V. O. begann die Erfolgsgeschichte der kanadischen Firma.

ALBERTA

„Es gibt keinen schlechten Whisky. Es gibt nur welche, die besser sind als andere."

WILLIAM FAULKNER

Das Tal der zehn Gipfel im Banff-Nationalpark ist eine der Touristenattraktionen Albertas. Die Gipfel der Rocky Mountains grenzen im Westen an die endlosen Weiten der Prärie.

ALBERTA IST die westlichste der Prärieprovinzen Kanadas und grenzt im Westen an British Columbia. Die Provinz wird wie Manitoba von den endlosen Weiten der Prärie bestimmt. Im Westen bestimmen die Ausläufer der Rocky Mountains die Landschaft. Hauptstadt der Provinz ist Edmonton mit rund 666 000 Einwohnern. Größte Stadt und wirtschaftliches sowie kulturelles Zentrum ist hingegen Calgary. In den 1970er-Jahren siedelten sich hier zahlreiche Ölfirmen an, nachdem man in Alberta das schwarze Gold gefunden hatte. Mit dem Preisverfall geriet die Stadt jedoch in eine schwere wirtschaftliche Krise, konnte sich aber dank der Olympischen Winterspiele im Jahr 1988 wieder etwas erholen. Vor allen Dingen durch den Tourismus ging es mit der Wirtschaft wieder etwas nach oben.

Neben der Ölindustrie ist auch die Agrarwirtschaft Albertas sehr erfolgreich. Der Getreideanbau, der auch der Grund ist, warum sich hier einige Whiskybrennereien niedergelassen haben, sowie die Rinderzucht sind weitere wichtige Wirtschaftszweige. Besonders dank der vielen Exporte in die USA.

Für die Whiskybrennerei bot die Region deutliche Vorteile: Neben riesigen Getreideanbaugebieten fanden die Whiskypioniere hier, an den Ausläufern der Rocky Mountains, auch die perfekte Wasserqualität vor. So ist es nicht verwunderlich, dass heute zumindest noch drei Brennereien in Betrieb sind: Alberta, die ihren Whisky zum Teil noch aus reinem Roggen herstellt, Highwood, ein großer Likör- und Branntweinhersteller, sowie die Destillerie Lethbridge/Black Velvet, die jedes Jahr rund zwei Millionen Flaschen ihrer Hausmarke Black Velvet verkauft.

Alberta Distillers

DIE DESTILLERIE ALBERTA steht in einer Gegend bei Calgary, die sich besonders gut für die Herstellung von Whisky eignet. Hier befindet sich schließlich das größte Getreideanbaugebiet von Kanada. Außerdem verfügt die Region über viel und vor allem gutes Wasser.

Die Brennerei wurde 1946 gebaut und ist seit 1987 im Besitz der Firma Fortune Brands. Zum Glück änderte sich mit dem Besitzerwechsel jedoch nichts an den Produktionsmethoden. Man brennt hier, wohl als einzige Brennerei in Kanada, den Whisky ausschließlich aus Roggen. Außergewöhnlich ist zudem, dass auch der Basiswhisky, der bis auf circa 95 Prozent Alkohol hochdestilliert wird, aus Roggen besteht und ebenfalls aus diesem Betrieb stammt. Der Roggen verleiht dem Whisky die notwendige Würze. Neben den Standard-Hausmarken Alberta Carrington (drei Jahre), Windsor (vier Jahre) und Tangle Ridge (zehn Jahre) gibt es auf dem Markt noch zwei weitere: den Alberta Premium (fünf Jahre) und den Alberta Springs (zehn Jahre). Auf einigen Etiketten findet man den Hinweis „charcoal mellowing". Dies hat jedoch keinesfalls etwas mit den Filtermethoden der Tennessee Whiskeys zu tun. Stattdessen wird hier, wie beim Bourbon, herkömmlich mit Aktivkohle gefiltert. Daneben liefert die Brennerei den Whisky auch tankwagenweise (auch Bulk genannt) an ihre Muttergesellschaft, die in den USA die Marken Autumn Gold, Canadian Gold und Canada House vertreiben.

ALBERTA DISTILLERS

BESITZER	Beam Global Spirits & Wine (Fortune Brands)
GRÜNDUNGSDATUM	1946
STATUS	in Produktion
JAHRESPRODUKTION	200 000 Hektoliter

WHISKY

Alberta Tangle Ridge Double Casked, 10 Jahre, 40 % Vol., Originalabfüllung
Farbe: Bernstein

TASTING NOTES

Dieser Canadian Rye Whisky hat 10 Jahre Reifung im neuen Eichenfass hinter sich, bevor er in einem weiteren Fass nachreift. Im Aroma zeigen sich diese Eichentöne und werden durch Sherry und Vanille ergänzt. Im Geschmack kommt abermals die Eiche zum Tragen, zusammen mit einem süßlich fruchtigen Einfluss, der im mittellangen Abgang wieder diese süßliche Note zeigt.

Die Destillerie Alberta steht in einer Gegend, die zu den größten Getreideanbaugebieten Kanadas zählt.

Black Velvet · Highwood

BLACK VELVET

BESITZER	Barton Brands Inc.
GRÜNDUNGSDATUM	1973
STATUS	in Produktion
JAHRESPRODUKTION	185 000 Hektoliter

AM ÖSTLICHEN RAND der Rocky Mountains, schön gelegen inmitten von Mais- und Roggenfeldern, steht im Städtchen Lethbridge die Brennerei Black Velvet, die auch unter dem Ortsnamen Lethbridge sowie als Palliser Distillery bekannt ist.

Gilbey baute die „alte" Destillerie Palliser in den 1930er-Jahren in der Nähe von Toronto. Mit dem Erfolg der Hauptmarke Black Velvet, der zu den Top Fünf der kanadischen Whiskys auf dem Weltmarkt zählt, wurde mit der Zeit eine neue, größere Brennerei nötig. Diese ließ man 1973 in Lethbridge errichten, um neben dem Hauptwhisky zusätzlich den Blend McMasters zu produzieren und, was wohl ausschlaggebend war, den Wodkabestseller Smirnoff. Mit der Neuausrichtung von Gilbeys Mutterkonzern Diageo wurde die Brennerei 1999 mitsamt den beiden Whiskymarken an Barton (Constellation Brands) verkauft. Ihr Zugpferd Smirnoff ließ sich Diageo selbstverständlich nicht nehmen.

WHISKY

Black Velvet, 40 % Vol., Originalabfüllung
Farbe: blasses Goldgelb

TASTING NOTES

Dieser Canadian Whisky gehört mit zu den meistverkauften Blends in Kanada und ist auch in Europa sehr gut erhältlich. In der Nase kommt eine ausgesprochen pfeffrige Note sowie der Mais bzw. der Roggen zum Vorschein. Im Geschmack ist er leicht süßlich, mit Karamell- und Schokoladennoten. Im Abgang ist er sehr kurz und ein klein wenig scharf.

HIGHWOOD

BESITZER	Highwood Distillers Ltd.
GRÜNDUNGSDATUM	1974
STATUS	in Produktion
JAHRESPRODUKTION	keine Angaben

EINE DER NEUESTEN Destillerien des Landes hat sich im Städtchen High River, nahe Calgary, angesiedelt.

Die Brennerei startete 1974 unter dem Namen Sunnyvale Distillery. 1987 wurde sie nach ihrer Mutterfirma, einer privaten Gesellschaft mit Hauptsitz im benachbarten Calgary, Highwood Distillers benannt. Highwood ist einer der am schnellsten wachsenden Betriebe des Landes und kaufte im Jahr 2005 die in British Columbia angesiedelte Destillerie Potter. Die Brennerei bekennt stolz, dass sie ausschließlich Weizen für den Basiswhisky verwendet, ebenso wie für den eigenen Wodka. Daneben stellt man Gin, Rum, Tequila und diverse Mixgetränke her. Mit dem Kauf von Potter erweiterte sich das Produktportfolio nochmals erheblich. Die eigenen Whiskymarken sind der Centennial und der Highwood.

WHISKY

Cenntennial Limited Edition, 10 Jahre, 40 % Vol., Originalabfüllung
Farbe: blasses Goldgelb

TASTING NOTES

Dieser Canadian Rye Whisky ist wohl einer der reinsten und zurückhaltendsten Whiskys seines Landes. Im Aroma kommen vor allem Karamell und Kirschen zum Vorschein. Erneut das Karamell und ein in Honig getauchter Getreideriegel bestimmen den Geschmack. Der Abgang ist äußerst sanft.

S. 281: Mensch und Maschine arbeiten bei der Weizenernte in Alberta Hand in Hand.

FORD

BRITISH COLUMBIA

„Glück, das bedeutet ein gutes Steak zu besitzen, eine Flasche Whisky und einen Hund, der das Steak isst."

JOHNNY CARSON

Totempfähle zeugen vielerorts in British Columbia von der Tradition der indianischen Ureinwohner Kanadas.

BRITISH COLUMBIA ist die westlichste Provinz Kanadas. Im Westen grenzt sie direkt an den Pazifischen Ozean. Die Provinz wurde nach dem Columbia River benannt, dessen Quelle in dieser Provinz liegt.

Die Hauptstadt der Provinz ist Victoria auf Vancouver Island und nicht Vancouver selbst, wie vielfach angenommen wird. Vancouver ist mit seinen rund 590 000 Einwohnern allerdings die größte Stadt der Provinz. Im kompletten Einzugsgebiet der Stadt wohnen sogar 2,14 Millionen Einwohner. Das Bild dieser multikulturellen Stadt wird von einem Mischmasch von Immigranten verschiedenster Herkunft geprägt. Die hohe Lebensqualität macht Vancouver heute zu einer der beliebtesten Städte der Welt. Vancouver besitzt den größten Hafen Kanadas und ist einer der größten Umschlagplätze für Handelsgüter aller Art in Nordamerika. Die Stadt beheimatet außerdem einige gute Universitäten, die die lokalen Firmen mit akademischem Nachwuchs versorgen. So haben sich hier in den letzten Jahren viele Software- und Biotech-Unternehmen niedergelassen.

Wegen ihrer schönen Landschaft lebt die Region natürlich auch vom Tourismus. Wintersportorte wie Whistler locken eine Vielzahl von Touristen aus aller Welt an. 2010 werden hier in Vancouver und in Whistler die Olympischen Winterspiele stattfinden.

Da verwundert es umso mehr, dass es die Whiskybrenner nie sonderlich in diese Gegend gezogen hat. Trotz bester Wasserqualität aus den Bergen, guter Handelsanbindung in Vancouver und weiteren Annehmlichkeiten ist nur die Brennerei Potter in dieser Provinz mehr oder weniger aktiv.

Potter / Cascadia

IM SCHÖNEN OKANAGAN VALLEY, das eher für seine Weinkellereien als für den Whisky bekannt ist, liegt im Örtchen Kelowna die Brennerei Potter. Sie wird auch Cascadia Distillery genannt. Auf dem gleichen Gelände befindet sich auch die Granville Island Brewery.

Die Brennerei Potter war im Jahr 1958 in Langley eröffnet worden. Seit 1990 produziert die Brennerei in Kelowna. Sie stellt vor allem Basiswhisky her und vermischt diesen mit Whisky aus anderen Brennereien zu Blends. Daher produziert die Brennerei zurzeit jeweils nur so viel, dass sie ihre Lizenz nicht verliert. Ansonsten wird das Gelände für die benachbarte Brauerei genutzt. 2005 wurde die Brennerei schließlich von Highwood Distillers gekauft. Diese unabhängige Firma wollte ihr Portfolio erweitern und suchte zudem eine Ausweichdestillerie, nachdem die Firma in den vergangenen Jahren stark expandierte und, was das Produktionsvolumen betrifft, wohl irgendwann an ihre Grenzen stoßen würde.

POTTER / CASCADIA	
BESITZER	Highwood Distillers Ltd.
GRÜNDUNGSDATUM	1958
STATUS	kurzzeitig im Jahr in Produktion
JAHRESPRODUKTION	keine Angaben

WHISKY

Potter's Special Old, 14 Jahre, 40 % Vol., Originalabfüllung
Farbe: Blassgold

TASTING NOTES

Dieser Canadian Rye Whisky ist zurzeit nur sehr schwer erhältlich, da er momentan kaum produziert wird. Im Aroma zeigt er klar die Roggennote, ist aber ein typisch feiner Canadian. Im Geschmack zeigt er leichte Karamellnoten, außerdem sind Walnuss, Toffee und der Roggen klar zu erkennen. Dazu zeigt er sich etwas ölig. Im mittellangen Abgang kommt etwas Vanille und Eiche zum Vorschein.

Das hübsche Okanagan Valley, die Heimat der Brennerei Potter, ist vor allem für seine großen Weinanbaugebiete bekannt.

ASIEN UND

OZEANIEN

ASIEN UND OZEANIEN

Japans Whiskygeschichte ist noch relativ jung und begann erst um das Jahr 1923. Hier spielten starke alkoholische Getränke eine weit geringere Rolle als in Europa oder in Amerika. Ganz anders verhält es sich mit den ehemaligen britischen Kolonialstaaten Indien, Australien und Neuseeland. Durch den Einfluss des Mutterlandes etablierte sich hier recht schnell eine Whiskytradition.

IN JAPAN GIBT ES heute rund ein Dutzend Brennereien. Sie produzieren einen Whisky in einem typischen milden Stil und haben Japan mittlerweile zu einem der größten Whiskyproduzenten der Welt gemacht. Trotz seiner Eigenheiten ist er sehr verwandt mit dem schottischen Whisky und wird nach dessen Vorbild hergestellt.

Auch der indische Whisky ist auf dem Vormarsch; daran ändert das Alkoholverbot, das noch immer in drei Bundesstaaten gilt, nichts. Whisky wird hier schon seit über 120 Jahren gebrannt. In Australien dürfen seit 1992 kleine Destillerien wieder ihren Whisky brennen, und in Neuseeland gibt es seit ein paar Jahren wieder eine neue Whiskybrennerei.

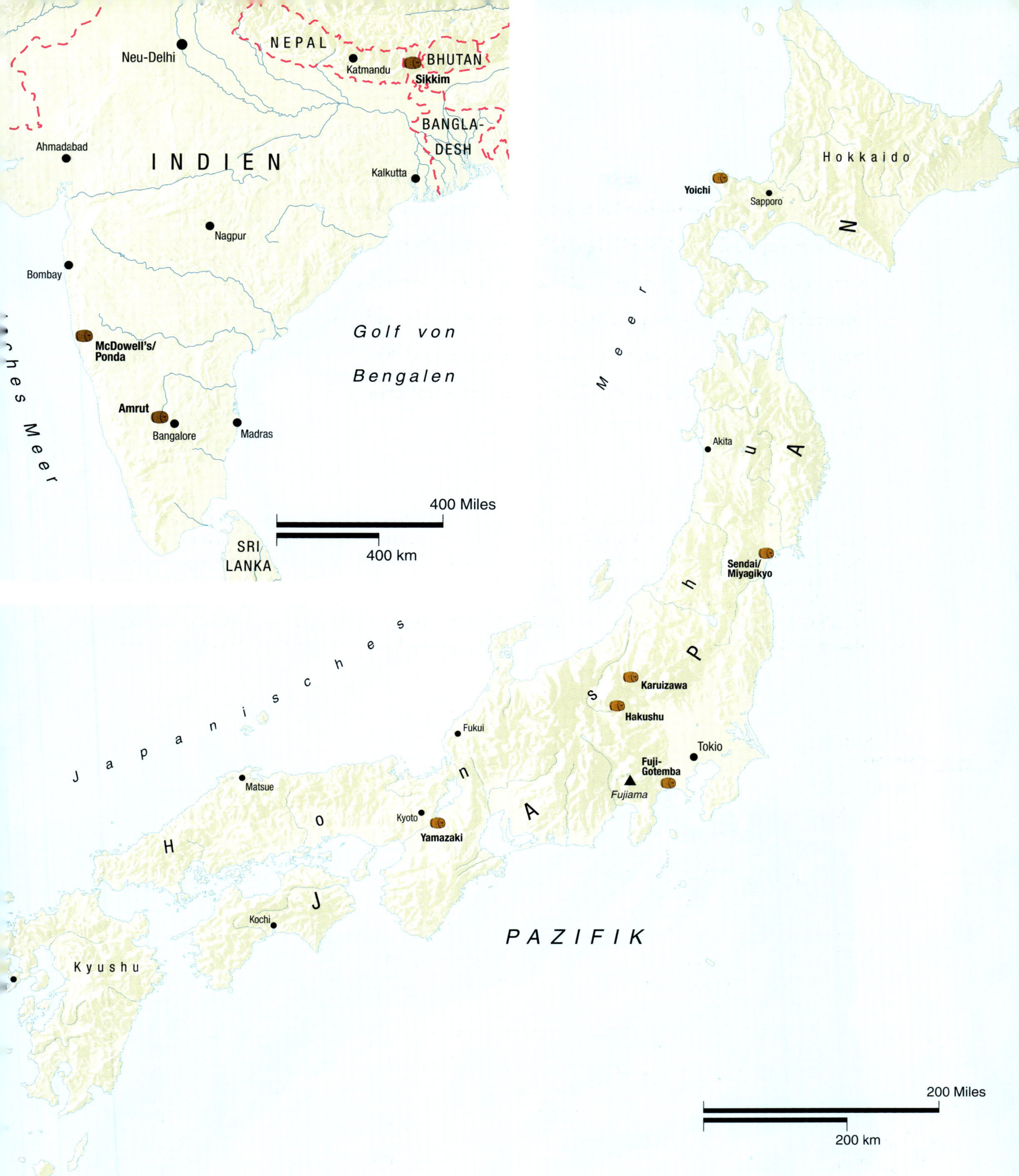

NEPAL
Neu-Delhi
Katmandu
BHUTAN
Sikkim
BANGLA-
DESH
Ahmadabad
INDIEN
Kalkutta
Nagpur
Bombay
McDowell's/
Ponda
Golf von
Bengalen
Amrut
Bangalore
Madras
...ches Meer
400 Miles
400 km
SRI
LANKA
Hokkaido
Yoichi
Sapporo
Japanisches Meer
Akita
JAPAN
Honshu
Sendai/
Miyagikyo
Karuizawa
Hakushu
Fukui
Tokio
Fuji-
Gotemba
Fujiama
Matsue
Kyoto
Yamazaki
Kochi
PAZIFIK
Kyushu
200 Miles
200 km

JAPAN

JAPANS WHISKYGESCHICHTE begann erst um das Jahr 1923. Im Land der aufgehenden Sonne spielten starke alkoholische Getränke eine weit geringere Rolle als in Europa oder Nordamerika. Umso erstaunlicher ist es, dass es Japan in kürzester Zeit zu einem der größten Whiskyproduzenten der Welt gebracht hat. Noch dazu steht hier die größte Destillerie der Welt, auch wenn diese seit einigen Jahren nicht mehr voll ausgelastet produziert.

Insgesamt gibt es in Japan rund ein Dutzend Brennereien. Rund die Hälfte der Destillerien stellt Malt Whisky her, der Rest spezialisiert sich auf Grain Whisky, da auch hier der Großteil des Whiskys in Blends fließt. Alle japanische Whiskys eint der milde Geschmack und die hochwertige Herstellung.

Erst Mitte des 17. Jahrhunderts wurden in Japan die ersten hochprozentigen Alkoholika destilliert. Der Vorreiter war ein Reisbrand namens Awamori. Ihm folgte der Shochu, der aus Buchweizen, Reis, Hirse, Kartoffeln und ähnlichen Zutaten hergestellt wurde. Das Getränk, eine Art japanischer Wodka, war zwar als Arme-Leute-Schnaps verschrien, konnte sich aber neben Bier und Sake etablieren.

Im Zuge der gesellschaftlichen Reformen der Meiji-Restauration 1868 und der damit verbundenen Verwestlichung und Modernisierung der japanischen Gesellschaft, begann auch das Interesse für Europa und – im kulturellen Bereich – speziell für Schottland. Die Oberschicht begann, Scotch zu importieren und spielte Golf oder Rugby. So lag es eigentlich auch nahe, einen eigenen Whisky aus der Taufe zu heben.

S. 288: Das Land der aufgehenden Sonne ist in Sachen Whiskyproduktion mehr als ein bloßer Geheimtipp.

Der Schritt zur eigenen Produktion ist vor allem zwei Japanern zu verdanken, die getrost als die Väter des heutigen Erfolgs bezeichnet werden dürfen. Shinjiro Torii, der Firmengründer von Suntory, gründete, obwohl er eigentlich Weinhändler war, mit Yamazaki 1923 die erste Whiskydestillerie des Landes. Als Produktionsleiter beschäftigte er Masataka Taketsuru, den späteren Gründer der Yoichi-Destillerie und Wegbereiter für Nikka, den zweitgrößten Whiskyproduzenten des Landes. Taketsuru hatte in Schottland studiert und konnte sich sein Whisky-Know-how während seiner Tätigkeit in zwei Whiskybrennereien aneignen. Sein Stil hat den japanischen Whisky sehr beeinflusst und war Vorbild für viele seiner Nachfolger.

Der erste Suntory Whisky, der 1929 auf den heimischen Markt kam, konnte sich allerdings noch nicht recht durchsetzen. Erst der Suntory Old aus dem Jahr 1950 brachte den erwünschten Erfolg. Inzwischen gehört Suntory zu den fünf größten Getränkekonzernen der Welt, auch wenn die Firma auf dem Whiskymarkt selbst nur eine untergeordnete Rolle spielt. Auch wenn man international mit der Morrison-Bowmore-Gruppe auftritt, zu der unter anderem die schottischen Destillerien Bowmore, Auchentoshan und Glen Garioch gehören, werden die größten Umsätze in Japan gemacht. Dort hat der Suntory Whisky einen Marktanteil von circa 70 Prozent. Weitere zehn Prozent fallen auf Nikka, der Rest teilt sich unter den verbleibenden Firmen bzw. den ausländischen Importen auf.

Da man in Japan zum Essen gern leichtere alkoholische Getränke, wie etwa den Sake, zu sich nimmt, empfand man die typischen Malts aus Schottland einfach als zu stark. Der weitsichtige Suntory-Gründer Shinjiro Torii hatte schließlich eine Idee: Er eröffnete im ganzen Land sogenannte „Torii Whisky Bars", die ganz im Stil amerikanischer Kneipen angelegt waren und in denen ausschließlich Whiskys und Marken aus der eigenen Produktion angeboten wurden. Diese Marketingstrategie erwies sich schon recht bald als überaus erfolgreich und steigerte den Umsatz seiner Firma immens.

Toriis Whiskys werden in der Regel mit Wasser verdünnt, schmecken daher sehr leicht (Mizuwari

Die Japaner errichteten ihre Whiskybrennereien stets nach schottischem Vorbild. Diese Pot Stills in der Destillerie Hakushu könnten auch in den schottischen Highlands stehen.

genannt) und können gut zum Essen genossen werden. Man propagierte ihn sogar als Sake-Ersatz. Viele Whiskyliebhaber besitzen in ihren Bars eigene, für sie reservierte Flaschen. Die Flaschen werden dort nach jedem Lokalbesuch wieder fein säuberlich bis zum nächsten Besuch ins Regal gestellt.

Die kontinuierlich expandierende Firma Suntory stellt heute neben Wein und Whisky Bier, Mineralwasser und Lebensmittel her. Auch in anderen Geschäftsfeldern, zum Beispiel im Verlagswesen sowie in der Pharmabranche und Biotechnologie, besitzt die Firma mittlerweile eigene Tochterunternehmen.

Trotz der speziellen Trinkkultur setzt man in Japan alles daran, dass der japanische Whisky möglichst nah an das schottische Vorbild heranreicht. Anfänglich importierte man sehr viel Whisky als sogenannten Bulk Whisky, um ihn zu Blends und Pure Malt Whiskys zu verschneiden. Heute verfügt man über große und flexible Brennereien, die viele verschiedene Malt und Grain Whiskys in Eigenproduktion herstellen können. Der Malt-Import ging mittlerweile – keineswegs nur als Folge der jahrelangen Rezession im Lande – auch stark zurück.

Die japanischen Single Malts werden heute leider trotz ihrer internationalen großen Erfolge weitestgehend unterschätzt.

Fuji-Gotemba · Hakushu

FUJI-GOTEMBA

BESITZER	Kirin Brewery
GRÜNDUNGSDATUM	1973
AUSSPRACHE	Futschi-Gotémba
STATUS	in Produktion
JAHRESPRODUKTION	120 000 Hektoliter (inkl. Grain)

AM FUSSE DES Berges Fuji in der Stadt Gotemba liegt diese gleichnamige Brennerei. Sie ist noch heute der wichtigste Ausgangspunkt für die Besteigung des Berges.

Das Brauereiunternehmen Kirin gründete die Anlage 1973 in Zusammenarbeit mit Seagram's. Kirin kümmerte sich um den Vertrieb und die Verbreitung der Chivas Glenlivet Whiskys, die damals zu Seagram's gehörten. Im Gegenzug profitierten die Japaner vom langjährigen Know-how der Kanadier bzw. Schotten. Als Single Malt wird der Whisky erst seit 2002, also nach der Auflösung von Seagram's, regelmäßig abgefüllt. In der Destillerie werden neben den Pot Stills auch Säulenbrennapparate verwendet, um neben dem Malt auch Grain Whisky herstellen zu können. Es wird importiertes Malz aus Schottland und Irland verwendet.

WHISKY

Gotemba, 15 Jahre, 43 % Vol., Originalabfüllung
Farbe: dunkles Stroh

TASTING NOTES

Im Aroma tritt der Single Grain süß auf, beinahe wie ein Likör, und zeigt Noten von Honig, Sesam, Orangenschale und Kokosnuss. Am Gaumen wirkt er sehr weich und er schmeckt nach Eiche, dabei sehr saftig und zart. Der süße Abgang des japanischen Whiskys erinnert nochmals an Eiche.

HAKUSHU

BESITZER	Suntory
GRÜNDUNGSDATUM	1973
AUSSPRACHE	Hakuschu
STATUS	in Produktion
JAHRESPRODUKTION	260 000 Hektoliter

HAKUSHU BEFINDET SICH rund 120 Kilometer westlich von Tokio in der Bergwelt der Präfektur Yamanashi und gehört mit zu den wichtigsten Weinanbaugebieten des Landes. Daher verwundert es auch nicht, dass sich gleich neben der Brennerei eine Weinkellerei befindet.

Die Destillerie ist die größte Whiskybrennerei der Welt. Hier können mit den 24 Brennblasen bis zu 26 Millionen Liter jährlich produziert werden. Hakushu wurde 1973 gegründet und 1981 durch ein weiteres Produktionsgebäude mit zwölf Pot Stills erweitert, sodass nochmals weitere sechs Millionen Liter jährlich produziert werden konnten. Zurzeit ist nur dieser „kleinere" Teil in Betrieb. Natürlich wird der meiste Whisky für Blends verwendet. Auf dem Gelände befindet sich ein sehr interessantes Whiskymuseum, in dem man sich über die Whiskys der ganzen Welt informieren kann. In den eigenen Lagerhäusern lagern in der Regel um die 800 000 Fässer.

WHISKY

The Hakushu Single Malt Whisky, 18 Jahre, 43 % Vol., Originalabfüllung
Farbe: Bernstein

TASTING NOTES

In der Nase steigt eine Note von zitronenartiger Fruchtigkeit mit etwas Gerste auf. Im Geschmack kommt die Gerste mit einer malzigen Süße zum Tragen. Im Abgang sind leichte Anzeichen von Schokolade und Vanille zu spüren.

Karuizawa · Sendai/Miyagikyo

KARUIZAWA

BESITZER	Mercian
GRÜNDUNGSDATUM	1955
AUSSPRACHE	Karuísawa
STATUS	in Produktion
JAHRESPRODUKTION	1350 Hektoliter

DIE KLEINE DESTILLERIE befindet sich westlich von Tokio im gleichnamigen Kurort Karuizawa, am Fuße des Berges Asama.

Der kleine Betrieb wurde im Jahr 1955 gegründet. Der gesamte Produktionsprozess (Maischen, Gärung, Destillieren) findet hier in einem einzigen Gebäude statt. Deshalb vergleicht man sich auch gerne mit der schottischen Minibrennerei Edradour. Die Brennerei besitzt vier Pot Stills und war die erste in Japan, die ihren Whisky als Single Malt abfüllte. Allerdings wurde bisher nur in kleinen Mengen produziert. Besitzer ist seit mehreren Jahrzehnten das Weinbauunternehmen Mercian.

WHISKY

Karuizawa 1991, 12 Jahre, 40 % Vol.,
Originalabfüllung
Farbe: Gold

TASTING NOTES

Dies ist ein sehr frischer Malt Whisky. Schon im Aroma macht sich die Frische mit etwas Malz bemerkbar. Ein schöner klarer Geschmack, mit einer Süße von braunem Zucker und leichten Vanillenoten lassen ihn sehr angenehm erscheinen. Auch im Abgang zeigen sich wieder diese süße Noten.

SENDAI/MIYAGIKYO

BESITZER	Nikka
GRÜNDUNGSDATUM	1969
AUSSPRACHE	Sendai/Miagikcho
STATUS	in Produktion
JAHRESPRODUKTION	50 000 Hektoliter (inkl. Grain)

DIE BRENNEREI SENDAI liegt im hübschen Hirose-Tal, am Rande der gleichnamigen Millionenstadt in der Präfektur Miyagi. Das Gelände liegt rund eine halbe Stunde westlich vom Stadtzentrum entfernt.

Rund drei Jahre lang suchte man nach einem geeigneten Standort und wählte schließlich dieses Tal dank des guten Wassers des Nikkawa. Der rote Backsteinbau wurde 1969 nach schottischem Vorbild mit einem typischen Pagodendach errichtet. Schon von Anfang an gab es zwei Brennhäuser. Das eine wurde mit Pot Stills für die Herstellung von Malt Whisky bestückt und das andere primär für die Herstellung von Grain Whisky.

WHISKY

Nikka Sendai, 12 Jahre, 45 % Vol.,
Originalabfüllung
Farbe: intensives Gold

TASTING NOTES

Ein süffiger Single Malt aus dem Hause Nikka. Im Aroma eher sanft, mit einer herbstlichen Note und Laub versehen. Im Geschmack ist er von einer fruchtigen, öligen Note geprägt. Im Abgang ist er ausgesprochen süß, leicht und angenehm trocken.

Yamazaki

Suntorys Brennerei Yamazaki, mit ihrer etwas eigenartig aussehenden Fassade, liegt sehr hübsch in einem Tal, von dicht bewaldeten Berghängen umgeben.

YAMAZAKI	
BESITZER	Suntory
GRÜNDUNGSDATUM	1923
AUSSPRACHE	Jamásaki
STATUS	in Produktion
JAHRESPRODUKTION	35 000 Hektoliter

DIE ÄLTESTE BRENNEREI Japans befindet sich nördlich von Osaka am Stadtrand von Kyoto, der ehemaligen Hauptstadt. Obwohl die großen Ballungszentren nicht weit weg sind, wirkt hier irgendwie alles ziemlich ländlich. Die Backsteingebäude mit den beiden etwas seltsam wirkenden Türmen fügen sich schön in das bewaldete Tal ein. Vor den großen Gebäuden fährt der Stolz der hoch technisierten Japaner vorbei: der Shinkansen, einer der modernsten Hochgeschwindigkeitszüge, der die beiden Ballungszentren Tokio/Yokohama mit dem Gebiet um die Städte Kyoto, Osaka und Kobe verbindet.

Yamazaki wurde erst 1923 gegründet, ist aber trotzdem die älteste Whiskybrennerei des Landes. Shinjiro Torii gründete diese Destillerie mit dem Geld, das er mit dem Weinhandel erwirtschaften konnte. Um sich seinen Traum zu erfüllen, engagierte er kurzerhand Masataka Taketsuru, der sein Handwerk in Schottland gelernt hatte. Taketsuru gelang es, die Firma ziemlich weit zu bringen, und entschied sich nach zehn Dienstjahren, den Schritt in die Selbstständigkeit zu wagen. Sechs Jahre nach dem Bau der Brennerei Yamazaki kam der erste Whisky auf den Markt. 1971 beschloss man, nicht mehr selbst zu mälzen, und baute die Kiln ab. Seither wird das Malz mit Vorliebe aus Australien importiert. Aber auch Schottland und Nordamerika zählen zu den Lieferanten. Früher wurde außerdem mehr schottischer Malt importiert, um den Blends mehr Komplexität zu verleihen. Die japanischen Whiskys sind schließlich eher milderer Natur. Um diesem Manko entgegenzuwirken, ersetzte man Anfang der 1990er-Jahre die 14 Pot Stills, die ehemals paarweise gleich aussahen, durch eine Vielzahl von Stills verschiedener Formen und Größen. Damit kann man seither eine große Anzahl an verschiedenen Whiskys produzieren.

Schon früh erkannte man auch die Wichtigkeit, Besucher durch die Gebäude zu führen, um so die potenzielle Käuferschaft dieser ausgezeichneten Whiskys anzuwerben. Heute sind die Yamazaki Whiskys international mit zwölf und 15 Jahren erhältlich. Der 15-Jährige wird in Fassstärke mit 57 Prozent abgefüllt.

WHISKY

Suntory Yamazaki, 12 Jahre, 43 % Vol., Originalabfüllung
Farbe: heller Bernstein

TASTING NOTES

Ein nobler Pure Malt mit vollem Körper. In der Nase ist er sehr angenehm mit Aromen von Honig bzw. Trockenfrüchten. Im Geschmack ist er leicht würzig, aber trotzdem sehr angenehm am Gaumen, mit einer schön trockenen, anhaltenden Holznote.

Yoichi

DIE ZWEITÄLTESTE Brennerei Japans steht in Yoichi, einer rund 20 000 Einwohner zählenden Hafenstadt, rund eine Stunde entfernt von Sapporo. Sie ist die einzige Destillerie auf der Nordinsel Hokkaido. Mit ihren hübschen Pagodendächern zählt Yoichi sicher zu den schönsten Destillerien des Landes. Einmal abgesehen von den Dächern, die ganz in Rot gestrichen wurden, richtet sich hier alles sehr nach den Vorbildern aus Schottland.

Masataka Taketsuru gründete die Brennerei 1934. Er hatte in Schottland studiert und anschließend bei Hazelburn in Campbeltown und bei Lagavulin auf Islay seine Lehrzeit verbracht. Er wohnte dort bei einer Witwe und verliebte sich in ihre Tochter Rita. Die beiden heirateten 1920. Allerdings ohne die Einwilligung der beiden Familien – für Masataka war in Japan bereits eine Braut vorgesehen gewesen. Für Rita begann in Japan eine schwere Zeit, da sie die Sprache anfänglich nicht beherrschte, der Krieg Japan zum Feind ihrer Heimat machte und zudem die Vorräte knapp wurden. Vieles wurde rationiert, auch die so wichtige Gerste. Um trotzdem über die Runden zu kommen, finanzierte Taketsuru die Whiskybrennerei mit der Produktion von Fruchtsäften, bevor er 1940 seinen ersten Whisky herausbringen konnte. Nachdem sie die harte Zeit überstanden hatte, wurde Rita krank und verstarb Anfang der 1960er-Jahre. Ihr Mann überlebte sie um annähernd 20 Jahre und starb Ende der 1970er-Jahre. Ihr Adoptivsohn Takeshi führte den Betrieb noch ein paar Jahre lang weiter, bevor er ganz an den heutigen Besitzer Nikka überging.

Taketsuru achtete sehr auf die schottischen Produktionsmethoden, setzte auf unterschiedlich stark getorftes Malz und benutzte verschiedene Hefestämme, um verschiedene Whiskys produzieren zu können. Die Brennerei verfügt heute über sechs Pot Stills und wird noch immer mit Kohle beheizt.

YOICHI

BESITZER	Nikka
GRÜNDUNGSDATUM	1934
AUSSPRACHE	Joitsch
STATUS	in Produktion
JAHRESPRODUKTION	20 000 Hektoliter

WHISKY

Nikka Yoichi, 15 Jahre, 45 % Vol., Originalabfüllung
Farbe: Dunkelgold

TASTING NOTES

Dieser Single Malt wurde schon mehrfach ausgezeichnet und erhielt auch vom Whisky-Guru Jim Murray sehr gute Noten. Schon in der Nase steigen eine leichte Rauchigkeit, etwas Salz und eine süßliche Fruchtigkeit auf. Im Geschmack kommt vor allen Dingen die rauchige Würze mit der fruchtigen Note und dem Malz zum Tragen. Im Abgang ist er schön lang und ausbalanciert.

Die roten Pagodendächer sind so etwas wie das Markenzeichen von Yoichi. Die hübsche Anlage verweist deutlich auf das allgegenwärtige Vorbild Schottland.

INDIEN

INDIEN IST EINER der größten Whiskyproduzenten weltweit, mit einem jährlichen Wachstum von bis zu 50 Prozent. Leider erfährt man davon in der westlichen Welt nur wenig. Das hängt sicherlich damit zusammen, dass indischer Whisky bei uns schwer erhältlich ist. Außerdem darf aufgrund großzügiger Gesetze auch ein Destillat aus Melasse als Whisky verkauft werden, was mit westlichen Qualitätsansprüchen nur sehr schwer vereinbar ist. Indischer Malt Whisky enthält oft nur Malzextrakte. Wir würden aus Melasse destillierten Alkohol als Rum bezeichnen. Neben den Single Malts sind auch die Blends weit verbreitet und werden oft mit schottischem Malt Whisky aufgewertet. Die Blends müssen jedoch nur vier Prozent Malt Whisky enthalten.

In der Zeit ihrer Kolonialherrschaft brachten die Briten den schottischen Whisky nach Indien, obwohl dieser ausschließlich den wohlhabenden Bevölkerungsschichten erschwinglich war. Noch heute werden etwas mehr als eine Million Liter pro Jahr importiert. Verglichen mit der Bevölkerungszahl, relativiert sich diese Zahl allerdings recht schnell. Unter der britischen Herrschaft begann man auch damit, eigenen Whisky zu brennen. 1886 wurde die Firma Shaw Wallace & Co. gegründet. Sie sollte die Kolonialtruppen mit Whisky versorgen. Die Firma ist heute im Besitz des größten Spirituosenkonzerns des Landes, der UB Group. Die erste von Indern gegründete Brennerei wurde 1943, also noch zu Kolonialzeiten, in Daurala errichtet.

Heute gibt es in Indien 15 Malt-Brennereien und zahlreiche Destillerien, die Rum, Gin, Brandy und andere alkoholische Getränke produzieren. Die einzelnen Provinzregierungen sind dem Whisky und anderen Spirituosen jedoch nicht gerade freundlich gegenüber eingestellt. In drei Bundesstaaten gilt sogar noch heute ein komplettes Alkoholverbot.

Im Folgenden werden nur die international erhältlichen Whiskys besprochen.

Amrut

INDIENS GRÖSSTE BRENNEREI Amrut steht in Bangalore, das dank seiner vielen Hightech- und Softwarefirmen inzwischen auch als das indische Silicon Valley bekannt ist. Der Bundesstaat Karnataka, in dem sich die Destillerie befindet, ist unter anderem auch für seine liberale Haltung, was den Genuss von Alkohol betrifft, bekannt.

Radhakrishna Jagdale gründete die Firma im Jahr 1948. Er begann zuerst mit der Produktion von Likören, die er in seiner eigenen Abfüllanlage in Flaschen abfüllte. Die Jagdale-Gruppe entwickelte sich mit der Zeit zu einem großen Konzern, der heute auch Pharmazeutika, Nahrungsmittel, Tierfutter, IT-Dienstleistungen und vieles mehr anbietet.

Amrut, das in Sanskrit Lebenswasser bedeutet, war der erste indische Whisky, der auch international Fuß fassen konnte und heutzutage weltweit erhältlich ist. Der Konzern setzte sich zum Ziel, seinen Whisky vor allen Dingen in vielen indischen Restaurants in der ehemaligen Kolonialmacht Großbritannien anzubieten. Auf diese Weise sollte Stück für Stück ein größerer Verbreitungsgrad der Marke erreicht werden.

Der Whisky wird aus Gerste aus den Provinzen Punjab und Rajasthan sowie Wasser aus dem Himalaya hergestellt. Gemälzt wird für gewöhnlich in Jaipur und Delhi. Für die dreijährige Reifung bei tropischen Witterungsverhältnissen werden Bourbon- und Eichenfässer verwendet.

Neben ihrem Single Malt vertreibt die Firma Amrut auch Blends wie den MaQintosh, den Prestige, den Gold Star und noch einige andere. Zu einem nicht unerheblichen Teil basieren diese Blends allerdings auf billiger Melasse. Nur bei den Single Malts kann man sicher sein, dass sie ausschließlich reinen Whisky enthalten.

S. 294: Der indische Whisky ist heute noch ein „schlafender Riese". Im Hinblick auf die immensen Wachstumsraten könnte sich dies jedoch schon bald ändern.

AMRUT	
BESITZER	Jagdale Group
GRÜNDUNGSDATUM	1948
AUSSPRACHE	Amrut
BEDEUTUNG	Lebenselixir
STATUS	in Produktion
JAHRESPRODUKTION	20 000 Hektoliter

WHISKY

Amrut Single Malt, 40 % Vol., Originalabfüllung
Farbe: Strohblond

TASTING NOTES

Dieser inzwischen weltweit gut erhältliche Single Malt aus ungetorftem Malz zeigt im Aroma eine ziemlich fruchtige und süße Malznote. Im kräftigen Geschmack vermittelt er neben dieser fruchtigen Süße auch einen Hauch von schwarzem Kaffee. Im Abgang macht sich deutlich eine Eichennote bemerkbar.

Jagdales Destillerie Amrut steht in der neuen indischen Boom-Stadt Bangalore.

McDowell's / Ponda · Sikkim

MCDOWELL'S/PONDA

BESITZER	United Spirits Ltd (UB Group)
GRÜNDUNGSDATUM	1988
STATUS	in Produktion
JAHRESPRODUKTION	keine Angaben

DIE MCDOWELL'S-BRENNEREI, auch Ponda genannt, befindet sich im gleichnamigen Ort Ponda im Bundesstaat Goa. Alle Geschäftskontakte laufen jedoch über die Konzernzentrale in Bangalore.

1988 wurde neben der Brauerei und der mit einer kontinuierlichen Brennanlage ausgestatteten Brennerei eine Malt-Destillerie mit einem Maischebottich aus Edelstahl, sechs Gärbottichen und zwei Pot Stills errichtet. Für das Mälzen importiert man den Torf extra aus Schottland. Für die Reifung werden Bourbonfässer verwendet. Außerdem wird zur Färbung kein Karamell beigegeben. Man spürt hier richtig, dass die Bezeichnung Single Malt sehr ernst genommen wird und Schottland als großes Vorbild dient. Die Firma, die unter dem Namen McDowells & Co. gegründet wurde, ist heute ein Teil der United Spirits Ltd. und gehört somit zum drittgrößten Spirituosenkonzern der Welt, der UB Group (United Breweries).

WHISKY

Mc Dowell's Single Malt, 42,8 % Vol., Originalabfüllung
Farbe: Goldgelb

TASTING NOTES

Dieser wirklich gelungene Single Malt ist schon im Geruch praktisch nicht von einem schottischen Whisky zu unterscheiden. Er zeigt eine sehr malzige, grasige Note sowie einen Einfluss von Zitrusfrüchten und leichtem Torfrauch. Im frischen, leicht rauchigen Geschmack kommt eine klare Eichennote zum Vorschein. Dazu ist er malzig süß, mit einem leicht bitteren Einschlag. Der süßliche Abgang ist erstaunlich kurz und leicht wärmend.

SIKKIM

BESITZER	SDL
GRÜNDUNGSDATUM	1954
STATUS	in Produktion
JAHRESPRODUKTION	keine Angaben

IN SAI BABA NAGAR, Rangpo, an den Ausläufern des Himalayas, befindet sich die Brennerei Sikkim.

Die 1954 gegründete Aktiengesellschaft SDL stellt in der Brennerei, die über Pot Stills und Patent Stills verfügt, neben Whisky auch Rum, Brandy, Gin sowie diverse Liköre her. Der größte Einzelaktionär ist mit rund 50 Prozent der indische Staat.

WHISKY

Sikkim Old Gold Premium Single Malt Whisky, 42,8 % Vol., Originalabfüllung
Farbe: Goldgelb

TASTING NOTES

Dieser als Single Malt bezeichnete Whisky besteht neben Malt Whisky auch aus Industriealkohol, wie man das auch aus Kanada kennt. Er ist außerdem in einer recht ungewöhnlichen Flasche in Dolchform erhältlich. In der Nase kommt der alkoholische Geruch gut zur Geltung, neben karamellisiertem Zucker und etwas Vanille. Im Geschmack kommt etwas Kaffee zum Vorschein. Im Abgang ist er etwas bitter. Alles in allem ein sehr gewöhnungsbedürftiger Whisky.

S. 297: Die Brennerei Sikkim liegt im gleichnamigen Bundesstaat an den Ausläufern des Himalayas.

Australien

DANK DES EINFLUSSES der britischen Kolonialmacht kann Australien auf eine große Whiskytradition zurückblicken. Die heute aktiven Brennereien konnten jedoch erst Mitte der 1980er-Jahre mit der Herstellung beginnen. Der Commonwealth Distillation Act aus dem Jahr 1901 hatte das Brennen einzig Großbetrieben mit einer Wash Still mit einem Volumen von mindestens 2700 Litern gewährt.

Bill und Lyn Lark, die eine Brennerei in Hobart auf der Insel Tasmanien aufmachen wollten, hatten ein Gesuch für eine Gesetzesänderung eingebracht. Mit Erfolg: Sie erhielten 1992 die erste Lizenz zum Brennen seit 1839. Ihr erster Single Malt, der 1998 auf den Markt kam, war schneller ausverkauft, als sie es in ihren kühnsten Träumen erwartet hatten. Auf der Insel befindet sich noch eine weitere Brennerei, die Tasmania Distillery, die jedoch zwei Besitzerwechsel in kürzester Zeit zu verkraften hatte und ab 2002 kurzeitig geschlossen war. Heute produziert sie wieder und bietet den Sullivan's Cove Single Malt an. Hellyers Road Distillery, ein sehr ehrgeiziges Projekt der Whisky Tasmania Pty Ltd. lagert heute bereits Tausende von Fässern. Sie produzieren seit 1999. Der mehrfach prämierte Whisky der vierten Destillerie, Bakery Hill, gilt unter Kennern als der beste Whisky des Landes.

BAKERY HILL

BESITZER	David Baker
GRÜNDUNGSDATUM	1998
STATUS	in Produktion
JAHRESPRODUKTION	keine Angaben

IN DER NÄHE VON MELBOURNE betreibt David Baker eine kleine Brennerei namens Bakery Hill. Der gelernte Lebensmittelchemiker stellt hier in einer kleinen Pot Still australischen Single Malt nach schottischem Vorbild her. Er begann im Jahr 2000 mit der ersten Destillation, nachdem er zwei Jahre zuvor den Betrieb gegründet hatte. Das Malz stammt aus heimischer und aus schottischer Produktion. Mittlerweile wurde der Betrieb sogar noch um eine kleine Brauerei erweitert.

David Baker bietet fünf verschiedene Single-Malt-Varianten an. Es gibt den Bakery Hill Classic Single Malt und den Bakery Hill Peated Malt, jeweils in Abfüllungen mit einem Alkoholgehalt von 46 Prozent sowie als Cask Strength. Daneben wird auch noch der Bakery Hill Double Wood Malt angeboten, der im Portweinfass nachgereift wird.

WHISKY

Bakery Hill Classic Single Malt, 60 % Vol., Fassstärke
Farbe: kräftiges Gold

TASTING NOTES

Dieser Single Malt Whisky in Fassstärke hinterlässt ein süßlich, weiches Aroma, zusammen mit Noten von Vanille, Orange und Zartbitterschokolade. Im Geschmack zeigt er eine kräftige Malznote, viel Eichenholz und wiederum würzige Orange. Dabei ist er wunderbar rund. Im Abgang ist er schön lang, wärmend und rund.

Neuseeland

VON NEUSEELAND ist wahrscheinlich vielen Whiskyliebhabern noch der Whisky Lammerlaw bzw. Milford ein Begriff. Doch die erste neuseeländische Brennerei, Wilson, die diesen Whisky herstellte, musste 1997 ihre Pforten schließen. Nachdem die Gebäude 2002 endgültig abgerissen wurden, kaufte ein Spirituosenvertrieb die letzten Restbestände auf und bietet sie momentan noch unter dem Namen Milford an. Mittlerweile gibt es jedoch wieder eine neue kommerzielle Brennerei in Neuseeland: die Southern Distillery, die auch unter dem Namen Timaru bekannt ist.

DER DESTILLERIEKOMPLEX in Timaru ist eine Zusammenführung früherer Betriebe in Canterbury und Otago.

Die beiden Inhaber, Peter Wheeler and Malcom Willmott, sind schon seit mehr als 25 Jahren im Geschäft und installierten hier an neuer Stelle zwei kleine Pot Stills sowie eine Anlage zur kontinuierlichen Destillation von Grain Whisky. Die Brennerei produziert nach schottischem Vorbild und verwendet für ihren Single Malt, The Coaster genannt, ausschließlich getorftes Gerstenmalz. Neben dem Coaster wird auch noch ein Blend namens The MacKenzie hergestellt. Zusätzlich wird der Old Hokonui angeboten. Dieser Whisky wird nach einem aus dem Jahr 1892 stammenden Rezept der einst illegal gebrannten Moonshine Whiskys hergestellt.

WHISKY

The Coaster Single Malt, 40 % Vol.,
Originalabfüllung
Farbe: Bernstein

TASTING NOTES

Dieser neuseeländische Single Malt Whisky, der zurzeit nur über das eigene Museum und den Internetshop angeboten wird, hinterlässt im Aroma einen sehr rauchigen, vollen Eindruck. Im eher wuchtigen Geschmack kommt zur Rauchigkeit noch etwas Karamell hinzu. Diese rauchigen Einflüsse zeigen sich erneut im erstaunlich feinen Abgang.

SOUTHERN DISTILLERIES	
BESITZER	Peter Wheeler und Malcom Willmott
GRÜNDUNGSDATUM	2000
STATUS	in Produktion
JAHRESPRODUKTION	150 Hektoliter

Die Region Canterbury, auf der Südinsel Neuseelands, wird von der atemberaubenden Kulisse des Mount Cook beherrscht.

WHISKY-GENUSS

Das Whisky-Tasting

BEIM TASTING BEGUTACHTET man zuerst das Glas, dann riecht man am Whisky und nimmt anschließend einen Schluck. Diese Prozedur wiederholt man mehrmals, wobei man dem Whisky eventuell Wasser zufügt. Folgende Kriterien spielen bei der Urteilsfindung eine Rolle.

Die verschiedenen Whiskyfarben reichen von hellem Strohgelb bis zum intensiven Sirupbraun. Die Farben sind überwiegend ein Produkt der Fasslagerung.

OPTISCHER EINDRUCK

Die Farbe kann von fast farblos bis hin zu einem schönen dunklen Sirupbraun reichen. Die individuelle Ausprägung des Farbtons entsteht erst bei der Reifung im Fass, denn der Spirit selbst ist, bevor er abgefüllt wird, noch völlig farblos. Pauschale Aussagen über die Farben lassen sich kaum treffen. Sie hängen davon ab, wie lange ein Whisky reift, in welchen Fässern er lagert, ob diese bereits verwendet worden waren – und natürlich, ob dem Farbton nachträglich mit Zusätzen „nachgeholfen" wurde.

Wenn man den Whisky schüttelt, kann man anhand der Bläschenbildung abschätzen, wie hoch der Alkoholgehalt des Whiskys ist. Bei einem Gehalt von unter 50 Prozent, also bei Whisky in Trinkstärke, sind die Bläschen wenig ausgeprägt und verschwinden schnell. Außerdem ist zu sehen, ob ein Whisky klar oder eher matt, also mit Schwebeteilchen versetzt ist. Viele Whiskys sind kaltfiltriert und erscheinen daher klar. Die Kaltfiltrierung entzieht dem Whisky durch das Herausfiltern der Schwebeteilchen aber auch gewisse Aromen. Bei einigen Whiskys wird daher auf dieses Verfahren verzichtet, was an der Aufschrift „unchillfiltered" erkennbar ist. Die Tröpfchen an der Glaswand zeigen, wie ölig ein Whisky ist. Je träger sie herunterrinnen, desto mehr Körper hat der Whisky.

GERUCH

Bereits der erste Geruchseindruck charakterisiert einen Whisky als stechend, wohlriechend, wärmend oder prickelnd, um nur einige typische Eigenschaf-

AUCH DAS DRUMHERUM MUSS STIMMEN

- Der Raum sollte frei von Gerüchen sein. Rauch von Zigaretten oder die Aromen eines vorangegangenen Essens stören die empfindlichen Geschmackssinne stark.
- Verwenden Sie am besten die typischen Nosing-Gläser. Profis haben geeichte Gläser mit Unzen-Strichen, für den Hausgebrauch auch mit cl-Angaben. Sherry-Copita sind auch gut, Cognac-Schwenker gehen zur Not auch.
- Stellen Sie stilles Wasser, also ohne Kohlensäure und mit möglichst wenigen Mineralien zur Verfügung, damit das Wasser das Aroma nicht beeinflussen kann. Oftmals kann es daher ratsam sein, Tafelwasser aufzutischen. Am besten lässt sich das Wasser tröpfchenweise mit Pipetten dem Whisky hinzufügen. Gerade Whisky in Fassstärke „öffnet" sein Bouquet, und man kann unterschiedlichere Aromen wahrnehmen, als wenn man eine heftige Konzentration von Alkohol vorfindet.
- Die Temperatur sollte, so wollen es Traditionalisten, etwa 15 Grad Celsius betragen, so wie man früher ein altes schottisches Haus vorgefunden hat. Doch auch Zimmertemperatur ist in Ordnung. Der Whisky sollte ebenfalls diese Temperatur aufweisen.

ten zu nennen. Dies wird als „Nasengefühl" bezeichnet. Danach riecht man sorgfältig am Glas und schwenkt es hin und her, um das Aroma zu verteilen. Wenn ein Whisky zu wenig Aroma entfaltet, kann man das Glas mit den Händen wärmen. Dies hilft meist schon sehr. Der erste Eindruck ist in der Regel der beste. Erfahrungsgemäß nützt es nichts, wenn man minutenlang weiter daran riecht.

GESCHMACK

Danach nimmt man ein kleines Schlückchen. Auch hier zählt der erste Eindruck. Man benetzt dafür möglichst die ganze Zunge und den ganzen Mund. Bei diesem Vorgang kommt zunächst der Geschmack von der Zunge zum Tragen und danach die zusätzlichen Aromen, die durch die hinteren Nasenwege ins Gehirn geleitet werden. Das Bouquet ergibt dann den Gesamtgeschmack.

ABGANG

Sobald man den Whisky hinuntergeschluckt hat, merkt man, wie lange er noch nachklingt. Ein sehr kurzer Abgang vermittelt meist Frische, ein sehr langer kann von einem sehr üppigen Whisky stammen. Mittellange bis lange Abgänge sind meist die Regel und werden von den meisten Whiskykennern auch gewünscht. Es gibt Whiskys, die man noch Stunden später schmecken kann.

VERDÜNNUNG

Wenn man den Whisky erneut mit etwas Wasser verdünnt, setzen die Esterketten, die sich nun lösen, weitere Aromen frei. Die Verdünnung mit Wasser ist bei „Cask-Strength"-Abfüllungen meist unerlässlich. Bei Whiskys in Trinkstärke verzichtet man gerne darauf, obwohl es meist nicht schadet.

WEITERE TIPPS

Profis beachten noch mehr Dinge beim Tasting. So decken sie die Gläser mit beigelegten Deckeln oder aber auch Uhrgläsern ab, um den Kontakt mit der Luft nicht unnötig zu intensivieren. Das kann zu leichten Veränderungen führen. Vielfach wird man nach einer halben bis ganzen Stunde den Whisky ein zweites Mal verkosten, nachdem man dann die Tasting-Gläser offen stehen ließ.
Die Master Blender tätigen ihre Tastings mit Vorliebe in den Morgenstunden, da zu dieser Tageszeit die Sinne geschärft sind. Am Abend, gerade nach einem ausgedehnten Essen, ist das meist nicht mehr so der Fall.
Zu unterschiedlichen Tageszeiten können Whiskys unterschiedlich schmecken. Ein leichter Whisky schmeckt am Mittag oft besser als am Abend. Dafür passt der schwere, volle Whisky hervorragend nach dem Essen. Wer seine Geschmackserfahrungen notiert, kann kontrollieren, wann ihm welcher Whisky geschmeckt hat. So lässt sich die Bildung des eigenen Geschmackssinnes nachvollziehen.

Durch das Schwenken und Wärmen des Glases in der Hand werden die Aromen des Whiskys „befreit". Der Geruchseindruck in der Nase spielt bei der Beurteilung des Whiskys eine Hauptrolle.

Tasting-Begriffe

MAN LIEST BEI Verkostungsnotizen viele verschiedene Begriffe. Oftmals kann man sich darunter etwas vorstellen, doch beinahe ebenso häufig eben auch nicht. Manche Whiskytester versteigen sich zu fantasievollen und blumigen Umschreibungen, die die eigene Vorstellungskraft leicht überfordern. Begriffe und Wendungen wie „Bruyèreholz", „Altmodische Ölhäute" oder „riecht wie ein in einer alten Sattelkammer aufgehängtes Gewürzregal" dürften für die meisten Menschen unverständlich sein. Daher empfehle ich Umschreibungen zu gebrauchen, mit denen der Großteil der Whiskyliebhaber auch zurechtkommen wird. Es haben sich viele Begriffe eingebürgert, auf die man in der Fachpresse immer wieder stößt. Während das Mundgefühl bei der Beschreibung also gewisse Schwierigkeiten machen kann, fällt es einem beim Geschmack leichter, zu erklären, was man empfindet. Hier helfen Vergleiche mit Geschmacksempfindungen, die wir vom Essen oder alltäglichen Getränken her kennen.
Im schwierigeren Bereich der Sensorik kann vielleicht eine Liste mit gebräuchlichen Begriffen hilfreich sein.

GEBRÄUCHLICHE BEGRIFFE

Weich	keine alkoholische Schärfe
Leicht	schöne Ausgewogenheit bei Aroma und Geschmack, dezent
Jung	ist noch nicht optimal gereift
Rauch	eher scharfer Geschmack, mittelmäßige Qualität
Stechend	zu intensive oder störende Aromen, unangenehm
Hart	adstringierende Wirkung in der Nase, metallische Einflüsse
Sauber	keine störenden Nebenaromen spürbar, gilt eher für junge Whiskys
Scharf	in der Nase und/oder im Mund prickelnd
Pfeffrig	scharfe Pfeffernote, reizt und fördert das Niesen
Ölig	etwas dickflüssig, schmierend, kann aber durchaus angenehm sein
Üppig	sehr kraftvoller Eindruck, intensiv
Metallisch	eher kalt und unangenehm
Rund	ausgewogen im Geschmack und im Aroma
Flach	eher langweilig, durchschnittlich, etwas geschmacklos
Wässrig oder dünn	ziemlich dünnflüssig mit wenig Geschmack
Mild	optimale Reifung, der Alkohol ist dezent und nicht aufdringlich
Trocken	adstringierender Eindruck, eher kurz spürbar
Schwer	intensiv im Aroma und Geschmack, behäbig, nicht immer erwünscht
Frisch	angenehm, belebend, eher leicht
Neutral	vorwiegend der Alkohol spürbar, wenig Aromen
Robust	sehr intensiv in Aroma und Geschmack

Pfeffer gehört zu den üblichsten beschreibenden Begriffen, mit denen Whiskygeschmäcker von den Liebhabern gerne charakterisiert werden.

Verkostungsrad

EIN VERKOSTUNGSRAD kann bei der Zuordnung der Tasting-Begriffe zu den Geschmacksrichtungen behilflich sein. Ob man diese Begriffe verwenden möchte, bleibt natürlich jedem selbst überlassen. Aber wer sich für Whisky interessiert, stößt in Fachzeitschriften oder im Internet immer wieder auf solche Formulierungen. Dann kann man sich an dem Schaubild wenigstens ein wenig orientieren. Zudem macht es deutlich, dass all diese Geschmacksbezeichnungen nicht aus der Luft gegriffen sind, sondern auf einige wenige Grundrichtungen zurückgehen. Selbst wenn man beim eigenen Probieren nicht ganz so viele Geschmacksnoten unterscheiden kann, sieht man doch, dass die Beschreibungen der meisten Fachleute nicht willkürlich sind und durchaus ihre Berechtigung haben.

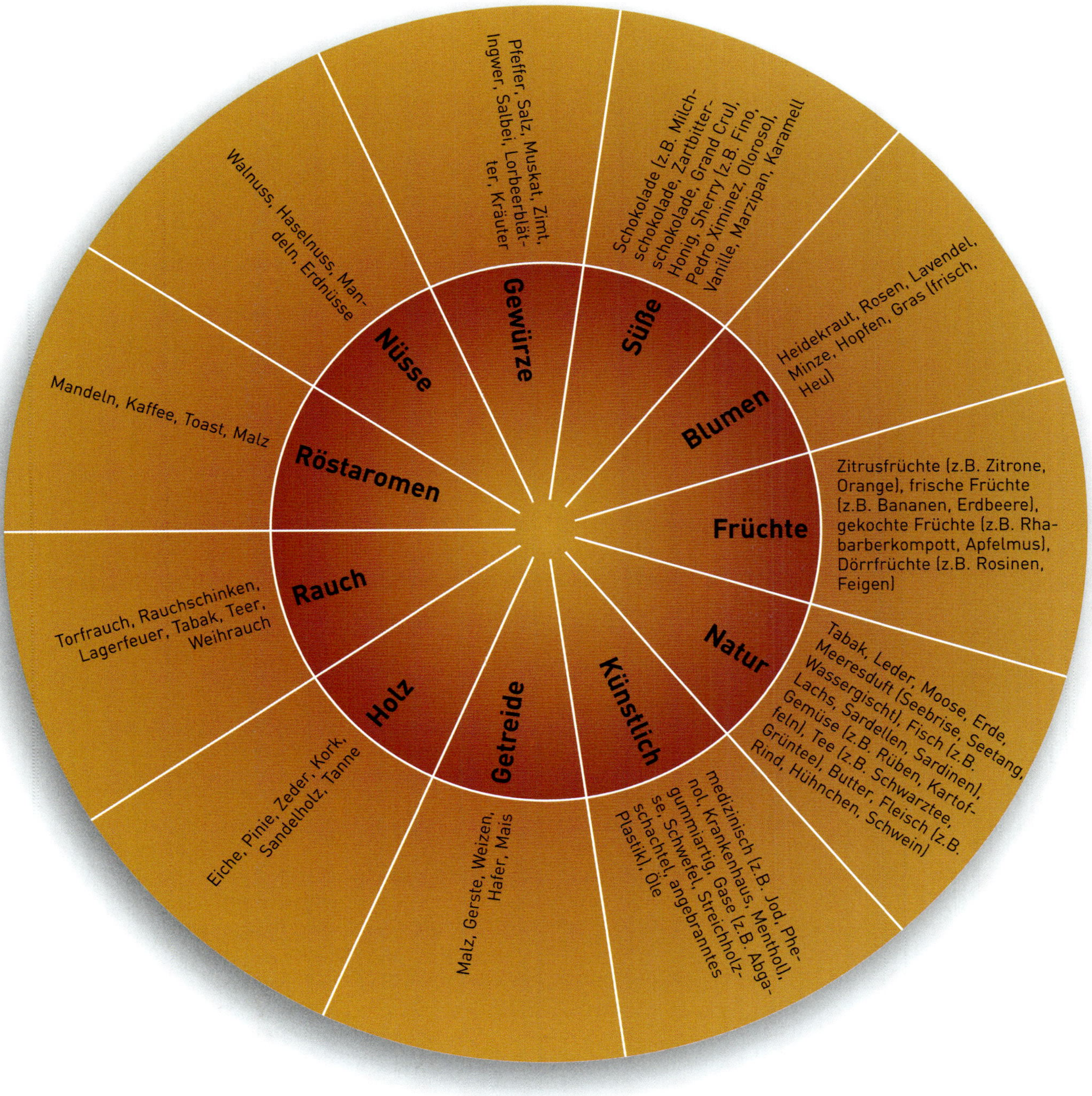

Whisky in der Küche

AUF DIE FRAGE, welches Getränk zu einem guten Essen gewählt werden soll, kommt meist die Antwort: „Ein guter Wein!“ Doch genauso könnte die Antwort lauten: „Ein guter Whisky!“ Wir haben heute eine solch große Auswahl an verschiedenen Whiskys, dass sich leicht zu jedem Gang des Essens ein passender Whisky findet. Natürlich eignet sich aber nicht jeder Whisky zu jedem Gang des Menüs.

Daher erfordert die richtige Wahl einiges an Wissen und Erfahrung. Man sollte die infrage kommenden Whiskys kennen und am besten schon verkostet haben, um anhand der im Whisky enthaltenen Aromen eine Vorauswahl treffen zu können. Man trinkt außerdem zu jedem Gang nur einen Dram (maximal 2,5 cl). Die meisten nehmen dazu viel Wasser, genau wie beim Wein.

Mit der in den letzten Jahren zunehmenden Popularität des Whiskys begann man vielerorts in guten Restaurants besondere Events wie „Whisky & Dine“ zu organisieren und dies mit großem Erfolg. Es werden mehrgängige Menüs mit den jeweils geeigneten Whiskys angeboten, inklusive Apéro-Whisky und dem entsprechenden Digestif nach dem Essen.

Welcher Whisky passt zu welchem Essen? Auch das lässt sich natürlich nicht pauschal beantworten, doch gibt es ein paar Faustregeln, anhand derer man eine Vorauswahl treffen kann. Leichtere Whiskys eignen sich für Salate und leichte Sommerspeisen. Sie passen aber auch gut zu Fisch, Schalen- und Krustentieren, ebenso wie zu Gemüse (zum Beispiel Spinat).

Intensive Whiskys harmonieren eher mit üppigeren und deftigen Speisen, die über die Winterzeit gereicht werden, wie Gans, Ente, Rindfleisch, aber auch zu süßen Weihnachtsspezialitäten wie gebackenen Äpfeln mit Zimt. Ein schöner sherrybetonter Whisky macht sich gut in einem Rindfleischtatar. Er sollte möglichst in Fassstärke verwendet werden, damit der Whisky zur Geltung kommt.

Einige Leute sind der Meinung, dass zu einem geräucherten Fisch wie Lachs kein rauchiger Islay-Whisky passt, da er den Geschmack übertönen würde. Viele Liebhaber schätzen aber genau dies. Ich persönlich gehöre auch dazu. Whisky aus Bourbonfässern eignet sich wegen der Vanillenote gut zu Muscheln, aber auch zu Weichkäse und zu diversen Süßspeisen.

KLEINER SERVIERVORSCHLAG

Zu üppigen Cremesuppen passen auch Whiskys, und hier ist einer meiner persönlichen Favoriten. Herbstzeit ist bekanntlich auch Kürbiszeit (Halloween). Servieren Sie doch einmal eine selbst gemachte Kürbiscremesuppe und dazu zwei verschiedene Whiskys: den Laphroaig zehn Jahre, Fassstärke mit 57,3 Prozent Alkohol für die Freunde von rauchigen Malts oder einen Maker's Mark Red Seal, 45 Prozent. Dieser Tipp kam zumindest bei meinen Gästen immer gut an.

An kühlen Spätherbsttagen kann eine gute Kürbissuppe mit dem entsprechen Schuss Malt Whisky eine herrlich wärmende und bekömmliche Wirkung haben.

Whisky und Schokolade

WAS HABEN WHISKY und Schokolode gemeinsam? Beide sind Luxusartikel und in den meisten Fällen mit besonderer Sorgfalt, viel Wissen und hoher Qualität hergestellt worden. Beides kann verkostet werden, und für die qualitativ hochwertige Grand-Cru-Schokolade gibt es Tastings und auch ein Aromarad, wie wir das in sehr ähnlicher Weise vom Whisky her kennen. Was liegt also näher, als zwei Genießerprodukte miteinander zu verbinden? In den letzten Jahren finden daher immer häufiger gemeinsame Verkostungsveranstaltungen statt.

Doch was unterscheidet die Edelkakaospezialitäten von der „einfachen" Massenschokolade? Viele Faktoren spielen dabei eine Rolle, und der allgemeine Irrglaube, dass nur der hohe Prozentanteil von Kakao eine bessere Schokolade ausmacht, stimmt keineswegs. Edelschokoladen enthalten oft nicht mehr als 65 Prozent Kakao. Aufgrund der ersten Behauptung kursiert auch das Vorurteil, dass Highend-Schokolade extrem bitter sein muss. Das stimmt ebenfalls nicht. Eine wichtige Vorraussetzung für die Herstellung von Edelschokolade stellt die Wahl und der Anbau der unterschiedlichen Kakaosorten dar, die primär aus Venezuela, Ecuador, Bolivien, Madagaskar oder Java kommen. Die Bohnen werden vom Theobroma, dem Kakaobaum, geerntet, fermentiert und getrocknet. Bei Ernten von höchster Qualität werden große Mengen eingelagert, um die Jahre, die eine schlechtere Qualität hervorbringen, überbrücken zu können. Danach werden die Bohnen geröstet, und man lässt sich viel Zeit, was wir ja vom Whisky her kennen, wenngleich die Zeitdauer nicht miteinander vergleichbar ist. Danach gelangen die Kakaonibs in die Steinmühle und werden behutsam gemahlen, um das Aroma zu bewahren. Beim Conchieren, dem sehr aufwendigen Veredlungsverfahren, das die Schweizer Schokolade weltberühmt gemacht hat, wird die eigentliche Schokolade hergestellt. Dieses „Rühren" und Belüften der Schokolade kann bis zu 72 Stunden in Anspruch nehmen.

Man soll die Schokolade sehen, riechen, fühlen, kosten und genießen. Um die Schokolade zu riechen, darf man sie auch zwischen den Fingern zerreiben. Im Biss spürt man die Weichheit und das Knacken, wobei mit wenigen Ausnahmen hochwertige Schokoladen eher härter sind als die Milchschokoladen. Wenn man sie dann auf der Zunge zergehen lässt, sind mehr Aromen erkennbar. Am besten sollte man Schokolade kurz vor Mittag (etwa 11 Uhr) oder am frühen Abend (18 Uhr) probieren, da dann die Sinne für dieses Produkt am schärfsten sind.

Eine wahrhaft edle Kombination – Genießerschockolade und ein hervorragender Malt Whisky. Zusammen bewirken sie eine wahre Geschmacksexplosion am Gaumen.

Im Zusammenhang mit Whisky lässt sich nicht so einfach sagen, welche Whiskys für welche Schokolade geeignet sind, und dies hängt auch von persönlichen Vorlieben ab. Die Schokolade ist im Geschmack annähernd so individuell wie der Whisky, und daher können sie sich sehr gut ergänzen. Also: Probieren geht über studieren!

Whisky-Cocktails

MIT WHISKY LASSEN SICH Hunderte Cocktails mixen. Hier haben wir ein paar besonders leckere Beispiele mit Whisk(e)ys verschiedener Herkunft für Sie zusammengestellt.

MANHATTAN

Dieser Cocktail wurde der Überlieferung nach von Winston Churchills Mutter Jennie, einer gebürtigen US-Amerikanerin, erfunden.

1 SPRITZER ANGOSTURA
6 CL RYE WHISKEY
2 CL VERMOUTH SWEET
GESTOSSENE EISWÜRFEL
1 COCKTAILKIRSCHE

1 Die flüssigen Zutaten mit dem gestoßenen Eis in einem Rührglas gut verrühren.
2 In ein gekühltes Glas abseihen und mit der Kirsche dekorieren.

IRISH COFFEE

Dieses köstliche Getränk wurde wahrscheinlich in den 1940er-Jahren von Joe Sheridan erfunden, der damals oberster Chefkoch des Shannon Airport in Irland war.

4 CL IRISH WHISKEY
ZUCKER
FRISCH GEBRÜHTER STARKER KAFFEE
4 CL SAHNE

1 Den Whiskey in ein vorgewärmtes hitzebeständiges Glas gießen und nach Geschmack Zucker hinzufügen.
2 Den Kaffee dazugießen und umrühren.
3 Anschließend die Sahne sehr langsam über den Rücken eines Löffels hineinlaufen lassen; der Löffel sollte den Kaffee und die Glaswand knapp berühren.
4 Langsam weitergießen, bis sich die gesamte Sahne an der Oberfläche abgesetzt hat.
5 Nicht umrühren, sondern den Kaffee durch die Sahne trinken.

HIGHLAND FLING

Blended Whisky eignet sich am besten zum Mischen von Cocktails. Edlen Single Malt sollte man stets pur oder mit etwas Wasser trinken, und billigen Fusel, der mehr Rachenputzer als Whisky ist, kann man mit noch so vielen Getränken mischen – das Resultat wird stets mehr an Raketentreibstoff als an einen Cocktail erinnern.

GESTOSSENE EISWÜRFEL
1 SPRITZER ANGOSTURA
4 CL SCOTCH WHISKY (Z. B. CHIVAS REGAL)
2 CL VERMOUTH SWEET
1 COCKTAILOLIVE

1 Gestoßenes Eis in ein Rührglas geben.
2 Angostura darüberspritzen.
3 Whisky und Vermouth dazugießen.
4 Gut umrühren und in ein gekühltes Glas abseihen.
5 Mit der Olive dekorieren.

WHISKEY SOUR

Dieser Klassiker stammt aus dem Süden der USA und wird mit bestem amerikanischem Whiskey zubereitet. Es existieren aber auch Varianten mit Wodka, Gin oder anderen Spirituosen.

2 CL ZITRONEN- ODER LIMETTENSAFT
4 CL BLENDED WHISKEY
1 TL ZUCKER ODER ZUCKERSIRUP
EIS
1 ZITRONEN- ODER LIMETTENSCHEIBE
1 MARASCHINOKIRSCHE

1 Die ersten drei Zutaten mit Eis in einem Shaker mischen, kräftig schütteln und in ein Cocktailglas abseihen.
2 Mit einer Zitronen- oder Limettenscheibe und einer Kirsche dekorieren.

Fachbegriffe

AUF DIESEN beiden Seiten werden einige Fachbegriffe erklärt, die im Buch keinen Platz mehr gefunden haben, über die man aber doch immer mal wieder etwas hört bzw. liest.

Analyser
Beim Patent-Still-Verfahren bezeichnet man die erste Brennsäule auch als Analyser.

As we get it
Dieser Ausdruck wird verwendet, wenn direkt ab Fass abgefüllt wird (eben so, wie man es bekommen hat). Das bedeutet, dass der Whisky in Fassstärke (Cask Strength) abgefüllt wurde. Ian Macleod, ein unabhängiger Abfüller aus Edinburgh, brachte sogar eine ganze Serie unter diesem Namen heraus.

Baby Whisky
Der neu gebrannte Spirit wird so genannt, wenn er noch vollkommen klar ist.

Ball of Malt
So wie man in Schottland einen Dram Whisky erhält, bekommt man in Irland einen Ball of Malt, was so viel heißt wie ein Glas Whiskey.

Barley Loft
Der Lagerplatz (Kornboden), an dem die Gerste vor dem Mälzen gelagert wird.

Barrel proof
Amerikanische Bezeichnung für Cask Strength.

Böttcher/Büttner
Andere Bezeichnungen für den Küfer, einem Handwerker, der Fässer herstellt bzw. repariert.

Burnt Ale
Bezeichnung für den Rückstand nach dem ersten Destilliervorgang in der ersten Brennblase (Wash Still). Er wird oftmals für Tierfutter verwendet.

Dephlegmator
Andere Bezeichnung für die Ausbuchtung am Hals einer Brennblase.

Double matured
Wenn während der Reifung zwei verschiedene Fässer zum Einsatz kamen.

Draff
Englischer Begriff für Trester, den Rückstand nach dem Maischen.

Dram
Beim Whisky steht dieser Begriff für einen „Schluck" Whisky. Man bekommt in Schottland daher oftmals einen Dram Whisky angeboten. Und entgegen jedem Vorurteil sind die Schotten alles andere als geizig. Ich habe noch nie so gut gefüllte Gläser erhalten wie in Schottland. Früher galt das Dram bei britischen Apothekern als Gewichtseinheit (3,8 Gramm).

Glen
Gälisches Wort für Tal.

Grist
Die geschrotete und gemahlene Gerste.

Head
Dieser Begriff wird gelegentlich für den Vorlauf beim Destillieren verwendet.

Heart
Diesen Begriff verwendet man auch für den Mittellauf (Middle Cut) beim Destillieren. Der Mittellauf ist der „gute" Teil, der später in die Fässer abgefüllt wird.

High proof
Dieser Begriff wird im Zusammenhang mit der Fassstärke (Cask Strength) verwendet. Kann man den Whisky anzünden, wurde bewiesen (proof), dass er mehr als 57 Prozent Alkohol hat.

Keepers of the Quaich
Eine schottische Vereinigung, die mit dem Ziel gegründet wurde, dass der Whisky in der ganzen Welt noch mehr Prestige und Bedeutung erlangt. Deshalb können nur Mitglieder aufgenommen werden, die sich mindestens fünf Jahre lang um den Whisky verdient gemacht haben und von mindestens zwei anderen Mitgliedern empfohlen wurden. Daher sind viele Mitglieder hochrangige Persönlichkeiten aus der Whiskyindustrie und Politik. Aber auch Connaisseure, Buchautoren und Sammler zählen sich dazu. Gegründet wurde die Vereinigung 1988 von vier großen Whiskyfirmen. Heute gehören praktisch alle namhaften Firmen dazu. Die Mitgliederzahl beträgt heute (Stand Anfang 2007) etwas mehr als 1400 Mitglieder aus der ganzen Welt. Sie alle teilen die Leidenschaft für schottische Whiskys.

Kornboden
Dort wird die Gerste vor dem Mälzen gelagert (Barley Loft).

Low Wines
So nennt man das Destillat aus der ersten Brennblase. Daher wird diese oftmals auch Low Wines Still genannt.

Lyne Arm
Englischer Begriff für den Hals der Brennblase.

Malt Man
Der traditionelle Malt Man war und ist in den Destillerien, die ihr Getreide noch selbst mälzen, für den kompletten Mälzvorgang inklusive Trocknung in der Kiln sowie für die Eingangskontrolle des Malzes verantwortlich. Heute findet man diesen Beruf eher in den Großmälzereien, wo er ebenfalls für den kompletten Mälzvorgang zuständig ist. In den Brennereien ohne eigene Mälzerei ist er nur noch für die Eingangskontrolle, die Reinigung des Malzes sowie das Mahlen verantwortlich.

Master Blender/Malt Master
Der Master Blender, vielfach auch Malt Master genannt, wählt nach der Reifung die Fässer aus, die dann zur Abfüllung eines Single Malt, eines Bourbon oder eines Blend gelangen. In vielen Betrieben kümmert er sich auch um die Qualität der Fässer und ist zusätzlich noch für das Wood Finishing verantwortlich.

Maturation
Dieser englische Begriff für Reifung ist vielfach auf den Flaschenetiketten zu finden; wie zum Beispiel „Matured in a Sherry cask".

New Make
Der neu gebrannte, farblose Whisky; vgl. Baby Whisky.

O. F. C.
Findet man vielfach auf kanadischen Whiskyflaschen. „O" steht für old, „F" für fine, und „C" für Canadian.

On the rocks
Der englische Ausdruck für Whisky auf Eiswürfeln. Ist für schottischen Single Malt auf jeden Fall nicht empfehlenswert, da das Eis den Geschmack nachhaltig beeinträchtigt und gewisse Aromen dadurch nicht zum Vorschein kommen.

Originalabfüllung
Bezeichnet die Whiskyabfüllungen, die direkt vom Erzeuger (Destillerie) oder zumindest von deren Besitzer stammen, also nicht von einem unabhängigen Abfüller.

Pure Malt Whisky
Ist eigentlich ein Vatted Malt Whisky, also ein reiner Malt Whisky aus verschiedenen Brennereien.

Quaich
Ist die Abwandlung des gälischen Wortes „cuach" und bedeutet Tasse. Dieses Gefäß wird beim zeremoniellen Trinken von Whisky verwendet und ist heute normalerweise aus Silber. Die ersten Quaichs waren aus Holz.

Sample Safe
Andere Bezeichnung für Spirit Safe.

Shiel
Eine Holzschaufel, die in der Mälzerei für das Umschichten des Malzes verwendet wird.

Slainthe (mhath)
Gälischer Ausdruck, der etwa so viel bedeutet wie „Zum Wohl" oder „Gesundheit" und in etwa unserem „Prost" entspricht. Ausgesprochen wird er „Slantsche (va)". Genauso unterschiedlich, wie die lange oder kurze Form verwendet wird, so verschieden sind auch die heute verwendeten Schreibweisen: „Slante", „Slainthé", „Slàinte", „Slainthé mhat" etc.

Stillman
Der englische Ausdruck für den Brennmeister. Er ist für den reibungslosen Ablauf beim Brennprozess verantwortlich. Nur er kennt das „Geheimnis", wann vom Vorlauf zum Mittellauf und Nachlauf umgeschaltet werden muss.

Tail
Der Nachlauf wird oftmals so bezeichnet.

Trester
Nach dem Maischen bleibt am Boden des Maischbottichs Getreide zurück. Diese Reste können noch weiterverwendet werden und werden oft an Bauern als Viehfutter verkauft.

Unabhängige Abfüller
Bezeichnet Firmen, die besonders gute Fässer einzeln einkaufen und sie dann selbst abfüllen, vermarkten und verkaufen. In den meisten Fällen darf die Originalherkunft angegeben werden. Zusätzlich sind in vielen Fällen die Fassnummer, die Nummer der einzelnen Flasche sowie Jahrgang und Reifedauer vermerkt. Viele der größeren unabhängigen Abfüller besitzen heute eigene Brennereien, damit sie einfacher an Fremdfässer für ihre Abfüllungen gelangen können. Da jedoch die Nachfrage in den letzten Jahren stetig gestiegen ist, wird es für diese Abfüller auch immer schwieriger, für einen angemessenen Preis an Fässer zu kommen.

Ullage
Gälischer Ausdruck für „Angel's share".

Vintage
Ein Whisky mit einem genau bezeichneten Jahrgang. Bei Signatory gibt es auch eine „Vintage-Collection"-Serie, die logischweise nur Whiskys mit Jahresangaben herausgibt.

Bücher und Websites

Deutsche Bücher
Bénitah, Thierry: Whisky – Geschichte, Herstellung und Kultur, 2006

Gabányi, Stefan: Schumann's Whisk(e)y Lexikon, 2006/2007

Hofer, Andreas: Schottland für Whiskyfreunde, 2005

Jackson, Michael: Malt Whisky – Das Standardwerk, 2004

ders.: Whisky – Die Marken und Destillerien der Welt, 2005

Kuntze, Lothar: Geruchs- und Geschmacksleitfaden – Für Gourmets, Whisk(e)y-Kenner und Liebhaber edler Tropfen

MacLean, Charles: Malt Whisky – Lebenswasser und Kultgetränk, 2003

Schobert, Walter: Das Whiskylexikon, 2005

Warth, Ralph L.: Malt Whisky – Unabhängige Abfüller – Pioniere, Künstler, Handwerker, 2005

Deutsche Hörbücher
Dillmann, Dr. Clemens: W wie Whisky, 2005

Scholz, Gotthard u. a.: Scotch Whisky – Reisen in die Welt des Single Malts, 2006

Englische Bücher
Murray, Jim: Jim Murray's Whisky Bible, 2007

Udo, Misako: The Scottish Whisky Distilleries – The ultimate companion for the whisky enthusiast, 2006

Deutschsprachige Links
www.classicmalts.ch
Auf dieser Site findet der Whiskyfan alles über die Classic Malts.

www.linkwood.ch
Private Website mit vielen Informationen rund um den schottischen Singe Malt.

www.sernetz.net
Ollis Malt-Whisky-Seite (privat) mit vielen Infos und Verkostungsnotizen.

www.thewhiskystore.de
Viele News und Bilder zu allen Destillerien, Forum, Whisky-Blog etc. (deutsch und englisch).

w.wie.whisky.de
Hier kann man Clemens Dillmanns hervorragenden „Whiskyleitfaden" kostenlos downloaden.

www.whisky.de
Mit Veranstaltungen, Kaufempfehlungen, Händlersuche, Forum, Club und vielem mehr.

www.whiskyfanpage.de
Im deutschsprachigen Raum sicherlich eine der besten Adressen rund um den Single Malt.

www.whisky-info.de
Umfangreiche private Website rund um schottischen, irischen und amerikanischen Whisk(e)y.

www.whiskybotschafter.com
Die Website zum deutschsprachigen Whiskymagazin.

www.whiskymania.ch
Meine eigene Website: viele Informationen zu praktisch allen Destillerien Schottlands und wertvolle Ergänzungen zum Buch.

www.whiskynet.ch
Umfangreiche Website mit großem Lexikon und Buchempfehlungen.

www.whiskynews.de
Newsblog mit ständig aktualisierten Meldungen aus aller Welt.

www.whiskywatch.de
Walter Schoberts Website, inklusive Infos rund um sein Magazin „Whisky Watch".

Englischsprachige Links:
www.malts.com
Auf dieser Site findet der Whiskyfan alles über die Classic Malts.

www.olddutchman.nl
Sehr umfangreiche Seite mit aktuellen News, Forum, Events etc.

www.scotch-whisky.org.uk
Scotch Whisky Assocation.

www.scotchwhisky.net
Umfangreiche Website rund um den Scotch (teilweise auch in Deutsch, Französisch und Holländisch)

www.smws.com
Die Hauptseite der Scotch Malt Whisky Society mit zahlreichen Links zu den jeweiligen Ländervertretungen.

www.straightbourbon.com
Umfangreiche Site rund um den Bourbon Whiskey.

www.whisky-distilleries.info
Sehr viele Informationen zu allen schottischen Destillerien (auch auf Französisch).

Adressen der Destillerien

IM FOLGENDEN werden die Destillerien mit Adressen gemäß ihrer Reihenfolge im Buch aufgelistet sowie einige weitere interessante Betriebe, die in diesem Buch nur kurz erwähnt wurden.

🛈 = Besucherzentrum

SCHOTTLAND

LOWLANDS/CAMPBELTOWN
Auchentoshan
Dalmuir, Clydebank,
Dumbartonshire, G81 4SJ,
Tel. +44-1415-58 90 11
www.auchentoshan.co.uk
🛈 ja

Bladnoch
Bladnoch, Wigtownshire, DG8 9AB,
Tel. +44-1988-40 26 05
www.bladnoch.co.uk
🛈 ja, zusätzlich eine Whiskyschule

Glen Scotia
12 High Street, Campbeltown, Argyll,
PA28 6DS, Tel. +44-1586-55 22 88
🛈 nein, Besuch nach Absprache im Sommer möglich

Glenkinchie
Penkaitland, Tranent, East Lothian,
EH34 5ET, Tel. +44-1875-34 20 04
🛈 ja

Girvan
Girvan, Ayrshire, KA26 9PT
🛈 nein

Strathclyde
40 Moffat Street, Glasgow, G5 0QB
🛈 nein

Springbank/Killkeran
85 Longrow, Campbeltown, Argyll,
PA28 6ET, Tel. +44-1586-55 20 85
www.springbankdistillers.com
🛈 ja, im Sommer und nur nach Absprache

ISLAY UND DIE INSELN
Ardbeg
Port Ellen, Islay, Argyll, PA42 7DU,
Tel. +44-1496-30 22 44
www.ardbeg.com
🛈 ja, inkl. Shop und Café

Arran
Lochranza, Isle of Arran, Argyll,
KA27 8JH, Tel. +44-1770-83 02 64
www.arranwhisky.com
🛈 ja, inkl. Shop und Restaurant

Bowmore
Bowmore, Islay, Argyll, PA34 7JS,
Tel. +44-1496-81 06 71
www.morrisonbowmore.co.uk
🛈 ja, inkl. Shop

Bruichladdich
Bruichladdich, Islay, Argyll,
PA49 7UN,
Tel. +44-1496-85 02 21
www.bruichladdich.com
🛈 ja, inkl. Shop

Bunnahabhain
Port Askaig, Islay, Argyll, PA46 7RP,
Tel. +44-1496-84 06 46
www.bunnahabhain.com
🛈 ja

Caol Ila
Port Askaig, Islay, Argyll, PA46 7RL,
Tel. +44-1496-84 02 07
🛈 ja, aber nur nach Voranmeldung

Highland Park
Kirkwall, Orkney, KW15 15U,
Tel. +44-1856-87 46 19
www.highlandpark.co.uk
🛈 ja

Jura
Craighouse, Jura, Argyll, PA60 7XT,
Tel. +44-1496-82 02 40
www.isleofjura.com
🛈 ja, inkl. Shop

Kilchoman
Rockside Farm, Bruichladdich, Islay,
Argyll, PA49 7UT,
Tel. +44-1496-85 00 11
www.kilchomandistillery.com
🛈 ja, inkl. Shop

Lagavulin
Port Ellen, Islay, Argyll, PA42 7DZ,
Tel. +44-1496-30 27 30
🛈 ja

Laphroaig
Port Ellen, Islay, Argyll, PA42 7DU,
Tel. +44-1496-30 24 18
www.laphroaig.com
🛈 ja, inkl. Shop

Scapa
St. Ola, Kirkwall, Orkney,
KW15 1SE, Tel. +44-1856-87 20 71
www.scapamalt.com
🛈 ja, aber nur nach Voranmeldung

Talisker
Carbost, Isle of Skye, IV47 8SR,
Tel. +44-1478-64 03 14
🛈 ja

Tobermory
Tobermory, Isle of Mull, PA75 6NR,
Tel. +44-1688-30 26 45
www.burnstewartdistillers.com/
tobermorydistillery.htm
🛈 ja

Port Ellen
Port Ellen, Islay, Argyll, PA42 7AH
🛈 nein

WESTERN UND NORTHERN HIGHLANDS
Balblair
Edderton, Tain, Ross-shire, IV19 1LB
www.inverhouse.com
🛈 nein

Ben Nevis
Lochy Bridge, Fort William,
Inverness-shire, PH33 6TJ,
Tel. +44-1397-70 02 00
www.bennevisdistillery.com
🛈 ja, inkl. Shop

Brora/Clynelish
Brora, Sutherland, KW9 6LR,
Tel. +44-1408-62 30 00
🛈 ja

Dalmore
Alness, Morayshire, IV17 0UT,
Tel. +44-1349-88 23 62
www.thedalmore.com
🛈 ja

Glen Ord
Muir of Ord, Ross-shire, IV6 7UJ,
Tel. +44-1463-87 20 08
🛈 ja, inkl. Shop

Glengoyne
Dumgoyne, Near Killearn, Glasgow,

G63 9LB, Tel. +44-1360-55 02 54
www.glengoyne.com
ⓘ ja

Glenmorangie
Tain, Ross-shire, IV19 1PZ,
Tel. +44-1862-89 24 77
www.glenmorangie.com
ⓘ ja

Loch Lomond
Lomond Estate, Alexandria,
Dumbartonshire, G83 0TL,
Tel. +44-1389-75 27 81
www.lochlomonddistillery.com
ⓘ nein, Besuch auf Anfrage möglich

Oban
Stafford Street, Oban, Argyll,
PA34 5NH, Tel. +44-1631-57 20 04
ⓘ ja

Old Pulteney
Huddart Street, Wick, Caithness,
KW1 5BD, Tel. +44-1955-60 23 71
www.oldpulteney.com
ⓘ nein, Besuch auf Anfrage möglich

Teaninich
Alness, Ross-shire, IV17 0BX,
Tel. +44-1349-88 50 01
ⓘ nein, Besuch auf Anfrage möglich

SPEYSIDE
Aberlour
Aberlour, Banffshire, AB3 9PJ,
Tel. +44-1340-88 12 49
www.aberlour.co.uk
ⓘ ja, inkl. Shop und Café

Allt-à-Bhainne
Glenrinnes, Dufftown, Banffshire,
AB55 4DB, Tel. +44-1340-78 33 31
ⓘ nein

An Cnoc/Knockdhu
Knock, near Keith, Banffshire,
AB54 7LJ, Tel. +44-1466-77 12 23
www.inverhouse.com
ⓘ nein

Ardmore
Kennethmont, Aberdeenshire,
AB54 4NH, Tel. +44-1446-83 12 13
ⓘ nein, Besuch auf Anfrage möglich

Auchroisk
Mulben, Banffshire, AB55 3XS,
Tel +44-1542-86 03 33
ⓘ nein

Aultmore
Keith, Banffshire, AB45 3JT,
Tel. +44-1542-82 27 62
ⓘ nein, Besuch auf Anfrage möglich

Balmenach
Cromdale, Grantown-on-Spey,
Morayshire, PH26 3PF,
Tel. +44-1479-87 25 69
www.inverhouse.com
ⓘ nein, Besuch auf Anfrage möglich

Balvenie
Dufftown, Banffshire, AB55 4BB,
Tel. +44-1340-82 00 00
www.balvenie.com
ⓘ ja, jedoch nur auf Anfrage

Benriach
Longmorn, Morayshire, IV30 8SJ,
Tel. +44-1343-86 28 88
www.benriachdistillery.co.uk
ⓘ nein

Benrinnes
Aberlour, Banffshire, AB3 9WN,
Tel. +44-1340-87 25 00
ⓘ nein, Kontakt über Dailuaine

Benromach
Invererne Road, Forres, Moray,
IV36 3EB, Tel. +44-1309-67 59 68
www.benromach.com
ⓘ ja

Cardhu/Cardow
Aberlour, Banffshire, AB38 7RY,
Tel. +44-1340-87 25 55
ⓘ ja, inkl. Shop

Cragganmore
Ballindalloch, Banffshire, AB37 9AB,
Tel. +44-1807-50 02 02
ⓘ ja

Craigellachie
Craigellachie, Banffshire, AB38 9ST,
Tel. +44-1340-88 12 12
ⓘ nein, Besuch auf Anfrage möglich

Dailuaine
Carron, near Aberlour, Moray,
AB38 7RE, Tel. +44-1340-81 03 61
ⓘ nein

Dallas Dhu
Forres, Morayshire, IV36 2RR
www.historic-scotland.gov.uk
ⓘ ja, inkl. Museum

Dufftown
Dufftown, Keith, Banffshire,
AB55 4BR,
Tel. +44-1340-82 02 24
ⓘ nein

Glen Elgin
Longmorn, Morayshire, IV30 8SS,
Tel. +44-1343-96 02 12
ⓘ nein

Glen Grant
Rothes, Morayshire, AB38 7BS,
Tel. +44-1542-78 33 18
www.glen-grant.com
ⓘ ja, inkl. Shop

Glen Moray
Bruceland Road, Elgin, Morayshire,
IV30 1YE, Tel. +44-1343-54 25 77
www.glenmoray.com
ⓘ ja

Glen Spey
Rothes, Morayshire, AB38 7AU,
Tel. +44-1340-83 20 00
ⓘ nein, Besuch auf Anfrage möglich

Glenallachie
Aberlour, Banffshire, AB38 9LR,
Tel. +44-1340-87 13 15
ⓘ nein, Besuch auf Anfrage möglich

Glenburgie
Mains of Burgie, Moray, IV36 2QY,
Tel. +44-1343-85 02 58
ⓘ nein, Besuch auf Anfrage möglich

Glendronach
Forgue, Aberdeenshire, AB5 6DB,
Tel. +44-1466-73 02 02
www.theglendronach.com
ⓘ ja

Glenfarclas
Ballindalloch, Banffshire, AB37 9BD,
Tel. +44-1807-50 02 57
www.glenfarclas.co.uk
ⓘ ja

Glenfiddich
Dufftown, Banffshire, AB55 4DH,
Tel. +44-1340-82 00 00
www.glenfiddich.com
ⓘ ja, inkl. Shop und Café

Glenlossie
Elgin, Morayshire, IV30 8FF,
Tel. +44-1343-54 78 91
ⓘ nein, Besuch auf Anfrage möglich

Glenrothes
Burnside Street, Rothes, Moray,
AB38 7AA, Tel. +44-1340-87 23 00
www.glenrotheswhisky.com
ⓘ nein

Glentauchers
Mulben, Keith, Banffshire,

AB5 2YL, Tel. +44-1542-86 02 72
nein

Inchgower
Buckie, Moray (Banffshire),
AB56 5AB, Tel. +44-1542-83 11 61
nein

Kininvie
Dufftown, Banffshire, AB55 4DH,
Tel. +44-1340-82 03 73
www.glenfiddich.com
nein

Knockando
Knockando, Moray, AB38 7RT,
Tel. +44-1340-81 02 05
nein

Linkwood
Elgin, Morayshire, IV30 3RD,
Tel. +44-1343-55 38 00
nein, Besuch auf Anfrage möglich

Longmorn
Elgin Morayshire, IV30 3SJ,
Tel. +44-1542-78 30 42
www.pernod-ricard-swiss.com/DE/
marken/longmorn.html
nein, Besuch auf Anfrage möglich

Macallan
Craigellachie, Banffshire, AB38 9RX,
Tel. +44-1340-87 22 80
www.themacallan.com
ja, inkl. Shop

Macduff
Macduff, Banff, Aberdeenshire,
AB45 3JT,
Tel. +44-1261-81 26 12
nein, Besuch auf Anfrage möglich

Mannochmore
Elgin, Morayshire, IV30 8FF,
Tel. +44-1343-54 78 91
nein

Miltonduff
Miltonduff, Elgin, Morayshire,
IV30 3TQ, Tel. +44-1343-54 74 33
nein, Besuch auf Anfrage möglich

Mortlach
Dufftown, Banffshire, AB55 4AQ,
Tel. +44-1313-37 73 73
nein, Besuch auf Anfrage möglich

Royal Brackla
Cawdor, Nairn, Nairnshire,
IV12 5QY,
Tel. +44-1667-40 20 02
nein

Speyburn
Rothes, Aberdeenshire, AB38 7AG,
Tel. +44-1340-83 12 13
www.inverhouse.com
nein, Besuch auf Anfrage möglich

Speyside
Glen Tromie, Kingussie,
Inverness-shire, PH21 1NS,
Tel. +44-1540-66 10 60
www.speyside.com
ja

Strathisla
Seafiled Avenue, Keith, Banffshire,
AB55 3BS, Tel. +44-1542-78 30 44
www.pernod-ricard-swiss.com/DE/
marken/strathisla.html
ja, inkl. Shop

Strathmill
Keith, Banffshire, AB55 5DQ,
Tel. +44-1542-88 50 00
nein, Besuch auf Anfrage möglich

Tamdhu
Knockando, Morayshire, AB38 7RP,
Tel. +44-1340-87 22 00
nein

Tamnavulin
Tomnavoulin, Ballindalloch, Moray,
AB37 9JA, Tel. +44-1807-59 02 85
www.whyteandmackay.co.uk
ja, zusammen mit der Mühle

The Glenlivet
Ballindalloch, Banffshire,
AB37 9DB, Tel. +44-1542-78 32 20
www.theglenlivet.com
ja, inkl. Shop

Tomatin
Tomatin, Inverness-shire, IV13 7YT,
Tel. +44-1808-51 14 44
www.tomatin.co.uk
ja

Tomintoul
Ballindalloch, Banffshire, AB3 9AG,
Tel. +44-1807-59 02 74
www.angusdundee.co.uk
nein

Tormore
Advie, Morayshire, PH26 3LR,
Tel. +44-1807-51 02 44
www.tormore.com
nein, Besuch auf Anfrage möglich

EASTERN HIGHLANDS
Fettercairn
Distillery Road, Laurencekirk,
Kincardineshire, AB30 1YE,
Tel. +44-1561-34 02 44
www.whyteandmackay.co.uk
nein

Glen Garioch
Distillery Road, Oldmeldrum,
Aberdeenshire, AB51 0ES,
Tel. +44-1651-87 34 50
www.morrisonbowmore.co.uk
ja

Glencadam
Brechin, Angus, DD9 7PA,
Tel. +44-1356-62 22 17
www.glencadam.com
nein, Besuch auf Anfrage möglich

Royal Lochnagar
Craithie, Ballater, Aberdeenshire,
AB35 5TB, Tel. +44-1339-74 27 16
ja, inkl. Shop

MIDLANDS
Aberfeldy
Aberfeldy, Perthshire, PH15 2EB,
Tel. +44-1887-82 20 11
www.dewarswow.com
ja

Blair Athol
Pitlochry, Perthshire, PH16 5LY,
Tel. +44-1796-48 20 03
ja

Dalwhinnie
Dalwhinnie, Inverness-shire,
PH19 1AB, Tel. +44-1540-67 22 19
ja

Deanston
Deanston, near Doune, Perthshire,
FK16 6AG,
Tel. +44-1786-84 14 22
www.burnstewartdistillers.com/
deanstondistillery.htm
nein, Besuch auf Anfrage möglich

Edradour
Pitlochry, Perthshire, PH16 5JP,
Tel. +44-1796-47 20 95
www.edradour.com
ja, inkl. Shop

Glenturret
Crieff, Perthshire, PH7 4HA,
Tel. +44-1764-65 65 65
www.glenturret.com
ja, inkl. Shop und Restaurants

Tullibardine
Blackford, Perthshire, PH4 1DG,
Tel. +44-1764-68 22 52

www.tullibardine.com
🛈 ja, inkl. Shop und Café

IRLAND

Cooley
Riverstown, Cooley, County Louth,
Tel. +353-42-937 61 02
www.cooleywhiskey.com
🛈 ja, bei der Destillerie Kilbeggan

Midleton
Midleton, County Cork,
Tel. +353-21-463 18 21
www.jameson.ie
🛈 ja

Old Bushmills
Bushmills, County Antrim,
BT57 8XH, Tel. +44-2820-73 15 21
www.bushmills.com
🛈 ja

Jameson
Old Jameson Distillery,
Bow Street, Dublin
www.jameson.ie
🛈 ja

Kilbeggan
Locke's Distillery Museum,
Kilbeggan, County Westmeath,
Tel. +353-506-321 34
www.cooleywhiskey.com
🛈 ja

Powers
John's Lane, Dublin
🛈 nein

Tullamore
Bury Quay, Tullamore, County Offaly,
Tel. +353-57-932 50 15
www.tullamoredew.de
🛈 ja, inkl. Shop, Pub und Restaurant

EUROPA

DEUTSCHLAND
Blaue Maus
Bamberger Straße 2, 91330 Eggolsheim-Neuses, Tel. +49-9545-74 61
www.fleischmann-whisky.de
🛈 nein

Slyrs/Lantenhammer
Obere Tiefenbachstr. 8,
83734 Hausham/Schliersee,
Tel. +49-8026-92 48-0
www.slyrs.de
🛈 nein

WEITERE DESTILLERIEN
Gruel
Neue Straße 26, 73277 Owen,
Tel. +49-7021-5 99 85
🛈 nein

Rabel
Berghof, 73277 Owen-Teck,
Tel. +49-7021-86 19 61
www.berghof-rabel.hoffrisch.de
🛈 nein, Besuch auf Anfrage möglich

Brennerei Höhler
Kirchgasse 3, 65326 Aarbergen,
Tel. +49-6120-13 21
www.brennerei-hoehler.de
🛈 nein

Weingut Mösslein
Untere Dorfstraße 8,
97509 Zeilitzheim,
Tel. +49-9381-15 06
www.weingeister.de
🛈 ja, inkl. Shop

Privatbrennerei Sonnenschein
Alter Fährweg 7–9, 58456 Witten-Heven, Tel. +49-2302-56 00 6
www.sonnenschein-brennerei.de
🛈 nein, aber Shop

Brennerei Volker Theurer
Gasthof Hotel Lamm, Jesinger Hauptstraße, 72070 Tübingen,
Tel. +49-7073-91 82-0
www.lamm-tuebingen.de
🛈 nein, aber Restaurant und Hotel

Obst Korn Brennerei Zaiser
Hussengasse 1, 73257 Köngen,
Tel. +49-7024-8 22 24
www.obstbrennerei.de
🛈 nein

ÖSTERREICH
Reisetbauer
4062 Axberg, Tel. +43-7221-63 69 0
www.reisetbauer.at
🛈 nein

Waldviertler Roggenhof
3664 Roggenreith,
Tel. +43-2874-74 96
www.roggenhof.at
🛈 nein

WEITERE DESTILLERIEN
Wolfram Ortner Destillerie
Untertscherner Weg 3,
9546 Bad Kleinkirchheim,
Tel. +43-4240-76 0
www.wob.at
🛈 nein

Destillerie Weidenauer
Leopolds 6, 3623 Kottes,
Tel. +43-2873-72 76
www.weidenauer.at
🛈 nein

SCHWEIZ
Brennerei-Zentrum Bauernhof
Talacher, 6340 Baar,
Tel. +41-41-711 80 70
www.swissky.ch
🛈 nein, Besuch auf Anfrage möglich

Whisky-Brennerei Holle
Hollen 52, 4426 Lauwil,
Tel. +41-61-941 15 41
www.swiss-whisky.ch
🛈 nein, Besuch auf Anfrage möglich

WEITERE DESTILLERIEN
Whisky Castle
Käsers Schloss AG, Schlossstr. 17,
5077 Elfingen, Tel. +41-62-876 17 83
www.whisky-castle.com
🛈 nein, Besuch auf Anfrage möglich

Maison les Vignettes
Les Vignettes, 1957 Ardon,
Tel. +41-27-306 44 79
www.swhisky.ch
🛈 nein, Besuch auf Anfrage möglich

Destillerie Zürcher
Nägeligässli 7, 2562 Port,
Tel. +41-32-331 85 83
🛈 nein

Brauerei Locher AG
9050 Appenzell,
Tel. +41-71-788 01 50
www.locherbier.ch
🛈 nein, Besuch auf Anfrage möglich

FRANKREICH
Distillerie des Menhirs
Pont Menhir, 29700 Plomelin,
Tel. +33-298-94 23 68
www.distillerie.fr
🛈 nein, Besuch auf Anfrage möglich

Warenghem
Route de Guingamp, 22300 Lannion,
Tel. +33-296-37 00 08
www.distillerie-warenghem.com
🛈 ja

WEITERE DESTILLERIEN
Claeyssens
1 rue de la Distillerie,
59118 Wambrechies,
Tel. +33-320-14 91 91
www.wambrechies.com
🛈 ja, inkl. Restaurant

Distillerie Artisanale Glann ar Mor
Celtice Whisky Compagnie,
Crec'h ar Fur, 22610 Pleubian
www.glannarmor.com
🛈 nein, Besuch auf Anfrage möglich

Guillon
Hameau de Vertuelle, 51150 Louvois,
Tel. +33-326-51 87 50
www.whisky-guillon.com
🛈 ja

ENGLAND
St. George's Distillery
Harling Road, Roudham, Norfolk
NR16 2QW, Tel. +44-1953-71 79 39
www.norfolkwhisky.co.uk
🛈 ja

WALES
Penderyn/Gwalia
Penderyn, CF44 0SX,
Tel. +44-1685-81 33 00
www.welsh-whisky.co.uk
🛈 nein

SCHWEDEN
Mackmyra Svensk Whisky
Bruksgatan 4, 81832 Valbo,
Tel. +46-26-54 18 80
www.mackmyrawhisky.de
🛈 nein, Besuch auf Anfrage möglich

POLEN
Lubuska Wytwórnoa Wódek
Ul. Jednosci 59, 65018 Zielona Góra,
Tel. +48-68-325 48 41
www.vsluksusowa.pl
🛈 nein

TSCHECHIEN
R. Jelínek
Razov 472, 763 12 Vizovice
Tel. +420-577-686 120
www.rjelinek.cz
🛈 nein

VEREINIGTE STAATEN VON AMERIKA

VIRGINIA
A. Smith Bowman
1 Bowman Drive, Fredericksburg,
VA 22408, Tel. +1-540-373 45 55
www.asmithbowman.com
🛈 ja

TENNESSEE
George A. Dickel
Cascade Hollow, Tullahoma,
TN 37388, Tel. +1-931-857 31 24
www.georgedickel.com
🛈 ja, inkl. Shop

Jack Daniel's
Lynchburg, TN 37352,
Tel. +1-931-759 61 83
www.jackdaniels.com
🛈 ja, inkl. Shop

KENTUCKY
Barton
Bartstown, KY 40004,
Tel. +1-502-348 39 91
www.bartonbrands.com
🛈 ja, außerdem das Museum von
Oscar Getz in der Stadt

Bernheim
West Breckenridge, Louisville,
KY 40210,
Tel. +1-502-585 91 86
www.heaven-hill.com
🛈 ja, inkl. Shop

Brown-Forman
Louisville, KY 40201-1105,
Tel. +1-502-774 29 60
www.brown-forman.com
🛈 nein

Buffalo Trace
1001 Wilkinson Boulevard,
Franklin County, KY 40601,
Tel. +1-502-696 59 26
www.buffalotrace.com
🛈 ja, inkl. Shop

Four Roses
1224 Bondsmill Road,
Lawrenceburg, KY 40342-9734,
Tel. +1-502-839 34 36
www.fourroses.us
🛈 ja, inkl. Shop, Führungen nur
nach Voranmeldung

Heaven Hill
1311 Gilkey Run Road, Bardstown,
KY 40004, Tel. +1-502-337 10 00
www.heaven-hill.com
🛈 ja, inkl. Shop

Jim Beam
Clermont, KY 40110,
Tel. +1-502-543 22 21
www.jimbeam.com
🛈 ja, inkl. Shop

Maker's Mark
3350 Burks Spring Road, Loretto,
KY 40037,
Tel. +1-270-865 28 81
www.makersmark.com
🛈 ja, inkl. Shop

Wild Turkey
Lawrenceburg, KY 40342,
Tel. +1-502-839 45 44
www.wildturkey.com
🛈 ja, inkl. Shop

Woodford Reserve
7855 McCracken Pike, Versailles,
KY 40383, Tel. +1-859-879 18 12
www.woodfordreserve.com
🛈 ja, inkl. Shop

MIKRO-DESTILLERIEN
Anchor Distilling Co.
1705 Mariposa Street, San Francisco,
CA 94107, Tel. +1-415-863 83 50
www.anchorbrewing.com
🛈 ja, aber nur nach Voranmeldung

Clear Creek
2389 NW Wilson, Portland,
OR 97210, Tel. +1-503-248 94 70
www.clearcreekdistillery.com
🛈 ja, aber nur nach Voranmeldung

Domaine Charbay Distillery
St. Helena, Napa Valley, CA 94574,
Tel. +1-800-634 78 45
www.charbay.com
🛈 ja, aber nur nach Voranmeldung

Edgefield
2126 S.W. Halsey, Troutdale,
OR 97060, Tel. +1-503-669 86 10
www.mcmenamins.com
🛈 ja, inkl. Pub und Hotel

St. George Spirits
2601 Monarch Street, Alameda,
CA 94501, Tel. +1-510-769 16 01
www.stgeorgespirits.com
🛈 ja, Tour ohne Anmeldung jeden
Samstag

St. James Spirits
Irwindale, CA 91706,
Tel. +1-626-856 69 30
www.saintjamesspirits.com
🛈 nein, Besuch nur auf Anfrage

Stranahan's
2405 Blake Street, Denver,
CO 80205,
Tel. +1-303-296 74 40
www.stranahans.com
🛈 nein, Besuch auf Anfrage möglich

Triple Eight Distillery
5 & 7 Bartlett Farm Road,
Nuntucket, MA 02584,
Tel. +1-508-325 59 29
www.ciscobrewers.com
🛈 ja

West Virginia Distilling Co.
1425 Saratoga Ave, Suite C,
Morgantown, WV 26505,
Tel. +1-304-599 09 60
www.mountainmoonshine.com
ℹ nein

KANADA

NOVA SCOTIA
Glenora
Route 19/Ceilidh Trail, Glenville,
Cape Breton, Nova Scotia,
Tel. +1-902-258 26 62
www.glenoradistillery.com
ℹ ja, inkl. Shop, Restaurant, Pub und Chalets für Übernachtungen

QUEBEC
Valleyfield/Schenley
Salaberry-De-Valleyfield, Quebec,
J6T 2G9,
Tel. +1-450-373 32 30
www.bartonbrands.com
ℹ nein

ONTARIO
Canadian Mist
Collingwood, Ontario, L9Y 4J2,
Tel. +1-705-445 46 90
www.canadianmist.com
ℹ nein, Besuch auf Anfrage möglich

Hiram Walker & Sons
Walkerville, Windsor, Ontario,
N8Y 4S5, Tel. +1-519-254 51 71
www.canadianclubwhisky.com
ℹ ja

Kittling Ridge
Grimsby, Ontario, L3M 1Y6,
Tel. +1-905-945 92 25
www.kittlingridge.com
ℹ ja, von April bis September

MANITOBA
Gimli
Gimli, Manitoba, R0C 1B0,
Tel. +1-204-642 51 23
www.crownroyal.com
ℹ nein

Maple Leaf
251 Saulteaux Crescent, Winnipeg,
Manitoba, R3J 3C7,
Tel. +1-204-940 70 00
ℹ nein

ALBERTA
Alberta Distillers
Calgary, Alberta, T2G 1V9,
Tel. +1-403-265 25 41
www.albertadistillers.com
ℹ nein

Black Velvet
Lethbridge, Alberta, T1H 5E3,
Tel. +1-403-317 21 00
www.bartonbrands.com
ℹ nein

Highwood
High River, Alberta, T1V 1M7,
Tel. +1-403-652 32 02
www.highwood-distillers.com
ℹ ja

BRITISH COLUMBIA
Potter/Cascadia
Kelowna, British Columbia,
V1Y 2K6,
Tel. +1-250-762 33 32
www.highwood-distillers.com
ℹ ja

ASIEN UND AUSTRALIEN

JAPAN
Fuji-Gotemba
Shizuokaken Gotemba,
Shibanuta 970,
Tel. +81-135-23 31 31
www.kirin.co.jp/english
ℹ ja

Hakushu
Kita-Koma-gun, Yamanashi
408-0316, Tel. +81-551-35 22 11,
www.suntory.com
ℹ ja

Karuizawa
Naganoken, Kitasakogun,
Miyotamachi, Oaza Maseguchy
1795-2, Tel. +81-267-32 20 06
www.mercian.co.jp/karuizawa
ℹ ja

Sendai/Miyagikyo
Miyagiken, Sendaishi, Aoba,
Nikka 1, Tel. +81-22-395 28 65
www.nikka.com
ℹ ja

Yamazaki
Shimamoto-cho, Mishima-gun,
Osaka, Tel. +81-75-962 14 23
www.suntory.com
ℹ ja

Yoichi
Yoichigun, Yoichimachi,
Kurokawacho 7–6,
Tel. +81-135-23 31 31
www.nikka.com
ℹ ja

INDIEN
Amrut
36, Sampangi Tank Road, Bangalore,
560 027, Tel. +91-80-222 19 87
www.amrutdistilleries.com
ℹ nein

McDowell's/Ponda
51, Le Parc Richmond, Richmond
Road, Bangalore, 560 025,
Tel. +91-80-222 10 705
www.clubmcdowell.com
ℹ nein

Sikkim
Sai Baba Nagar, Rangpo, 737 132,
Tel. +91-3592-24 08 22
www.sikkimdistilleries.com
ℹ nein

AUSTRALIEN
Bakery Hill
28 Ventnor Street, North Balwyn
Victoria 3104, Tel. +61-3-9857 70 70
www.bakeryhilldistillery.com.au
ℹ nein, Besuch auf Anfrage möglich

NEUSEELAND
Southern Distilleries
Stafford Street, Timaru,
Tel. +64-686-65 15
www.hokonuiwhiskey.com
ℹ ja, inkl. Museum

Register

Bildnachweis

Amrut 295

Arran 71

Benriach 114

Bernheim 236, 237

Bruichladdich 75 (Mitte und unten)

Buffalo Trace 240 (oben und unten)

Canadian Mist 271 (oben)

Chivas Brothers/Pernod Ricard 6, 30 (unten), 83, 106, 126, 127, 128 (unten), 138, 147, 150 (unten), 160

Cooley Distillers 190, 191, 199

CORBIS 170, 177, 195, 220, 223 (unten), 225, 230, 235, 249 (unten), 264 (unten), 274, 299; P. Adams 288; Atlantide Phototravel 182/183; R. Antrobus 153, 163 (unten); J. Arnold 285 (unten); S. Austin 95; R. Benali 284 (unten); N. Benvie 20 (oben); W. Bibikow 276; S. Boyle 233 (oben); J. Butchofsky-Houser 283; Car Culture 233 (unten); N. Clark 55 (oben); A. Clopet 104; T. Craddock 260/261; M. Cristofori 2; R. Cummins 186, 188; M. Fife 54, 57, 62; K. Fleming 216/217; J. Fuste Raga 284 (oben); R. Gehman 34 (oben), 222, 248; T. Gipstein 227 (oben); Goodshoot 270; P. Gould 41 (unten), 218, 231; M. Grandmaison 275, F. Grehan 277, 302 (oben); C. Gryniewicz 208; D. und J. Heaton 285 (oben); R. Holmes 254; D.G. Houser 227 (unten); W. Kaehler 223 (oben), 262; C. Karnow 42 (oben), 43, 125, 171 (unten); V. Kessler 204/205; R. Klune 192; B. Krist 268; M. Listri 202; Macduff Everton 8/9, 14, 30 (Mitte), 40, 55 (unten), 58, 73, 110, 120, 136, 149, 152, 158, 184, 187, 196; W. Manning 278; B. Mays 226, 239; W. McNamee 294; K.R. Morris 232, 250; S. Pitamitz 189; J. Richardson 107; Riou/photocuisine 306; D.S. Robbins 297; C. Rotkin 238; Ryman/photocuisine 303; Skyscan 69, 99; P.A. Souders 279, 281, 282; L. Snider 224; J. Sparks 76, 87; M. St. Maur Sheil 19 (rechts), 197; Stapleton Collection 50 (oben); J. Sugar 27 (oben); S. Vannini 44, 53, 105 (unten), 121, 148, 166, 198; P. Ward 128 (oben); R.W. Weir 163 (oben); A. Woolfitt 171 (oben); M.S. Yamashita 269

John Dewar & Sons/Bacardi/ G. Wylie 111, 119, 140, 144

Dettling & Marmot 300/301, 307

Diageo 19 (links), 31 (oben), 32 (links), 32 (rechts), 34 (unten), 35, 52, 59, 60, 65, 67 (oben), 77, 84/85, 94, 96 (oben), 96 (unten), 102, 103, 115, 118 (unten), 122, 132, 135, 137, 143, 156, 168, 169, 228, 229

Edgefield Mcmenamins 257

Edrington Group 12/13, 178 (unten)

D. Flury 15, 18, 20 (unten), 46/47, 51, 66, 88, 90, 100, 117, 123, 134, 139, 145, 162

Four Roses/M. Manning 42 (unten)

Fortune Brands 246, 247, 249 (oben), 264 (oben), 272

GETTY IMAGES 29 (oben), 151, 175, 293, 302, 303; First Light 265; J.J. Mitchell 74, 75 (oben); Y. Joel 221

Glenfarclas 17, 30 (oben), 33, 38 (unten), 129

Glenmorangie 98, 124

Glenrothes 133

Gordon & Macphail 116

William Grant & Sons 27 (unten), 28 (links), 37 (links), 37 (rechts), 113, 130, 131

Heaven Hill 244, 245 (oben und unten)

M.A. Hoffmann 11, 21 (Mitte), 26, 28 (rechts), 36, 38 (oben), 39, 41 (oben), 67 (unten), 70, 72, 80, 81, 86, 89 (oben), 89 (unten), 91, 93, 101, 105 (oben), 118 (oben), 142, 150 (oben), 154, 164, 165, 167, 172, 173, 174, 178 (Mitte), 179

Inver House 92, 109, 112

Irish Distillers/Pernod Ricard 193

Jelínek 206

Jura 79 (oben und unten)

R. Kalberer 97

M. Kellstrand 234, 241, 251

Kittling Ridge 273

Mackmyra 214

M. Manning 242, 243

M. Merkle 82

Morrison Bowmore 56

National College of Art & Design, Dublin 200

Parragon 306 (oben), 306 (unten), 307 (links), 307 (rechts)

Printbig 209

G. Schlaich 24/25

Scoma 267

Speyside 146

Springbank 16, 22/23

Suntory 289, 292

Tullamore Dew Heritage Centre 201

Tullibardine 180, 181

I. Vollmeier 29 (unten), 61, 78

Holle 211

D. Wollers 266

Woodford Reserve 10, 21 (unten), 252, 253

Für die Reproduktion und Bereitstellung der Etiketten und Flaschen danken wir den Produzenten sowie:

M.A. Hoffmann

Héron Marc © la Maison du Whisky

www.whiskyworld.de

www.scoma.de

www.whisky-fox.de

www.royalmilewhisky.com

www.hotel-forellenhof.de

www.mister-bourbon.de

Kartenbasis: Mountain High Maps, © Copyright © 1995 Digital Wisdom, Inc.

GLENBURGIE
Glenfiddich
EST. 1887
SINGLE MALT
SCOTCH WHISKY
GLEN GRANT
GLEN SPEY
Single Highland Malt
SCOTCH WHISKY
75cl
ST. GEORGE
SINGLE MALT
WHISKEY
KILBEGGAN
Finest
IRISH WHISKEY
Glenkinchie
THE EDINBURGH MALT
10
YEARS OLD
TOMATIN
SCOTCH WHISKY
GREENORE
Single Grain
IRISH WHISKEY
BOWMORE
SCOTCH WHISKY
ABERLOUR
TRADE MARK
DISTILLERY
GLEN ELGIN
SPEYSIDE SINGLE
POT STILL MALT WHISKY
HAND CRAFTED
AGED 12 YEARS
43% vol
GLEN ELGIN DISTILLERY, ELGIN, MORAYSHIRE
70cl e
DISTILLERY MANAGER
GLENTURRET
12
KNOCKANDO
PURE SINGLE MALT
SCOTCH WHISKY
JUSTERINI & BROOKS
70cl e 40% vol
PRODUCT OF SCOTLAND
AGED YEARS
HIGHLAND
GLEN DEVERON
SINGLE MALT
SCOTCH WHISKY
70cl e
AULTMORE
Highland Malt
SCOTCH WHISKY
75 cl e
40% vol